아마존,
세상의 모든 것을 팝니다

...

브래드 스톤 지음
야나 마키에이라 옮김

21세기북스

이사벨라와 칼리스타 스톤에게 이 책을 바친다.

·CONTENTS·

서문 · 8

PART 1 믿음

CHAPTER 01 퀀트의 세계 · 25

CHAPTER 02 베조스 경전 · 41

CHAPTER 03 열병 같은 꿈 · 85

CHAPTER 04 밀리라비 · 129

PART 2 문학적 감수성

CHAPTER 05 로켓 소년 · 175

CHAPTER 06 혼돈 이론 · 201

CHAPTER 07 소매업체가 아닌
첨단 기술 회사 · 241

CHAPTER 08 피오나 · 278

PART 3 선교사 혹은 용병?

CHAPTER 09 발사! · 321

CHAPTER 10 편리한 신념 · 351

CHAPTER 11 물음표의 왕국 · 392

감사의 말 · 419

제프 베조스가 읽은 책들 · 422

옮긴이의 말 · 426

주석 · 428

1970년대 초반 광고기획자 줄리 레이는 텍사스 주 휴스턴에서 발견한 색다른 공립영재학교에 완전히 반했다. 줄리 레이의 아들도 여기에 처음 등록한 아이들 중 한 명이었다. 이후 '뱅가드 프로그램Vanguard program'이라고 불리게 되는 이 학교의 학습법은 학생들에게 창의력과 독립심을 길러주고, 고정관념을 깨는 폭넓은 사고를 하도록 유도했다. 그녀는 교과과정뿐만 아니라 열정적인 교사진과 학부모들에 깊은 감명을 받았다. 그래서 텍사스 주에서 불기 시작한 새로운 영재 교육 운동에 대한 책을 쓰기로 결심하고 그 주에 있는 유사한 학교들을 조사하기 시작했다.

몇 년 뒤 줄리 레이의 아들이 중학교에 들어가고 나서, 그녀는 휴스턴 시내 서쪽에 있는 리버 옥스 초등학교의 별관에서 운영되는 뱅가드 프로그램을 다시 찾았다. 교장은 그녀를 안내할 학생을 붙여주었는데, 연한 금발의 6학년생 아이는 대단히 조리 있게 자기표현을 할 줄 알았다.

줄리 레이는 자신의 책 『총명한 아이를 기르는 법 : 학부모가 본 텍사스 영재 교육Turning On Bright Minds: A Parent Looks at Gifted Education in Texas』에서 그 소년에 대해 "전반적으로 뛰어난 지능을 가졌으며 아담한 체구에 상냥하고도 진지한 아이"라고 썼다. 소년의 부모가 아이의 실명을 싣지 말아달라고 부탁했기 때문에 줄리 레이는 팀이라는 가명으로 그 아이를 호칭했다. 팀을 가르쳤던 교사들의 말에 따르면 팀은 특별히 리더십이 뛰어나지 않았지만 아이들과 자신 있게 잘 어울렸고, 당시 읽고 있던 소설인 J. R. R. 톨킨의 『호빗The Hobbit』에 대해 조리 있게 극찬을 늘어놓곤 했다.

당시 팀은 고작 열두 살이었지만 경쟁심이 대단했다. 그 아이는 줄리 레이에게 특별 독서 표창장을 받기 위해 여러 책을 읽고 있다고 말했다. 그리고 같은 학교 여자아이가 1주일에 열두 권을 읽는다며 자신이 뒤처지고 있다고 했다. 그 여학생의 주장이 사실일 가능성은 무척 희박한데도 말이다. 팀은 줄리 레이에게 자신이 연구하고 있는 '무한 정육면체'라는 과학 프로젝트를 보여주기도 했다. 이는 건전지로 빙빙 돌아가는 거울이 달린 기계인데 끝없는 터널이 보이는 듯한 착시 현상을 일으킨다. 팀은 가게에서 비슷한 기계를 본 뒤 그것을 따라 만들었다며 "그 기계는 22달러였지만 내 것은 더 싸요"라고 말했다. 교사들은 팀의 과학 프로젝트 세 작품이 주로 중고생들을 대상으로 하는 지역 과학경시대회에 출품되었다고 말해주었다.

학교 선생님들은 팀의 기발함을 크게 칭찬하면서도, 정작 그 아이의 지적 능력에 대해 불편해하고 있었다. 팀은 수학 시간에 배운 통계 일람표 작성법을 연습하기 위해 6학년 담당 교사들을 평가하는 설문 조사를 만들었다. 팀은 이 설문 조사는 "인기도 조사가 아닌 교수법 평가"를 목적으로 한다고 말했다. 실제로 동급생을 대상으로 조사를 시행했고 줄리 레이를 안내하던 무렵에는 그 결과를 계산해 각 교사들의 성취도 비교 그래프를 만들고 있었다.

팀은 자신의 일과가 빡빡하다고 말했다. 그는 아침 일찍 일어나 집에서 한 블록 떨어진 곳에서 7시에 버스를 탄다. 32킬로미터 남짓 떨어진 학교에 도착하면 수학, 읽기, 체육, 과학, 스페인어, 미술 수업이 정신 없이 이어진다. 개인 프로젝트와 소그룹 토론을 위한 시간도 따로 마련되어 있다. 줄리 레이는 팀을 비롯한 일곱 명의 학생이 교장실에 둘러앉아 받는 '생산적 사고력 키우기 수업'을 묘사했다. 아이들은 짧은 이야기 몇 편을 받아 묵독한 뒤 토론했다. 첫 이야기는 원정에서 돌아온 어느 고고학자들에 대한 이야기였다. 그들은 희귀한 유물이 잔뜩 묻힌 곳을 발견했다고 발표했는데 그 주장은 나중에 가짜로 드러났다. 레이는 그 이야기를 읽은 뒤 벌어진 토론의 일부를 기록했다.

"그들은 유명해지고 싶었던 게 틀림없어요. 자신들이 직면하고 싶지 않은 현실이 그냥 사라지기를 바랐을 거예요."

"늘 똑같은 사고방식으로 인생을 살아가는 사람들도 있어요."

"우리는 참을성을 가져야 해요. 해야 할 일에 대해 늘 분석적인 눈으로 바라보아야 합니다."

팀은 이 연습이 너무 재미있다고 줄리 레이에게 말했다. "세상을 살다 보면 누군가가 우리에게 어떤 일을 하라고 지시할 수도 있어요. 그렇지만, 우리는 스스로 생각하는 힘을 길러야 해요."

그러나 막상 줄리 레이가 자신의 경험을 바탕으로 『총명한 아이를 기르는 법 : 학부모가 본 텍사스 영재 교육』을 썼을 때 관심을 보이는 출판사가 한 군데도 없었다. 유명 출판사의 편집장들은 주제가 너무 제한적이라고 말했다. 결국 그녀는 1977년 크리스마스 광고 문구를 써서 번 돈으로 보급판 1,000부를 찍어 직접 배포했다.

그로부터 30여 년 후 나는 휴스턴 공공도서관에서 이 책을 발견하고 그녀의 행방을 찾았다. 줄리 레이는 텍사스 중부에 살면서 환경과 문화 관련 기획 및 커뮤니케이션 일을 하고 있다. 그녀는 팀이 성장해 부와

명예를 얻게 된 지난 20년 동안의 과정을 지켜보았다. 그녀는 팀이 이루어낸 일에 감탄과 경이를 금치 못했다. 그러나 예상치 못한 일은 아니었다고 한다. "제가 그 아이를 처음 만났을 때는 아직 어린 소년에 불과했지만, 그 아이의 재능은 명백하게 눈에 띄었습니다. 새로운 뱅가드 프로그램이 이를 더욱 북돋아주었고요. 그 아이 역시 즉각적으로 반응하고 배움을 향한 열의를 보여서 프로그램에 긍정적인 영향을 주었습니다. 이로써 뱅가드 프로그램의 가치는 완벽하게 입증된 셈입니다."

줄리 레이는 예전에 팀의 학업 수준이 몇 학년 정도에 해당되는지 물은 적이 있다. 그때 어느 교사가 했던 대답을 아직도 기억한다. "몇 학년 수준이라고 딱 잘라 말씀드리기는 어렵습니다. 분명한 것은 약간의 지도 편달을 해주면 이 아이가 못해낼 일이 없다는 겁니다."

2011년 말 나는 팀, 즉 제프 베조스Jeff Bezos를 만나러 그의 회사 아마존닷컴Amazon.com의 본사가 있는 시애틀로 갔다. 관습을 뒤집어엎는 혁신적인 첨단 기술 회사로 종종 사람들의 입에 오르내리는 아마존의 놀라운 성공 이야기를 담은 책을 쓰는 데 협조를 구하기 위해서였다. 그의 회사는 인터넷의 무한한 가능성을 처음 발견한 이후로 끊임없이 혁신을 거듭해 결국 우리가 쇼핑하고 독서하는 방법을 영원히 바꾸어놓았다.

아마존은 현대인의 일상 속에 크게 자리매김했다. 수백만 명의 소비자가 컴퓨터 앞에 앉아 아마존닷컴이나 그 위성 사이트인 자포스컴Zap-pos.com 및 다이퍼스닷컴Diapers.com을 꾸준히 찾아가 자본주의 사회의 가장 기본이 되는 충동적 행동, 즉 소비를 한다. 아마존에서는 책, 영화, 원예용품, 가구, 식품을 비롯해 고양이를 위한 공기 주입식 유니콘 뿔(9.50달러)이나 454킬로그램에 달하는 전기 잠금 장치가 달린 총기류 금고(903.53달러) 같은 희한한 물건들이 3~5일이면 배송 가능하다. 아마존은 디지털 제품은 몇 초 내, 일반 제품은 단 며칠 내 배달함으로써 즉각적인 욕구 충족이라는 예술을 완성시켰다. 그래서 이 사이트에 들어가보면 주문한 물건이 마치 마술처럼 배송 예정일보다 훨씬 빨리 현관문 앞에 나타났다고 극찬하는 소비자를 숱하게 볼 수 있다.

아마존은 영업 17년째인 2012년에 매출액 610억 달러를 달성했다. 이 속도라면 아마 역사상 가장 빨리 1,000억 달러 매출을 기록하는 소매업체가 될 것이다. 이렇듯 수많은 소비자들의 사랑을 받는 만큼, 경쟁업체들에게는 공포의 대상이다. 심지어 이 회사의 상호는 비즈니스계에서 비공식 용어로 쓰인다. 그다지 긍정적인 이미지는 아닐지라도 말이다. 예를 들어 '아마존 당하다To be amazoned'라는 표현은 '시애틀에서 혜성같이 나타난 신흥 온라인 소매점이 전통적인 오프라인 소매점의 고객들과 수익을 블랙홀처럼 빨아들이는 것을 속수무책으로 바라보기만 해야 한다'는 뜻이다.

대부분 잘 아는 것처럼 아마존닷컴의 역사는 인터넷 시대를 상징하는 전설이 되었다. 아마존은 소규모 온라인 서점으로 시작해 1990년대 후반에 닷컴의 물결을 타고 음반, 영화, 전자제품, 장난감 판매 쪽으로 영역을 넓혔다. 2000~2001년에 닷컴버블이 붕괴하면서 회사의 앞날에 대한 회의론이 나왔지만 거기에 굴하지 않고 열심히 어려움을 헤쳐나왔다. 그 후 아마존은 복잡한 자체 유통망의 물리학을 완전히 익힌 다음 소프트웨어, 보석류, 의류, 운동용품, 자동차 부품 등 생각할 수 있는 모든 품목으로 영업을 확장했다. 이렇게 인터넷의 최고 소매업체로 입지를 완전히 굳힌 뒤, 다른 상인들도 와서 물건을 팔 수 있는 대표적인 인터넷 마켓플레이스를 운영하기 시작했다. 아마존은 여기에 그치지 않고 다시 한 번 변신해 아마존 웹 서비스Amazon Web Services라는 클라우드 컴퓨팅 인프라를 판매하는가 하면 킨들 독서 단말기와 킨들 파이어 태블릿 같은 저렴하고도 실용적인 디지털 상품을 판매하는 다재다능한 첨단 기술 기업의 면모를 보여주고 있다.

"저는 개인적으로 아마존은 비전을 품고 그것을 직접 좇은 천재적인 설립자의 이야기라고 생각합니다"라고 에릭 슈미트는 말한다. 구글 Google의 회장이자 스스로를 아마존의 경쟁자라고 부르는 그는 바로 다음 날 배송하는 서비스인 아마존 프라임 회원이기도 하다. "그보다 더 좋은 예는 거의 없습니다. 굳이 꼽자면 애플 정도가 있을 테지요. 하지만 당시 사람들은 대부분 아마존의 원가 구조가 현실성이 없으므로 곧 망할 것이라고 믿었답니다. 이제는 그 사실을 기억하는 사람이 거의 없지만 말이죠. 물론 아마존의 손실액은 계속 쌓여갔고 수억 달러를 잃었습니다. 하지만 수다쟁이 제프는 매우 영리하게 이 문제를 헤쳐나갔지요. 그는 모든 세부사항을 이해하고 그것에 대해 누구보다도 신경을 쓰는 전형적인 기술적 창업자입니다."

최근 현기증이 날 정도로 주가가 치솟은 아마존은 특이한 기업일 뿐만 아니라 난해한 기업이다. 우선 이 회사는 대차대조표의 가장 아랫줄이 벌겋기로 유명하다. 심지어 정신없이 새로운 시장 진출과 품목 확장을 꾀하던 2012년에도 사실상 적자였다. 그러나 월스트리트는 거기에 별로 신경을 쓰는 것 같지 않다. 제프 베조스가 워낙 주주들로부터 깊은 신임을 받는데다 늘 자신은 장기적인 안목으로 회사를 키운다고 말하는지라 투자가들도 베조스가 사업 확장을 늦추고 건전한 이윤을 창출할 날을 참을성 있게 기다리고 있다.

베조스는 다른 사람들이 어떻게 생각하든 신경 쓰지 않고 문제 해결 자체를 즐길 뿐이다. 그는 마치 체스의 고수처럼 경쟁적인 환경을 꿰뚫어 보는 눈이 있다. 또한 고객 만족이나 무료 배송 같은 서비스를 제공하는 데 강박에 가까울 정도로 집착한다. 그의 꿈은 아마존 내에서만 머

무르지 않는다. 그는 과학의 경계를 넓히고 대중매체를 재창조하려는 거대한 야망을 품고 있다. 베조스는 자신의 우주선 회사인 블루 오리진 Blue Ongin에 자금을 대는가 하면, 2013년에는 2억 5,000만 달러를 주고 휘청거리는 《워싱턴 포스트》를 인수해 언론계를 놀라게 했다.

많은 직원이 증언하듯 베조스는 상사로 모시고 일하기가 엄청나게 힘든 사람이다. 대중은 '베조스' 하면 그의 유명한 너털웃음이나 유쾌한 대중적 이미지를 떠올리겠지만, 실제 그는 무섭게 폭발할 수 있는 인물이다. 지금은 고인이 되었으나 살아생전 엘리베이터에서 마주친 직원들을 벌벌 떨게 하던 애플의 설립자 스티브 잡스Steve Jobs와 많이 닮았다. 늘 새로운 아이디어가 끊임없이 샘솟는지라 사소한 일까지 다 관리한다. 그래서 만약 직원들의 업무 결과가 그의 엄격한 기준에 미치지 못하면 혹독하게 꾸중한다.

베조스도 잡스처럼 현실을 왜곡시켜버리는 힘이 있다. 그는 늘 카리스마 넘치는 모습으로 회사를 선전하고 다닌다. 힘든 현실을 희망으로 바꾸는 그의 말에는 놀라운 설득력이 있다. 그는 아마존의 기업 철학은 '다양한 산업 전반과 전 세계에 걸쳐 고객 중심의 기대치를 높이는 것'[1]이라고 종종 말한다. 그래서 베조스와 그의 직원들은 고객들의 기호에 맞추는 데 열성을 다하며, 라이벌뿐만 아니라 협력업체에도 가차 없이 무한 경쟁을 요구한다. 베조스는 아마존이 경쟁하는 분야는 거대하므로 다 함께 이길 수 있다고 즐겨 말한다. 그 말 자체가 틀린 소리는 아니다. 그러나 아마존이 그동안 크고 작은 경쟁자들에게 큰 손해를 입히거나 아예 그들을 파산시켜버린 것은 분명하다. 그중에는 한때 세계적으로 유명했던 서킷 시티, 보더스, 베스트 바이, 반스앤드노블 등이 포함되어 있다.

미국인들은 일반적으로 기업의 힘이 세지면 긴장한다. 특히 멀리 대도시에 있는 거대 기업들의 세력이 커지면서 그로 인해 자신이 사는 고장의 성격이 바뀔 우려가 있는 경우에는 더 그러하다. 월마트walmart 역시 이러한 의구심과 맞닥뜨렸고, 시어즈와 울워스를 비롯해 저 멀리 1940년대로 거슬러 올라가 엄청난 독점 소송으로 곤욕을 치렀던 A&P 식료품 체인점까지 시대마다 소매업의 대표주자들은 비슷한 경험을 해왔다. 편리함과 저렴한 가격을 좋아하는 미국인들은 거대 소매업체로 몰려든다. 그러나 이 회사들이 너무 커지면 대중의 집단사고의 모순이 드러나는 순간이 온다. 우리는 저렴한 물건을 원하지만 동시에 누군가가 우리 고장으로 들어와 대를 이어 운영하는 동네 식료품 가게나 단골 서점보다 더 싼 가격으로 장사하기를 바라지 않는다. 이런 지역 업체들은 이미 수십 년 동안 고군분투 중이다. 처음에는 반스앤드노블 같은 체인점이 번성하면서 애를 먹었고, 이제는 아마존 때문에 경영난에 허덕이고 있다.

수다스러운 베조스도 회사 일에 관해서는 무척이나 신중하게 입을 연다. 실제로 세부적인 계획에 관해 이야기가 나오면 마치 스핑크스처럼 자신의 의도와 아이디어를 감춘다. 그래서인지 시애틀의 비즈니스 사회뿐만 아니라 넓은 첨단 기술 산업계에서도 그는 수수께끼 같은 인물로 통한다. 그는 회의석상에서도 별로 말을 하지 않고 언론 인터뷰도 거의 응하지 않는 편이다. 그래서 그를 우러러보는 이들과 아마존 이야기를 관심 있게 지켜보는 사람들조차 그의 성을 잘못 발음하는 경우가 흔하다(그의 성은 '비조스'가 아니라 '베조스'다).

초창기부터 아마존을 후원했으며 10년 동안 아마존 이사회의 중역이었던 벤처투자자 존 도어는 아마존의 인색한 대외 홍보 스타일에 '베조스 소통 이론'이라는 별명을 붙였다. 그의 말에 따르면 베조스는 빨간 펜을 손에 쥐고서 언론 홍보글, 제품 설명, 연설, 주주 서한 등에 마구 줄을 그으면서 고객이 쉽고 긍정적으로 이해하기 어려운 부분은 모조리 지워버린다고 한다.

요컨대 사람들은 아마존의 진짜 이야기를 안다고 생각하지만, 사실은 베조스의 빨간 펜 밑에서 살아남은 글귀로 이루어진 전설을 들은 것뿐이다.

아마존 소유의 소박한 건물 열두 채는 시애틀의 유니언 호 남쪽에 자리 잡고 있다. 이 호수는 빙하가 녹아서 생긴 작은 담수호로 서쪽으로는 퓨짓 사운드 만灣, 동쪽으로는 워싱턴 호와 운하로 연결되어 있다. 본래 이 지역은 19세기에는 커다란 제재소가 있었던 곳이고 그 이전에는 아메리카 원주민들의 삶의 터전이었다. 하지만 그 목가적인 풍경은 사라진 지 오래고, 이제는 신규 생의학업체, 암 연구 센터, 워싱턴 대학 의과대학 건물 등이 산재한 복잡한 도시가 되었다.

아마존의 현대적이고 낮은 사무실 건물들은 외관만 보면 그다지 주의를 끌 만한 특징 없이 평범하다. 테리 애비뉴와 리퍼블리컨 가에 위치한 아마존 총사령부 데이 원 노스 건물 안으로 들어서면 길쭉한 직사각형 안내 데스크 뒷벽에 미소 짓는 아마존의 로고가 붙어 있다. 데스크의 한쪽 편에는 회사에 개를 데리고 출근하는 직원들을 위해 개 비스킷이 한 사발 놓여 있다(직원들로부터 주차비와 간식비까지 받아내는 회사가 이런 혜택을 제공한다는 것은 의외다). 엘리베이터 근처에는 검은 명판에 흰 글씨로 방문자들이 철학자인 경영주의 영역으로 들어왔다는 것을 알리는 글이 쓰여 있다. 그 내용은 다음과 같다.

여전히 많은 물건은 계속 발명되고,
여전히 새로운 일이 많이 일어나리라.

16

인터넷의 위력을 우리는 아직 깨닫지 못하고 있다.

오늘은 그저 거대한 미래의 첫날Day 1일 뿐.

– 제프 베조스

아마존의 사내 관습은 매우 특이하다. 회의에서 파워포인트나 슬라이드 프레젠테이션은 절대 사용하지 않는다. 그 대신 직원들은 자신이 발표할 내용을 여섯 페이지짜리 산문 형식으로 써야 한다. 베조스는 그러한 방법을 통해 비판적 사고를 기를 수 있다고 믿는다. 그들은 새로운 제품을 개발할 때마다 언론 보도용 기사 스타일로 서류를 작성한다. 이 기획제안서에는 고객이 제품을 처음 접할 때 듣게 될 만한 내용이 담겨야 한다. 첫 신제품 회의는 모든 사람이 조용히 기획제안서를 읽는 것으로 시작해 토론으로 이어진다. 리버 옥스 초등학교 교장실에서 했던 '생산적 사고력 키우기 수업' 풍경과 똑같다. 이 책을 쓰기 위해 그를 처음 만났을 때, 나는 아마존의 사내 문화를 따르기로 마음먹었다. 그래서 아마존 스타일로 이 책에 대한 가상 언론 보도 자료를 준비해갔다.

베조스는 중역 회의실에서 나를 맞았고 우리는 여섯 개의 문짝으로 만든 책상을 붙인 커다란 테이블에 앉았다. 그 책상은 베조스가 20여 년 전 그의 차고에서 빈손으로 아마존을 설립한 이래로 줄곧 써온 것이다. 밝은 갈색 문짝을 재활용한 책상은 이 회사의 한결같은 검소함을 나타내는 상징으로 종종 인용된다. 2000년도에 베조스를 처음 인터뷰했을 때, 그는 수년간 전 세계를 쉴 새 없이 달린 흔적이 역력했다. 얼굴은 창백했고 몸 관리도 제대로 못한 상태였다. 하지만 다시 그를 만났을 때 몸매도 날씬해졌고 무척 건강해 보였다. 아마존을 탈바꿈시킨 것처럼 자신의 모습도 변화시킨 것이다. 탈모가 진행 중이라 어색해 보이던 머리도 과감히 짧게 잘랐다. 덕분에 그가 좋아하는 공상과학영화 〈스타

트렉 : 넥스트 제너레이션〉의 주인공 피카드 함장처럼 세련미 넘치는 모습이 되었다.

함께 자리에 앉은 뒤, 나는 작성해온 언론 보도 자료를 테이블 맞은편의 그에게 건넸다. 그가 내 꿍꿍이속을 알아차리고는 너무나 크게 웃는 바람에 입에서 침이 다 튈 정도였다.

베조스의 너털웃음은 언제나 사람들의 입에 오르내리는 소재다. 그는 웃을 때 목을 뒤로 젖히고 눈을 감은 채 목구멍 저 안쪽에서 나오는, 교미하는 코끼리물범 같기도 하고 전동공구 같기도 한 소리를 쏟아낸다. 그 호탕한 웃음소리 때문에 깜짝 놀라서 가슴이 쿵쾅거린다는 사람도 많다. 게다가 이 웃음은 다른 사람들에게 별로 우습게 느껴지지 않는 순간에 주로 터진다. 어떻게 보면, 베조스의 웃음은 풀리지 않는 수수께끼다. 그처럼 치열하게 목표에 집중하면서 살아온 인물이 이렇게 요란히 웃어대는 게 의외이지 않은가. 그러고 보면 그의 가족 중 아무도 이렇게 웃는 사람이 없다.

직원들은 대화를 날카롭게 끊으며 상대를 뒤로 움찔 물러나게 하는 이 웃음을 심장을 찌르는 소리 같다고 표현한다. 그의 동료들 중 상당히 많은 수가 이것이 어느 정도는 의도적이라고 본다. 즉 베조스가 자신의 웃음을 무기처럼 휘두른다는 이야기다. "오해의 여지가 없어요. 상대방을 무장해제시킨 후 벌을 주는 거죠. 그 웃음으로 벌을 주는 겁니다." 아마존의 최고정보책임자cio를 역임했던 릭 달젤의 말이다.

내가 써간 글을 베조스가 1~2분 동안 조용히 읽고 난 뒤 우리는 이 책의 목표에 관해 논의했다. 이 책의 목표는 바로 1990년대 초 월스트리트에서 시작해 오늘에 이르기까지 아마존에 얽힌 깊은 이야기를 최초로 들려주는 것이었다. 우리의 대화는 한 시간 동안 계속되었다. 우리는 이 책의 모델이 될 만한 영향력 있는 비즈니스 서적들을 비롯해 애플의 최고경영자 스티브 잡스가 요절한 직후 출간된 월터 아이작슨의 전기에 관해 이야기했다.

그 결과 우리는 지금 이 시기에 아마존에 대한 책을 쓰고 판매하는 데 본질적으로 거북한 면이 있다는 것을 인정했다(이 책을 판매하는 온라인 및 오프라인 서점들은 모두 의심할 나위 없이 이 문제에 관해 뚜렷한 견해를 가지고 있다. 사실, 이 책을 출판한 리틀 브라운 앤드 컴퍼니의 소유주는 프랑스의 대형 출판 그룹 아셰트 리브르이다. 그런데 이 회사는 전자책 가격 책정을 둘러싸고 아마존과 분쟁을 벌인 적이 있었다. 그 분쟁을 발단으로 미국 법무부와 유럽연합 규제기관이 담합 금지 소송을 제기하게 되었는데 최근에야 겨우 소송이 해결되었다. 소매유통 및 멀티미디어 산업 분야에 있는 수많은 기업이 그러하듯, 이 사건으로 인해 아셰트 리브르 역시 아마존을 훌륭한 소매유통 파트너이자 위험한 경쟁자로 보게 되었다. 물론 여기에 관해 베조스도 할 말이 있다. 그는 "아마존이 출판산업에 나타난 것이 아닙니다. 미래가 출판산업에 나타난 것이지요"라고 작가들과 기자들에게 즐겨 말한다).

지난 10년 동안 내가 베조스와 이야기를 나눈 것이 열두어 차례쯤 되는 것 같다. 늘 활기차고 재미있는 우리의 대화는 그의 기관총 같은 웃음소리 때문에 종종 끊어지곤 했다. 언제나 활동적인 그는 열정의 에너지로 가득 차 있는데 이 때문에 간혹 초조해 보이기도 한다(혹시 복도에서 그를 만나게 되면 자기는 엘리베이터를 타는 법이 없으며 늘 계단을 이용한다고 주저 없이 알려줄 것이다). 하지만 그는 대화할 때 상대방에게 100퍼센트 주의를 기울이며 여느 최고경영자CEO들과 달리 서두르거나 딴생각을 한다는 느낌을 주지 않는다. 그러면서도 자신이 잘 정립해놓은 추상적 대화 주제에서 벗어나는 것에 굉장히 신중하다. 그 결과 같은 대화 주제가 자주 반복되는 경우가 잦은데, 이를 두고 아예 '제프이즘Jeffism'이라고 부르는 사람들도 있다. 몇몇 주제는 벌써 10년 이상 회자된다.

제프는 다음과 같이 제프이즘의 운을 뗀다. "우리를 남다르게 만드는 것이 무엇인지 궁금하시다면 그 진실은 바로 이것입니다. 우리는 진정 고객 중심적이고, 진정 이 사업을 장기적으로 바라보고 있으며, 진정 창조를 즐깁니다. 하지만 대부분의 회사는 그렇지 않습니다. 그들은 고객이 아닌 경쟁자에 집중합니다. 그들은 2~3년 안에 수익을 올릴 수 있는 것에 투자하기를 원합니다. 그래서 2~3년 이내에 잘 되지 않는다 싶으면 다른 사업 거리를 찾아나서는 거죠. 또 대부분의 회사는 창조하기보다 근소한 차이로 창조자를 따라가기를 선호합니다. 왜냐하면 그 편이 더 안전하니까요. 이것이 바로 우리가 남다른 이유입니다. 이 세 가지 모두에 역점을 두는 회사는 거의 없거든요. 이것이 아마존의 진실이죠."

책에 대한 논의를 마무리할 시간이 다가오자 베조스는 몸을 앞으로 약간 기울이면서 물었다. "그런데 '이야기 짓기의 오류'는 어떻게 해결하실 계획입니까?"

아, 네. 물론입니다. '이야기 짓기의 오류'가 있지요. 나는 순간적으로 아마존의 전 직원이 지난 20년간 지적인 상사에게 예기치 못한 질문을 받으며 느꼈을 진땀 나는 공황 상태를 경험했다. 베조스는 '이야기 짓기의 오류'란 나심 니콜라스 탈레브가 2007년도에 그의 저서 『블랙 스완』에서 만들어낸 용어라고 설명해주었다. 작가는 이 책에서 복잡한 현실을 지나치게 단순화시켜 받아들이기 편한 이야기로 바꾸어버리는 인간의 생물학적 성향을 설명한다. 그리고 인간은 두뇌의 한계 때문에 전혀 관계없는 사실과 사건들을 결과와 이유의 공식에 끼워 맞춰 쉽게 이해할 수 있는 이야기로 바꾸는 경향이 있다고 쓰고 있다. 이렇게 만들어진 이야기들은 참된 무작위의 세계와 인간이 겪는 혼란스러운 경험을 비롯해 모든 성공과 실패에 한몫을 담당하는 운이라는 불안 요소로부터 인류를 지켜준다는 것이다.

베조스는 아마존의 성공 역시 그런 종류의 불가능하리만큼 복잡한 이야기일지도 모른다고 말한다. 실제로 요즘 많은 인터넷 회사가 회사 운영을 위해 사용하는 선구적인 클라우드 사업인 아마존 웹 서비스가 어떻게 만들어졌는지를 설명하기란 쉽지 않다. "기업이 어떤 아이디어를 생각해내는 과정은 상당히 복잡합니다. 머릿속 전구에 불이 반짝 들어오는 순간 같은 건 없습니다"라고 베조스는 말했다. 그러면서 아마존의 역사를 단순한 이야기로 축약시켜버린다면 실제적 본질 대신 사실적인 느낌을 주는 데서 그칠 수도 있다고 우려했다.

아마존 중역들의 필독서 『블랙 스완』에서 탈레브는 '이야기 짓기의 오류'를 피하려면 이야기나 기억이 아닌 실험과 임상적 지식을 선호해야 한다고 말한다. 어쩌면 나 같은 작가 지망생에게 좀 더 실용적인 해결 방안은 우선 오류의 잠재적인 영향을 자각한 후 그 안으로 뛰어드는 것이리라.

그러니 나는 이러한 '면책 성명'과 함께 이 책을 시작하겠다.

아마존의 사업 아이디어는 1994년 뉴욕 시내 어느 고층 빌딩 40층에서 구상되었다. 그 결과로 탄생한 회사는 약 20년이 지나 9만 명 이상의 직원을 거느리고 지구상에서 가장 유명한 기업의 반열에 섰다. 아마존은 폭넓은 선택과 낮은 가격, 탁월한 고객서비스로 소비자들을 기쁘게 하는 동시에 산업 전반을 재창조하고 세계 유명 브랜드의 수호자들을 긴장시키고 있다. 이 책은 이 모든 것이 어떻게 일어났는지를 보여주기 위한 하나의 시도다. 이를 위해 현직과 전직 아마존 중역 및 직원들과 300회 이상 인터뷰를 하고 수년 동안 베조스와 대화를 나누었다. 베조스는 처음에는 아마존에 대한 회고적 글을 쓰는 것이 시기상조라 생각했지만 결국에는 내 작업을 지지해주었다. 그가 아마존 회사 중역들이나 자신의 가족과 친구들을 여러 차례 인터뷰할 수 있도록 해준 데 대해 감사의 마음을 전한다. 《뉴스위크》, 《뉴욕 타임스》, 《블룸버그 비즈니스위크》 같은 언론사들이 15년 동안 아마존에 대해 보도한 자료도 이용했다.

요컨대 이 책의 목적은 샘 월튼이 2인승 터보프롭 비행기를 타고 미국 남부를 가로질러 날아가서 월마트 점포 장소를 물색한 이후, 두 번째로 큰 성공을 거둔 기업인 아마존의 뒷이야기를 들려주는 것이다. 이것은 목표지향적이고 다재다능한 CEO로 자라난 어느 재능 있는 아이의 이야기이며, 인터넷이라는 혁명적 통신망과 한 에브리싱 스토어Everything Store의 거창한 비전에 모든 것을 건 한 남자와 그의 가족 및 동료들의 이야기다.

PART 1

믿음

Faith

CHAPTER 01

퀀트의 세계
The House of Quants

인터넷 유통시장을 제패한 아마존닷컴은 현재 세계 최대 서점이자 메가 쇼핑몰이다. 이 거대한 성공 신화는 뉴욕 월스트리트에 있는 어느 특이한 회사에서 떠돌아다니던 작은 아이디어에서 비롯되었다. 그 회사의 이름은 D. E. 쇼 앤드 컴퍼니다.

직원들 사이에서 '데스코'라고 불리는 이 퀀트형 헤지펀드 회사는 컬럼비아 대학 컴퓨터공학 교수를 지낸 데이비드 E. 쇼가 1988년에 설립했다. 쇼는 그 시절 획기적인 퀀트 회사였던 르네상스 테크놀로지나 튜더 투자사의 설립자들처럼 정밀한 수학 공식들과 컴퓨터를 이용해 국제 금융 시장의 변칙적인 패턴을 최대로 활용하는 방법을 최초로 시도한 사람들 중 한 명이었다. 예를 들어 유럽의 주가가 갑자기 급등해 같은 회사의 미국 주가보다 훨씬 더 오르게 되면, 데스코의 월스트리트 용사가 된 컴퓨터 천재들이 순식간에 주식을 사고팔 소프트웨어를 만들어 그 차액을 벌어들이는 것이다.

주류 금융계에서는 박식가 데이비드 쇼를 아는 사람이 거의 없었고 그도 자신이 알려지기를 바라지 않았다. 그는 금융가의 레이더망에 포착되지 않도록 수조 달러의 자산가인 금융전문가 도널드 서스먼이나 티쉬 가문으로부터 사적 자본을 받아 펀드를 운용하는 방식을 써서 자신이 만든 트레이딩 알고리즘을 경쟁사들이 알 수 없도록 회사를 운영했다. 그는 데스코가 새로운 투자 접근 방식을 개척해 그 선두 자리를 유지하는 유일한 방법은 자신의 노하우를 기밀로 보호하고 경쟁사들이 컴퓨터를 사용한 새로운 영역에 대해 생각할 빌미를 주지 않는 것이라고 굳게 믿었다.

데이비드 쇼는 새롭고 강력한 슈퍼컴퓨터의 막이 열리던 시대의 인물이었다. 그는 1980년 스탠퍼드 대학에서 컴퓨터공학으로 박사학위를 받고 뉴욕으로 건너가 컬럼비아 대학 컴퓨터공학과에서 교편을 잡았다. 1980년대 초반 내내 첨단 기술 회사들이 그를 데려가기 위해 애를 썼다. 슈퍼컴퓨터를 제조하는 씽킹머신의 설립자이자 훗날 아마존닷컴 제프 베조스 회장의 가장 친한 친구가 된 투자가 대니 힐리스는 병렬컴퓨터 설계 업무를 제안해 자신의 회사로 쇼를 끌어오는 데 거의 성공할 뻔했다. 그러나 쇼는 일단 제안에 승낙했다가 곧 마음을 고쳐먹었다. 그는 힐리스에게 자신은 뭔가 더 돈이 될 만한 것을 하고 싶으며 나중에 부자가 되고 나서 슈퍼컴퓨터 쪽으로 돌아오겠다고 말했다. 이에 힐리스는 부자가 되는 것이 쉬운 일이 아니며 설령 그렇게 된다 해도 나중에 다시 컴퓨터공학 쪽으로 돌아오지 않을 거라고 반박했다(하지만 쇼는 실제로 수조 달러를 벌어들인 후 데스코의 일상 업무를 다른 사람들에게 맡기고 컴퓨터 쪽으로 돌아왔다). 이후 힐리스는 "내 예측은 둘 다 완전히 빗나갔어요"라고 고백한다.

1986년 모건 스탠리는 마침내 쇼를 학술계에서 빼내 트레이딩 자동화라는 새로운 흐름에 맞춰 통계적 차익거래 소프트웨어를 만드는 유명한 팀에 합류시켰다. 그러나 쇼는 따로 독립해 회사를 차리고 싶은 마음이 굴뚝같았다. 결국 그는 1988년 모건 스탠리에 사직서를 쓴 뒤, 투자가 도널드 서스먼으로부터 받은 종잣돈 2,800만 달러를 가지고 맨해튼 웨스트빌리지에 있는 커뮤니스트 서점 위층 사무실에 회사를 차렸다.

D. E. 쇼는 처음부터 일반 월스트리트 회사들과 완전히 달랐다. 쇼는 금융전문가 대신 과학자와 수학자들을 고용했다. 그들은 사회성은 약간 부족할지 몰라도, 남다른 배경에 명석한 두뇌를 지니고 최고의 학업 성적을 자랑하는 수재들이었다. 데스코가 파크 애비뉴 사우스의 꼭대기 층으로 이전하고 나서 입사한 밥 겔폰드는 "데이비드는 첨단 기술과 컴퓨터의 힘을 금융에도 과학적으로 적용하려고 했습니다. 그는 골드만삭스가 대단하다고 생각했고 자신의 회사도 월스트리트에서 상징적인 존재로 만들고 싶다고 했죠"라고 회상한다.

데이비드 쇼는 이런 방식을 회사 경영에도 적용해 빈틈없는 세심함을 보였다. 그는 정기적으로 사내 회람을 돌려 직원들에게 회사 이름을 쓸 때 D.와 E. 사이에 한 칸을 띄우는 것까지 일일이 지시했다. 하다못해 직원들이 회사의 미션을 쓸 때도 정확하게 "주식, 채권, 선물, 옵션 및 그 외 다양한 금융 상품 거래"라고 순서를 틀리지 않고 쓰도록 했다. 이보다 중요한 업무 부분에서도 엄격하기는 마찬가지였다. 컴퓨터공학자 직원 중에 누구라도 트레이딩 업무에 대한 아이디어를 낼 수는 있었지만, 까다로운 과학적 수사를 통과하고 통계적 테스트를 거쳐 정당성을 꼼꼼히 확인한 후에야 받아들여졌다.

D. E. 쇼는 빠르게 성장했고 1991년도에는 타임 스퀘어에서 한 블록

떨어진 맨해튼 중심부 고층 건물의 꼭대기 층으로 옮겼다. 사무실은 건축가 스티븐 홀이 디자인한 것으로 단순한 아름다움이 돋보였다. 두 층으로 이루어진 로비의 널따란 흰 벽에는 네모난 구멍을 내고 그 속에 형광 조명을 비추어 현대적인 느낌을 주었다. 그해 가을, 쇼는 빌 클린턴 대통령후보를 위해 1인당 입장료가 1,000달러인 모금 행사를 열었는데 재클린 오나시스 같은 거물들이 그 자리에 참석했다. 직원들은 그날 저녁 행사가 시작되기 전에 사무실을 비우라는 지시를 받았다. 당시 회사에서 가장 어린 부사장 중 한 명이었던 제프 베조스도 동료들과 함께 배구를 하러 나갔지만, 그 전에 미래의 대통령과 함께 사진 한 장을 찍었다.

베조스는 당시 20대 중반의 청년으로 키는 173센티미터에 조금 못 미치는데다 머리도 벌써 벗어지기 시작했고 안색이 창백하고 초췌한 전형적인 일 중독자의 모습이었다. 하지만 그가 월스트리트에서 일한 5년 동안 만나는 사람마다 그의 명석한 두뇌와 끈질긴 집념에 감탄했다. 베조스는 1986년 프린스턴 대학을 졸업하자마자 주식 트레이더가 되기 위해 대서양 횡단 민영 컴퓨터 네트워크를 개발하는 피텔이라는 회사에 들어가 두 명의 컬럼비아 대학 교수 밑에서 일했다. 피텔의 공동 설립자이자 베조스의 상사였던 그라시엘라 치칠니스키는 그를 유능하고 활기찬 사원으로 기억한다. 베조스는 런던과 도쿄 사무소 영업을 관리하는 업무를 맡아 지칠 줄 모르는 기세로 일했다. 치칠니스키는 이렇게 말한다. "그는 다른 사람들의 생각은 신경 쓰지 않았어요. 고도의 두뇌 작업이 필요한 까다로운 문제를 던지면 그는 그 문제와 씨름을 해서 기어코 해결해내고 말았지요."

1988년 베조스는 금융회사인 뱅커스 트러스트로 옮겼다. 그러나 이미 그즈음 그는 현상 유지에 만족하는 기업들의 안일한 태도에 답답함을 느끼고 자신의 사업을 시작할 기회를 엿보고 있었다. 1989년에서 1990년 사이, 그는 훗날 온라인 뉴스 네트워크인 CNET을 설립한 헬시 마이너라는 젊은 메릴린치 직원과 함께 여가 시간을 이용해 여러 달 동안 창업을 준비했다. 맞춤형 소식지를 팩스로 보내주는 그들의 신사업은 자금조달을 약속했던 메릴린치가 발을 빼는 바람에 무산되었다. 그러나 베조스는 사람들에게 강한 인상을 심어주는 데 성공한다. 마이너는 베조스가 몇몇 부유한 사업가를 자세히 연구했던 사실과, 특히 도미노 피자 체인점으로 큰돈을 번 버지니아 출신의 사업가 프랭크 미크스를 존경했던 것을 기억한다. 또한 베조스는 선구적인 컴퓨터과학자 앨런 케이를 우러러보았으며 "관점의 차이는 IQ 80점의 차이에 준한다"는 그의 말을 종종 인용했다. 이 말은 새로운 각도로 사물을 보면 이해의 폭이 넓어진다는 점을 상기시켜준다. "그는 모든 사람을 자신의 선생으로 삼아 어떤 교훈이라도 꼭 얻어냈습니다"라고 마이너는 말한다.

베조스가 월스트리트를 완전히 떠나려 할 즈음, 어느 헤드헌터가 비범한 금융회사가 있으니 딱 한 번만이라도 그 회사의 중역들을 만나보라고 설득했다. 이리하여 베조스와 쇼의 만남이 이루어졌다. 베조스는 나중에 데이비드 쇼를 직업적 소울메이트라고 부르며 "내가 아는 우뇌와 좌뇌가 완벽하게 발달한 몇 안 되는 이들 중 한 명"[1]이라고 극찬했다.

데스코에서 이미 훗날 아마존의 직원들이 말하는 베조스의 특이한 성품이 자주 드러났다. 그는 절제력이 강하고 정확했으며 순간순간 떠오르는 아이디어를 갖고 다니던 공책에 늘 적었다. 마치 적어두지 않으면 아이디어가 머리에서 다 날아가버릴 듯이 말이다. 또한 그는 더 나은 개념이 나타날 때마다 재빨리 옛것을 버리고 새로운 것을 포용했다. 나중에 전 세계가 알게 될, 소년처럼 들뜬 그의 모습이라든지 대화를 멈추게 하는 웃음소리는 이 시절에도 이미 보였다.

베조스는 사교적인 상황을 포함한 모든 것에 대해 분석적이다. 예를 들어 사귀는 사람이 없던 시절, 그는 볼룸댄스 교실에 다닌 적이 있었는데 댄스 수업을 받게 되면 여자를 만날 기회를 'n+여자' 수준으로 높일 수 있을 것으로 계산했다. '거래의 흐름'을 증가시키는 방법론을 적용해 '여자의 흐름'[2]을 증가시킬 궁리를 했다는 것은 유명한 에피소드로 남아 있다. 여기서 '거래의 흐름'이란 월스트리트에서 흔히 사용하는 용어로 은행가가 접근할 수 있는 새로운 거래 기회의 숫자를 뜻한다. 데스코와 아마존에서 베조스를 위해 일했던 제프 홀든은 "그는 내가 만난 사람들 중에서 내적 성찰에 가장 열심인 사람이었습니다. 그는 삶의 모든 부분에서 늘 꼼꼼합니다"라고 말한다.

D. E. 쇼에서는 다른 월스트리트 회사에서 흔히 보이는 불필요한 격식을 찾아볼 수 없었다. 최소한 밖으로 드러나는 모습만 보면 실리콘 밸리의 벤처기업과 더 비슷하다. 직원들은 양복과 넥타이 대신 청바지나 카고바지를 입었고 회사 내 서열 구조는 수평적이었다(트레이딩 공식에 대한 중요 정보의 경우 직원들의 접근이 엄격하게 제한되었지만). 베조스는 논스톱 근무일 같은 개념을 좋아하는 것 같았다. 그는 밤을 새워야 할 경우에 대비해 침낭을 사무실에 보관해놓고 계란판 모양 스펀지를 창가에 비치해두었다. 나중에 아마존에서 그와 함께 일한 니컬러스 러브조이는 "침낭은 실제 사용하기 위해서라기보다는 소품에 가까웠다"고 말한다. 실제로 베조스는 퇴근 후에 종종 데스코 동료들과 어울렸다. 그들은 새벽까지 돈을 걸고 백개먼 놀이나 브리지 게임을 했다.

회사가 커지면서 데이비드 쇼는 재능 있는 사람들을 더 영입할 궁리를 하기 시작했다. 그는 수학이나 과학 영재를 넘어서 제너럴리스트 쪽으로도 눈을 돌렸다. 대학을 수석으로 갓 졸업하고 특정 분야에 뛰어난 적성을 보이는 사람들이 대상이었다. 또한 그는 명문 대학의 풀브라이트 장학생이나 우등생 명단을 샅샅이 뒤진 후, 그들에게 수백 통의 편지를 보내 회사를 소개하고 "우리는 인재 등용에 있어 엘리트주의를 원칙으로 합니다"라고 밝혔다. 편지에 회신을 보낸 이들 중에서 특별히 재능 있어 보이고 학점과 적성검사 결과가 높은 사람들은 뉴욕으로 초대를 받아 온종일 면접 강행군을 했다. 이때 직원들은 면접자들에게 "미국에 총 몇 대의 팩스기가 있는가?" 같은 엉뚱한 질문을 즐겨 던졌다. 지원자들이 난해한 문제에 부딪혔을 때 어떻게 해결하는지 그 능력을 보려는 의도였다. 면접이 끝나고 채용 과정에 참여했던 모든 이들이 모여 각 지원자에 대해 '채용 불가, 채용 기피, 채용 선호, 채용 필수' 중 하나를 골라 평가했다. 한 명이라도 낙제점을 주면 해당 지원자는 그걸로 끝이었다.

베조스는 쇼의 여러 가지 경영 기술과 더불어 이러한 채용 과정을 시애틀에도 들여왔다. 오늘날에도 아마존 직원들은 동일한 분류 체계를 사용해 신입사원 후보에 투표한다.

데스코의 인재 채용 과정은 베조스의 사고방식과 잘 맞아떨어진다. 베조스가 자신의 인생 파트너로 선택한 여성도 데스코가 선택한 인물이었다. 1992년 프린스턴 대학 영문과 졸업생으로 작가 토니 모리슨 밑에서 공부한 매켄지 터틀MacKenzie Tuttle은 사무 보조직으로 데스코에 입사했다가 나중에 베조스의 부하직원으로 일하게 되었다. 러브조이는 어느 날 밤 베조스가 리무진을 빌려와 동료 몇 명을 데리고 나이트클럽으로 갔던 것을 기억한다. "그는 여러 동료를 데리고 갔지만, 관심 대상은 분명히 매켄지였어요."

매켄지는 베조스가 그녀를 찍은 것이 아니라 오히려 자신이 베조스를 찍었다고 말했다. "내 사무실은 그의 바로 옆방이라서 온종일 그 호탕한 웃음소리를 듣게 되었죠. 어떻게 그 웃음소리를 듣고 사랑에 빠지지 않을 수가 있겠어요?" 그녀는 2012년 《보그》와의 인터뷰에서 털어 놓았다. 그녀는 함께 점심을 먹으러 가자는 제안을 하면서 그의 마음을 사기 위한 작전을 개시했다고 한다. 두 사람은 데이트를 시작한 지 3개월 만에 약혼했고, 다시 3개월 뒤 결혼에 골인했다.[3] 그들의 결혼식은 1993년 웨스트 팜 비치에 있는 리조트 브레이커스에서 열렸다. 피로연 때 성인 하객들을 위한 게임 시간이 마련되었고 호텔 수영장에서 야간 파티가 이어졌다. 데스코 직원 중에는 밥 겔폰드와 톰 카지즈라는 컴퓨터 프로그래머가 참석했다.

한편 당시 데스코는 급속도로 성장하고 있었고 그 과정에서 관리하기가 더 힘들어졌다. 그 시기에 일했던 직원들은 어느 날 데이비드 쇼가 컨설턴트를 데려와 중역 전체를 대상으로 마이어스 – 브릭스 성격 유형 테스트MBTI를 실시한 적이 있었다고 회고한다. 놀랍지도 않겠지만 모두 내성적으로 나왔다. 팀에서 가장 덜 내성적인 사람은 제프 베조스였다. 즉 1990년대 초 데스코에서는 그가 외향적 성격의 상징이었다.

베조스는 데스코에서 타고난 리더십을 보여주었다. 1993년 무렵 그는 시카고에 근거지를 둔 회사 내 옵션거래팀을 원거리로 관리했고, 그 후 세간의 이목을 집중시킨 장외 거래장 진출을 이끌었다. 장외 거래는 소매 투자자들이 뉴욕 증권거래소에 일반 수수료를 내지 않고 주식을 거래하는 방법이다.[4] 당시 회사의 프로그래머이자 나중에 아마존에서 일하게 된 브라이언 마시는 "베조스는 놀라운 카리스마로 설득력 있게 장외 거래 시장 진출을 옹호했습니다. 그가 위대한 리더라는 사실을 누구나 쉽게 눈치챌 수 있었지요"라고 말한다. 이렇듯 놀라운 리더십을 보였음에도 베조스의 부서는 늘 도전에 부딪혔다. 당시 장외 거래 시장 분야의 큰손으로는 2008년에 드러난 거대 폰지 사기극의 주인공 버나드

매도프가 있었다. 매도프의 장외 거래 시장 부서는 이 분야를 개척했으며 시장 선두 자리를 지켰다. 베조스 팀의 사무실 창문에서는 이스트사이드에 위치한 립스틱 빌딩 내 매도프의 사무실이 보였다.

월스트리트의 다른 회사들은 데스코를 매우 비밀스러운 헤지펀드로 본 반면, 데스코는 조금 다른 입장이었다. 데이비드 쇼의 머릿속에서 회사는 사실 헤지펀드가 아니라 컴퓨터공학을 다양한 문제에 적용할 수 있는 혁신가와 재능 있는 엔지니어들로 가득한 다용도 첨단 기술 연구실이었다.[5] 투자는 그저 그들의 능력을 써먹을 첫 분야였을 뿐이다.

과연 1994년, 인터넷을 열심히 지켜보던 몇몇 사람에게 기회가 찾아왔고, 쇼는 자신의 회사가 그 기회를 활용할 수 있는 독특한 위치에 있음을 직감했다. 또한 그는 그 프로젝트의 선봉장에 설 인물로 제프 베조스를 지목했다.

당시 데스코는 인터넷을 잘 이용할 수 있는 이상적인 위치에 있었다. 대부분의 직원은 트레이딩 전용 단말기 대신 인터넷 접속이 가능한 선 워크스테이션을 썼고 초기 인터넷 도구인 고퍼, 유즈넷, 이메일, 그리고 최초 웹 브라우저 중 하나인 모자이크를 사용했다. 문서 작성을 위해서는 레이텍 같은 문서 조판 도구를 썼지만, 베조스는 레이텍이 필요 이상으로 복잡하다며 사용을 거부했다. D. E. 쇼는 웹사이트 주소를 최초로 등록한 월스트리트 회사 중 하나이기도 하다. 인터넷 기록에 따르면 Deshaw.com은 1992년부터 사용 중이다. 골드만 삭스는 도메인 이름을 1995년에 땄고, 모건 스탠리는 그보다 1년 후에 등록했다.

교수로 재직하는 동안 인터넷과 그것의 원형인 아파넷을 사용했던 쇼는 전 세계적 단일 컴퓨터 통신망이 가지는 상업적·사회적 영향에 대해 관심이 많았다. 베조스는 1985년 프린스턴 대학의 천체물리학 수업 시간에 인터넷을 처음 접하게 되었지만 데스코에서 일하기 전에는 그것이 갖는 상업적 잠재력에 대해 생각해본 적이 없었다. 쇼와 베조스는 매주 몇 시간씩 만나 브레인스토밍을 하면서 다가오는 기술 물결에 대비하는 아이디어들을 창출하곤 했다. 그리고 베조스는 그 아이디어들의 가능성을 조사했다. [6]

1994년 초, 베조스와 쇼가 다른 직원들과 토론하던 중 미래 사업 계획 몇 가지가 떠올랐다. 그중 하나는 광고로 수익을 내는 무료 이메일 계정으로 지메일과 야후메일의 사업안과 동일하다. 데스코는 그 사업 계획을 바탕으로 주노라는 회사를 설립했는데 1999년에 상장되어 얼마 후 경쟁사인 넷제로와 합병했다.

또 다른 사업안은 인터넷으로 주식과 채권을 거래할 수 있는 새로운 종류의 금융 서비스를 만드는 것이었다. 1995년 쇼는 그 아이디어를 가지고 파사이트 금융 서비스라는 자회사를 열었는데, 이는 이트레이드 같은 회사들의 모태가 되었다. 파사이트는 나중에 메릴린치에 팔렸다.

쇼와 베조스가 의논한 또 다른 사업안이 있었다. 그들은 그것을 '에브리싱 스토어'라고 불렀다.

그 당시 데스코의 몇몇 중역은 에브리싱 스토어에 대한 사업안 자체는 매우 간단했다고 회고한다. 소비자와 생산자의 중간자 역할을 하면서 전 세계 모든 종류의 상품을 파는 인터넷 회사를 만드는 것이 핵심이었다. 초기 형태의 중요한 요소 중 하나는 소비자들이 제품에 대한 후기를 남기도록 유도하는 것이었다. 몽고메리 워드 사의 카탈로그에 나오는 공급자 후기보다 더 공평하고 믿을 만한 형태였다. 쇼는 1999년 《뉴욕 타임스》 일요판과의 인터뷰에서 인터넷 스토어 사업을 계획하고 있는 게 사실이라고 털어놓았다. "중간자 역할을 하면서 이윤을 창출할 수 있을 것이라는 건 늘 알고 있었지요. 문제의 핵심은 누가 그 중간자가 되느냐는 겁니다."[7]

인터넷의 필연적 중요성에 대한 쇼의 확신에 호기심이 발동한 베조스는 인터넷의 성장에 대해 조사하기 시작했다. 텍사스에 사는 작가이자 출판업자인 존 퀴터먼이라는 사람이 월간지《매트릭스 뉴스Matrix News》를 간행했는데 그는 이 잡지에서 인터넷을 극찬하면서 상업적 가능성에 대해 다루었다. 특히 1994년 2월호에 놀라운 내용이 실렸다. 퀴터먼은 월드 와이드 웹의 성장을 자세히 설명하면서 단순하고 사용하기 쉬운 인터페이스 덕분에 다른 인터넷 기술보다 더 폭넓은 사용자층이 있다는 사실을 지적했다. 그 증거로 어느 도표는 웹을 통해 전송된 바이트 수, 즉 연속된 비트열의 수가 1993년 1월에서 1994년 1월 사이에 2,057배가 늘어났다는 사실을 보여주었다. 또 다른 그래프는 웹으로 보내진 패킷이라는 단일 데이터 단위의 수가 같은 기간 동안 2,560패킷이나 껑충 뛰었음을 보여주었다.[8]

베조스는 그해 전반적 웹 활동이 약 2,300배 늘어났다고 덧붙였다. 이를 백분율로 환산하면 약 23만 퍼센트가 증가한 셈이 된다. 베조스는 다음과 같이 말했다. "이렇게 급속도로 무엇인가가 증가하는 일은 거의 없습니다. 너무나 기이한 일이었어요. 그래서 저는 이러한 성장 환경에는 어떤 사업이 적합할지 생각하기 시작했지요."[9] (아마존 설립 초기 베조스는 연설할 기회가 있을 때마다, 안일한 생각에 젖어 있다가 웹의 '2,300퍼센트' 연간 성장률을 보고 정신이 번쩍 났다고 자주 말했다. 이로써 재미있는 역사적 에피소드가 생겨났다. 결국, 아마존은 잘못된 수학 계산에서 시작된 것이다).

베조스는 진정한 의미의 에브리싱 스토어는 현실적으로 이루기 힘들다고 결론 내렸다. 최소한 초창기에는. 그는 컴퓨터 소프트웨어, 사무용품, 의류, 음악 등 가능성 있는 품목 스무 가지를 적어 내려갔다. 결국에 그의 눈에 띈 최상의 품목은 책이었다. 책은 순수한 상품이었다.

이쪽 서점에서 산 책은 저쪽 서점에서 파는 책과 똑같아서 소비자는 자신이 구매하는 상품이 무엇인지 언제나 확실히 안다. 그 시절 주요 서적 도매 유통업체는 인그램과 베이커앤드테일러 두 곳으로 새로운 소매업자가 수천 곳의 출판사를 일일이 찾아다니지 않아도 되었다. 무엇보다 중요한 사실은 이 세상에 출간된 책이 300만 종이나 되어 반스앤드노블이나 보더스 대형 매장조차 모두 다 들여놓지 못한다는 것이었다.

베조스는 지금 당장 진정한 에브리싱 스토어를 만들 수 없다면, 적어도 주요 품목 한 가지에서라도 전 상품을 다 실어서 그 정수를 담아야겠다고 생각했다. "오프라인 서점에서는 절대 다 들여놓지 못할 정도로 다양한 종류의 책을 온라인 서점에서는 구비해놓을 수 있어요. 방대한 규모의 상품을 들여놓고 고객이 편리하게 선택할 수 있는 진정한 대형 매장을 만들 수 있는 것이지요."[10]

웨스트 45번가 120번지의 40층에 위치한 그의 사무실에서 베조스는 흥분을 감추지 못했다. 데스코의 인사부장 찰스 알다이와 함께 그는 오하이오 클리블랜드에 있는 북스택스 언리미티드나 매사추세츠 케임브리지의 워즈워스 같은 초장기 온라인 서점을 조사했다. 알다이는 그때 초기 온라인 서점들을 테스트하면서 책을 샀던 영수증을 아직도 갖고 있다. 그는 캘리포니아 팔로 알토에 있는 퓨처 판타지 서점의 웹사이트에서 아이작 아시모프의 『사이버드림Cyberdreams』을 6.04달러를 주고 샀다. 2주 뒤 그 책이 나타나자 알다이는 카드보드지 포장을 뜯어서 베조스에게 책을 보여주었다. 배송 도중에 상품은 완전히 너덜너덜해졌다. 인터넷으로 책 장사를 제대로 하는 법을 아직 아무도 터득하지 못했던 것이다. 베조스의 눈에 이것은 아직 미개척된 거대한 기회로 보였다.

베조스는 데스코 내에서 벤처기업을 시작하게 되면 그것이 자신의 회사가 되기는 힘들 것을 알았다. 실제로 주노와 파사이트의 초반 소유주는 데스코였고 쇼가 그 두 회사의 회장직을 맡았다. 만약 피자 거물 프랭크 미크스처럼 진짜 소유주 겸 창업자가 되어 최대 지분을 소유하고 큰 금전적 보상도 얻고 싶다면 베조스는 두둑한 월급봉투와 안락한 월스트리트 보금자리를 떠나야 했다.

그다음에 인터넷 초기 역사에서 길이 남을 사건이 벌어졌다. 그해 봄 베조스는 사직서를 내며 온라인 서점을 차리고 싶다고 데이비드 쇼에게 이야기했다. 쇼는 같이 산책하자고 제안했다. 그들은 두 시간 동안 센트럴 파크를 거닐며 벤처와 창업에 대해 대화를 나누었다. 쇼는 베조스의 그러한 충동을 이해하고 공감했다. 자신도 같은 이유로 모건 스탠리를 떠난 과거가 있으니 말이다. 그러나 그는 데스코가 빠르게 성장하고 있고 베조스가 이미 근사한 직업을 가지고 있다는 말도 잊지 않았다. 또한 데스코가 베조스의 벤처기업에 맞서 경쟁을 하게 될지도 모른다고 경고했다. 결국 베조스가 며칠 더 생각해보는 것으로 둘은 합의했다.

그 당시 베조스는 갓 결혼하여 고액 연봉을 받으며 어퍼 웨스트 사이드에 있는 고급 아파트에서 살고 있었다. 매켄지는 베조스가 창업을 하기로 결정한다면 자신은 그 결정을 지지하겠다고 말했다. 그러나 결정을 내리기는 쉽지 않았다. 나중에 베조스는 당시의 고민 과정을 상당히 기술적인 용어로 설명했다. 그는 삶의 갈림길에서 다음 일을 결정할 때 사용할 '후회 최소화 프레임워크Regret-minimization framework'를 고안했다고 한다.

"여러 가지 일로 바쁠 때는 작은 것 때문에 큰 것을 잃을 수 있습니다. 80세가 되어 인생을 뒤돌아볼 때 1994년도 1년 중 하필 왜 보너스 받는 시기를 앞두고 그 순간에 사직서를 냈을까 하고 후회하지는 않을 겁니다. 나중에 나이가 들어 중요하게 생각할 일은 그런 것들이 아니지요. 동시에, 인터넷이 세상을 바꿀 혁명적 사건임을 알면서도 여기에 뛰어들지 않는다면 정말 후회하게 될 것이라 믿었습니다. 이러한 각도에서 생각해보니…… 결정을 내리기가 매우 쉬워졌어요."[11]

베조스의 아버지 마이크는 엑슨 사의 정유 엔지니어로 베조스의 어머니 재키와 함께 콜롬비아 보고타로 전근한 지 만 3년을 채워가던 무렵 아들의 전화를 받았다. 그들의 첫 반응은 "인터넷으로 책을 팔겠다니 무슨 말이냐?"였다고 마이크는 회고한다. 그들은 초기 온라인 서비스인 프로디지를 이용해 서로 연락하고 제프와 매켄지의 약혼 잔치를 준비한 바 있어서 새로운 기술에 대해 잘 몰라 걱정을 한 것은 아니었다. 그보다는 자신들의 잘나가는 아들이 말도 안 되는 꿈을 좇아 월스트리트의 고연봉 직장을 그만두는 것이 걱정된 것이다. 재키 베조스는 아들에게 퇴근 후 밤이나 주말에 그의 새 사업을 운영하는 것이 어떠냐고 제안했다. "아니에요, 어머니. 세상은 빠르게 변하고 있어요. 나도 빨리 움직여야 합니다." 베조스는 대답했다.

제프 베조스는 여행을 계획했다. 일단 그는 어퍼 웨스트사이드에 있는 자신의 아파트에서 〈스타트렉 : 넥스트 제너레이션〉 최종회를 보는 파티를 열었다. 그러고 나서 캘리포니아 산타크루즈로 날아가 데이비드 쇼의 첫 직원이었던 피터 라벤톨이 소개해준 두 명의 경험 많은 프로그래머를 만났다. 산타크루즈의 올드 새시 밀 카페에서 블루베리 팬케이크를 먹으면서 베조스는 그들 중 창업 베테랑인 셸 캐펀의 주의를 끄는 데 성공했다. "베조스는 인터넷을 둘러싸고 벌어지는 일에 대해서 나처럼 완전히 미쳐 있더군요" 하고 캐펀은 말한다. 그들은 산타크루즈에서 사무실 점포를 함께 찾아보았다. 그러나 나중에 베조스는 판례에 따라서 실제적인 사업장이 없는 주에서는 소비자로부터 사업자가 판매세를 걷지 않아도 되고 그 결과 통신 판매 회사들은 보통 인구가 밀집한 캘리포니아나 뉴욕 같은 주를 피해서 위치를 정한다는 것을 알았다. 베조스도 그렇게 했다.

다시 뉴욕으로 돌아간 베조스는 동료들에게 데스코를 떠나게 되었다고 알렸다. 베조스는 어느 날 밤, 일리노이 주립대학 어바나-샴페인 캠퍼스를 갓 졸업하고 장외 거래 시장 프로젝트에서 엔지니어로 베조스 밑에서 일했던 제프 홀든과 함께 술을 마시러 나갔다. 두 사람은 친했다. 홀든은 미시건 주 로체스터 힐스 출신으로, 청소년 시절 노바Nova라는 이름의 해커로 활동하면서 소프트웨어에 설치된 저작권 보호 암호를 해킹하는 데 능했다. 그는 롤러블레이드 솜씨가 수준급인데다 말이 속사포같이 빨랐다. 이에 대해 베조스는 빨리 말하는 홀든 덕분에 빨리 듣는 법을 배웠다고 곧잘 농담했다.

그들은 44번가에 스트리트에 있는 바비큐 식당 버질에서 마주 보고 앉아 있었다. 베조스는 일단 그의 회사에 '카다브라 주식회사Cadabra Inc.'라는 임시 상호를 붙이긴 했지만 아직 최종 결정을 내리지는 않은 상태였다. 홀든은 공책 한 장을 찢어 앞뒤로 대체할 만한 다른 이름으로 빼곡히 채웠다. 베조스가 가장 마음에 들어 한 이름은 〈스타트렉〉에 나오는 피카드 함장의 대사를 딴 'MakeItSo.com(〈스타트렉〉에는 피카드 함장이 얼그레이 홍차를 마시며 "Make it so", 즉 "지시대로 행하게"라는 말과 함께 지시를 내리는 장면이 자주 나온다 - 옮긴이)'였다.

맥주를 마시면서 홀든은 베조스를 따라가겠다고 말했지만 베조스는 걱정이 되었다. 데스코와의 고용계약서에는 그가 회사를 떠날 경우 최소 2년 동안 데스코 직원을 채용할 수 없다고 명시되어 있기 때문이었다. 데이비드 쇼를 화나게 하고 싶은 마음은 추호도 없었다. 그래서 베조스는 홀든을 타일렀다. "자네는 갓 학교를 졸업했고 학자금 대출도 갚아야 하지 않나. 이건 너무 위험하네. 여기에 있게. 순자산을 좀 쌓고 나서 내가 다시 연락함세."

같은 달 말, 베조스와 매켄지는 세간살이를 다 싸서 이삿짐센터 인부들에게 다음 날 정확한 목적지를 전화로 알려줄 테니 일단은 무작정 미대륙을 가로질러 짐을 옮기라고 말했다. 먼저 그들은 텍사스 포트워스로 날아가 베조스의 아버지로부터 1988년식 쉐보레 블레이저를 빌린 후 북서쪽으로 차를 몰았다. 베조스는 조수석에 앉아 수익 예상치를 엑셀 스프레드시트에 입력했는데 나중에 그 수치가 엄청나게 부정확했음을 알게 되었다. 그들은 텍사스 샴록에 있는 모텔 식스에 체크인하려고 했지만 방이 없었다. 그래서 램블러라는 허름한 삼류 모텔로 가는 수밖에 없었다.

매켄지는 모텔 방을 보고 그날 밤 신발을 벗지 않았다. 이튿날 그들은 그랜드 캐니언에 차를 세우고 일출 광경을 지켜보았다. 그는 서른 살, 그녀는 스물네 살이었다. 수백만 인터넷 사용자와 희망에 찬 벤처 창업인들의 집단적 상상력에 각인될 창업 성공기를 쓰는 순간이었다.

1년도 더 지난 뒤에 제프 홀든은 그의 친구로부터 연락을 받았다. 베조스는 시애틀에 정착했고, 홀든에게 웹사이트 주소 하나를 이메일로 보냈다. 그것이 지금의 아마존닷컴이다. 그 웹사이트는 원시적이고 대부분 텍스트로 되어 있는데다 어딘가 엉성해 보였다. 홀든은 그 웹사이트에서 책을 몇 권 사고 후기를 보내주었다. 그러고 나서 1년이 더 지났다. 마침내 데이비드 쇼와 베조스 간에 명시한, 직원을 가로채지 말라는 조항이 만료되었고 몇 달 뒤 홀든의 전화벨이 울렸다.

베조스였다. "시간이 되었네. 우린 성공할 거야."

CHAPTER 02

베조스 경전
The Book of Bezos

1994년 8월 21일, 유즈넷 게시판에 다음과 같은 글이 올라왔다.

자금이 풍부한 벤처기업을 도와 인터넷 상거래를 개척할 엄청나게 재능 있는 C, C++ 및 유닉스 개발자 구함. 크고 복잡하나 관리하기 쉬운 시스템 디자인 및 구축 유경험자. 일반 유능한 개발자들이 걸리는 시간의 3분의 1 수준에서 작업 완료 가능자. 컴퓨터공학 학사, 석사, 박사 학위 소지자 혹은 거기에 상응하는 학력이나 경력 소유자. 뛰어난 소통 능력 필수. 웹 서버 및 HTML 경험자 우대.

저희와 함께 일할 재능 있고 의욕 넘치며 열정적이고도 재미있는 분을 모십니다. 시애틀 지역으로 이주 가능한 분이어야 합니다(이사 비용은 회사 전액 부담). 연봉과 함께 상당 수준의 지분도 드립니다.

이력서와 자기소개서를 제프 베조스에게 보내주십시오.

주소 : 미국 워싱턴 주 벨뷰 28번가 N.E 10704번지, 우편번호 98004, 카다브라 주식회사
우리는 고용 기회 균등주의 기업입니다.

"미래를 예측하는 것보다 직접 만드는 것이 더 쉽다."
— 앨런 케이

초반부터 그들은 더 나은 이름이 필요하다는 사실을 알고 있었다. 1994년 7월 워싱턴 주에 상호를 등록하고 나서 베조스의 첫 변호사인 토드 타버트가 지적했듯이, 마법의 주문 일부를 딴 카다브라 주식회사는 너무 모호할 뿐만 아니라 전화상으로는 자칫 '카다버Cadaver', 즉 시체라는 말로 들렸다. 그래서 그해 여름, 시애틀 동쪽 외곽에 있는 벨뷰에 침실 세 개짜리 단층 주택에 세를 얻은 베조스와 매켄지는 열띤 의논에 들어갔다. 인터넷 기록을 보면 그 시기에 이 부부는 Awake.com과 Browse.com 및 Bookmall.com 같은 웹 도메인 이름을 등록했다고 나온다. 베조스는 네덜란드어 단어를 써서 Aard.com이라는 이름도 잠시 고려했다. 그 당시 웹사이트 목록이 알파벳 순서로 되어 있었기 때문에 제일 첫 자리를 차지하려는 생각에서였다.

베조스와 그의 아내는 Relentless.com이라는 또 다른 도메인 이름에도 점점 애착이 갔다. 친구들은 좀 찝찝한 이름이라고 했지만 베조스는 상당히 마음에 들었던 것 같다. 그는 1994년 9월에 그 URL을 등록해서 계속 갖고 있었다. 지금 인터넷에 Relentless.com을 한번 쳐보라. 곧장 아마존닷컴으로 가게 된다.

베조스가 창업 장소로 시애틀을 선택한 이유는 첨단 기술의 허브로 이름이 난 도시였고 워싱턴 주는 캘리포니아, 뉴욕, 텍사스 같은 주에

비해 인구가 적어 아마존이 주의 판매세를 걷어야 하는 대상 고객 비율이 적기 때문이었다. 그 지역은 외딴 벽지의 소도시로 여전히 비즈니스보다는 그런지 록 음악으로 더 유명했지만, 마이크로소프트가 근처 레드먼드에 진을 치기 시작했고 워싱턴 대학이 꾸준히 컴퓨터공학 졸업생을 배출해냈다. 또 시애틀은 대형 도서 유통업체 인그램과 지리적으로 가까웠다. 인그램의 창고가 차로 여섯 시간밖에 걸리지 않는 오리건 주 로즈버그에 있었기 때문이다. 게다가 친구를 통해 얼마 전에 소개받은 현지 비즈니스맨 닉 허나워가 베조스에게 시애틀에서 한번 시작해보라고 설득했다. 그는 나중에 베조스를 잠재 투자가들에게 소개시켜주는 결정적인 역할을 하게 된다.

그해 가을, 셸 캐펀이 산타크루즈에서 트럭을 빌려 자신의 이삿짐을 몽땅 싣고 와서는 아마존 창립 직원이자 주 기술 요원으로 베조스 부부와 공식적으로 합류했다. 샌프란시스코 지역에서 자란 캐펀은 청소년기에 컴퓨터에 미쳐서 미국 국방성이 개발한 인터넷의 할아버지 격인 아파넷 탐색을 즐겼다. 고등학교 시절, 캐펀은 작가이자 대항 문화 주동자인 스튜어트 브랜드를 만나 졸업한 그해 여름에 홀 어스 카탈로그에 취직했다. 브랜드가 창간한 홀 어스 카탈로그는 새로운 정보 시대에 깨달음을 얻은 이들을 위한 서적과 물품을 소개하는 영향력 있는 잡지였다. 긴 히피 머리와 덥수룩한 수염을 뽐내면서 캐펀은 멘로 파크에 있는 홀 어스 트럭 스토어에서 일을 했는데 이곳은 이동 대여 도서관이자 교육 시설이었다. 그의 업무는 계산대를 보고, 정기 구독 신청을 받고, 고객에게 보낼 책과 카탈로그를 포장하는 일이었다.

캘리포니아 주립대학 산타크루즈에서 휴학과 복학을 반복한 지 10년 만에 수학과 학사 학위를 딴 캐펀은 샌프란시스코 지역의 여러 회사에서 일을 했다. 그중에는 개인용 컴퓨터에 쓸 멀티미디어 재생 소프트웨어를 개발하는 애플과 IMB의 공동 투자 실패작 칼레이다 연구소도 있었다. 친구들의 말을 빌리자면, 그는 우울한 얼굴로 그 경험들에 대해 실망감을 표현하곤 했다고 한다. 그가 시애틀에 갔을 때, 캐펀은 막 문을 연 작은 회사가 성공할 거라고는 생각하지 못했다. 그는 곧 회사 이름에 대해 걱정하기 시작했다. "저는 균형이라는 뜻의 작은 컨설팅 회사 시메트리Symmetry 그룹에서 일한 적이 있는데 우리 회사 이름을 무덤을 뜻하는 '세메터리Cemetery' 그룹으로 생각하는 사람이 많았어요. 그래서 시체(카다버) 주식회사라는 이름을 들었을 때 속으로 '어이쿠 또 이런 이름을 가진 회사에 다니게 되었어' 하고 생각했죠." 캐펀은 그렇게 회상한다. 그러나 그는(이때는 이미 머리가 벗어진 40대 초반으로 긴 히피 머리와 수염은 사라지고 없었다) 홀 어스 카탈로그의 비전을 이루기 위해 인터넷을 사용해 세상 어디에서도 정보와 도구를 얻을 수 있게 한 아마존의 잠재력을 보고 깊은 영감을 받았다.

일단 캐펀은 코드를 만든 후 산타크루즈로 돌아가 원거리 작업을하기로 마음먹었다. 그래서 이삿짐의 반은 집에 두고, 세를 얻을 집을 찾는 동안 벨뷰에 있는 베조스 부부 집에서 묵었다. 그들은 베조스의 집 차고를 개조해 가게를 차렸다. 그곳은 단열 처리도 되어 있지 않은 벽으로 둘러싸인 공간이었는데, 한가운데에 크고 검은 배불뚝이 난로가 있었다. 베조스는 홈 디포 매장에서 사온 60달러짜리 밝은 갈색 문짝으로 책상 두 개를 만들었다. 이는 노아가 방주를 지은 것처럼 아마존 역사에서 거의 종교적 의미를 갖는 사건이었다. 9월 말 베조스는 오리건 주 포틀랜드로 차를 몰고 가서 소규모 서점 연합인 미국서점협회가 주최하는 4일짜리 도서 판매 강좌를 들었다. 강좌는 '서점 창업 시 재고 고르기'나 '재고 관리법' 같은 주제로 열렸다.[1] 그러는 동안 캐펀은 컴퓨터와 데이터베이스를 알아보며 웹사이트 코딩법을 배우기 시작했다. 그 시절에는 인터넷에 무엇을 올리려면 무조건 맞춤형으로 제작할 수밖에 없었다.

마지막 동전까지 탈탈 털어 사업 예산으로 썼다. 처음 베조스는 자신의 돈 1만 달러를 회사에 투자했고 그 후 16개월 동안 추가로 8만 4,000달러를 무이자로 융자받았다는 공문서가 남아 있다. 캐펀은 고용계약서를 쓸 때 회사에 합류하는 조건으로 5,000달러 상당의 주식을 사겠다고 약속해야 했다. 하지만 그는 베조스와 같은 연봉인 6만 4,000달러를 받기로 하고 아마존에 합류한 터였다. 이는 여태껏 받던 연봉의 절반밖에 안 되는 금액이어서 추가로 2만 달러치 주식을 살 수 있는 옵션을 포기할 수밖에 없었다. "그 단계에서는 모든 것이 수상해 보였어요. 시끄럽게 웃는 남자가 개조한 차고에서 문으로 책상을 만든 것 외에는 아무것도 없었습니다. 저는 위험을 감수하고서 낮은 봉급을 받기로 하고 이사했어요. 모아놓은 돈이 좀 있었긴 해도 그 사업에 더 많은 투자를 할 마음이 없었습니다"라고 캐펀은 말했다. 회사 설립 초기에 함께 고생한 캐펀은 이제 아마존 공동 창업자로 간주되기도 한다.

1995년 초반 베조스의 부모인 재키와 마이크는 10만 달러를 아마존에 투자했다. 마이크가 노르웨이, 콜롬비아, 베네수엘라 등지에서 일할 때 엑슨이 이들의 생활비를 대주었기 때문에 부부는 상당한 액수의 돈이 있었고 그중 큰 부분을 맏아들에게 쓰기로 했다. 그의 아버지는 "사업계획서를 봤지만 무슨 말인지 전혀 모르겠더군요. 진부하게 들리겠지만 우리는 제프의 재능에 승부를 걸었습니다"라고 말했다. 제프 베조스는 자신의 부모에게 투자금 전부를 잃을 가능성이 70퍼센트라고 말했다. "어느 정도 위험성이 있는지 솔직하게 말씀드립니다. 그래야 실패해도 명절날 제가 떳떳하게 집에 갈 수 있잖아요."

제프가 아마존으로 끌어들인 가족은 부모뿐이 아니었다. 작가가 꿈이었던 매켄지는 회사의 첫 공식 회계사가 되어 재정을 관리하고 어음이나 공과금을 납부하는 한편 직원 채용을 돕기도 했다. 휴식 시간이나 회의 때 직원들은 근처에 있는 대형 오프라인 서점 반스앤드노블에 자주 갔는데, 베조스는 나중에 강연이나 인터뷰에서 그 아이러니에 관해 자주 언급했다.

그들은 사업 운영에 있어서 적어도 처음에는 별로 조급하지 않았다. 10월의 어느 이른 아침 캐펀이 벨뷰에 있는 베조스의 집으로 갔더니 베조스가 오늘은 휴무하고 다 같이 하이킹을 갈 거라고 말했다. 캐펀은 "날씨는 점점 추워지고 해는 짧아지던 때였어요. 우리는 다들 이 지역으로 온 지 얼마 되지 않았고 구경도 별로 못 했거든요"라며 그 시기의 일을 떠올린다. 베조스, 매켄지, 캐펀은 차를 몰고 113킬로미터 정도 떨어진 레이니어 산으로 가서, 시애틀 하늘과 맞닿은 이 웅장한 화산 이곳저곳에 쌓인 눈 사이를 돌아다니며 하루를 보냈다.

가을이 지나가기 전에 그들은 워싱턴 대학 컴퓨터공학부 직원으로 근무하던 영국 출신 프로그래머 폴 데이비스를 영입했다. 데이비스의 동료들은 그가 아직 영업 개시도 하지 않은 온라인 서점으로 옮긴다고 하자 너무나 걱정했다. 그래서 혹시 일이 잘 풀리지 않을 경우를 대비해 사무실에 빈 커피 통을 돌려서 그를 위해 돈을 모았다. 데이비스는 차고에서 캐펀, 베조스와 함께 선 마이크로 시스템의 SPARC 스테이션 서버를 구축했다. 피자 상자처럼 생긴 이 기계는 얼마나 전력을 많이 소모했던지 퓨즈가 계속 나갔다. 결국 그들은 두껍고 긴 전원 연장 코드로 집 안에서 전기를 끌어와 다른 회로에 컴퓨터를 연결시켰다. 이렇게 해놓으니 집에서 헤어드라이어나 진공청소기를 켤 수가 없었다.[2]

"처음에는 일반적으로 신규 창업 회사라고 하면 떠오르는 그런 역동성이 없었습니다. 사실 아직 창업을 한 것도 아니었지요. 사무실에는 그저 캐펀, 제프, 나 이렇게 셋이서 앉아 화이트보드를 놓고 프로그래

46

밍 작업을 어떻게 나누어서 할 것인지 의논하던 상태니까요"라고 데이비스는 말한다. 그는 고어텍스 양말 속에 바짓가랑이를 집어넣고 매일 자전거를 타고 벨뷰로 출근했다.

그들의 주된 목표 중 하나는 클리블랜드에 본사를 둔 북스택스 언리미티드의 웹사이트인 Books.com 같은 기존 온라인 서점보다 뭔가 더 우수한 것을 만드는 것이었다. 데이비스는 다음과 같이 말한다. "정신 나간 소리로 들릴 수도 있겠지만 다른 경쟁업체보다 더 잘하는 것이 첫 번째 도전이라고 느꼈어요. 이미 이 분야에도 경쟁이 상당했거든요. 제프가 뭔가 완전히 새로운 것을 시작한 것은 아니었으니까요."

그때까지도 '카다브라'라는 이름을 그대로 사용하고 있었다. 그러던 1994년 10월 말, 베조스는 사전을 들고 A부터 뒤지기 시작하다가 아마존Amazon이라는 단어에 이르렀을 때 강렬한 느낌을 받았다. 세계에서 가장 큰 강. 세계에서 가장 큰 서점.[3] 어느 날 아침 그는 차고로 들어와 동료들에게 새 회사명을 알렸다. 그는 다른 이들의 의견은 들어보고 싶지도 않은 것 같았다. 1994년 11월 1일 그는 새로운 URL을 등록했다. "아마존은 그냥 세계에서 가장 큰 게 아니에요. 두 번째로 가장 큰 강보다 몇 배나 더 크죠. 다른 강들과는 비교 대상이 아닙니다"라고 베조스는 말했다.

애플이나 휴렛패커드 같은 전설적 회사들이 보잘것없는 곳에서부터 시작했던 것처럼, 아마존의 원조 본부인 벨뷰 차고는 회사 초기 낭만시대의 상징이 되었다. 하지만 아마존은 몇 달 만에 그곳에서 자리를 옮겼다. 캐펀과 데이비스가 원시 베타 웹사이트 구축을 거의 끝내갈 무렵, 베조스는 추가로 직원을 고용하는 것을 고려하기 시작했다. 그러려면 제대로 된 일터를 만들어야 했다. 그해 봄, 그는 시애틀 중심가 근처

소도 공단에 위치한 컬러타일 소매 영업장 위층의 작은 사무실을 임대했다. 그리고 같은 건물 지하의 일부를 아마존 첫 공식 창고로 썼다. 그곳은 예전에 음악 밴드가 연습실로 사용하던 창문 없는 방이었는데 여섯 평도 안 되는 크기였다. 칠흑같이 검은 문에는 스프레이 페인트로 쓴 '소닉 정글'이라는 글씨가 아직도 남아 있었다. 그 후 얼마 지나지 않아 베조스와 매켄지는 벨뷰에 있는 집에서 이사했다. 뉴욕 생활의 도시적 에너지를 다시 느끼고 싶어서였다. 그들은 세련된 시애틀 벨타운 지역의 바인가에 있는 25평짜리 아파트로 옮겼다.

1995년 봄 베조스와 캐펀은 몇몇 친구, 가족, 이전 직장 동료에게 베타 웹사이트 주소를 보냈다. 웹사이트에는 별로 볼 것이 없었고 글자로 채워져 있었다. 그 당시 원시적 브라우저와 느린 인터넷 속도에 잘 맞는 디자인이기는 했다. 대문 페이지에는 "100만 가지의 책을 항상 저렴한 가격에 판매합니다"라는 밑줄이 그어진 파란색 문구가 보인다. 그 옆에는 아마추어가 그린 듯한 로고가 있다. 강물처럼 얼룩덜룩한 파란색 바탕에 거대한 A가 있고 강물이 그 글자 사이로 굽이치는 그림이었다. 서점이나 도서관의 책장 앞에 서서 책 고르기를 즐기는 지식층이 흥미로워할 웹사이트처럼 보이지는 않았다. 수전 벤슨은 "웹사이트를 보면서 여기서 책을 사고 싶어 하는 사람이 있을 거라는 생각이 도무지 들지 더군요"라고 털어놓는다. 그녀의 남편인 에릭은 캐펀과 함께 근무했던 사이인데, 벤슨 부부는 아마존의 초창기 직원이 되었다.

캐펀은 옛 동료 존 웨인라이트에게 웹사이트 사용을 권유했고, 웨인라이트는 아마존 역사에서 최초의 구매자가 되었다. 그는 더글러스 호프스태터의 『흐르는 개념과 창의적인 유사성』이라는 과학 서적을 샀다. 그의 아마존 계정 기록을 보면 개시 주문을 한 날짜가 1995년 4월 3일이라고 나온다. 오늘날 아마존 시애틀 캠퍼스에는 웨인라이트의 이름을 딴 건물이 있다.

그 웹사이트는 보잘것없었지만, 캐펀과 데이비스는 단 몇 달 동안 많은 것을 이루었다. 안전하게 신용카드번호를 브라우저에 입력할 수 있도록 가상 장바구니를 만들었으며, 『북스 인 프린트Books in Print』 CD – ROM에서 끌어온 카탈로그를 뒤질 수 있도록 기본적 검색 엔진도 만들었다. 『북스 인 프린트』는 미국 도서의 ISBN 번호를 부여하는 회사인 R. R. 바우커에서 출간된 도서 목록이다. 또한 캐펀과 데이비스는 프로디지나 AOL 같은 초기 온라인 서비스 사용자들이 도서 정보를 얻고 이메일만으로도 주문할 수 있도록 하는 시스템을 개발했지만 실용화되지는 않았다.

모든 것이 느리고 원시적인 월드 와이드 웹의 초창기 시대에 이미 그들은 대단한 첨단 기술 개발을 이룩했다. 웹의 기본 언어인 HTML이 생긴 지 겨우 5년 정도밖에 되지 않았고 자바스크립트나 AJAX 같은 현대 프로그래밍 언어는 아직 먼 미래의 일이었다. 아마존의 첫 엔지니어들은 C라는 컴퓨터 언어로 코딩을 했고, 버클리 DB라는 데이터베이스에 웹사이트를 저장하기로 결정했다. 버클리 DB는 곧 결코 보지 못했던 엄청난 트래픽 양에 노출되었다.

첫 몇 달 동안은 누가 주문을 할 때마다 아마존 직원들은 흥분을 감추지 못했다. 누가 상품을 구매하면 아마존 컴퓨터에 종이 울렸다. 그러면 사무실에 있는 전 직원이 모여 아는 사람인지 확인했다(몇 주 뒤부터는 너무 자주 울려서 꺼놓아야 했다). 그러면 아마존은 대형 도서 유통업체 두 곳에 일반 도매가인 정가(책 뒤표지에 찍힌 가격)의 50퍼센트를 주고 책을 주문했다.

아마존의 초기 유통 방법은 단순했다. 처음에는 회사에 재고가 없었다. 고객이 주문을 하면 아마존이 도서 유통업체에 주문을 하고, 며칠 뒤 책이 도착하면 지하실에 보관했다가 고객에게 배송했다. 대부분의 주문은 배송하는 데 1주일이 걸렸다. 희귀한 책인 경우는 몇 주가 걸리거나, 심지어 한 달 이상 소요되었다.

그 옛날에도 아마존은 대부분의 매출에 거의 마진을 붙이지 않았다. 베스트셀러거나 화제가 되거나 매일 바뀌는 아마존 신간 소개 코너에 오른 책인 경우 정가의 40퍼센트까지 싸게 팔았다. 그 외의 책들은 정가의 10퍼센트를 할인해주었으며 주문당 3.95달러부터 시작하는 배송료를 매겼다.

한 가지 문제는 소매업체가 도매로 주문을 하려면 최소 열 권을 한꺼번에 주문해야 한다는 점이었다. 아마존은 아직 그 정도 매출량이 없었다. 베조스는 훗날 이 문제를 해결한 방법에 관해 자주 이야기했다. "우리는 거기에 허점을 발견했습니다. 책 열 권을 받아야 하는 것이 아니라 책 열 권을 주문만 하면 되도록 시스템이 짜여 있었던 거죠. 그런데 무슨 지의류 地衣類에 관한 책이 그들의 시스템에 있지만 재고는 없더군요. 그래서 필요한 책 한 권과 지의류 책 아홉 권을 같이 주문하기 시작했죠. 그러면 '죄송합니다. 고객님께서 주문하신 지의류 책은 품절 상태입니다'라는 쪽지와 함께 필요한 책만 배달되었습니다."[4]

6월 초, 캐펀은 단 한 번의 주말 동안 코딩해낸 소비자 후기 기능을 추가했다. 베조스는 아마존닷컴에 사용자 후기가 더 많으면 고객들이 다른 온라인 서점보다 아마존을 더 선호할 것이고, 따라서 회사에 큰 이득이 될 거라고 확신했다. 그들은 이런 식으로 소비자의 의견을 그대로 올려서 나중에 문제가 되지 않을지도 논의했다. 베조스는 욕설 및 비방 글이 있는지 자세히 살피되 사전 검열은 하지 않기로 했다.

처음에는 직원이나 지인들이 직접 후기를 많이 썼다. 캐펀은 한 고객에게 보낼 『쓰디쓴 바람 : 나의 중국 수용소 회고록Bitter Winds: A Memoir of

My Years in China's Gulag』이라는 책을 미리 읽고 후기를 쓰기도 했다.

당연히 평점이 낮은 후기들도 있었다. 베조스는 이후 강연에서 어느 출판사의 화난 중역한테서 편지를 받은 적이 있다고 고백했다. 편지에는 베조스가 자신의 직업이 책을 깔아뭉개는 것이 아니라 책을 파는 것이라는 사실을 모르는 것 같다는 내용이 적혀 있었다. "우리의 견해는 달랐습니다. 편지를 읽으면서 '책을 팔아서 돈을 버는 게 아니라 고객들의 구매 결정을 도와줌으로써 돈을 버는 것이다'라고 혼자서 중얼거렸습니다."[5]

1995년 7월 16일 아마존 사이트가 정상 영업을 개시해 모든 웹 사용자들에게 노출되었다. 입소문이 퍼지면서 인터넷 초기 사용자들은 컴퓨터 설명서, 『딜버트Dilbert』 만화 전집, 골동품 악기 수리에 관한 책, 섹스 가이드북 등을 주문했다. 아마존닷컴 첫해의 베스트셀러는 링컨 D. 스타인의 『월드 와이드 웹사이트를 만들고 관리하는 법 : 정보 공급자들을 위한 가이드북How to Set Up and Maintain a World Wide Web Site: The Guide for Information Providers』이었다.

해외 미군 기지에서도 주문이 들어왔고, 오하이오 주 시골에 사는 사람한테서도 주문이 들어왔다. 그 사람은 80킬로미터 정도를 가야 가장 가까운 서점이 나오는 곳에 살고 있는데 아마존닷컴은 신의 선물 같다고 편지를 보냈다. 칠레에 있는 유러피언 남방 천문대에서 칼 세이건의 책을 주문했는데(아마 시험용 주문이었던 것 같다) 책을 배송받자 그 고객은 같은 책을 수십 권이나 추가 주문했다. 영세 기업 아마존은 즉시 인간의 재미있는 행동을 목격했다. '긴 꼬리long tail'를 처음으로 발견하게 된 것이다. 긴 꼬리란 소수에게만 인기가 높은 난해하고 비밀스러운 품목인데 그 수가 엄청나다. 폴 데이비스는 희한한 종류의 책들이 지하실 책장에서 하나둘 사라지는 것을 관찰하고서 아마존을 '세상에서 가장 작고 가장 절충적인 서점'이라고 불렀다.

아마존은 상품 포장하는 사람을 따로 고용하지 않았기 때문에, 매출이 늘어나자 배송이 늦어지기 시작했다. 그래서 베조스, 캐펀 및 다른 직원들이 밤마다 지하실로 내려가 주문이 들어온 책을 포장하곤 했다. 그러고 나면 이튿날 베조스나 매켄지 혹은 직원 한 명이 상자를 우체국이나 택배 회사에 갖다주곤 했다.

포장 작업은 고된 일이었고 밤늦도록 계속되기 일쑤였다. 직원들은 바닥에서 허리를 구부리고 풀칠이 미리 되어 있는 카드 보드지로 책을 포장했다. 그해 여름, 데스코에서 일하다가 시애틀의 고등학교 수학 선생이 되어 데스코를 퇴사한 니컬러스 러브조이가 파트타임 직원으로 합류했다. 그는 창고에 포장 작업을 할 테이블을 갖다놓자는 당연한 제안을 했다. 이 짧은 에피소드는 제프이즘 목록에 재빨리 올라가 20년이 지난 지금도 베조스는 계속 이 이야기를 한다. "내 평생 그렇게 훌륭한 생각은 처음 들어봤어요." 베조스는 강연에서 이렇게 말하며, 아직도 그 이야기가 새롭고 재미있다는 듯이 너털웃음을 터뜨린다.[6]

베조스는 채용 업무에 러브조이를 선임하고서 그가 아는 가장 똑똑한 사람들을 뽑아오라고 했다. 데이비드 쇼가 그랬던 것처럼 베조스 역시 IQ가 높고 비상한 두뇌를 가진 직원들을 두고 싶어 했다. 러브조이는 모교인 리드 대학에서 친구 네 명을 데려왔다. 로렐 캐넌도 그중 한 명이었다. 그는 스물네 살 된 목수로, 나중에 다시 대학으로 돌아가 초서 Chaucer를 연구하는 학자가 될 생각을 하고 있었다(그의 꿈은 이루어지지 않았다). 캐넌은 시급하게 필요한 작업 테이블을 만든 후, 정식으로 아마존에 합류해 창고 운용을 전담했다(건물주가 드디어 아마존이 '소닉 정글' 방에서 벗어나 지하실 전체를 사용하도록 허락했다). 캐넌은 채용되자마자 제일 먼저 커피를 끊었다. "이런 일은 카페인을 섭취하면서 할 수 없어요. 탄수화물을 섭취해야죠"라고 그는 설명한다.

척박한 환경에서 평범하지 않은 상황 아래 다양한 사람들이 모여 이룬 팀이었다. 이들은 인터넷이라는 낯선 강을 건너기 위해 함께 첫발을 조심스럽게 내딛었다. 그들은 순식간에 급류에 휘말릴 것이라고는 예상치 못했다. 공식적으로 사업을 시작한 지 1주일 만에 1만 2,000달러 상당의 주문이 들어왔으며 846달러치의 책을 배송했다는 것이 아마존 최초 투자가 중 한 명인 에릭 딜런의 설명이다. 그다음 주에는 1만 4,000달러 상당의 주문에 7,000달러치의 책을 배송했다. 그러니 그들은 시작부터 일손이 모자랐고 주문을 처리하느라 애를 먹었다.

개업 1주일이 지나서 스탠퍼드 대학 대학원생인 제리 양과 데이비드 필로가 이메일을 보내와 야후라는 곳에 기사를 실어도 되겠느냐고 물었다. 야후는 근사한 것을 싣는 인터넷 사이트라고 설명했다. 그 당시 야후는 웹에서 트래픽이 무척 많은 사이트로 초기 인터넷 사용자 중에 야후를 시작 페이지로 쓰는 사람이 많았다. 베조스와 직원들은 물론 야후에 대해 들어본 적이 있었다. 그들은 그날 저녁 둘러앉아 중국 음식을 시켜 먹으며, 지금도 주문이 너무 많아서 허우적거리는데 기사가 나간 후에 폭주할 업무량을 과연 다 소화할 준비가 되어 있는지 의논했다. 캐펀은 이건 마치 소방 호스에 입을 대고 물을 마시는 격이라고 생각했다.[7] 하지만 그들은 해보기로 결정했다. 그리고 개업 한 달 동안 미국 전역과 45개국으로 책이 팔려나갔다.[8]

주문량은 매일 늘어났고, 이 신규 창업 회사는 뒤죽박죽 상태로 업무를 진행해야 했다. 몇 년간 이런 무질서 상태는 계속되었다. 베조스는 아마존이 고객 중심의 30일 내 반품 정책을 펴야 한다고 주장했다. 하지만 반품을 처리할 상황이 아니었다. 마이너스 통장이 있었지만 한도를 초과하는 경우가 허다했다. 그러면 매켄지는 근처 은행에 가서 다시

계좌를 개설해야 했다. 워싱턴 대학에서 컴퓨터공학을 전공하고 여름에 합류한 톰 숀호프는 베조스가 아침마다 라테를 들고 출근해서 어질러진 그의 책상 앞에 앉던 모습을 기억한다. 어느 날 그 젊은 CEO는 실수로 새 커피 대신 책상에 1주일간 올려져 있던 죽같이 흐물거리는 상태가 된 것을 마셨다. 그는 온종일 병원에 가야 될지도 모르겠다고 엄살을 떨었다. 모두 매일 오랜 시간 동안 일했고, 업무량을 따라잡기 위해 애썼으며, 수면 부족에 시달렸다.

1995년 8월 9일, 선구적인 모자이크 웹 브라우저로 시작된 넷스케이프 커뮤니케이션의 주식이 상장되었다. 첫날 주가는 초반의 28달러에서 75달러로 껑충 뛰어올랐고, 월드 와이드 웹이라는 놀라운 현상에 세계가 이목을 집중했다.

베조스는 직원들과 함께 새벽부터 밤까지 일하는 한편 어떻게 자금을 모을지 늘 궁리했다. 그 여름, 베조스 가족은 자이즈 가족기금(자이즈 Gise는 제프 베조스의 외가 성이다)을 이용해 아마존에 14만 5,000달러를 더 투자했다.[9] 그러나 가족의 돈만으로 계속 사원을 채용하고 규모를 키울 수는 없었다. 그러던 중 여름이 끝나기 전, 베개 공장으로 크게 성공한 아버지를 둔 입심 좋은 시애틀 비즈니스계의 터줏대감 닉 허나워는 베조스가 투자가들을 만날 수 있도록 도와주었다. 그는 1인당 5만 달러를 투자해 100만 달러를 모을 요량으로 60명의 잠재 투자가에게 연락했다.[10]

투자설명회에서 베조스는 아마존의 미래에 대한 모호한 청사진을 소개했다. 그 당시 회사의 자산이 13만 9,000달러였고 그중 6만 9,000달러는 현금이었다. 회사는 1994년에 5만 2,000달러를 잃었고, 그해 30만 달러의 추가 손실을 향해 치닫고 있었다.

시작은 좋지 않았지만 베조스는 사업이 그럭저럭 굴러간다면 2000년에 이르러 매출이 7,400만 달러로, 사업이 잘된다면 1억 1,400만 달러로 오를 것으로 예상한다고 투자가들에게 설명했다(실제로 2000년도 순매출은 16억 4,000만 달러였다). 베조스는 또한 그즈음이면 일정 수준의 수익을 창출할 것이라고 내다보았다(2000년도에는 14억 달러가 순손실액이었다). 그는 이 신규 회사의 가치를 600만 달러로 평가받고 싶어 했다. 어떻게 이런 높은 수치가 나왔는지 아무도 모를 일이다. 덧붙여 그는 회사가 망할 가능성이 70퍼센트라는 말을 투자가들에게 전했다.

그 순간에는 알았을 리 없지만 투자가들에게는 일생일대의 기회를 잡는 순간이었다. 이 열정적인 젊은 달변가는 붐비는 대형 오프라인 매장에서 종종 점원들에게 무시당하면서 쇼핑하는 것보다 인터넷에서 더 편리한 쇼핑을 하게 될 거라는 웹의 잠재력에 확신을 갖고 말을 이어나갔다. 그는 아마존이 나중에는 각 고객의 과거 구매 패턴에 맞춰 웹사이트를 재단할 수 있게 되리라고 예견했다. 그리고 그는 언젠가 모든 이들이 끽끽거리는 전화 모뎀 대신 고속 인터넷을 사용할 것이며, 웹의 무한한 공간 덕분에 무한한 상품을 갖춘 아마존 에브리싱 스토어의 꿈이 이루어지리라고 급진적인 미래를 예언했다.

베조스는 허나워의 친구이기도 한 훤칠한 금발 주식 브로커 에릭 딜런의 머서 아일랜드 집에서 투자설명회 투어를 시작했다. 딜런은 이렇게 말한다. "저는 그의 말에 완전히 매료되었어요. 자신이 하는 일이 한마디로 신의 작품이며 돈은 거기에 따라오는 부산물이라는 말이 너무나 설득력 있게 들렸답니다. 관건은 그가 정말 경영을 잘할 수 있느냐였습니다만, 그건 아무도 장담할 수 없었지요. 물론 2년 쯤 지나서는 정말 봉을 잡았구나 하는 생각이 들더군요."

베조스는 이전 데스코 동료인 밥 겔폰드에게도 투자를 권유했다. 겔폰드는 도서 출판업에 오랫동안 몸담아온 자신의 아버지에게 자문을 구했다. 그의 아버지는 자신의 회사가 개인용 컴퓨터를 받아들이도록 하는 데 애를 먹은 경험이 있었던 터라 인터넷의 장래성에 회의적이었고, 따라서 아들에게 투자를 하지 말라고 충고했다. 그러나 젤폰드는 베조스가 헤지펀드 세계에서도 순조롭게 투자금을 받아내는 것을 보고서 자신의 친구에게 투자했다. "좋은 아이디어를 가지고 있는 것과, 그것을 실행할 사람을 신뢰하는 것은 전혀 다른 문제입니다." 젤폰드의 말이다.

베조스에게 투자를 하지 않은 사람도 많았다. 허나워와 그의 어머니는 투자했지만 허나워의 형제 중 한 명과 아버지는 투자하지 않았다. 그런가 하면, 매코 이동통신의 이전 중역인 톰 앨버그는 베조스를 만났지만 서점에서 책을 고르는 취미가 있었기에 이 사업안이 그다지 매력적으로 들리지 않았다. 그러나 며칠 뒤 근처 서점에서 아들에게 줄 비즈니스 서적을 찾다가 도저히 구할 수 없게 되자, 마음을 바꿔 투자를 결심했다. 앨버그에게 투자 기회를 말해준 변호사가 시애틀의 토니 레니어 클럽에서 정기적으로 모이는 투자 모임에 베조스를 초대해 설명회를 열게 해주었다. 하지만 그는 베조스의 가치 평가 금액이 너무 높다는 생각이 들어 투자하지 않기로 했다.

훗날 베조스는 와튼 경영대학원의 온라인 저널과 인터뷰를 하면서 "우리는 사업계획안의 성공 가능성을 믿지 않은 사람들로부터 정상적인 대답을 들었습니다. 그들은 나쁜 의도가 있어서 그런 것이 아니라 그저 이 계획이 제대로 돌아가지 않을 거라고 믿은 것이지요."[11] 다음과 같은 예상을 하면서 걱정해주는 사람들도 있었다. 어떤 투자가는 "혹시라도 사업이 성공한다면 의회도서관만한 크기의 창고가 필요할 겁니다"라고 말했다.

아마존의 첫 법률 자문 변호사 토드 타버트는 아마존에 투자할 것인지를 결정하던 순간을 회상하며 깊은 한숨을 쉰다. 아마존은 그가 생전 처음으로 투자할 마음이 들었던 고객사였고, 워싱턴 주 변호사 협회로부터 서면 허락까지 받았다. 또 자신의 아버지와 상의해 부자父子가 공동 소유한 농장을 담보로 융자를 받기로 했다. 그런데 타버트의 아들이 미숙아로 태어났다. 그래서 한 달 동안 휴직에 들어가면서 5만 달러를 건네줄 틈이 없었다. 타버트가 복직했을 때, 베조스는 원했던 것보다 조금 낮은 5만 달러 가치 평가를 받아서 이미 투자금 1만 달러를 모은 상태였다.

아마존이 상장되고 나서 1997년 말 어느 날, 타버트는 아버지와 골프를 치고 있었다. 아버지가 그에게 물었다.

"얼마 전에 상장된 그 아마존이라는 회사 있잖니? 거기가 우리가 얘기하던 회사냐? 그 회사 어떻게 되었니?"

"맞아요, 아버지. 그런데 모르시는 편이 더 마음 편하실 거예요."

아버지는 계속 질문했다.

"음, 요즘은 회사 가치가 얼마 정도 되느냐?"

"적어도 몇백만 달러는 될 겁니다."

그해 여름이 끝나갈 무렵, 니컬러스 러브조이는 베조스에게 파트타임 직원에서 정식 직원으로 옮기고 싶다고 말했다. 놀랍게도 베조스는 그를 정식 직원으로 채용하고 싶어 하지 않았다. 러브조이는 1주일에 35시간만 일하고, 나머지 시간에는 프리스비 대회에 나가고, 카약을 타고, 여자친구와 데이트를 즐겼다. 베조스가 생각하는 아마존 기업 문화와는 전혀 맞지 않았던 것이다. 그는 탄탄한 회사를 만들고 우리 사주의 가치를 높이기 위해 쉬지 않고 일하는 회사 문화를 원했다. 러브조이는 다른 사람들처럼 주당 60시간을 일하겠다며 통사정했지만 베조스는 마음을 바꾸지 않았다. 더구나 베조스는 그의 후임자로 올 정식 직원을 구해놓으라는 잔인한 소리까지 했다. 결국 러브조이는 이력서를 한 무더기 제출하면서 자신의 것을 맨 위에 올려놓았다. 또 매켄지, 캐펀, 데이비스에게 베조스를 설득해달라고 졸랐다. 러브조이는 코딩하기, 후기 작성, 야밤에 배송 상품을 우체국에 갖다 주기 등 이후 몇 년 동안 아마존에서 여러 업무를 하고 나서야 재무 업무를 맡게 되었다.

베조스는 최고로 똑똑한 인재만 채용하는 것이 아마존이 성공하는 길이라고 여겼다. 수년 동안 그는 지원자 면접을 직접 보면서 그들에게 대학입학시험인 SAT 점수를 물었다. "우리는 늘 지난번보다 더 나은 인재를 채용합니다. 그래야 전체적으로 회사의 인적자원이 향상되니까요." 이 말 역시 제프이즘 중 하나다. 이런 접근은 사람들과 마찰을 많이 일으켰다. 아마존이 커지자 추가 인원이 절대적으로 필요하게 되었고, 설립 멤버들은 자신들만큼 능력 있는 이들을 추천하고 싶어 했다. 그런데 베조스는 예전에 데이비드 쇼가 하던 것처럼 '미국 내에 몇 개의 주유소가 있나?' 같은 황당한 유형의 질문으로 지원자를 추궁했다. 이는 지원자의 사고 수준을 측정하는 테스트였다. 베조스의 관심사는 정답이 아니었다. 그는 단지 가능한 해결책을 추론하는 좋은 방법을 제시함으로써 창의성을 보이는 사람을 찾고 있었다. 그리고 지원자가 일과 생활의 조화로운 균형을 운운하는 실수를 저지르면 가차 없이 탈락시켰다.

폴 데이비스는 믿을 수가 없었다. 당시 아마존이 직원들에게 주는 것이라고는 6만 달러 정도의 연봉, 의심스러운 가치의 스톡옵션, 본인 부담금을 많이 내야 하는 변변찮은 의료보험, 점점 더 정신없이 바빠지는 회사생활밖에 없었다. 데이비스는 "우리는 그를 쳐다보면서 물었지요. 수익도 없고 예상 수익도 제로인 회사에 저런 수준의 직원을 어떻게 끌어들일 생각이냐고 말입니다. 아무리 봐도 셀링 포인트가 없잖아요."

라고 말했다.

움찔거리는 습관, 벗어지는 머리, 찢어지는 듯한 웃음소리가 특징인 이 CEO는 조금씩 자신의 본색을 직원들에게 드러냈다. 그는 유별나게 자신감이 넘치고, 생각했던 것보다 더 고집불통이며, 직원들이 다들 쉬지 않고 일하며 회사를 위해 영웅적인 행동을 계속할 것이라는 어처구니없는 믿음을 가졌다. 그는 자신의 야망과 계획을 드러내지 않았으며, 심지어 캐펀에게도 대부분을 비밀에 부쳤다.

그의 목표가 어쩌다 새어나갔을 때 이야기를 들어보면 허황되기 짝이 없었다. 창업 당시 중점 사업을 서적에 두기는 했지만, 이후 베조스는 소매업계의 지속적인 선두주자인 시어스 백화점 같은 기업을 건설하겠다고 말했다. 카약광인 러브조이는 언젠가 베조스가 아마존에서 카약에 관한 책뿐만 아니라 카약도 팔고 카약 잡지 구독 신청도 하고 카약 여행 예약도 하는 등 카약에 관한 모든 일을 할 수 있을 것이라고 말한 적이 있다고 한다.

"저는 그가 조금 미쳤다고 생각했습니다. 그 당시 우리는 도서 150만 종을 갖추고 있었습니다. 그중에서 120만 종만 실제로 주문할 수 있었지요. 데이터베이스는 베이커앤드테일러에서 가져왔고 창고에는 40권 정도밖에 없었거든요." 러브조이의 설명이다.

베조스는 남의 흥을 깨는 데도 선수였다. 그해 엔지니어들이 데이터베이스 명령인 'rwerich'를 조작해 1일 구매량뿐만 아니라 회사 설립 이후의 총 주문량을 트래킹했다. 그들은 숫자가 늘어나는 것을 강박적으로 지켜보았다. 정신없이 바쁜 일상 속에서 이는 그들이 누릴 수 있는 작은 즐거움이었다. 그런데 베조스는 엔지니어들에게 트래킹을 그만두라고 했다. 물론 이 활동이 서버 용량을 많이 잡아먹기도 했지만. 또한 1일 주문 금액이 최초로 5,000달러를 돌파했을 때 러브조이는 파티를 열자고 했다. 하지만 베조스는 그의 제안을 받아들이지 않았다. "앞으로 계속 신기록을 세울 텐데 이런 식으로 파티를 여는 건 내 회사 운영 방침이 아니네."

1996년 초에 이르러 이 젊은 기업은 계속 성장해 컬러타일 건물의 공간 정도로는 너무 협소했다. 직원들은 문짝 책상이 네 개씩 들어가 있는 작은 방 세 곳에 비좁게 앉아서 일했고, 지하 창고는 책으로 넘쳐났다. 캐펀, 데이비스, 베조스는 차를 타고 워싱턴 호 부근의 공단 지역에 큰 사무실과 점포가 있는지 알아보러 다녔다. 베조스는 건물에서 나올 때마다 장소가 너무 협소하다고 말했다고 데이비스는 회상한다. 그는 나중에 회사에 어떤 일이 생겨도 다 수용할 수 있는 규모를 원했던 것 같다.

아마존은 3월에 드디어 몇 블록 떨어진 곳에 넓은 창고가 붙은 큰 건물로 이사했다. 새 사무실은 인기 높은 바비큐 노점인 페코스 피트 바로 옆이었는데 매일 아침 10시만 되면 맛있는 냄새가 창고로 흘러들어 왔다.

한편 창업 멤버 중에서 이곳으로 함께 이사 오지 않은 사람이 한 명 있었다. 그는 나중에 오픈소스 소프트웨어를 열렬히 지지하고 아마존의 '원클릭1-click 주문' 시스템의 특허를 내는 데 반대하는 폴 데이비스였다. 그는 베조스에게 태어난 지 얼마 되지 않은 딸과 더 많은 시간을 보내고 싶다고 말했다. 아마존을 너무 일찍 떠난 그는 스톡옵션을 행사할 기회를 포기한 셈이 되어 말 그대로 일확천금을 놓친 셈이었다. 몇 달 뒤, 설상가상으로 집을 팔기 위해 집 손질을 하다가 띠톱으로 엄지손가락 끝을 잘라버리는 불상사까지 일어났다. 베조스와 톰 숀호프는 병원에 병문안을 갔다.

어찌 된 셈인지 런던 태생의 데이비스는 제프 복음에 면역되어 있었다. 그는 일을 최우선으로 하는 열성을 미심쩍은 눈으로 보았다. 또한 베조스가 초창기부터 쓰던 동기부여 문구를 교묘하게 바꾼 것을 눈치챘다. 벨뷰에 있을 때, 베조스는 캐펀과 데이비스에게 "일을 오래 하는 방법, 열심히 하는 방법, 똑똑하게 하는 방법이 있다. 그러나 아마존에서는 셋 중에 둘만 고를 수 있다"라고 말했다. 그런데 이제 이 젊은 CEO는 "일을 오래 하는 방법, 열심히 하는 방법, 똑똑하게 하는 방법이 있다. 그러나 아마존에서는 셋 중에 둘만 고를 수 없다"라고 즐겨 말했다.

데이비스는 자신의 차 혼다 시빅에 'Kill your TV'('TV를 끄라'는 뜻 – 옮긴이)라는 범퍼 스티커를 붙이고 다녔다. 그래서 데이비스가 이직하는 것을 기념하기 위해 베조스는 주차장에 파란 천을 깔고 오래된 컴퓨터 단말기와 키보드를 가져다놓았다. 그런 뒤 데이비스에게 대형 망치를 건네주고 그가 기계 부수는 모습을 녹화했다. 그러고 나서 데이비스는 Esc 자판을 가지고 아마존을 탈출했다.

*　　*　　*

1996년 첫 주 월매출이 30퍼센트에서 40퍼센트로 늘어났다. 이런 정신 없는 성장률 때문에 계획적인 회사를 운영해보려는 노력은 힘을 잃었고, 직원들 역시 워낙 바쁘게 일만 하다 보니 회사가 한참 커가던 이 시절에 대한 기억이 거의 없다고 한다. 이러한 급성장을 처리하는 방법을 아는 사람이 회사 내에 없었기 때문에 무슨 일이 닥치면 그들은 임기응변으로 해결했다.

그해 봄, 미국출판연합 연례회의에서 랜덤하우스 출판사 회장 알베르토 비탈리는 《월스트리트 저널》 기자에게 요즘 큰 화제가 되고 있는 태평양 북서부의 신설 온라인 서점에 관해 이야기했다. 그로부터 몇 주 뒤 아마존은 '인터넷으로 책을 파는 월스트리트 천재 이야기'라는 기사로 《월스트리트 저널》의 첫 페이지를 장식했다. 전국에서 가장 큰 경제 신문에 베조스의 첫 연필 초상화가 실렸던 것이다. 그러자 1일 주문량이 즉시 두 배로 뛰었다. 이제 온 세상이 아마존닷컴을 알게 되었고 미국 내 최대 서점인 반스앤드노블이나 보더스도 틀림없이 눈치를 챘던 것 같다.

100만 달러라는 새 자금이 들어오면서 회사는 서버와 소프트웨어를 업그레이드했고, 무엇보다도 직원을 더 채용했다. 그런 다음 베조스는 많은 수의 신입사원을 고객서비스와 창고와 캐펀이 이끄는 기술 부서로 보냈다. 또한 그는 웹사이트에 문학적인 목소리를 만들어주고 고객들에게 다시 돌아오고 싶은 마음을 불어넣어줄 작가와 편집자로 구성된 편집팀을 만들고 있었다. 이 팀의 목표는 아마존을 권위 있는 도서정보센터로 만들고 세련된 문학 취향을 가진 독특한 독립 서점의 신뢰감 넘치는 환경을 온라인에서 재창조하는 것이었다. "우리는 사람들에게 신용카드 정보를 컴퓨터에 입력하라고 요구하고 있었는데 그 당시에 이것은 급진적인 개념이었습니다." 나중에 편집장이 된 수전 벤슨의 말이다. "편집자의 글은 훌륭한 구매 경험을 창조하는 데도 중요하지만 컴퓨터 화면 반대편에도 신뢰할 수 있는 사람들이 있다는 개념을 편안하게 받아들이도록 하는 데도 매우 중요합니다."

그해 여름, 아마존은 최초의 큰 혁신으로 여겨지는 일을 벌였다. 다른 웹사이트가 책을 살 고객을 아마존으로 직접 보내주면 수수료를 주겠다는 결정이었다. 아마존은 허가가 난 사이트에 8퍼센트의 소개료를 주었다. 이러한 프로그램은 아마존이 최초는 아니었지만 실적이 가장 두드러졌으며 제휴 마케팅이라고 부르는 연 수십억 달러의 산업을 성장시켰다. 또한 일찌감치 아마존이 웹 전반에 걸쳐 다른 사이트에도 접근하도록 해 치열한 경쟁이 시작되기 전에 확실한 입지를 확보했다.

그해 봄까지 아마존은 직원 채용과 기기 및 서버 공간 구매에 막대한 돈을 들였다. 그래서 베조스는 벤처캐피털을 이용하기로 했다. 그는 보스턴에 있는 제너럴 애틀랜틱과 협상하기 시작했다. 제너럴 애틀랜틱의 파트너들은 아마존을 1,000만 달러로 평가하는 것에 관해 의논했다. 그해 매출 1,570만 달러에 580만 달러 적자를 낸 신규 회사로서는 매우 타당한 액수였다. 그런데 유명한 실리콘 밸리 벤처캐피털 회사 클라이너 퍼킨스 코필드 앤드 바이어즈의 파트너 존 도어가 아마존에 관한 소문을 듣고 시애틀로 날아왔다.

"문을 열고 들어서는 순간, 시끌벅적하게 웃으며 에너지를 발산하는 한 남자가 힘차게 계단을 내려오더군요. 그 순간 저는 제프와 같이 일하고 싶다고 느꼈습니다." 넷스케이프와 인튜이트 같은 회사들을 성공적으로 밀어준 존 도어는 이렇게 말했다. 베조스는 그를 매켄지와 캐펀에게 소개하고서 발송될 모든 주문 상품이 문짝 책상 위에 깔끔하게 쌓여있는 창고를 구경시켜주었다. 도어가 1일 거래량을 묻자 베조스는 컴퓨터를 향해 몸을 기울이더니 유닉스 프롬프트 옆에 'grep'이라는 명령어를 쳐서 즉시 데이터를 불러왔다. 그의 기술적 능숙함을 보여주는 순간이었다. 도어는 황홀경에 빠졌다.

클라이너와 제너럴 애틀랜틱은 이후 몇 주 동안 투자를 놓고 결투를 벌였다. 결국 아마존의 평가 가치는 베조스가 상상도 못한 금액으로 치솟았다. 그는 정보통신업계에서 평판이 대단한 클라이너를 선택했다. 클라이너는 아마존의 가치를 6,000만 달러로 평가한 후 회사 지분의 13퍼센트를 가져가는 대신 800만 달러를 투자했다. 클라이너는 젊은 사내 직원 한 명을 아마존의 이사로 넣고 싶어 했지만, 베조스는 도어가 이사로 앉는 조건을 내걸었다. 도어가 직접 관여한다는 것은 신규 기술 회사에 대한 지지를 대외적으로 표명한다는 뜻이다.

그러자 베조스의 머릿속 회로에서 무엇인가가 번쩍했다. 실리콘 밸리에 인터넷 낙관론이 싹트자 최소의 지분으로 큰 자본을 끌어들일 수 있는 독특한 환경이 생겼다. 웹에 대한 도어의 낙관적 전망이 베조스의 공격적 열정과 합해져 폭발적인 야망과 확장 계획의 불꽃이 튀었다. 베조스는 온라인 서점 설립 이상의 것을 해내고자 했다. 이제 그는 영속적 인터넷 회사 설립에 돌입했다. "제프는 원래 늘 확장을 생각해왔지만, 이제 자본이 생기자 그것을 실행할 수 있게 되었습니다"라고 도어가 설명한다. 편집팀 직원인 제임스 마커스도 이를 알아챘다. 2004년에 그가 출간한 회고록 『아마조니아Amazonia』에서 "클라이너 퍼킨스한테서 받은 현금은 마치 '사업가 스테로이드' 같은 역할을 했고, 제프는 그 어느 때보다도 더 결심이 굳어졌다"고 썼다.[12]

직원들은 곧 새로운 사훈을 듣게 되었다. '급성장하라.' 회사가 커질수록 도서 도매업체인 인그램이나 베이커앤드테일러에 낮은 가격을 요구하기가 쉽고 더 큰 수량을 유통할 수 있다고 베조스는 설명했다. 회사가 빠르게 성장함에 따라 디지털 신세계에 새로운 브랜드를 확립하기 위한 경쟁이 치열해지기 전에 더 큰 영역을 확보할 수도 있었다. 베조스는 직원들에게 시급성을 강조했다. 지금 우위를 선점하는 기업이 나중에도 그것을 유지할 가능성이 더 높고, 그 우위를 이용해 더 나은 서비스를 소비자에게 제공할 수 있다는 것이다.

물론 그 말은 아마존의 전 직원이 한층 더 열심히 일해야 한다는 것을 의미했다. 다들 주말에도 꼬박꼬박 출근하는 것을 당연시하는 분위기였다. "주말에 쉬면 안 된다고 말하는 사람은 아무도 없었어요. 주말에 쉴 생각을 하는 직원도 없었죠"라는 수전 벤슨의 말에 에릭 벤슨은 "늘 죽을 둥 살 둥 마감 기한 맞추기에 정신이 없었으니까요”라고 덧붙인다.

　창고에서는 점점 늘어나는 다양한 부류의 직원이 폭주하는 고객 주문을 따라잡기 위한 경주를 벌였다. 아마존 직원은 직업소개소에 아무나 보내달라고 말했다. 총천연색 머리에 장신구를 주렁주렁 달고 몸에 문신을 한 사람들이 호출에 응했다. 그들은 페코스 피트 옆에 있는 창고에서 밤낮으로 일하면서 커다란 CD 카세트 플레이어에 번갈아가며 음악을 골라 틀었다. 방을 돌아다니면서 러시아 가곡을 목청껏 부르던 136킬로그램이 넘는 바리톤 가수도 있었다.

　스물세 살에 창고 임시직으로 입사했고 팔뚝에 한자를 문신한 크리스토퍼 스미스는 아마존에서 여러 업무를 바꾸어 맡아가며 14년 동안 근속했다. 그는 보통 새벽 4시 반에 일과를 시작해, 자전거를 타고 출근한 뒤 6시 반경에는 인그램 배달 직원을 들여보냈다. 그러고 나서 맹렬하게 주문 상품 포장을 하고 고객의 이메일에 답장을 쓰면서 자정 넘어서까지 근무하다가 창고에서 맥주 몇 잔을 들이켜고는 자전거를 타고 집으로 돌아갔다. “내 머릿속에 남아 있는 주된 이미지는 그냥 달리는 모습이에요. 그리고 엄청난 양의 카드 보드지와 포장 재료들이 날아다니는 장면도요”라고 그는 기억을 되살린다.

　스미스는 얼마나 열심히 일했던지, 한번은 시애틀 캐피털힐 지역에 있는 자신의 아파트 근처에 하늘색 푸조 스테이션 왜건을 주차해놓고서 여덟 달 동안 까맣게 잊어버렸다. 그 자동차의 운명은 나중에 그의 현관문 틈새로 수북이 쌓인 우편물 무더기 속에서 드러났다. 그가 우편물을 하나씩 뜯자 주차 위반 통지서들, 자동차 견인 통지서, 견인 회사에서 날아온 경고장 몇 통이 연달아 나왔고 마지막으로 그 차량이 경매에서 700달러에 팔렸다는 통보서가 있었다. 자동차 할부금도 아직 1,800달러 정도 남아 있는 상태였고, 이 사건 때문에 신용등급이 내려갔다. 그래도 별로 신경 쓴 기억이 없다고 한다.

스미스는 이렇게 비유한다. "삶이 정지 상태였어요. 호박琥珀에 갇혀 있는 곤충처럼 말이에요. 하지만 그 호박 속에는 다른 사람들에게는 보이지 않는 활동이 정신없이 벌어지고 있었지요."

에릭과 수전 벤슨 부부는 매일 아마존으로 출근할 때 웰시코기 종인 애완견 루퍼스도 데려왔다. 부부가 함께 새벽부터 한밤중까지 근무했기 때문에 베조스는 루퍼스를 계속 사무실로 데리고 와도 좋다고 허락했다. 소도 건물에서는 그것이 아무런 문제가 되지 않았다. 그런데 아마존이 1996년 늦여름 다시 이전해 시내에 있는 빌딩으로 옮기게 되었다. 그곳에서는 새 건물주와 임대계약서를 쓸 때 루퍼스도 계약서 내용에 올려야 했다. 성품이 온화하고 붙임성이 좋은 루퍼스는 회의에도 함께 가서 누워 있기를 즐겼고 가끔씩 직원들로부터 음식을 너무 많이 받아먹어서 소화불량에 시달리기도 했다. 그 개는 곧 아마존의 마스코트가 되었다. 그뿐만 아니라 일종의 미신 같은 것도 생겨서 새로운 기능을 추가할 때면 루퍼스가 앞발로 자판을 두드려줘야 했다. 루퍼스가 이 세상을 떠난 지 오래된 지금도 아마존의 시애틀 캠퍼스에는 그 이름을 딴 건물이 있다(베조스는 과거를 그리워하는 성향이 있는 것 같다. 최초 킨들의 코드명이었던 피오나Fiona를 딴 건물도 있고, 아마존 강의 지류가 만나는 브라질의 지역명을 따서 셸 캐펀이 회사 최초 컴퓨터 인프라에 붙인 이름인 오비두스Obidos라는 건물도 있다).

아마존은 이제 정식 직원이 150명 가까이 되었고 그중에서 3분의 1에 조금 못 미치는 숫자가 창고에서 일했다. 몇 달 뒤 창고도 더 큰 곳으로 옮겼다. 시애틀 남쪽 도슨 가에 위치한 2,600평이 넘는 점포였다(도슨Dawson 역시 현 아마존 건물 이름 중 하나다). 시내에 임대한 점포는 정확하게 말해 고급은 아니었다. 아마존은 스트립 클럽으로 가득한 지저분한 유흥가 지역인 2번가에 있는 컬럼비아 빌딩을 인수했다. 그곳은 관광객이 많이 찾는 파이크 플레이스 시장에서 두 블록 떨어진 곳이다. 회사가 이전한 그날, 정문 근처에서 잠을 자던 노숙인이 직원들에게 새로운 열쇠카드를 가지고 로비로 들어가는 법을 가르쳐주었다.

건물은 주삿바늘 교환소와 마약중독 치료 클리닉과 길을 사이에 두고 마주 보고 있었다. 근처에는 여장을 즐기는 복장 도착자들이 많이 모이는 가발 가게도 있었다. 기자 및 광고기획자로 오랫동안 일해온 뉴질랜드 출신 케이 댄가드가 회사의 첫 홍보담당자로 합류했다. 새 건물 내 그녀의 사무실에서는 골목 맞은편에 있는 어느 아파트에서 매춘부가 초저녁부터 깜빡이는 흐릿한 불빛 아래 열심히 손님을 받고 있는 모습을 볼 수 있었다.

주차 공간은 부족하고도 비쌌다. 니컬러스 러브조이는 베조스에게 직원들의 출퇴근 버스비를 보조해달라고 건의했지만 베조스는 코웃음을 쳤다. 러브조이는 다음과 같이 말한다. "베조스는 직원들이 버스가 다니는 시간에 퇴근하는 것을 바라지 않았어요. 그는 직원들이 버스 걱정으로 빨리 퇴근하고 싶어 하지 않도록 다들 차를 몰고 다니기를 바랐죠."

베조스는 초창기 투자가들과의 약속대로, 그해 가을 아마존 사이트를 각 방문객에 맞춰 재단하는 데 중점을 두었다. 처음에는 매사추세츠 공과대학의 연구소인 MIT 미디어랩에서 떨어져 나온 파이어플라이 네트워크라는 회사가 개발한 소프트웨어에 의존했다. 아마존 '북매치Bookmatch 기능'은 고객들에게 수십 권의 책에 평점을 주도록 해 그들의 취향을 파악한 뒤, 그에 따라 책을 추천했다. 문제는 그 시스템이 느리고 자주 다운된다는 점이었다. 곧 아마존은 고객들이 그런 수고를 해가면서까지 책을 평가하려 하지 않는다는 것을 깨달았다.

베조스는 개별 맞춤화팀에 더 간단한 시스템을 개발하라고 지시했다. 고객들이 이미 구매한 책을 바탕으로 추천하라고 덧붙여 말했다. 에릭 벤슨은 비슷한 책들을 산 소비자를 한 그룹으로 묶어 거기에 속한 사람들이 좋아할 만한 책을 찾아주는 테스트 버전을 2주일 만에 만들었다. '유사성 기능'은 즉시 눈에 띄는 매출 증가를 가져왔고 고객들이 스스로 찾아내기 힘들었을 책을 아마존이 제시할 수 있도록 해주었다. 그 프로젝트 작업을 했던 그레그 린든이라는 엔지니어는 베조스가 사무실로 들어와 자신 앞에 무릎을 꿇고 "성은이 망극하옵니다"라며 머리를 조아리는 장난을 치던 순간을 떠올린다.

유사성 기능은 결국 북매치 기능을 대체했고 아마존의 거대한 맞춤 서비스를 구축하는 씨앗이 되었다. 베조스는 이것이야말로 기존의 오프라인 상거래가 전자상거래를 결코 이길 수 없는 이유라고 믿었다. "대형 업체들은 고객 한 사람 한 사람을 이해할 기회를 가진 적이 없었습니다. 전자상거래가 그것을 가능하게 할 것입니다."[13]

아마존과 아마존의 기술이 발전하자 대단히 즐거워하는 사람이 있었다. 바로 셸 캐펀이었다. 마흔세 살의 그는 세상 구석구석에 지식을 전파하는 무한한 진열 공간이 있는 서점의 복음을 완전히 믿으며 베조스의 비전을 실현시키는 데 놀라운 기여를 했다. 그는 기술 시스템이라는 달걀을 보호하는 암탉이었다. 페코스 피트 건물로 이전할 때 그는 '버트Bert'와 '어니Ernie'라고 이름 붙인 회사 서버 두 개를 자신의 자동차 아쿠라 인테그라 뒤에 싣고 직접 날랐다.

캐펀은 포춘 쿠키의 글귀를 책상 위 PC 모니터에 테이프로 붙여놓았다. "그 누구에게도 당신의 코드를 변경하도록 허용하지 마시오."

캐펀과 베조스는 가끔 시내를 산책하면서 사업 이야기를 하고 기술적 문제나 미래 계획에 대한 캐펀의 우려에 대해 의논했다. 한번은 캐펀이 베조스에게 궁금한 것이 있다고 말했다. 이제 사업 초기의 목표를 어느 정도 달성했으니 하는 말인데, 왜 그렇게 사업을 빨리 확장하는 것에 집착하느냐고 물었다. "덩치가 작으면 더 큰 녀석이 와서 언제든지 우리가 가진 것을 뺏을 수 있기 때문이오. 기존의 서점들과 우리는 구매력으로 승부를 해야 합니다"라고 베조스는 대답했다.

그 당시 캐펀이 걱정하던 부분이 하나 있었다. 그는 첨단 기술 벤처기업의 경험이 많았기 때문에 벤처캐피털이 관여하게 되면 보통 입김이 센 새로운 중역들이 밀려든다는 것을 알았다. 그는 그해 베조스의 사무실로 들어가서 말했다. "이제 우리는 상당히 빨리 성장하고 있어요. 다른 사람이 내 자리에 들어오게 되나요?"

베조스는 망설이지 않았다. "셸, 자네가 원하는 한 그 자리는 자네 것이네."

1997년 초, 시내본의 간부였고 캐펀이 예견한 대로 아마존의 새로운 중역 중 한 명이 된 마크 브레이어는 벨뷰에 있는 자신의 집으로 부서 사람들을 초대해 회의를 열었다. 그날 오후 아마존의 마케팅 부사장인 브레이어는 직원들에게 브룸볼이라는 게임을 소개했다. 브레이어의 아버지는 베데스다에 있는 IBM 엔지니어였다. 그는 캐나다에 있는 IBM 사무실로 출장을 갔을 때 빙상 브룸볼을 처음 구경했다. 거기에서 착안한 브레이어는 선수들이 풀밭에서 빗자루나 차고에서 아무 도구나 가져와 공을 치는 필드 브룸볼을 고안했다.

언뜻 보면 장난 같은 게임이었지만, 치열한 경쟁의 묘한 암류가 흐르고 있었다. 마치 제프 베조스의 성정을 완벽하게 표현한 것 같았다. 그는 회의에 잠시 참석하러 들렀다가 아마존 최초의 브룸볼 대회에 열정적으로 뛰어들었다. 그러던 어느 순간 하버드에서 새로 채용된 앤디 재시가 실수를 해 카약 패들로 베조스의 머리를 후려갈기는 바람에 회사에 강한 첫인상을 남겼다. 나중에 베조스는 공을 몰고 가다가 울타리에 걸려 파란색 와이셔츠가 찢어졌다.

아마존에서 브레이어가 근무한 짧은 기간은 평탄치 않았다. 베조스는 마케팅과 관련해 모든 것을 재창조하고 싶었다. 예를 들어 그는 광고회사를 1년에 한 번씩 평가함으로써 그들이 아마존과 거래하기 위해 지속적으로 경쟁하게 만들자고 제안했다. 브레이어는 광고업계가 그런 식으로 돌아가는 것이 아니라고 설명했다. 그는 회사에서 1년 정도밖에 못 버텼다. 처음 10년 동안 아마존에서 마케팅 부사장들은 코미디 헤비메탈 밴드인 스파이널 탭의 불운한 드러머들(코미디극에서 드러머 두 명은 무대에서 폭발해 사라지고, 한 명은 구토물에 질식해 죽는다 – 옮긴이)처럼 줄줄이 비극적인 최후를 맞이했다. 베조스는 빠른 속도로 그들을 갈아치우면서 자신처럼 일반적인 관례에 신경 쓰지 않는 사람을 찾았다. 어쨌든 브레이어의 브룸볼은 아마존의 직원 야유회나 연수 때 단골 메뉴가 되었다. 직원들은 전투적으로 얼굴에 물감을 칠한 채 게임에 임했고 베조스도 함께 뛰었다.

셸 캐펀이 예상했던 것처럼 브레이어가 아마존으로 부임해온 것을 시작으로 사업 경험이 많은 중역이 대거 합류했다. 벤처 자금이 은행 통장에 있으니 베조스는 회사의 기업공개상장IPO에 집착했고 밖으로 나가서 미친 듯이 사람들을 끌어왔다. 데스코의 경쟁 금지 조항이 종료되자 그는 제프 홀든에게 전화해 짐을 싸서 오라고 했다. 홀든은 다른 데스코 직원 몇 명에게 함께 가자고 설득했다. 그런데 딱 한 사람, 폴 코타스는 짐을 챙겨 이삿짐 트럭에 실었다가 다시 마음을 바꾸었다(코타스는 2년 뒤 워싱턴으로 이사해서 아마존 중역으로 오랫동안 근무했다. 그러나 이때 아마존으로 곧장 합류하지 않아 주식에서 수천만 달러를 손해봤다).

베조스는 나머지 간부급 자리를 채우기 시작하면서 흔히 J팀이라고 부르는 그룹을 정식으로 만들게 되었다. 아마존은 반스앤드노블과 시만텍에서 중역들을 데려왔고 마이크로소프트의 공학 부사장 조엘 스피걸과 나중에 소매영업부장을 맡게 된 데이비드 리셔를 채용했다. 리셔는 아마존 창립자의 공격적인 비전에 마음을 빼앗겼다. 베조스는 그에게 "잘하면 2000년까지는 1,000만 달러짜리 기업이 될 걸세"라고 말했다. 리셔는 마이크로소프트의 공동 설립자인 빌 게이츠에게 아마존으로 직장을 옮기겠다고 직접 통보했다. 인터넷의 위력을 너무 오랫동안 과소평가했던 그는 깜짝 놀랐다. 리셔는 "빌은 정말 까무러칠 듯하더군요. 그의 말에도 일리가 있었죠. 그 당시로는 말도 안 되는 소리였으니까요"라고 말했다.

리셔의 첫 임무 중에는 같은 동네에 본사를 둔 스타벅스와의 협상을 주도하는 일이 포함되어 있었다. 그 커피 회사는 아마존의 지분을 갖는 대신 커피숍의 계산대 옆에 아마존 제품을 갖다놓을 진열대를 설치하겠다고 제안했다. 리셔와 베조스는 페코스 피트 맞은편에 있는 스타벅스의 소도 본사로 가서 CEO 하워드 슐츠를 방문했다. 슐츠는 스타벅스가 아마존이라는 거대한 문제를 해결할 수 있다고 그 둘에게 말했다. "아마존은 오프라인 점포가 없어요. 그게 걸림돌이 될 겁니다." 키가 크고 호리호리한 스타벅스 설립자는 손님들을 위해 커피를 끓이면서 말했다.

베조스는 동의하지 않았다. 그는 슐츠를 똑바로 바라보며 말했다. "아마존은 달까지 뻗어갈 거예요." 그들은 타협점을 찾기로 했지만 몇 주 뒤 스타벅스가 아마존에 10퍼센트의 지분과 경영이사 자리 하나를 요구하자 협상은 결렬되었다. 베조스는 1퍼센트 미만의 수준을 생각하고 있었기 때문이다. 그러나 오늘날에도 아마존은 오프라인 판매 가능성을 계속적으로 타진하고 있다. "기회가 된다면 언제나 가능성을 고려하고 있습니다"라고 리셔는 말한다.

또 조이 코비가 최고재무책임자CFO로 영입되었다. 의욕 넘치고 부하 직원들에게 종종 무서운 존재인 코비는 베조스의 지적인 조언자이자 아마존 초기 확장 전략의 주요 설계자가 되었다. 그녀의 출신 배경은 특이했다. 캘리포니아 산 마테오 출신으로 빼어난 수재였으나 외톨이였던 그녀는 고등학교 1학년 때 가출해서 프레스노에서 식료품 가게 점원으로 일했다. 그녀는 만 열일곱 살의 나이로 캘리포니아 주립대학 프레스노에 들어가서 2년 만에 졸업했다. 그리고 나서 만 열아홉 살에 공인회계사 시험을 쳤는데 공부를 하지도 않고 전국 2등을 했다. 그녀는 나중에 하버드에서 MBA와 로스쿨을 복수 전공으로 마쳤다. 베조스가 그녀를 찾아냈을 때, 서른세 살의 최고재무책임자로 디지디자인이라는 실리콘 밸리 디지털 오디오 회사에서 일하고 있었다.

이후 몇 년간 코비는 베조스의 급성장 명령 실행에 치열하게 집중했고, 그녀의 삶 속에서 그 외의 다른 것은 배경 잡음에 불과했다. 어느 날 아침 그녀는 회사 차고에 자가용을 주차하면서, 일을 생각하느라 시동 끄는 것을 잊어버렸다. 그래서 온종일 자동차 엔진이 켜진 상태였다. 그날 저녁, 아무리 찾아봐도 차 열쇠가 보이지 않자 그녀는 잃어버렸다고 생각하고서 차를 두고 퇴근했다. 그로부터 몇 시간 뒤 주차장 경비원한테서 전화가 왔다. 자동차가 아직도 시동이 켜져 있으니 회사로 다시 나와 차를 가져가라는 연락이었다.

코비는 아마존에 합류한 지 한 달 만에 IPO를 준비하기 시작했다. 아마존은 주식 공모 자본금이 시급한 것은 아니었다. 아직 새로운 품목을 구비하지 않은 상태였고 시애틀 남부에 있는 2,600평 규모의 창고도 재고를 소화하기에 충분했다. 그러나 베조스는 주식 상장이 고객의 머릿속에 아마존을 또렷이 각인시키는 국제 브랜드 홍보 이벤트가 될 수 있다고 믿었다. 이 시기에 베조스는 공적인 자리에 나가 기회만 있으면 아마존닷컴에 대해 이야기했다(그는 언제나 아마존닷컴이라고 불렀지 그냥 아마존이라고 절대 부르지 않았다. 회사명에서 D.와 E. 사이에 반드시 한 칸 띄울 것을 고집하던 데이비드 쇼처럼 그도 이 부분에 대해 완고했다). 그가 주식을 상장하고 싶은 또 다른 이유는 서점계를 지배하는 거물인 반스앤드노블과 온라인 사업으로 경쟁하게 될 상황이기 때문이었다.

반스앤드노블의 경영인은 브롱스 출신 터프가이 사업가 렌 리지오였다. 그는 비싼 양복과 예술품에 관심이 많았고 로어 맨해튼 사무실 벽에는 미술 작품이 수두룩했다. 지난 20년 동안 반스앤드노블은 도서 판매에서 혁신을 이룩했다. 신간 할인 제도를 도입했고, 쌍벽을 이루는 경쟁 회사 보더스와 함께 대형 도서 유통 매장이라는 개념을 퍼뜨렸다. 그들의 각축장에서 영세 독립 서점들은 문을 닫게 되었다. 그 결과, 미국 서점 연합에 따르면 1991년과 1997년 사이에 영세 독립 서점의 시장점유율이 33퍼센트에서 17퍼센트로 하락했다. 같은 기간 동안 미국 서점 연합의 회원도 4,500개 업체에서 3,300개 업체로 떨어졌다.

이제 반스앤드노블은 하찮은 신규 업체의 도전을 받고 있었다. 아마존은 1996년 겨우 1,600만 달러의 매출을 기록한 반면, 반스앤드노블은 같은 해 매출액이 20억 달러였다. 그럼에도 불구하고, 1996년 《월스트리트 저널》에 기사가 나간 이후 리지오는 베조스에게 전화를 걸어 남동생 스티브과 함께 시애틀로 협상하러 오겠다고 말했다. 이런 종류의 협상에 경험이 없던 베조스는 투자가이자 이사회 임원인 톰 앨버그에게 전화를 걸어 리지오 형제와 저녁을 먹는 자리에 함께 가자고 말했다. 그 둘은 조심스럽게 회유 작전을 쓰기로 결정했다.

네 사람은 4번 애비뉴 컬럼비아 빌딩 근처에 있는 유명한 음식점 달리아 라운지에서 스테이크를 먹었다. 시애틀의 명물인 이 음식점에는 물고기를 치켜든 요리사 그림의 네온 간판이 붙어 있었다. 양복을 빼입고 온 리지오 형제는 강력한 수를 두었다. 그들은 베조스와 앨버그에게 웹사이트를 곧 열 예정이며 아마존을 뭉개버리겠다고 했다. 그러나 자신들은 이만큼 아마존을 일구어낸 베조스를 존경한다고 말했다. 그래서 아마존의 특허기술 사용이나 공동 웹사이트 구축 등을 예로 들며 함께 손잡고 일할 수 있는 몇 가지 방법을 제안했다. 앨버그는 이렇게 회상한다. "그들은 다짜고짜 우리 회사를 사겠다고 제의하지 않았습니다. 특별히 구체적인 것은 없었어요. 상당히 사교적인 회식이었죠. 물론 협박 부분만 빼고요."

식사 후 앨버그와 베조스는 리지오 형제에게 협력안에 대해 한번 생각해보겠다고 말했다. 나중에 앨버그와 베조스는 전화 통화를 하면서 그런 협력은 제대로 이루어질 것 같지 않다는 데 동의했다. "제프는 늘 참신한 새 기업이 승리할 수 있다고 굳게 믿었어요. 모든 것이 끝났다고 생각하지 않았죠. 그저 큰 도전이 우리를 기다리고 있다는 것을 알았어요"라고 앨버그는 말한다.

퇴짜를 맞은 리지오 형제는 돌아가서 자신들의 웹사이트 구축에 착수했다. 그 당시 반스앤드노블에서 일했던 사람의 말에 따르면, 렌 리지오는 웹사이트 이름을 '책 포식자Book Predator'로 붙이려 했다고 한다. 그러나 동료들이 좋지 않은 생각이라며 말렸다. 반스앤드노블은 협박을 행동으로 옮겨 온라인 영업부를 만드는 데 여러 달이 걸렸다. 그동안 베조스 팀은 혁신과 사업 확장에 박차를 가했다.

조이 코비는 아마존의 IPO 업무를 볼 인수업자로 모건 스탠리와 골드만 삭스를 고려했다. 그러나 결국 그녀는 도이치 은행 IT기업 담당 부서를 만든, 훤칠한 키에 콧수염이 난 프랭크 콰트론을 선택했다. 콰트론의 수석 애널리스트이자 미래 벤처캐피털 전문가 빌 걸리는 1년 동안 아마존을 담당하면서 인터넷의 상승세를 타고 부상할 기업이라고 정확히 내다보았다.

그해 봄, 베조스와 코비는 미국과 유럽을 다니면서 잠재 투자가들에게 아마존을 홍보했다. 3년간의 매출 실적으로 무장한 그들은 아마존에는 독특한 강점이 있다고 느꼈다. 전통적 소매업체와 달리 아마존은 역영업주기negative operating cycle를 자랑하고 있었다. 소비자는 책을 살 때 신용카드로 즉시 결제했지만, 아마존은 공급업자에게 몇 달에 한 번씩 결제했다. 매출이 발생할 때마다 아마존은 은행에 현찰을 계속 입금했고 영업 및 확장 자금이 꾸준히 흘러 들어왔다.[14] 아마존은 또한 투자금에 특별히 높은 수익을 약속할 수 있었다. 전국 수백 수천 점포에 재고가 쌓인 일반 오프라인 회사와 달리 아마존은 웹사이트 하나에 그 당시로 모든 재고가 창고 한 곳에 쌓여 있었다. 아마존의 총매출 대비 고정비용 비율은 오프라인 경쟁사들과 비교했을 때 엄청나게 낮았다. 즉 아마존의 인프라에 1달러를 투자하면 세상 여느 소매업체의 인프라에 투자한 1달러보다 기하급수적으로 수익이 늘어난다고 베조스와 코비는 주장했다.

가는 곳마다 투자자들은 그들에게 다른 품목으로의 확장 계획이 있느냐고 물었다. 거기에 대해 베조스는 부인하면서 사업의 초점은 오로지 책이라고 말했다. 주장에 무게를 싣고자 그들은 그 당시 잘나가던 PC 제조사 델과 비교했다. 그러나 원래 비밀스러운 성격인 베조스는 법적으로 투자자들에게 알려야 하는 최소한의 사항만 밝히고 아마존이 새 고객을 끌어오는 데 드는 비용이나 단골 고객이 일반적으로 아마존에서 구매하는 금액 같은 데이터는 언급하지 않았다. 그는 IPO로 자본금을 늘리고 싶긴 했지만 경쟁사들에 아마존을 따라하는 방법을 자세히 가르쳐줄 생각은 없었다. "설명회를 하러 다녀보면 회의적인 의견이 많더군요. 이 회사는 오래 못 갈 것이다, 반스앤드노블이 뭉개버릴 것이다, 너희가 뭔데 자세한 내용을 공개하지 않느냐는 등의 말을 한 사람이 많았어요."

IPO 과정은 다른 면으로도 힘들었다. 7주라는 미국증권거래위원회 규정에 따른 '침묵 기간' 동안 베조스는 언론과 이야기하는 것이 허락되지 않았다. "우리한테 7년 동안 사업을 못하게 하다니 믿을 수가 없군!" 그는 투덜거렸다. 7주를 7년으로 바꿔 말한 이유는 인터넷이 그만큼 가속적으로 진화한다고 믿었기 때문이다.

언론과 접촉하지 않는 일은 점점 더 힘들어졌다. 아마존 주식 상장 3일 전, 반스앤드노블은 아마존을 상대로 연방 법원에 소송을 걸었다. 아마존이 세계에서 가장 큰 서점이라고 거짓 광고를 했다는 것이다. 리지오가 걱정할 만도 했지만, 그가 소송을 함으로써 오히려 이 작은 경쟁사에 이목이 크게 집중되도록 한 셈이 되었다. 그달 말, 리지오는 자체 웹사이트를 선보였다. 이제 아마존이 망하는 모습을 구경할 기대에 부푼 사람이 많은 듯했다. 많은 이들이 참고하는 포레스터 리서치의 CEO는 보고서에서 아마존을 가리켜 "아마존 망했닷컴Amazon.Toast"이라고 불렀다.

침묵을 지켜야 한다는 족쇄 같은 규정 때문에 스트레스를 받은 베조스는 리지오의 웹사이트 개설 기념행사에 아마존 티셔츠를 입고 행사장 주위를 맴돌 무언극 배우들을 보내고 싶어 했다. 하지만 콰트론이 그 계획을 가로막았다.

훗날 베조스는 반스앤드노블의 공격에 대항하기 위해 전 직원을 소집한 뒤 이렇게 말했다. "직원 여러분은 요즘 매일 아침 눈을 뜨면 걱정이 되고 불안할 겁니다. 하지만 경쟁자를 걱정하지 마세요. 어차피 우리한테 돈 한 푼 주지 않은 사람들입니다. 우리는 고객을 걱정하고 우리가 할 일에 집중합시다."[15]

그다음 해 아마존닷컴과 반스앤드노블닷컴은 서로 자기가 더 좋은 상품을 더 낮은 가격에 제공한다고 광고하며 경쟁했다. 반스앤드노블이 더 다양한 서적을 구비해놓았다고 주장하자 아마존은 영세 독립 서점이나 고서적을 다루는 골동품상에 연락해 희귀한 책이나 절판된 서적을 찾는 데 총력을 기울였다. 1998년 반스앤드노블은 독일 초대형 출판기업 베텔스만으로부터 투자금 2억 달러를 받아 닷컴 자회사를 창립했고, 나중에 상장했다. 그러자 아마존은 음악이나 DVD 같은 품목으로 사업을 확장하면서 반스앤드노블을 측면 공격했다.

베조스는 반스앤드노블이 온라인 경쟁을 제대로 할 수 없을 거라고 예상했고 결국 그가 옳았다. 리지오 형제는 자신들의 사업에서 비교적 작은 규모를 차지하는 영역 때문에 돈을 잃을 마음이 없었다. 수익이 많은 오프라인 서점의 매출을 갉아먹을 부문에 가장 능력 있는 직원들을 할당하고 싶지 않았다. 게다가 회사 유통 시스템이 거대한 도서 물량을 일정 수의 장소로 보내서 오프라인 매장에 서비스를 지원하는 데 적합하도록 확립되어 있었다. 이것을 내팽개치고 개개인에게 우편으로 주문 상품을 보낸다는 것은 길고 고통스러우며 고객 불만족을 야기하는 경험이었다. 반면 아마존에서는 매일 일어나는 일상 업무일 뿐이었다.

1997년 5월 15일 아마존의 IPO는 성공적이었으나 나중에 오게 될 흥청망청 닷컴 잔치에 비하면 별것 아니었다. 베조스는 은행과 실랑이 끝에 공모가를 주당 18달러로 올렸지만 한 달 이상 주가는 IPO 가격 아래를 맴돌았다. 그러나 IPO를 통해 5,400만 달러를 조달해서 큰 주목을 받았다. 그 덕분에 연간 매출의 900퍼센트 성장을 이룩한 엄청난 한 해가 되었다. 베조스뿐만 아니라 그의 부모와 동생들은 이제 공식적으로 억만장자가 되었다(그들은 초창기에 1만 달러 상당의 주식을 사놓았다). 아마존의 투자자들과 클라이너 퍼킨스 모두 투자금에 두둑한 수익을 올렸다. 그러나 기하급수적으로 오를 훗날 아마존의 주가에 비하면 이것조차 껌값에 불과했다.

베조스는 IPO를 하는 날 뉴욕에서 아마존 사무실에 전화를 걸어 직원들에게 너무 들떠서 자축하거나 주가에 집착하지 말라고 당부했다. 시애틀 사무실에서는 그 지역에서 생산한 저렴한 헨리 웨인하드 맥주를 직원들에게 돌렸고, 그러고 나서 다들 자기 자리로 돌아가 일했다. 그래도 그들은 모두 아마존 주가를 곁눈질로 확인하곤 했다.

그달 말, IPO를 준비했던 사람들은 모두 테킬라가 한 병 들어 있는 나무 상자를 받았다. 병에는 '멕시코 스타일 파티' 초대장이 붙어 있었다. 프랭크 콰트론과 도이치 은행 IT기업 담당 부서의 후원으로, 멕시코의 로스 카보스에 있는 파미야 리조트에서 열리는 주말 파티였다.

베조스, 매켄지, 조이 코비, 셸 캐펀, 니컬러스 러브조이를 비롯해 도이치 은행의 제프 블랙번도 참석했다. 다트머스 대학 미식축구팀의 라인배커였던 그는 아마존에 합류해 사업개발부장이 되었다. 주말 파티에는 1일 크루즈 여행도 있었는데 콰트론은 선상에서 베조스에게 마카레나 춤을 가르쳤다. 현저한 키 차이에도 불구하고 두 남자는 갑판에 나란히 서서 춤을 추었다. 밤에는 해변에서 호화 만찬이 열렸고 은행가들은 해적으로 분장하고 나타났다. 만찬이 끝나갈 무렵, 폭풍이 몰아치기 시작했고 바다에는 풍랑이 일었다. 성난 파도가 해변으로 밀려 들어와 전선을 휩쓸어갔다. 스테레오 장비는 누전되고 디저트 쟁반은 모래에 처박혔다. 파티에 참석했던 사람들이 서둘러 피신하자 베조스는 그 광경을 기분 좋게 구경했고, 그의 웃음소리는 멕시코의 밤하늘로 퍼져 나갔다.

1997년 초 아마존이 세계 최대 서점에 맞서 싸우는 동안, 코비와 베조스는 미 육군 특수부대 레인저 출신 릭 달젤을 영입하기 위해 애쓰고 있었다. 켄터키 주 조지타운 태생인 달젤은 1980년에 포트 갬블에서 신호 엔지니어로 주둔했고 그 뒤 서독에서 통신장교로 근무했다. 민간인 생활로 돌아온 뒤에 그는 세계에서 가장 정교한 기술을 자랑하는 소매업체 월마트의 정보 시스템부에서 일했다.

1년 내내 반바지를 입는 습관이 있는 달젤은 활달한 성격과 구수한 남부 사투리 덕분에 아마존에서 가장 사랑받고 존경받는 중역이 되었다. 그러나 처음에는 베조스와 코비의 제안을 거절했다. 그것도 몇 번이나. 그가 봄에 시애틀을 방문했을 때, 항공사가 그의 짐을 잃어버렸다. 그래서 달젤은 호텔 프런트 데스크에서 코트와 넥타이를 빌렸다. 그다음 그는 아마존 사무실에 일찌감치 나타났는데 아무도 없었다. 월마트와 달리 아마존 직원들은 늦게까지 일하고 늦게 출근했다. 베조스가 마침내 도착하자 두 사람은 앉아서 대화를 시작했다. 그런데 시간이 얼마 지나가기도 전에 아마존의 CEO가 달젤이 빌린 옷에 커피 한 잔을 그대로 다 엎질렀다.

이렇게 삐걱거리는 시작에도 불구하고 달젤은 베조스의 비전과 책벌레 특유의 카리스마에 흥미를 느꼈다. 그러나 아칸소 주의 벤튼빌로 돌아갔을 때 달젤은 다시 월마트 간부들의 설득에 쉽게 넘어갔다. 월마트의 물류 담당이자 나중에 월마트 CEO가 되는 리 스콧은 골프 카트 앞자리에 앉아 거대한 유통센터를 질주하며 달젤에게 아마존이 새롭고 신기하게 보일지는 몰라도 잠재력이 별로 없는 기업이라고 말했다. 월마트의 최고실무책임자coo인 돈 소더키스트는 아마존은 자체 재고를 보관하지 않았기 때문에 일단 매출이 1억 달러를 넘으면 사업 모델은 막다른 골목에 다다를 것이라고 말했다(그 당시까지도 아마존은 공급자로부터 물건을 받아 재빨리 고객에게 배송했다). 그는 또한 월마트는 달젤에게 거는 기대가 크다고 말하며 불길하게 덧붙였다. "만약 떠난다면, 자네는 더 이상 월마트 가족이 아닐세."

달젤은 그의 충고를 받아들였다. 그렇지만 온라인 소매업에 대한 관심은 사라지지 않았다. 1997년 초, 월마트와 샘즈 클럽은 전자상거래 세계에 첫발을 내딛는 중이었다. 그러나 달젤은 그 분야에 대해 회사의 지원이 제대로 이루어지지 않는 것을 볼 수 있었다.

베조스는 달젤을 포기하지 않았고 노련한 엔지니어 출신 간부를 영입할 가능성을 배제하지 않았다. 그는 다른 쪽으로도 눈을 돌려 계속 인재를 찾아보는 한편, 코비를 시켜 달젤의 아내 캐서린에게 몇 주에 한 번씩 전화를 걸도록 했고 존 도어에게는 그의 환심을 사는 임무를 맡겼다. 한번은 베조스와 코비가 사전 연락도 없이 벤튼빌에 있는 달젤을 깜짝 방문해 저녁을 대접했다. 식사 후 달젤은 아마존에 합류하겠다고 말했으나 다시 마음을 바꾸었다. "우리 가족은 핵폭탄이 떨어지기 전에는 아칸소를 떠나지 않을 겁니다"라는 것이 당시 그의 말이었다.[16]

그러나 달젤은 아마존을 머릿속에서 떨쳐버릴 수가 없었다. "아내는 제가 무엇에 홀딱 빠지면 금방 알아챕니다. 제가 계속 그것에 관해 이야기하거든요. 어느 날 아내는 나를 보고 왜 아직도 월마트에 있느냐고 묻더군요." 드디어 8월에 그는 아마존에 합류했다. 이번에는 정말로. 월마트의 최고정보책임자는 달젤이 짐을 챙기는 동안 그의 사무실에 서 있다가 그를 문까지 데리고 나갔다.

1997년 8월에 달젤은 아마존의 최고정보책임자로 일하기 시작했고 J팀의 주요 멤버가 되었다. 그는 노련한 경영인으로서 신속하게 사람들을 채용하고 큰 그룹에 야심 찬 목표를 정하고 도달하게 하는 데 능수능란했다. 달젤은 회의석상에서 자주 베조스 옆에 앉았으며, 설립자의 뒤

어난 아이디어에 인적자원을 수혈했다. "큰 아이디어를 빠르게 처리하는 것은 제프에게 식은 죽 먹기였죠. 다른 사람들은 어떻게 시작해야 할지 고민할 때 그는 일을 해치웠습니다. 릭은 우리가 중요한 일을 해내도록 챙겼어요." 오랫동안 아마존의 엔지니어였으며 달젤의 친구인 브루스 존스의 말이다.

그해 여름 달젤의 합류는 큰 파문을 불러왔고 셸 캐펀의 불안증을 심화시켰다. IPO 전에 베조스는 자신의 오랜 파트너를 데리고 산책하러 나갔다. 그는 회사에 보다 심도 있는 기술 경영이 필요하다며 캐펀에게 최고기술책임자cто 자리를 맡아달라고 부탁했다. 언뜻 듣기에는 승진처럼 보이지만, 사실 예산도 없고 직접적인 책임도 없는 자문직이었다. 캐펀은 며칠간 생각해본 뒤 사양했지만, 베조스는 "이미 결정 났네"라고 대답하고 더 이상 이야기하지 않았다.

캐펀은 최고기술책임자로 몇 년간 지냈고 여전히 경영팀에 남아 있었지만, 사실상 찬밥 신세가 되었다. 더 이상 그에게 보고하는 직원도 없었고 중요한 자원을 배분할 때 아무런 영향력도 행사할 수 없었다. 그의 짜증과 무기력함은 점점 커졌다. 그는 열악한 환경에서 한 푼이라도 아껴가며 아마존의 최초 시스템을 구축했다. 그러나 아마존의 연매출액이 6,000만 달러 가까이 되는 지금, 회사의 인프라는 엉망이었다. 캐펀은 시간을 투자해서 공들여 재구축하고 싶었다. 그러나 베조스는 속력을 늦추지 않았다. 그는 기존의 시스템을 다시 쓰는 것이 아니라 모든 엔지니어가 새로운 기능을 만들기를 원했다. 그랬다가 나중에는 아마존 인프라를 처음부터 재구축하는 일을 비롯해 캐펀이 하고자 했던 프로젝트 몇 개를 다른 사람들에게 맡겨서 캐펀을 더 힘들게 했다. 캐펀은 그저 앉아서 구경만 할 수밖에 없었다.

베조스는 실질적 업무 권한이 전혀 없는 내성적인 프로그래머를 더 이상 신뢰하지 않았다. 그러나 그는 캐펀에 대한 감사의 마음과 애정을 표현했다. 1998년 가을 베조스는 인수 대상 목표를 알아보러 출장을 간다고 말하며, 캐펀에게 짐을 챙겨서 따라오라고 말했다. 그런 뒤 그는 셸 캐펀을 위해 '셸 – 레브레이션'을 준비해서 놀라게 했다. 셸 – 레브레이션은 셸의 아마존 입사 4주년을 경축하기 위해 하와이에서 열린 주말 파티였다. 베조스는 캐펀의 가족, 친구, 동료들을 비행기에 태워 하와이로 불러들였고 3일 동안 모두를 마우이 해변의 개인용 별장 몇 군데에서 지내도록 했다. 파티에 참석한 모든 사람들은 우스꽝스러운 '모자 쓴 고양이Cat in the Hat' 모자를 쓴 캐펀의 사진이 타일에 커다랗게 새겨진 장식용 컵 받침대를 받았다.

그 주말 파티는 베조스에게 우연한 만남의 기회를 가져다주었다. 하와이로 온 캐펀의 친구 중에는 홀 어스 카탈로그를 만든 스튜어트 브랜드도 있었다. 브랜드와 그의 아내 라이언은 베조스 부부와 친해졌고, 나중에 베조스가 '롱 나우 시계'에 관여하는 계기가 된다. 롱 나우 시계는 장기적 사고를 장려하는 방법으로 1만 년이라는 시간을 측정하도록 디자인된 거대한 시계를 짓는 프로젝트를 말한다. 몇 년 뒤, 이 주말의 직접적 결과로 베조스는 1만 년 시계의 가장 큰 재정 후원자가 된다. 그는 이 시계를 자신의 텍사스 사유지에 설치하는 데 동의했다.

그러나 캐펀은 하와이 주말 파티 내내 얼굴이 어두웠다. 그는 "아직 은퇴하지 않았는데 은퇴 기념 선물을 받는 느낌이었다"고 말한다.

베조스의 두 가지 약속은 서로 상충되었다. 베조스는 캐펀에게 그가 원한다면 영원히 그 자리에서 일해도 된다고 했다. 아마존의 설립자는 또한 회사와 투자자들 앞에서 계속 더 나은 인재를 채용하겠다고 약속하면서 아마존의 존립 여부는 위대한 엔지니어를 영입하는 능력에 달렸다고 말했다. 릭 달젤과 조엘 스피걸은 대기업 내에서 일어나는 사내 정치에 능했다. 캐펀은 내성적인 해커로 이상주의자 같은 구석이 있고 리더십은 거의 없었다. 솔직히 말해 그가 맡았던 부서는 채용과 규모 확장에서 한참 뒤처져 있었다. 그러나 그는 그 옛날, 가진 거라고는 제프 베조스의 스프레드시트에 나오는 불확실한 예상 시나리오가 전부였을 때 조용히 그러나 능숙하게 일하며 아마존이 세상 빛을 보도록 이끌었다.

캐펀은 이곳을 떠나는 것을 상상할 수가 없었다. 하지만 그가 마지막 주식을 받도록 정해진 입사 5주년 기념일이 몇 주 남지 않았다. 결국 그는 사무실로 가지 않았다. 공식적으로는 1999년 가을까지 아마존에 남아 있다가 어느 날 아침 집에서 베조스에게 전화를 걸어 사직서를 내겠다고 말했다. 캐펀에 따르면, 베조스는 캐펀이 그런 결정을 하게 되어 슬프다고 말했지만 회사에 계속 남아 있으라고 설득하려 하지는 않았다고 한다.

베조스는 캐펀을 '아마존닷컴의 역사상 가장 중요한 인물'이라고 묘사했다.[17]

그러나 캐펀은 5년 동안의 아마존 여정을 생각하면 입맛이 썼다. 그는 베조스가 자신을 아마존 경영에 참여하지 못하게 막은 것은 함께 사업을 시작한 사람들 간의 '성스러운 신뢰를 배신한 행위'라고 말했다. 또한 그가 받은 푸대접은 "내 인생에서 가장 실망스러운 일이었다"고 말한다.

이 이야기는 많은 아마존 설립 멤버들이 느꼈던 불만을 보여주는 한 예이다. 베조스는 자신의 설득력 있는 복음을 설파하며 그들에게 믿음을 가지라고 말했고, 그 결과 모두들 넉넉한 보상을 받았다. 그러나 그 후 차가운 눈빛의 CEO는 경험 많은 새 신자 한 무리를 데리고 와서 그들을 갈아치웠다. 아마존이 자신들을 버리고 성장해가는 것을 볼수록 속이

상하고 억울했다. 곱게 기르던 아이가 집을 버려두고 다른 가족과 살겠다고 이사 가는 모습을 보는 기분과 비슷했으리라. 그러나 결국 베조스는 셸 캐펀에게 똑똑히 확인시켜주었다. 아마존의 아버지는 단 한 명이라는 사실을.

CHAPTER **03**

열병 같은 꿈
Fever Dreams

1997년 초, 제프 베조스는 보스턴으로 날아가 하버드 경영대학원
에서 세미나를 열었다. 그는 '매매공간 관리'라는 수업을 듣는 학생들에
게 강연을 했고 강연이 끝난 뒤 대학원생들은 온라인 소매업체의 전망
을 분석했다. 그들은 마치 그가 그 자리에 없는 듯이 아마존에 대해 여
러 가지 언급을 하며 이리저리 평가를 했다. 그 시간이 끝날 무렵, 학생
들은 기존의 유명 기업이 줄줄이 온라인 사업을 추진하는 상황에서 아
마존이 살아남을 가능성은 희박하다는 결론을 내렸다. 그중 한 학생은
단도직입적으로 베조스에게 말했다. "정말 좋은 분 같아서 말씀드리는
데요, 오해하지 말고 들으세요. 회사를 반스앤드노블에 팔고 사업을 접
으세요."

그 수업을 듣던 브라이언 버트위슬은 베조스가 겸손한 태도로 신중하
게 대답했다고 회상한다. "저 학생의 말이 맞을지도 모릅니다. 하지만

여러분은 종래의 기업들이 사업을 이끌어가는 데 있어서 특정한 방법에 대한 의존도를 과소평가하는 것 같습니다. 이러한 회사들은 새로운 채널에 집중하거나 발 빠르게 대처하기가 힘들 겁니다. 시간이 가면 차차 알게 되겠지요."

수업 후 베조스와 대화를 나누러 간 학생은 몇 명 되지 않았다. 그 숫자는 여느 때 강연자와 인사를 나누기 위해 몰려가는 학생 수보다 훨씬 적었다. 그중에는 제이슨 킬러도 끼어 있었다. 그는 그 후 9년 동안 아마존에서 간부급 경력을 쌓은 뒤 동영상 사이트 훌루의 최고 책임자 자리를 맡게 된다. 버트위슬의 차례가 되었을 때, 베조스가 공항으로 가야 할 시간이 되었다. 그래서 그 수업 담당 교수는 버트위슬에게 차로 모셔다드리는 게 어떠냐고 말했다. "좋아요. 택시비를 아낄 수 있겠네요"라며 베조스도 동의했다.

공항에 도착하는 데는 15분이 걸렸다. 베조스는 버트위슬이 아마존에서 일하고 싶어 한다고 단정하고 면접을 시작했다. "자네는 왜 아마존닷컴에서 일하고 싶나?"

버트위슬은 면접 준비가 전혀 되어 있지 않았지만, 임기응변으로 따라가보았다. "저는 역사 전공입니다. 제가 이런 회사에 아직 초기 단계 상태에서 입사할 수 있다면 역사적인 일에 참여하는 느낌이 들 것입니다."

베조스는 거의 고함을 치기 시작했다. "바로 그것이 아마존닷컴에서 모두들 생각하는 바네! 한번 가만히 지켜보게나. 인터넷에 무수한 회사가 우후죽순으로 생겨날 것이고 대부분은 망할 걸세. 겨우 살아남는 브랜드는 얼마 되지 않을 것이네. 우리가 그중 하나가 될 거야."

베조스는 잠시 입을 다물었다가 질문을 던졌다. "그런데 왜 맨홀 뚜껑이 둥글지?"

"공항에 정시에 도착하고 싶으시면, 저한테 그런 질문을 하시면 안

돼요."

베조스는 따발총을 쏘듯 웃음을 터뜨렸다. 버트위슬은 깜짝 놀라 고속도로 옆으로 차를 거의 처박을 뻔했다. "농담이 아닐세. 자네 같으면 이 문제를 어떻게 풀겠나?" 베조스는 계속 질문했다.

"무거운 맨홀 뚜껑을 굴려서 구멍에 덮을 수 있게 하기 위해서인가요?"

"틀렸어. 하지만 꽤 괜찮은 추측이네." 베조스는 대답했다.[1]

버트위슬은 하버드를 졸업하고, 킬러 및 나중에 선구적인 클라우드 사업을 이끌 앤디 재시와 함께 아마존에 입사했다. 그들은 시애틀 근처에 사는 엔지니어를 주로 고용했던 아마존이 처음 채용한 동부 출신 MBA였다. 그들은 회사 역사의 중요한 갈림길에서 베조스에게 쓸모 있는 인적자원이었다.

1998년 불운한 브룸볼 선구자이자 마케팅 부사장인 마크 브레이어가 설문 조사 결과를 베조스에게 들고 왔다. 대부분의 소비자가 아마존닷컴을 사용한 적이 없고, 더구나 책을 사는 경우가 별로 없어서 아마존에 등록하지 않을 것이라는 내용이었다. 베조스는 미국인의 독서 관심도를 가지고 계산한 우울한 통계에 크게 신경 쓰지 않는 눈치였다고 브레이어는 전한다. "우리가 하는 사업에 대해 아주 좋지 않은 소식을 전했는데 어떻게 된 일인지 그는 신이 났어요." 그는 브레이어에게 새로 영입된 하버드 MBA 졸업생들을 데리고 SWAT팀을 조직해서, 재고 관리 단위가 가장 높고 오프라인 매장에서 제대로 평가받지 못하고 있지만 배송이 용이한 품목을 조사해보라고 지시했다. 이는 아마존 초기 전략의 중요한 부분이었다. 인터넷의 능력을 최대로 이용해 전통적 소매점에서 살 수 있는 상품에 비해 훨씬 더 좋은 상품을 구비하는 데 주력했다.

베조스는 이제 새로운 품목을 다루는 것이 시급하다고 느꼈다. 고객의 머릿속에는 '아마존' 하면 책밖에 떠오르지 않았다. 그는 음악, 비행기, 술, 주택담보대출 등 모든 것을 포괄하는 리처드 브랜슨의 버진Virgin처럼 유연한 브랜드가 되기를 원했다. 베조스는 또한 기술에도 투자하고 경쟁에 앞서 나갈 수 있도록 아마존이 어느 정도 수익을 창출하기를 원했다. "그즈음 그는 이미 주판알을 열심히 튕겨본 이후라 어떤 상태인지 잘 알았지요. 이제 크게 한 방 때리든지 아니면 사업을 접어야 했어요." 마이크로소프트와 애플에서 근무했던 공학 부사장 조엘 스피걸의 말이다.

조이 코비는 처음부터 베조스가 책을 넘어서 품목 확장을 계획했지만 적기를 노리고 있었다고 믿는다. "그는 늘 욕심이 컸지요. 그저 적당한 시기에 기회를 잡는 것이 관건이었습니다."

그래서 그해 봄 재시는 음악을, 킬러는 홈비디오 시장을 조사했고 하버드 동창생이었던 빅토리아 피켓은 수축 포장된 소프트웨어 쪽을 알아보았으며 그 외에도 여러 사람이 다양한 품목을 조사했다. 웨스틴 호텔에 있는 아마존의 외부 경영 사무실에서 MBA들이 조사 결과를 발표했다. 아마존 간부들은 첫 확장 목표로 음악을 선택했고 DVD가 두 번째였다. 웹 문학 허브 구축의 꿈을 가진 창립 멤버들은 심기가 불편했지만 이제 한층 포괄적인 미션을 갖게 되었다. 웹사이트 맨 꼭대기에 보이는 문구는 "지구에서 가장 큰 서점"에서 "책, 음악, 그 이상의 것"으로, 그 다음에는 "지구의 모든 물건이 한자리에"로 바뀌었고, 마침내 에브리싱 스토어 아마존이 탄생했다.

온종일 계속된 회의가 끝나갈 무렵, 베조스는 모든 사람들에게 5년 후 매출 예상액을 써보라고 했다. 그 자리에서 열심히 필기하던 전략 기획 애널리스트 유진 웨이는 베조스가 가장 높은 예상치를 내놓았지만 그것조차 실제 수치에는 턱도 없이 모자랐다고 전한다. 그들은 앞으로 무슨 일이 벌어날지 전혀 몰랐다.

아마존이 새로운 품목을 갖추고 더 많은 창고를 짓기 위해서는 계획만으로 충분치 않았다. 그들은 추가적인 자금이 필요했다. 그래서 그해 5월 아마존은 열등채를 발행해 3억 2,600달러를 조달했고 다음 해 2월에는 역사상 가장 큰 전환 사채 발행으로 12억 5,000달러를 추가 조달했다. 전환 사채는 4.75퍼센트의 이자율로 그 당시 엄청나게 싼 자금이었다. 코비와 베조스는 완고한 기관 주주를 찾아 아마존 성공 신화를 홍보하기 위해 투어를 떠날 필요가 없다는 사실에 놀랐다. 지난해 닷컴의 인기를 조금씩 맛본 투자가들은 사채를 사기 위해 열심히 줄을 섰다.

아마존 자금부장이자 기업개발부장인 랜디 틴즐리는 어느 토요일 전환 사채의 약속어음에 서명하기 위해 이사콰에 있는 자동차 수리점에서 재무팀 직원 팀 스톤과 만났다. 틴즐리는 그곳에서 자신의 지프에 카스테레오를 설치하는 중이었다. 그는 책상 너머에서 어리둥절해하는 점원에게 서류를 보여주며 자랑했다. "이게 뭔지 아는가? 12억 5,000달러라네."

그 후 2년간 '닷컴버블'이라는 광란의 시기가 이어졌다.

20세기 말, 웹은 똑똑한 괴짜들의 공간에서 신문 1면에 나오는 존재로 진화하면서 주식투자가부터 일반인들까지 그 당시에 '사이버 공간'이라고 흔히 불리던 영역으로 용감히 발을 내딛기 시작했다. 경제와 사회에 불어닥칠 변화를 예견하면서 생겨난 광기가 주식 버블의 발단이 되었고, 그 모습을 이성적인 눈으로 바라보던 사람들조차 혹시 자신이 이상한 건 아닌지 의심하게 되었다. 야후는 디즈니보다, 아마존은 유명한 시어즈 백화점보다 더 높게 평가되었다. 실리콘 밸리에서는 창업자들과 투자자들이 넘쳐흐르는 낙관주의와 풍부한 벤처캐피털에 취해서 2년간 파티를 벌였다. 자금조달은 수월했고, 기회는 무한해 보였으며 어디를 가든 파인애플을 띄운 보드카 마티니가 있었다.

그 기간 동안 인터넷에 제프 베조스보다 더 크고, 더 담대한 도박을 한 사람은 없었다. 베조스는 웹이 기업과 소비자의 모습을 바꿔놓으리라는 것을 누구보다 확신했고, 따라서 그는 머뭇거리지 않고 앞으로 질주했다.

"우리 회사가 저평가되어 있다고 생각합니다"라는 말 역시 자주 듣는 제프이즘이다. "세상은 아마존에 어떤 미래가 기다리고 있는지 전혀 이해하지 못하고 있습니다." 1998년에서 2000년 사이 버블이 한참 커지던 그때, 아마존은 사채를 세 번 발행해 22억 달러라는 놀라운 금액을 조달했고 대부분은 기업 인수에 사용되었다. 그러나 몇 년 뒤 이렇게 인수한 회사들이 주 사업에 도움이 된 것 같지는 않았다. 아마존은 미국에 최첨단 물류센터 다섯 곳을 열지만, 나중에 두 군데를 닫고 불가피한 긴축 정책 가운데 수백 명의 직원을 정리해고했다.

그러한 불운 가운데서도 베조스는 동요하는 모습을 보이지 않았다. 오히려 이러한 후퇴로 인해 새로운 영역으로 회사를 더 열심히 이끌어나갔다. 그는 월마트에서 아마존으로 넘어온 이전 육군 특수부대 레인저 릭 달젤에게 "저는 물리적으로 겁쟁이지만, 정신적으로는 담대합니다"라고 말했다. 수전 벤슨은 어느 날 아침, 컬럼비아 빌딩에서 창업자와 함께 엘리베이터를 탄 적이 있다. 그녀는 루퍼스를 데리고 있었다. 베조스는 조용히 그 개를 관찰하더니 "루퍼스, 넌 참 귀엽구나"라고 말했다. 그러고 나서 그는 벤슨을 바라보며 말했다. "하지만 담대한 개는 아니죠."

베조스는 담대한bold이라는 단어를 자주 썼다. 1998년 초 베조스와 조이 코비가 함께 작성하고 자금부장 러스 그랜디네티가 타이핑한 공모

주주들에게 보내는 첫 편지에서, 담대한이라는 단어는 반복적으로 등장했다. "소심한 투자 결정보다는 담대한 투자 결정을 내려서 시장 선두주자로서 선점우위를 얻을 가능성을 높이겠습니다." 그들은 계속해서 다음과 같이 썼다. "투자를 해서 수익을 올릴 때도 있고 돈을 잃을 때도 있지만, 두 경우 모두 우리는 소중한 교훈을 얻을 것입니다." 또한 회사는 단기 수익보다 장기적인 안목으로 자금의 흐름을 높이고 시장점유율을 키우는 데 주안점을 두고 있다고 썼다. 특히 편지 속에는 월스트리트에 접근하기 위해 회사가 기획한 특이한 전략을 설명하는 부분도 있었다.

> 아마존은 장기 주주 가치가 기업의 기본적 성공 척도라고 믿습니다. 이는 현 시장의 선두주자 자리를 통합하고 늘리는 능력의 직접적인 결과이기 때문입니다. 아마존의 시장우위가 확고할수록 경제적 모델도 더 강력해집니다. 시장우위는 높은 매출, 높은 수익성, 더 빠른 자금조달 속도, 거기에 상응하는 투자금에 대한 높은 이윤과 직결되어 있습니다.
> 이러한 아마존의 포커스는 경영 의사 결정에서 꾸준히 반영되어왔습니다. 우리는 고객과 매출의 증가, 고객의 반복적 구매율, 브랜드 가치 등에서 자가평가를 해 시장우위를 가늠합니다. 우리는 영속적 기업으로 자리를 굳혀감에 따라 고객층, 브랜드, 인프라를 확장 및 이용하기 위해 공격적으로 투자해왔으며, 앞으로도 그러한 노력을 지속할 것입니다.

아마존 내부에서 주주의 편지는 종교적 경전처럼 다루어진다. 베조스는 매년 회사의 연례 보고서와 함께 편지를 보내는데, 놀랍게도 편지 내용 속 약속을 늘 지켜왔다.

아마존은 대형 거래를 통해 닷컴 시대의 경주를 시작했다. 1990년대 말에는 AOL, 야후, MSN, 익사이트처럼 그 당시 인기 사이트에서 독점적 서점이 되기 위해 수천만 달러를 썼다. 이 회사들은 포털사이트라고 부르는데, 기술적 지식이 없는 인터넷 초심자들이 웹으로 들어가기 위해 사용하는 문이었다. 포털사이트들은 이런 종류의 거래에서 지분을 받는 데 익숙했지만 베조스는 그것을 거부했다. 그는 직원들이 비즈니스석을 이용하는 것에 대해 인색했던 것처럼 지분을 나누어주는 데도 인색했다. 대신에 그는 현금을 지불하고, 검색 결과에 아마존의 책 링크를 덤으로 넣어달라고 졸랐다. 예를 들어 누군가 AOL에서 스키 여행을 검색하면 스키에 관한 아마존 책의 링크가 나타났다.

베조스는 아마존의 일상 영업 실무를 볼 때 최대한 비용을 절감하려 했다. 직원들로부터 주차비를 받았고, 비행기를 탈 때 중역들도 모두 이코노미석을 이용하도록 했다. 하지만 다른 면으로는 놀라운 낭비벽을 보였다. 1998년 초 인텔에서 랜디 틴즐리를 스카우트해와 기업개발 부장으로 앉혔는데, 그에게 제일 처음 한 말은 "우리 함께 쇼핑 갈 생각에 기분이 정말 좋네요"였다. 그들은 나가서 엄청난 돈을 썼다. 아마존은 영화 데이터베이스 아이엠디비닷컴IMDB.com, 영국 온라인 서점 북페이지, 독일 온라인 서점 텔레부흐, 온라인 마켓플레이스 익스체인지닷컴Exchange.com, 선구적 SNS 웹사이트 플래닛올, 정보 수집 회사 알렉사 인터넷 및 그 외 다른 많은 회사를 사들였다. 기업 인수로 경험이 많은 중역들을 영입하게 되었지만 아마존은 너무 빨리 앞으로 나아가고 있었다. 내부적으로는 너무 혼란스러워서 인수한 기업과 기술을 제대로 통합할 수가 없었다. 대부분의 중역은 정신없는 속도와 끔찍한 시애틀 날씨 때문에 1~2년 만에 아마존을 떠났다.

아마존은 또한 벤처캐피털 부문에서도 좌충우돌이었다. 1998년 베조스와 벤처캐피털 전문가 존 도어는 온라인 약국을 열 기회를 포착하고 드럭스토어닷컴Drugstore.com을 설립한 뒤, 마이크로소프트에서 오랫동안 근무한 피터 뉴퍼트를 채용해 운영을 맡겼다. 아마존은 회사의 3분의 1을 소유했다. 벤처는 전도유망하게 시작했다. 그래서 다음 2년 동안 틴즐리와 베조스는 수천만 달러나 되는 아마존의 자금을 애완동물 관련 사이트인 펫츠닷컴Pets.com, 야외스포츠 장비를 파는 기어닷컴Gear.com, 온라인 와인 매장 와인쇼퍼닷컴Wineshopper.com, 온라인 자동차 매장인 그린라이트닷컴Greenlight.com, 온라인 식료품 가게 홈그로서닷컴Homegrocer.com, 도시 택배 서비스 코즈모닷컴Kozmo.com 등 장래성 있어 보이는 다양한 닷컴 회사에 현금으로 투자했다. 현금 투자에 대한 대가로 아마존은 작은 지분을 가져가고 이사회 자리 하나를 얻었다. 그들은 이러한 품목이 인터넷에서 성공한다면 아마존은 미래 시장을 위한 전략적 포지셔닝에 성공하는 셈이라고 여겼다. 한편 이 작은 벤처기업들은 자신들의 성공에 투자한 강력한 파트너가 생겼다고 믿었다. 하지만 그들 대부분은 2000년 닷컴버블이 꺼질 때 쫄딱 망했다. 그때는 이미 베조스의 발등에도 불이 떨어진 상태였기에 그 회사들을 구해줄 기분도 아니었고, 구해줄 시간도 없었다. 아마존은 이 투자에서 수백억 달러를 잃었다. "우리는 아마존이나 제대로 운영했어야 했어요. 이 모든 회사들을 다 돌볼 능력이 있다고 생각한 것이 우리의 치명적인 실수였습니다."

아마존 직원들은 베조스의 절약 정신 아래서 생활하며, 그가 계속 더 큰 도박을 하는 것을 경이로운 눈으로 바라보았다. 진 포프는 애플의 초창기 엔지니어로, 아마존으로 옮겨와 예전 동료 조엘 스피걸과 재회한 인물이다. 정신없이 사업을 확장하는 모습을 몇 달 동안 지켜보더니 포프는 스피걸에게 이렇게 말했다. "우리는 지금 여기서 거대한 우주선을 짓고 있는 것이네. 곧 퓨즈에 불을 붙이겠지. 우주선은 달에 도착하든지 아니면 연기를 내며 땅에 큰 구멍을 낼 걸세. 어찌 되었든 난 여기에 머물면서 무슨 일이 일어나는지 보고 싶어."

회사가 커지면서 베조스가 사람들이 생각했던 것보다 더 큰 야망을 품었음이 드러났다. 그는 더 많은 월마트 중역들을 영입하기 시작했다. 1998년 초, 아마존은 릭 달젤의 옛 동료를 영입하려 애쓰기 시작했다. 그는 은퇴한 월마트 유통 부사장 지미 라이트였다. 월마트에서 근무할 때, 성격이 거친 라이트는 달젤의 사무실에서 다툰 적이 있었다. 그런데 얼마나 짜증이 나게 구는지 육군 특수부대 출신인 달젤은 라이트를 번쩍 들어 사무실 밖에 내려놓은 후 문을 꽝 닫아버렸다. 그러나 달젤은 유통 규모를 빠르게 확장하고 싶은 베조스의 야심 찬 비전을 이룰 수 있는 사람은 바로 지미 라이트라는 것을 알았다. 달젤은 "미국에서는 지미밖에 이 일을 할 수 있는 사람이 없었을 겁니다."라고 말한다.

베조스가 라이트를 몇 달 동안 따라다닌 끝에 그해 여름 라이트는 도슨가 창고를 방문하게 되었다. 베조스는 미국을 비롯한 아마존의 새 시장인 영국과 독일의 유통 시스템을 현재의 열 배로 키우고 싶다고 말했다. 라이트는 어떤 제품을 유통할지 베조스에게 물었다. "그는 '모릅니다. 그냥 뭐든지 처리할 수 있게 디자인하세요'라더군요." 라이트는 그때의 일을 떠올린다. "그래서 '농담하시는 거죠?'라고 했더니 그는 '아뇨, 그것이 회사의 미션입니다'라고 대답했습니다. 그러니 저는 비행기를 제외한 모든 것을 처리할 수 있는 유통 시스템을 구축해야 했던 거죠."

라이트는 이러한 규모의 도전을 경험한 적이 없었다. 월마트에서는 물류센터가 매일 하루에 한 번 주변 지역의 전 매장에 제품을 컨테이너로 출하했기에 예상치를 산출하는 것은 식은 죽 먹기였다. 아마존에서는 무한정한 제품 상자들이 수많은 장소로 나간다. 또한 아마존의 매출이 연 300퍼센트로 성장하고 있어서 미래를 예상하기란 거의 불가능했다.

라이트가 물류 시스템 증축을 기획하기 시작했을 때, 아마존은 1998년 격동의 크리스마스 시즌을 보내고 있었다. 추수감사절 무렵 조이 코비는 웹사이트에 들어오는 주문량과 고객에게 배송되는 물품량의 격차가 점점 벌어지는 것을 발견하고 이 사실을 알렸다. 아마존은 전 직원 비상 사태를 선포하고 본부의 모든 직원이 도슨가나 델라웨어에 있는 새 창고에서 시간 외 근무를 하도록 한 '산타 구제 작전Save Santa'을 펼쳤다. 그들은 친구와 가족까지 동원했고 부리토를 먹으며 길거리 커피를 마셨으며, 차에서 자고 다음 날 곧장 출근하기 일쑤였다. 베조스는 누가 주문 제품을 창고 선반에서 가장 빨리 찾아오나 시합을 벌이기도 했다. 크리스마스가 지나고 나서, 그는 아마존이 고객의 요구에 부응하는 데 일손 부족을 겪는 일이 없도록 하겠다고 맹세했다.

그 무렵 라이트는 베조스에게 네바다 주 리노에서 동쪽으로 48킬로미터쯤 떨어진 펀리에 지을 새 물류센터의 청사진을 보여주었다. 베조스의 얼굴이 환해졌다. "지미, 너무나 아름답군요."

라이트는 이 기획 내용을 누구한테 보여줘야 하며, 어느 정도의 투자수익을 잡아야 하는지 물었다.

"그런 건 걱정 말고 그냥 지으세요." 베조스가 말했다.

"그래도 결재는 받아야 하지 않나요?" 라이트가 물었다.

"방금 결재 났어요." 베조스가 대답했다.

다음 한 해 동안 라이트는 3억 달러에 달하는 금액을 써대기 시작했다. 그는 펀리 물류센터를 지었을 뿐만 아니라 애틀랜타 한 곳, 켄터키두 곳, 캔사스 한 곳에 있는 기존 물류센터를 사서 개조했다. 그는 그곳을 M. C. 에서 그림의 실사판으로 만들어놓은 듯했다. 바닥부터 천장까지 자동화된 내부는 통로와 선반마다 깜빡이는 불이 있어 인부들이 상품을 정확히 찾을 수 있게 안내해주었고 크리스플랜트Crisplant라는 거대한 기계로 컨베이어 벨트가 들락날락했다. 그러면 크리스플랜트는 컨베이어 벨트로 들어온 제품을 받아 스캔하고 고객의 주문에 따라 포장 · 배송되도록 분류했다. 라이트는 이 설비를 창고가 아니라 물류센터로 명명하겠다고 선포했다. 물류센터는 월마트에서 쓰는 사내 용어였다.

라이트는 벤튼빌에 자택과 사설 컨설팅 사무실을 두고서 15개월 동안 시애틀로 통근했다. 그 기간 동안 그는 이웃들의 뒷마당 바비큐 파티나 벤튼빌 주민 피트니스 센터에서 만난 옛 동료들에게 온라인 소매업체에 합류할 것을 권유했다. 월마트에서 아마존으로 옮긴 구매 담당 케리 모리스는 이렇게 말한다. "월마트는 그 당시 건물에 인터넷이 설치되어 있지도 않았어요. 우리는 인터넷이나 이메일을 사용하지 않았습니다. 그가 온라인 소매업체라고 말했을 때 그게 무슨 말인지 이해한 사람은 우리 중에 아무도 없었을 정도였죠."

아마존은 월마트의 주요 인사를 빼가는 것에 대해 월마트가 기분 나빠하리라는 것을 알고 있었다. 그래서 모리스는 면접이 비밀리에 행해졌다고 설명한다. 그녀는 호텔에 묵지 않고 시애틀에 사는 친구 집에 묵었으며, 면접 역시 아마존 사무실 대신 스타벅스에서 이루어졌다. 아마존은 경비를 현금으로 주었다고 한다. 그해 열두 명 이상의 월마트 직원이 아마존으로 옮겨왔다.

월마트로부터 대거 인사이동이 일어나자 기존의 직원들과 마찰이 생겼다. 아마존 직원들은 주로 20대에서 30대 초반이었고 무엇이든 다른 방법으로 접근한다며 베조스로부터 배운 허세가 심했다. 벤튼빌에서 온 사람들은 40대에서 50대로 훨씬 나이가 많았고 버릇없는 젊은이들을 잘 참지 못했다. 신랄하기로 유명한 월마트 출신 톰 샤프는 상품화 기획 부사장을 맡아 1년 남짓 버텼다. 하버드 MBA 출신 버트위슬은 샤프와의 첫 만남을 이렇게 기억한다.

> 샤프 : 자네 이름이 뭐라고 했나?
> 버트위슬 : 브라이언 버트위슬입니다.
> 샤프 : 음, 그래. 버트위슬, 이제 여기는 어른들이 맡겠네. 우리는 이곳
> 을 제대로 된 회사로 만들기 위해 왔어.

월마트로부터의 수혈은 또 다른 문제를 가져왔다. 드럭스토어닷컴 확장의 일환으로 베조스와 도어는 월마트 엔지니어 칼 라만을 스카우트했고 그 역시 벤튼빌 옛 동료들을 골라 뽑기 시작했다. 월마트는 더 이상 참을 수가 없었다. 월마트는 아마존과 클라이너, 그리고 드럭스토어닷컴을 회사 기밀을 훔친다는 명목으로 아칸소 주 법원에 고소했다. 존 도어는 더 이상 아칸소로 안전하게 여행할 수 없게 되었다며 농담했다.

그 사건은 전반에 걸쳐 상징적인 시도였고 결국 별문제 없이 마무리되었다. 그러나 이 일로 소매업을 지배하는 거대 기업과 자신만만한 온라인 벤처 간에 갈등이 시작되었다. 여기에 불만인 사람들도 있었다. 릭 달젤의 아내 캐서린은 자신의 새 친구들이 자신의 옛 이웃들과 싸우는 것에 마음이 상했다. 달젤은 베조스에게 우연히 이에 대해 언급했고, 곧 베조스와 매켄지는 꽃다발과 샘 월튼의 자서전『샘 월튼 불황없는 소비를 창조하라』를 들고 달젤의 집을 찾아갔다.

베조스는 월튼의 책을 완전히 익히고 소화해, 월마트 창업자의 신조인 검소함과 '즉각 실천하라'는 철학을 엮어서 아마존의 기업 문화를 짰다. 캐서린 달젤에게 가져다준 책에는 경쟁자로부터 좋은 아이디어를 차용하는 이야기를 쓴 부분에 밑줄을 그어놓았다. 베조스는 소매업에 종사하는 모든 기업은 그들을 앞서 간 거인들의 업적을 바탕으로 시작

한다는 점을 이야기하려 했다. 이 책은 명백히 아마존 설립자와 같은 이야기를 하고 있었다. 사망하기 몇 주 전에 완성한 맨 마지막 페이지에 월튼은 이렇게 써놓았다.

> 월마트 이야기가 요즘 세상, 요즘 시대에도 재현될 수 있을까? 나는 물론 다시 일어날 수 있는 일이라고 대답하겠다. 지금 어딘가에 그 누군가가, 아마 수백만 명의 그 누군가가 좋은 아이디어를 가지고 끝까지 가보려 하고 있을 것이다. 누군가가 정말 성공하기를 간절히 원한다면 월마트의 이야기는 다시 또다시 일어날 것이다. 이 모든 것은 끊임없이 공부하고 사업 경영에 의문을 품는 능력과 태도에 달려 있다.

샘 월튼이 언급한 성공 비결은 마치 제프 베조스를 묘사한 것 같았다. 그는 체질적으로 아마존이 기업적 관성에 젖어 무기력해지는 것을 지켜볼 사람이 아니었다. 그에게서는 웹사이트를 향상시키고, 고객의 관심을 끌며, 경쟁사보다 한발 앞서 가기 위한 아이디어가 늘 끊이지 않고 흘러나왔다.

1998년 초 베조스는 맞춤 서비스와 커뮤니티라는 부서 실무에 깊이 관여했다. 이 부서는 소비자들이 관심을 보일 만한 책, 음악, 영화를 찾아서 소비자들에게 제공하는 업무를 맡고 있었다. 그해 5월, 그는 당시 아마존 베스트셀러 100위 목록을 보다가 기발한 생각이 떠올랐다. 잘 팔리는 물건뿐만 아니라 모든 상품에 순위를 매기면 어떨까? "나는 '100위에서 그만둘 필요가 있을까? 이건 인터넷인데! 지면이 한정된 신문이 아니야. 우리는 길고 긴 목록을 만들 수 있어'라고 생각했습니다." 《워싱턴 포스트》와의 인터뷰에서 베조스가 한 말이다.[2]

이 개념은 단지 새로운 인기 목록을 만들기 위한 것이 아니라 작가,

예술가, 출판사들이 자신의 성적표를 확인할 수 있게 해주면서 그들의 강박적 욕구를 해소하는 역할을 해주기 위한 것이었다. "베조스는 판매 순위가 작가들에게 마약 같은 존재가 될 줄 알고 있었던 거죠. 그는 새 주문이 들어올 때마다 순위를 바꿔야 한다고 주장했어요." 초기 아마존 엔지니어인 그레그 린든의 말이다.

그것은 사소한 도전이 아니었다. 아마존의 서버는 이미 한계에 도달해 과부하에 걸리곤 했다. 오라클 데이터베이스 소프트웨어는 웹 방문자가 점점 많아지면서 늘어나는 부하량을 감당할 수 있도록 디자인되어 있지 않았다. 그렇게 되자 엔지니어들은 대충 얼렁뚱땅 조작했다. 판매 데이터의 스냅 촬영을 하고 몇 분마다 웹사이트에 새로운 순위를 올렸다. 아마존 판매 순위 서비스는 6월에 개시되었는데, 밤낮으로 계속 강박적으로 순위를 확인하는 건 작가들뿐만 아니라 그들의 배우자와 편집자 및 출판업자도 마찬가지였다. "이것이 얼마나 중독적인지 이해는 합니다만, 이보다는 시간을 좀 더 생산적으로 쓰면 좋을 것 같군요. 예를 들어 새 책을 쓴다든지 하는 일 말이죠." 베테랑 편집장 존 스털링이 말했다.[3]

비슷한 시기에 아마존은 '원클릭 주문'에 특허를 신청했다. 이것은 1997년 베조스가 셸 캐펀과 인터페이스 엔지니어 페리 하트먼과 함께 점심을 먹다가 생겨난 시스템이다. 그는 식사 중에 소비자가 웹사이트에서 물건 사는 과정을 가능한 가장 쉽게 만들고 싶다고 말했다. 워싱턴 대학 컴퓨터공학과 졸업생인 하트먼은 고객의 신용카드 정보와 주로 쓰는 배송지 주소를 미리 불러와, 고객이 물건을 주문할 때 단추 하나만 눌러서 물건을 살 수 있게 해주는 시스템을 고안했다.

온라인 구매 때 불편한 부분을 조금이라도 줄임으로써 아마존은 수백 달러의 매출액을 추가로 늘리는 한편, 사업 방어벽을 쳐서 경쟁사를 견제했다. '통신망을 통해 구매 주문을 내는 방법과 시스템'이라는 제목의 특허신청서는 1999년 가을에 승인이 났다. 아마존은 '원클릭'이라는 이름을 상표 등록했고, 기본적 사업 도구를 법적으로 보호하는 지혜에 관해 수년간에 걸친 토론이 시작되었다.

비평가들은 원클릭 시스템은 기초적 기술이며, 이것이 특허 승인이 났다는 사실 자체가 미국 특허청이 게으르고 관료주의적이며 특허 과정이 엉터리라는 뜻이라고 비난했다. 베조스는 그 주장에 일리가 있다고 생각했다. 이성적으로는 그 역시 특허 개혁을 주장하는 사람이었다. 그러나 현 상태가 지속되는 한 이를 최대한 활용하기로 작정했다. 그는 1999년 말 특허 침해로 반스앤드노블을 고소했고, 반스앤드노블은 고객이 결제할 때 추가적인 단계를 더 넣어야 한다는 선결적 판결이 나왔다. 아마존은 2000년 애플로부터 알려지지 않은 액수를 받고 특허 사용을 허가했다. 또한 1998년 중반 아마존의 레이더망에 처음 나타난 떠오르는 라이벌 이베이eBay에 이 특허를 이용해 영향력을 행사하려고 했으나 실패했다.

다트머스 대학 미식축구 선수 출신으로 훗날 아마존의 사업개발부장이 된 제프 블랙번은 아마존에서 제일 먼저 이베이의 도래를 눈치챈 사람이었다. 1995년 옥션웹AuctionWeb이라는 이름으로 시작한 이 실리콘 밸리 벤처기업은 1997년 570만 달러, 1998년 4,740만 달러, 1999년 2억 2,470만 달러를 벌어들였다. 블랙번은 이 회사가 빠른 속도로 성장하고 있으며, 무엇보다도 아마존과 달리 이윤을 내고 있다는 사실을 알아챘다. 이베이는 완벽한 사업 모델을 갖고 있었다. 판매가 이루어질 때마다 수수료를 벌지만 재고나 배송 비용이 전혀 없었다. 판매자가 자신들의 제품을 그 웹사이트에 올린 후 가장 큰 금액을 부르는 사람에게 팔고 소비자에게 직접 배송했다. 처음에는 비니 베이비 인형이나 야구

카드 같은 수집품으로 시작했던 이베이는 이제 지구의 모든 물건을 한자리에 모은 에브리싱 스토어를 열고픈 베조스의 꿈을 가로챌 준비를 하고 있었다.

1998년 여름 베조스는 이란계 미국인 이베이 설립자 피에르 오미디아와 디즈니의 중역으로 일했던 CEO 멕 휘트먼을 시애틀로 초대했다. 앞으로 10년간 운명이 얽히고설킬 두 중역팀이 처음 만났을 때 이베이는 막 IPO를 한 상태였다. 베조스는 이베이 팀에게 도슨가 물류센터를 구경시켜주었다. 오미디아는 자동화 시설에 압도되었고, 문신을 하고 몸에 구멍을 뚫은 인부들을 보고 놀랐다고 그때를 떠올린다. "저는 이 모든 것이 굉장히 멋지다고 생각했어요." 그러나 휘트먼은 나중에 그에게 말했다. "피에르, 꿈 깨세요. 이런 창고를 관리하는 것은 생각만 해도 끔찍한 일이에요."

만나는 동안 그들은 함께 일할 다양한 방법을 논의했다. 오미디아와 휘트먼은 아마존 웹사이트에서 아마존에는 없는 비니 베이비 인형 같은 물건을 소비자가 검색하면 이베이 링크가 보이게 해줄 것을 제안했다. 물론 그들은 이베이에 톰 울프 같은 인기 작가의 책에 대해 아마존 링크를 넣겠다고 했다. 베조스는 아마존이 이베이에 투자할 수도 있음을 시사했다.

이베이 중역들은 베조스가 이베이를 6억 달러에 사고 싶다는 의미로 받아들였다. 이는 이베이의 IPO 시가 총액과 얼추 맞아떨어지는 금액이었다. 그러나 나중에 제프 블랙번은 어떤 정식 제안도 나간 적이 없는 것으로 기억한다. 결국 그것은 별로 중요하지 않았다. 이베이 중역들은 전 제품에 대해 수요와 공급이 만나 완벽한 가격을 결정하는 새로운 종류의 가상 상거래를 자신들이 개척하고 있다고 믿었다. 또한 사람을 정신없게 만드는 베조스의 웃음소리도 거슬렸다. 이베이를 지원하던 벤처캐피털 전문가들이 주위에 물어본 결과 제프 베조스와 함께 일한 사람은 없지만 베조스를 모시고 일한 사람은 많다는 말을 들었다.

처음에 베조스는 이베이를 직접적인 위협으로 여기지 않았다. 그러나 이베이의 매출과 수익이 늘어감에 따라 그는 고객들이 온라인 쇼핑의 시작점으로 자연스럽게 이베이를 선택하게 될까 걱정했다. 베조스는 종종 아마존은 경쟁자 중심의 회사가 아니라 고객 중심의 회사⁴라고 주장했지만, 이베이에 대한 불안감은 커져갔다. 신문과 잡지에 난무하는 온갖 잡소리에 무차별로 노출된 직원들은 이베이가 더 나은 사업을 할 뿐만 아니라 고정 가격 소매 자체가 옛 유물이 될지도 모른다고 우려했다.

그해 후반에 베조스는 컬럼비아 빌딩 2층의 한적한 공간에서 비밀 경매 프로젝트를 개시했고, 이 프로젝트를 '지구의 모든 물건을 한자리에 Earth's Biggest Selection'라는 의미로 EBS라 불렀다(직원들은 EBS가 '봄이면 이베이가 될 거야eBay by Spring'의 준말이라고 농담하기도 했다). 베조스는 다른 직원이나 이사들에게는 말하지 않았다. 특히 인투이트의 설립자인 스콧 쿡이 아마존과 이베이의 이사를 겸임하고 있었기 때문이다. 제프 블랙번과 함께 이 프로젝트를 진행한 조엘 스피걸은 석 달 만에 이베이를 모방하는 데 필요한 권한을 위임받았다.

베조스는 이베이를 이길 수 있다고 자신했다. 특히 자본이 많은 아마존이 더 싼 광고료를 받고 사기 거래 시 피해액을 보상해주는 보험을 무료로 제공할 수 있었다. 경매에는 구매자와 판매자들이 돈을 주고받을 수 있는 쉬운 방법이 필요하다는 것을 예견하고, 그는 1억 7,500만 달러를 주고 6개월 된 결제 회사 억셉트닷컴Accept.com을 매수했다. 이 웹사이트는 아직 실제적인 서비스를 시작하지 않았지만 이베이와 거의 거래를 마무리하는 단계에 왔을 때 베조스가 끼어든 것이었다.

그 겨울 베조스는 쿡과 도어를 대동하고 아스펜으로 스키를 타러 갔다. 그러고는 마침내 그들에게 앞으로 일어날 일을 말해주었다. "그는 '우리가 이길 테니, 자네는 이베이 이사회에 머물지 말지 결정하는 것이 좋을 걸세'라고 말했습니다. 그는 이기는 것이 당연한 결과라고 생각했던 것 같더군요." 이렇게 쿡은 당시 상황을 설명한다. 쿡은 일단 기다리면서 일이 어떻게 진행되는지 지켜보겠다고 했다.

아마존 경매 사이트는 1999년 3월에 론칭했다. 처음 시작은 느렸지만 금세 두 배로 커졌다. 그는 웹으로 경매를 생중계할 회사를 사들였고, 사치품에 초점을 맞추기 위해 유명한 소더비 경매 회사와 계약했다. 그러나 프로젝트는 성공하지 못했다. 고객들은 아마존의 첫 대문 페이지에 따로 마련된 탭을 눌러야만 아마존 경매 사이트로 갈 수 있었다. 더구나 제품마다 예상 가능한 가격이 매겨진 아마존에서 전통적인 방법으로 쇼핑하는 데 익숙한 사람들에게 그 웹사이트는 우중충한 잔반통같이 보였다.

첨단 기술 분야에 몸담은 사람들은 네트워크 효과network effect의 역학에 대한 교훈을 얻었다. 더 많은 사람이 사용할수록 제품이나 서비스의 가치는 더 커진다는 것이다. 온라인 마켓플레이스에서는 네트워크 효과가 만연했다. 판매자는 구매자의 수가 임계질량에 도달하면 시장에 뛰어들겠다고 생각했고, 구매자는 구매자대로 판매자의 수가 늘어나기를 기대했다. 경매 범주에서는 이베이가 이미 절대적 경쟁우위를 선점하고 있었다.

아마존의 중역들은 큰 실패의 아픔을 뼈저리게 느끼는 한편 신기하게도 큰 보람을 느꼈다. "지난 1990년대는 회사에 근무한 세월 중 가장 강렬하고도 재미있는 시간이었습니다. 우리에게는 끝내주게 재능 있는 사람들로 구성된 팀이 있었습니다. 그들은 훌륭한 경매 사이트를 여는 방법을 생각해내기 위해 열심히 노력했죠. 결국 네트워크 효과 때문에 성공하지는 못했습니다. 우리가 순진했다고 생각할지도 모르겠지만, 그래도 우리는 근사한 웹사이트를 구축했답니다."

베조스는 패배를 기분 나쁘게 받아들이지 않았다. 오히려 제3자 판매인을 아마존으로 끌어들이기 위한 일련의 중요한 실험의 첫걸음으로 여겼다. 경매 사이트는 지숍zShop으로 진화했다. 지숍은 판매자들이 아마존닷컴 내에서 자신들의 정가를 붙여 매장을 운영하도록 하는 플랫폼이었다(여담이지만, 지숍은 거의 '제프스 클럽Jeff's Club'이라 불릴 뻔했다. 월마트의 샘즈 클럽Sam's Club과 비슷한 스타일로 말이다). 그럼에도 불구하고 그것조차 실패했다. 한동안 웹의 영세 상인들은 이베이에 자신의 보금자리를 꾸몄다.

아마도 아마존 경매 사이트를 가장 활발히 사용한 사람은 베조스 자신이었을 것이다. 그는 다양하고 신기한 과학적 · 역사적 물건을 수집했다. 그가 산 제품 중 가장 인상 깊은 물건은 음경골까지 완벽하게 갖춘 4만 달러짜리 빙하기 동굴 곰의 뼈대였다. 여름 동안 아마존은 낡은 컬럼비아 빌딩에서 퍼시픽 메디컬 빌딩으로 다시 한 번 본사를 옮겼다. 새로 이전한 건물은 1930년대에 지은 아르데코풍의 병원으로 I – 5 국도를 굽어보는 언덕 위에 자리 잡고 있었는데, 베조스는 동굴 곰 뼈대를 건물 로비에 전시해놓았다. 그 옆에는 "곰에게 먹을 것을 주지 마시오"라는 문구가 붙어 있었다.

1998년 12월 15일 오펜하이머의 애널리스트 헨리 블로제트는 지난 10년간 가장 불명예스러운 예상을 내놓았다. 그는 아마존의 주당 주가가 다음 12개월 동안 400달러까지 올라가리라 예측했다. 그 예상은 자기실현적 예언이 되어 집단 히스테리 시작의 신호탄이 되었다. 첫날에 벌써 아마존 주가가 46달러나 더 올랐으며 겨우 3주 후에 주가는 400달러에 도달했다(뒤이은 두 차례의 주식 분할 후에는 최고 107달러까지 올랐다). 월스트리트와 언론에서 흘러나오는 숨 가쁜 뉴스와 미사여구에 현

혹되어 투자가들은 정신을 잃기 시작했다.

베조스는 집단 과대반응에 신경 쓰지 않는다고 주장했지만, 닷컴 열기가 고조되자 아마존의 성장을 촉진하기 위해 그 특수한 상황을 활용했다. 앞으로 인터넷의 거대한 땅따먹기가 벌어지면 아마존이 재빨리 달려들어 한몫 단단히 잡아야 한다고 그는 판단했다. "우리는 아마존을 서점이나 음반 가게로 생각하지 않습니다. 우리는 사람들이 사고 싶은 것은 무엇이든 찾을 수 있는 장소가 되고 싶습니다."[5]

이를 달성하는 방법은 두 가지였다. 품목에 따라 천천히 하나씩 또는 모두 한꺼번에 하는 것이었다. 베조스는 두 가지 방법을 다 실험해보았다. 그가 생각해내는 아이디어 중에서 어떤 것은 너무 기이해 직원들은 '열병 같은 꿈'이라고 불렀다.

그 시기에 알렉산드리아 프로젝트, 또는 쉽게 노아의 방주라고 부르던 사내 캠페인이 있었다. 이 세상에 출간된 모든 책을 두 권씩 구해서 켄터키 주 렉싱턴에 있는 새 물류센터에 비치하는 것이 목적이었다. 이는 돈이 많이 들고 비효율적인 아이디어였다. 대부분의 책은 선반에서 먼지를 뒤집어쓴 채 자리만 차지하고 있었다. 하지만 베조스는 고객들이 어떤 책이든 아마존에서 찾을 수 있고 또 빨리 받아볼 수 있기를 원했다. 도서구매팀은 결국 지시를 거부하고 가장 인기 있는 책만 갖다놓았다. 선별된 도매업체나 출판사와 협상을 해서 인기가 덜한 책은 주문한 고객에게 직접 배송하도록 했다.

그것보다 더 엉뚱한 베조스의 아이디어 중에는 코엔 형제의 영화 제목을 딴 파고Fargo 프로젝트도 있었다. 베조스는 이 세상에 생산된 모든 상품을 하나씩 구해 물류센터 한 곳에 보관하고자 했다. "주목적은 사람들이 무엇인가를 살 때 아마존을 제일 먼저 들여다보는 곳으로 만들자는 것이었죠. 로데오 복장까지 취급하는 곳이라면 무엇인들 없겠습니까?"라고 아마존의 이사로 오래 근무했던 킴 라크멜러가 되묻는다.

라크멜러에 따르면 파고 프로젝트는 점잖게 말해서, 일반 직원들 사이에서 큰 호응을 얻지 못했다고 한다. 그것은 계속 뒤로 미루어졌고 베조스가 계속 되살렸다. "제프가 사람들에게 파고 프로젝트를 수행해야 한다고 설득했던 큰 회의가 아직도 생생하게 기억납니다. 제프가 그것을 '아마존 역사상 가장 중요한 프로젝트'라고 말한 것을 똑똑히 기억합니다." 결국 그 프로젝트는 더 급한 우선순위에 밀려 사라지고 말았다.

이제 베조스는 고객이 주문을 내자마자 즉시 제품을 배송하는 방법을 찾는 데 몰두했다. 존 도어는 "수년 동안 당일 배송을 어떻게 달성할지 연구했습니다"라고 말한다. 그 노력의 일환으로 결국 6,000만 달러를 코즈모닷컴에 투자하게 되었다. 코즈모는 간식부터 비디오 게임에 이르는 모든 것을 뉴욕 시 소비자들의 문 앞까지 가져다주는 서비스를 제공하는 회사였다(2001년에 망했다). 심지어 베조스는 맨해튼의 각 블록에 사는 대학생들을 고용해 인기 품목을 그들의 아파트에 쟁여놓은 뒤 자전거로 배달시킬 생각도 언급했다. 직원들은 입이 떡 벌어졌다. "애틀랜타에 있는 물류센터에서조차 재고를 도둑맞을까 걱정하고 있는 판에 이런 생각을 한다니 놀랐죠." DC 소프트웨어를 연구했던 엔지니어 브루스 존스의 말이다.

그의 열병 같은 꿈의 가장 대표적인 예는 1998년 스탠퍼드 대학 컴퓨터공학 박사과정을 마친 졸업생 세 명이 시작한 정글리라는 실리콘 밸리 회사를 사들인 사건이었다. 정글리는 웹 최초 비교 쇼핑 사이트로, 다양한 온라인 소매업체로부터 정보를 수집해 고객들이 특정 상품에 대한 가격을 쉽게 비교할 수 있게 해주었다. 아마존이 IPO를 하고 몇 달 후, 베조스는 1억 7,000만 달러 상당의 아마존 주식을 주고서 인수 협상을 하고 있던 야후의 손에서 이 벤처기업을 낚아채왔다. 그는 정글리의 가격 목록을 아마존 사이트와 결합해, 아마존에 재고가 없는 상품이라 하더라도 고객들이 검색하고 제품 정보를 볼 수 있게 할 생각이었다.

캘리포니아에 사무실을 두게 되면 판매세를 내야 할 것을 걱정한 아마존 경영진은 정글리의 직원들을 시애틀로 옮기자고 주장했다. 그곳에서 다음 몇 달 동안 그들은 정글리의 서비스를 '숍더웹Shop the Web'이라는 이름을 붙인 아마존 사이트의 기능으로 전환하는 작업을 했다. 고객이 아마존닷컴에서 제품을 검색하면, 정글리 소프트웨어가 가격 목록과 파란색 링크를 생성했다. 그러나 고객이 링크를 클릭하면 실제로 물건을 사기 위해서 아마존 웹사이트 밖으로 나가게 되었다. 아마존 중역 중 상당수가 손님들이 자기 사이트를 떠나 다른 곳에 가서 구매하는 것을 싫어했다. 그 결과 숍더웹 기능은 아마존닷컴에서 겨우 몇 달간 운영되다가 조용히 사라졌다. 아마존 사업개발부 이사가 되기 전 정글리의 최고실무책임자였던 람 쉬리램은 '완전한 조직 이식 거부 반응'이었다고 부른다. "성공하지 못했던 이유 중 하나는 아마존 팀이 거부했기 때문입니다."

어쨌든 간에 정글리의 인수는 실패로 돌아갔다. 1999년 말에는 정글리 설립자들 전부와 직원 대부분이 아마존을 떠나 샌프란시스코 근처로 돌아간 상태였다. 그럼에도 이 일은 놀랍게도 베조스에게 훌륭한 소득을 가져다주는 결과를 낳았다. 당시 정글리의 설립자들 몰래 람 쉬리램은 인터넷 검색을 '재상상'하고자 하는 스탠퍼드 박사과정생 래리 페이지와 세르게이 브린을 조용히 코치하고 있었다. 1998년 2월 쉬리램은 각자 25만 달러씩 내서 이 작은 회사 구글을 밀어준 네 명의 투자가 중한 명이 되었다.

투자 6개월 뒤 1998년 여름 베조스와 매켄지는 친구들과 캠핑을 하려고 샌프란시스코 근처로 갔다. 그곳에서 베조스는 쉬리램에게 구글 사람들을 만나고 싶다고 말했다. 어느 토요일 아침, 쉬리램은 근처 사라토가에 있는 호텔로 가서 베조스 부부를 데리고 자신의 집으로 돌아왔다. 페이지와 브린은 그곳에서 그들과 함께 아침을 먹고 그들의 보잘것없는 검색 엔진을 보여주었다. 몇 년 뒤 베조스는 기자 스티븐 레비와의 대화에서 구글 사람들이 그들의 홈페이지에 광고를 절대 넣지 않는 이유를 설명하면서 보여준 '건강한 고집'에 감명을 받았다고 말했다.[6]

브린과 페이지는 아침식사 후 쉬리램의 집을 떠났다. 베조스는 즉시 쉬리램에게 개인적으로 구글에 투자하고 싶다고 말하면서, 열정적인 인터넷 창업가에 대한 전적인 믿음을 다시 한 번 보여주었다. 쉬리램은 자금조달 단계는 지난달에 끝났다고 말했지만, 베조스는 물러서지 않고 다른 초기 투자자들과 똑같은 조건으로 투자하겠다고 말했다. 쉬리램은 한번 손을 써보겠다고 대답했다. 그는 구글 창업자들에게 돌아가 베조스의 통찰력과 나날이 올라가는 유명세가 벤처기업에 큰 도움이 될 수 있을 거라고 주장하자 그들은 제안을 받아들였다. 브린과 페이지는 시애틀로 날아가 아마존 사무실에서 베조스와 컴퓨터 인프라 같은 기술적인 문제에 대해 한 시간 동안 이야기했다. 래리 페이지는 "제프는 초기에 꽤 도움을 주었어요"라고 말했다.

이리하여 제프 베조스는 아마존의 미래 경쟁자인 구글의 원조 투자가 중 한 명이 되었다. 아마존을 창업한 지 4년, 그는 오늘날 시세로 10억 달러는 될 큰돈을 따로 더 벌어들인 것이다(베조스는 사들였던 주식의 일부나 전부를 2004년 구글이 상장된 이후로도 보유하고 있는지에 관해서는 완강히 함구하고 있다). "그는 예지력이 뛰어나죠. 마치 미래를 엿보는 능력이 있는 것 같아요." 2000년에 아마존을 떠났지만 여전히 구글의 이사회 멤버인 쉬리램은 그 투자 거래에 대해 몇 년이 지난 지금도 놀라워한다. "그는 지극히 상황 판단이 빠르고 자의식이 강하며 어디까지 갈 수 있는지 잘 알고 있죠."

베조스의 열병 같은 꿈이 회사 내 현실적 우려의 소리 앞에서 수그러들자 아마존은 품목 확장을 위한 보다 더 체계적인 방법을 채택했다. 1998년에도 확장한 음악과 DVD는 성공적으로 판매되고 있었다. 아마존은 음악의 시디나우닷컴CDNow.com이나 영화의 릴닷컴Reel.com 같은 신규 벤처를 비롯해 각 시장의 초기 선두주자를 빨리 뛰어넘었다. 처음에 아마존은 직거래 공급을 할 음반사나 영화사를 찾지 못했다. 그러나 도서 사업처럼 여기에도 베이커앤드테일러 같은 중개업체가 있었다. 처음에 이들은 아마존에 큰 도움이 되었고, 나중에 거대 멀티미디어 회사들과 직접 거래할 수 있는 발판을 만들어주었다.

1999년 초, 담대해진 베조스는 장난감과 전자제품을 회사의 주요 신종 품목으로 삼았다. 장난감을 론칭하기 위해 소매부 부사장 데이비드 리셔는 스탠퍼드 MBA를 막 졸업한 해리슨 밀러를 골랐다. 그에게 장난감 쪽에서 일할 만한 경력이 될 거라곤 한때 뉴욕의 학교에서 5학년 학생들을 가르친 적이 있다는 것밖에 없었다. 다시 말해 밀러는 장난감 소매업에 대해 아무것도 몰랐지만, 늘 그러하듯 베조스는 상관하지 않았다. 그는 빠르게 움직이고 일을 성취해내는 다재다능한 관리급 직원을 찾고 있었다. 그는 이들을 '선수athlete'라고 불렀다.

밀러를 도울 단 한 명의 병사로 브라이언 버트위슬이 차출되었다. 그리고 그들은 크리스마스 대쇼핑을 겨우 8개월 앞두고 장난감 분야를 시작하고 정상 가동해야 했다. 임무를 맡고 며칠 뒤 두 사람은 연례 장난감 박람회에 참석하기 위해 뉴욕으로 날아갔다. 비행기 통로를 사이에 두고 앉은 밀러와 버트위슬은 장난감 산업에 관한 분석 보고서를 주고받으며 열심히 공부했다. 그 주에 그들은 행사장을 다니며 장난감 회사에 자신들을 소개했다. 장난감 회사들은 아마존과 전자상거래산업 전반이 그들에게 기회가 될지 위협이 될지 몰라 걱정스러웠다. 장난감 회사 중역들은 장난감을 얼마나 살 거냐고 물었다. 아마존의 젊은이들은 어떻게 대답해야 할지도 몰랐다.

장난감은 기본적으로 책이나 음악 혹은 영화와 완전히 다르다. 여기에는 물건을 공급하고 팔리지 않은 재고를 가져갈 제3자 유통업체가 없었다. 그리고 소매업체는 다음 크리스마스 시즌에 최고 인기 품목이 무엇일지 거의 1년 전에 예상해야 했다. 부모들이 아낌없이 아이들에게 줄 선물을 사는 정신없는 6주 동안 매출의 대부분이 발생하기 때문이었다. 소매업체의 예상이 빗나가면 큰일이었다. 크리스마스 시즌 후에 팔고 남은 장난감은 반품할 수가 없었고 썩은 과일처럼 쓸모없는 존재가 되기 때문이었다. "장난감은 유행을 너무 많이 타서 어떤 제품이 인기 있을지 알아내는 것은 마치 예고편만 보고 오스카 상을 거머쥘 배우를 맞히는 것과 비슷합니다"라고 밀러는 말한다.

아마존은 상품을 팔 권리를 주십사 하고 처음으로 공급자 앞에 엎드려 빌어야 했다. 스타워즈 액션 인형과 스타워즈 관련 장난감을 사려고 밀러, 베조스, 존 도어는 하스브로 장난감 회사 CEO인 앨런 해슨펠드와 함께 샌프란시스코의 페어몬트 호텔에서 저녁식사를 했고 샌프란시스코 북부의 머린 카운티에 있는 루카스 필름 본사로 성지순례를 갔다. 밀러는 다음과 같이 회상한다. "제품을 취급하기 위해서 머리를 조아리고 빌기는 처음이었어요. 공급자 승인 문제가 갑자기 넘어야 할 큰 산이 되었던 것이죠."

그해 여름 해리슨 밀러와 베조스는 장난감 예상치를 가지고 이사회 앞에서 팽팽히 맞섰다. 베조스는 아이나 부모가 제품을 아마존에서 찾다가 실망하는 일이 없어야 한다며, 바비 인형부터 희귀한 독일산 목제 기차나 싸구려 플라스틱 버킷까지 모든 장난감을 들여오는 데 밀러가

1억 2,000만 달러를 투입하기를 원했다. 그러나 선견지명이 있었던 밀러는 미래의 재난을 예감하며 구매량을 줄이기 위해 노력했다.

"아니, 아니! 1억 2,000만 달러일세! 전부 다 써야겠네. 안 팔리면 내가 직접 쓰레기 매립장에 갖다 나르면 되지 않나!" 베조스는 언성을 높였다. 조이 코비가 지적했다. "제프, 자네 차는 혼다 어코드네. 그걸로 1억 2,000만 달러치 장난감을 나르려면 수도 없이 왔다 갔다 해야 할 걸세."

결국 베조스가 이겼다. 그해 크리스마스가 지난 후 아마존은 가난한 가정의 아이들에게 선물을 나누어주는 자선기관에 막대한 장난감을 기부했다. "그해 크리스마스 시즌은 최고의 시간이자 최악의 시간이었습니다. 고객들은 장난감 품목에 대만족했고 우리도 큰 매출 목표를 달성했죠. 그러나 그것을 제외한 나머지에서는 모든 일이 엉망으로 돌아갔습니다. 크리스마스를 끝내고 보니 우리는 5,000만 달러치의 장난감 재고 위에 올라앉아 있더군요. 저는 사람들을 시켜 인기 운동선수 액션 인형을 뉴욕 뒷골목에서 헐값으로 팔았고, 1달러당 20센트를 받고 디지몬을 멕시코로 보냈습니다. 빨리 처분해버려야 했으니까요."

전자제품은 더 큰 난관에 부딪혔다. 데이비드 리셔는 아마존 DVD 부서에서 일을 했던 크리스 페인이라는 다트머스 동문에게 전자제품 발매를 맡겼다. 밀러처럼 페인도 공급자들에게 빌어야 했다. 이 경우에는 아시아의 가전제품사인 소니, 도시바, 삼성이 대상이었다.

그는 곧 벽에 부딪혔다. 일본의 전자제품 대기업들은 아마존 같은 인터넷 유통회사를 수상한 할인업체로 여겼다. 베스트 바이나 서킷시티 같은 대형 매장들이 생산자들에게 아마존에 물건을 주지 말라고 입김을 넣었다. 인그램 일렉트로닉스 같은 중간 유통업자가 있었지만, 제품이 다양하지 못했다. 베조스는 도어를 보내 미국 소니의 하워드 스트링어에게 부탁하도록 했다.

그래서 페인은 불법은 아니지만 비승인 회색시장의 중간자인 제2유통업체를 찾았다. 에디 바우어에서 아마존으로 온 소매금융부장 랜디밀러는 이를 어두침침한 골목에서, 자동차 뒤 트렁크에서 물건을 사는 것에 비유한다. "이것은 지속 가능성이 있는 재고 관리 모델은 아니었어요. 하지만 가게나 웹사이트에 특정 물건을 싣느라 다급해지면 못할 일이 없게 됩니다."

수상쩍은 중간자로부터 물건을 사는 방법으로 페인과 새 전자제품 팀은 아마존의 가상 선반을 채워갔다. 그러나 베조스는 제품 종류가 한정되어 있다는 것이 불만스러웠으며, 공산당 통치 시절 러시아의 슈퍼마켓에서 쇼핑하는 것 같다고 불평해댔다. 거대 아시아 브랜드를 설득시킬 만한 매출을 일으키기까지는 몇 년이 걸렸다. 한동안 전자제품 쪽은 선반이 텅텅 비었다. 베조스는 1999년 크리스마스 시즌에 전자제품 매출 1억 달러를 목표로 설정했고 페인과 그의 팀은 목표의 약 3분의 2를 달성했다.

아마존은 그해 여름 공식적으로 새로운 장난감과 전자제품 판매 개시를 발표했다. 또한 9월에 새 품목을 홍보하기 위해 맨해튼 한복판에 있는 셰러턴 호텔에서 언론 행사를 개최했다. 폭넓은 선택을 강조하기 위해 셰러턴의 회의실 테이블 위에 새로운 전 품목을 상징하는 상품을 무더기로 쌓아놓자고 누군가가 아이디어를 냈다. 베조스는 그 아이디어가 아주 마음에 들었다. 그러나 행사 전날 회의실에 들어갔을 때 그는 난리를 쳤다. 그가 보기에 상품 무더기가 너무 작았던 것이다. "우리 사업을 경쟁자들에게 아예 갖다 바칠 셈인가? 한심하기 짝이 없군!" 그는 전화기에 대고 부하직원들에게 소리를 질렀다.

해리슨 밀러, 크리스 페인, 그 외 여러 아마존 직원들은 그날 밤 맨해튼 곳곳의 다양한 가게에서 닥치는 대로 물건을 사들여 택시 트렁크를 채웠다. 밀러가 헤럴드 스퀘어에 있는 장난감 가게 토이저러스에서 쓴 돈만 1,000달러였다. 페인은 개인 신용카드 한도를 넘겼고, 시애틀에 있는 아내에게 전화해 그 카드를 며칠간 쓰지 말라고 당부해야 했다. 드디어 베조스의 마음에 흡족할 정도로 큰 무더기가 쌓였다. 그러나 여기에서 불길한 전조가 보였다. 앞으로 다가올 크리스마스 시즌 동안 아마존 직원들은 진정으로 포괄적이고 다양한 품목을 고르는 데 집중하는 대신 고객과 까다로운 상사를 만족시키기 위해 잔머리와 임기응변에 의지했던 것이다.

*　　*　　*

아마존의 광란적 성장과 크리스마스 주문이 폭주하는 가운데 베조스는 젊지만 빠르게 성장하는 회사에 자신이 원하는 기업 문화를 불어넣으려 애썼다. 문짝 책상을 사용하고 직원 주차비를 보조하지 않는 등 그는 절약 문화를 만들기 위해 지속적으로 노력했다. 퍼시픽 메디컬 빌딩 1층에 있는 커피 가판대는 손님들이 열 잔을 마신 후에 공짜 음료 한 잔을 받을 수 있는 보너스 카드 제도를 실시했다. 이제 억만장자인 베조스는 옆에 줄을 서 있는 직원들에게 보이려고 일부러 카드에 도장을 받아 공짜 음료를 받는 일이 잦았다. 그 시기에 그는 그 지역 사업가로부터 빌린 자가용 비행기로 여행하기 시작했는데 동료들과 함께 그 비행기를 탈 때면 "회사 돈으로 빌린 게 아니라 내 돈으로 빌린 것이네"라고 밝히곤 했다.

　1998년 아마존이 독일의 텔레부흐와 영국의 북페이지를 사들이면서 베조스는 회사의 핵심 원칙을 분명히 밝히는 기회를 얻었다. 데스코 출신 인력개발부 직원 앨리슨 앨고어는 텔레부흐 설립자들과의 첫 전화회의를 준비하면서 베조스와 함께 아마존의 가치에 대해 골똘히 생각했다. 그들은 다섯 가지의 핵심 가치에 동의하고 회의실 화이트보드에 써내려갔다. ① 고객 중심, ② 절약 정신, ③ 즉각 실천, ④ 주인 의식, ⑤ 인재 발굴. 이후 아마존은 여섯 번째 가치로 '혁신'을 추가했다.

베조스는 사무실과 물류센터의 벽에 핵심 가치를 써 붙이는 데 그치지 않고 실제로 이러한 가치를 고양하는 방법을 생각하기 시작했다. 보다 뛰어난 인재를 발굴하기 위해 그는 근처 마이크로소프트에서 아이디어를 찾았다. 채용 과정 중 일부로 마이크로소프트는 적합한 고참 직원을 최종 면접관으로 지정해 지원자와 마지막으로 이야기하고 최종 채용 결정을 내리도록 했다. 노련한 간부급에게 이 역할을 맡기자 일관적 수준의 인재를 꾸준히 채용하는 데 큰 도움이 되었다. 베조스는 조엘 스피걸과 데이비드 리셔로부터 마이크로소프트의 채용 프로그램 이야기를 듣고서 아마존 나름의 기준을 이용해 지정 면접관 제도를 만들어냈다.

그는 이 면접관들을 바레이저(Bar Raiser, 기준 · 수를 높이는 사람이라는 뜻 - 옮긴이)라고 불렀다. 이들은 오늘날에도 아마존의 채용 과정에서 중요한 역할을 하고 있다. 바레이저들은 인재 채용에 있어서 직관력이 뛰어난 직원들이다. 달젤과 베조스는 이 프로그램의 원조 리더들을 손수 뽑았는데 그중에는 데스코에서 온 베테랑 제프 홀든도 있었다. 적어도 한 명의 바레이저가 모든 면접 과정에 참여해 직원 채용의 기대치를 높이는 데 적합하지 않은 지원자에게 거부권을 행사할 수 있었다. 인사부 장조차 바레이저의 거부권을 기각할 수 없었다. "많은 회사가 성장을 하다 보면 부족한 인적자원을 충당하기 위해 채용 수준을 낮추기 시작합니다. 그러나 우리는 아마존에 그런 일이 일어나지 않도록 최선의 노력을 기울이고 있습니다"라고 달젤이 설명한다.

베조스는 샘 월튼에게서 배운 즉각적 실천 정신을 강화하는 방법으로 그냥 해버리라는 의미의 '저스트 두 잇Just Do It' 상을 제정했다. 이것은 자신의 주 업무가 아닌 분야에서도 스스로 주도권을 쥐고 괄목할 만한 일을 해낸 직원에게 주는 표창장이다. 설령 그 행동이 엄청난 실수로 드러날지라도 위험을 감수하고 그 과정에서 풍부한 지략을 보여주었다면 상을 받을 수 있었다. 절약 정신의 가치를 생각할 때, 그 상은 금전적으로 큰 가치가 있어서는 안 된다고 베조스는 생각했다. 그래서 그는 노스웨스턴 대학의 농구 선수로 활약했던 아마존 엔지니어 댄 크레프트로부터 치수가 325인 나이키 운동화 한 켤레를 샀다. 그 낡은 신발과 크레프트가 정기적으로 조달한 다른 신발들이 상이 되었다.

직원들은 아마존의 새롭고 명확한 핵심 가치를 받아들였지만 숨 가쁜 업무 속도에는 저항하는 사람이 많았다. 아마존의 성장이 가속화됨에 따라 베조스는 주말에 회의를 소집하고 토요일 아침 간부 직원들의 독서 모임을 시작하는 등 직원들을 더 혹사시켰다. 그는 똑똑하게 일하고, 열심히 일하며, 오래 일하는 제프이즘을 종종 인용했다. 그 결과 아마존은 가정과 잘 맞지 않았고, 몇몇 간부급 직원은 아이를 갖기 위해 회사를 떠났다. 김 라크멜러는 이렇게 말한다. "제프는 일과 삶의 균형을 믿지 않았어요. 그는 일과 삶의 조화를 믿었죠. 뭐든지 한꺼번에 다할 수 있다는 생각이죠."

이러한 마찰의 증거는 시애틀에서 가장 오래된 연극무대인 무어 극장에서 수년간 열린 아마존 정기 총회의 질의응답 시간에 주로 떠올랐다. 직원들이 일어서서 중역들에게 질문을 던지는 시간이었는데, 그들은 엄청난 업무량과 정신없이 돌아가는 속도에 대해 자주 질문했다. 한번은 어느 여직원이 아마존은 언제쯤 일과 삶의 균형을 확립할 것이냐는 뼈 있는 질문을 베조스에게 던졌다. 그는 그것을 달갑게 받아들이지 않았다. "우리가 여기에 있는 이유는 일하기 위해서입니다. 그것이 우선순위죠. 그것은 또한 아마존의 DNA에 뿌리박혀 있습니다. 모든 노력을 동원해 자기 일에 탁월한 열매를 맺지 못한다면 다른 직장을 알아보시기 바랍니다." 베조스는 퉁명스럽게 대답했다.

아마존 회계팀의 경리 직원들은 밤낮으로 긴장하며 일했다. 그들은 숫자를 합리화시키고 미래의 전망을 예측하려고 애를 썼지만, 아무리 짜 맞춰봐도 거대한 손실이 아마존을 기다리고 있다는 계산밖에 나오지 않았다. 그들은 막대한 비용이 드는 물류센터 일곱 군데를 설립하는 것에 대해 초조해할 뿐만 아니라 애초부터 애매한 유통의 세계에 뛰어든 것 자체를 걱정했다. 베조스는 아마존이 신성한 소비자 경험과 관련된 모든 것에 뛰어나야 한다고 주장하며, 수익성을 계산해보자는 말을 듣지 않았다. 그는 회의석상에서 "요즘 시대에 20분 이상의 미래를 계획하려 한다면 그건 시간 낭비입니다"라고 일축했다.

2년 동안 월스트리트는 아마존의 사치스러운 지출을 용서했다. 분기별 수익 보고서가 나온 후 정기적 전화회의에서 애널리스트들은 보통 들뜬 기분으로 축하의 말을 퍼붓기 때문에 아마존 중역들은 너무 오만하게 들리는 말을 하지 않도록 조심해야 했다. 수익 보고서 종이 윗부분에 그들은 큰 글씨로 "겸손하자. 겸손하자. 겸손하자"라고 썼다. 어떤 때는 "멕이 듣고 있다는 걸 기억하자"라고 쓰기도 했다. 이베이 CEO인 멕 휘트먼을 가리키는 말로, 회사 정보에 대해 함부로 입을 여는 것을 조심하자는 의미였다.

1999년 봄, 월스트리트의 행복감은 줄어드는 것처럼 보였다. 주간경제지 《배런Barron's》이 '아마존닷쿵Amazon.bomb'이라는 제목으로 비중 있는 기사를 실었는데, "투자가들은 이 환상적인 주식에 문제가 있다는 것을 깨닫기 시작했다"는 구절이 나온다.[7] 월마트와 반스앤드노블이 이 신규 업체를 뭉개버릴 거라고 시사하는 등 도가 지나치긴 했다. 그 기사는 시장의 활기를 일시적으로 누그러뜨렸다. 다음 달, 아마존은 거대한 매출 성장과 깊은 손실액이 적힌 전형적 분기별 수익 보고서를 펴냈다. 이번에는 시장의 반응이 좀 더 조용했고, 아마존의 주가는 사실 약간 하락했다. 불길하게도 회의실에는 애널리스트들로부터 늘 듣던 번지르르한 축하 말도 전해지지 않았다.

그 시절 아마존의 최고회계책임자CAO 켈린 브래넌은 조이 코비와 함께 베조스를 억지로 앉혀놓고 재무 상태 분석 내용을 보여주었다. 그것은 대차대조표의 각 항목을 매출에 대한 가치의 백분율로 매긴 것이었다. 그 계산을 보면 현재의 상태로 계속 나가면 수십 년이 지나도 아마존은 수익을 내지 못할 것으로 나왔다. "그때가 바로 머릿속에 작은 전구가 켜지는 순간이었습니다." 브래넌의 말이다. 베조스는 가속페달에서 발을 떼고 회사를 수익성의 방향으로 몰고 가기로 동의했다. 이 순간을 기념하기 위해 베조스는 늘 소지하고 다니는 자동 디지털카메라로 단체 사진을 찍고 나중에 그 사진을 사무실 문에 붙여두었다.

그러나 엄청난 지출과 커지는 손실액은 아마존 경영진을 불안하게 만들었다. 아직 젊고 성격이 불같은 서른다섯 살의 CEO 베조스에게 추가적 도움이 필요할지도 모른다는 불안감이었다. 베조스가 부하직원들의 말에 귀를 기울이지 않는다는 불평을 끊임없이 들어온 아마존 이사회는 회사의 첫 10년 중 가장 큰 불상사를 일으켰다. 이사진은 베조스에게 최고실무책임자를 구하라고 요구했다.

베조스는 결국 그 아이디어를 받아들였다. 그는 회사에 경험 많은 책임자급 직원이 가능한 한 많아야 한다고 믿었고, 자신의 다른 관심사에 좀 더 시간을 내는 것을 고려하기 시작했다. 아마존은 거물급 인사 여럿과 면접을 치렀다. 그중에는 시티은행 회장 샌디 웨일이 최근에 해고한 월스트리트 베테랑 제이미 다이먼도 끼어 있었다. 그러나 그들은 결국 가전회사 블랙앤드데커의 조 갤리 주니어를 선택했다. 그는 현란하고 공격적인 세일즈맨으로, 인기 높은 드월트 전동공구 부서를 성공적으로 론칭했다. 베조스, 코비, 존 도어는 적극적으로 갤리를 설득해 6월에 계약서에 서명하는 데 성공하며 갤리가 하루 전에 프리토레이 부서를 맡기로 잠정적으로 합의했던 펩시 사에서 그를 빼내왔다.[8]

존 도어는 베조스가 특이한 보고 체계를 새롭게 세웠다고 전한다. 모든 아마존 중역은 이제 갤리에게 보고했고, 갤리는 그것을 받아 베조스에게 보고했다. 갤리는 또한 아마존 이사회의 멤버가 되었다. J팀은 S팀으로 새로 명명되었다(S는 선임을 뜻하는 'Senior'를 나타낸다). 베조스는 새 제품 및 회사 홍보뿐 아니라 취미생활이나 가족에게도 관심을 돌릴 여유가 생겼다. 매켄지는 첫아이를 임신했고. 그해 초 부부는 시애틀의 아파트에서 워싱턴 호 동쪽 메디나에 있는 1,000만 달러짜리 대저택으로 이사했다. 갤리는 "제프는 자선사업 및 다른 다양한 관심사에 초점을 맞추고자 했어요. 아마존에 더 긍정적인 결과를 가져다줄 거라고 믿었죠. 저한테도 참 기쁜 일이었어요."라고 말한다.

피츠버그 출신 이탈리아계 미국인 고철상의 아들인 갤리는 경비를 줄이고 회사를 회생시키는 재주꾼이었다. 그는 그 시절 세계 최대 비즈니스의 무대에서 큰 발자취를 남기고 싶었다. 그는 비싼 브리오니 양복을 입고 오만하게 걸으면서 한 손에는 극적 효과를 위해 야구 방망이를 들고 있었다. 처음에는 갤리가 베조스의 마음에 썩 든 것 같았다. "조는 회사의 어른 역할을 하기 위해 고용되었습니다." 베조스는 갤리를 소개하면서 직원들에게 말했다. "하지만 조는 나보다 한 수 더 뜨더군요."

갤리는 팜플로나 거리에 풀어놓은 성난 황소처럼 아마존을 들이받기 시작했다. 블랙앤드데커에서 19년 동안 배운 것과는 다르게 아마존에서는 어디를 가든 기강 없이 일하는 직원들밖에 보이지 않았다. 갤리는 이렇게 말한다. "스탠퍼드와 하버드를 졸업한 재능 있는 젊은이로 넘쳐났습니다. 하지만 실무적 엄격함 및 통제가 결여되어 있었지요. 완전 무법천지 같았어요." 그가 처음 한 일은 공짜 진통제를 없앤 것이다. 그는 이것을 불필요한 지출이라고 판단했다. 이 일로 직원들 사이에서는 거의 폭동이 일어날 뻔했다.

갤리는 기술적이지 못했다. 직원들이 자신의 회사를 소매업체로 보기보다 소프트웨어 개발 회사로 보는 곳에서 이것은 커다란 단점이었다. 비서가 종이에 프린트를 해줘야만 자신의 이메일을 읽었던 그는 이메일 대신 전화를 선호하는 기업 문화로 바꾸고 싶어 했다. 또한 그는 권력에 취해 있었고, 아마존의 사업을 외국으로 확장하기 위해 자주 비행기를 탄다는 핑계로 회사가 자신의 전용 제트기를 마련해주길 원했다. 더구나 특별 방문자의 주차 공간에 갤리가 자신의 포르쉐를 자주 세워둬서 급기야 건물 경비원이 포르쉐를 견인시켰다는 소문이 회사에 돌았다. 갤리는 실수로 잘못 주차한 것밖에 기억하지 못한다.

1999년 10월 갤리는 노스다코타의 작은 철물점 체인인 툴 크립 오브 더 노스의 인수를 이끌었고, 웹사이트에 공구 품목을 넣을 준비를 시작했다. 그는 또 페인트 제조업체 셔윈 윌리엄스의 중역들을 만나 페인트 품목을 추가할 수 있을지 알아보러 클리블랜드로 날아갔다. 페인트는 배송하기가 힘들고 '스위스 커피색' 같은 것은 컴퓨터 화면에 정확히 나타내기가 힘든데도. 한편 블랙앤드데커에서 그가 썼던 성공적인 마케팅 아이디어를 베끼기도 했다. 아마존 로고로 장식한 검정 SUV를 여러 대 마련해서 직원들이 전국을 돌며 아마존닷컴과 웹 사용법을 설명해주는 작전이었다. 이 작전은 다른 급한 일들에 밀려 제대로 실행되지 못했다. 몇 달 동안 차량은 퍼시픽 메디컬 빌딩 주차장에 세워져 있었다. "대부분의 회사는 우선순위 목록에 45개의 좋은 아이디어가 있기 때문에 순서를 정해 처리하기가 쉽습니다. 그런데 아마존에는 150개의 좋은 아이디어가 늘 올라가 있는데다 제프는 매일 새 아이디어를 하나씩 만들어냈죠."

베조스와 갤리의 합동 작전은 처음부터 문제가 있었다. 베조스가 새로운 조직 구조를 스스로 고안하기는 했지만 갤리가 근무했던 기간 내내 그는 아마존의 운전대에서 손을 떼지 않았고 기업 인수에서 홈페이지의 외양에 작은 변화를 주는 것까지 모든 일에 세세한 의견을 냈다. 갤리는 회사 경영을 맡기로 하고 아마존으로 왔다고 생각했고 결국 더 많은 권한을 갖고 싶어 애를 태우기 시작했다. "솔직히 말해 조는 회사 일에 방해를 많이 했어요. 조가 원했던 건 CEO가 되는 것이었는데 그 자리를 맡으라고 고용된 게 아니었거든요." 이사회 멤버인 톰 앨버그의 말이다. 베조스는 첫아이 프레스턴이 태어난 뒤 잠시 휴가를 냈다. 그러고 나서 돌아와보니 갤리의 거친 스타일에 회사가 엉망진창이 되어 있었다. 아마존과 이사진은 리더십의 위기를 맞았다.

갤리는 중요한 기여를 하기도 했다. 그는 해리슨 밀러와 크리스 페인 같은 품목 리더들을 총책임자로 만들어 손익 계산서와 비용 및 수익 마진을 관리하도록 했다. 또한 블랙앤드데커에서 일하며 홈 디포 같은 초대형 매장과의 밀고 당기는 관계를 경험했던 그는 특정 회사 제품을 소비자에게 강조하는 대신 공동 마케팅 비용을 받는 등 소매 업계에 전통적으로 존재하는 개념을 들여왔다. 코비는 3년 동안 쉬지 않고 일한 결과 완전히 기력을 소진해버렸다. 그래서 갤리는 아마존의 새 최고재무책임자인 워런 젠슨을 델타에서 스카우트하는 것을 도왔다. 갤리는 마침내 벤튼빌에서 통근하는 지미 라이트의 잦은 결근에 신물이 났다. 1999년 크리스마스 시즌을 코앞에 두고 압력을 견디다 못한 라이트는 예고도 없이 사임했다. 그뿐 아니라 갤리는 얼라이드시

그널AlliedSignal(미국의 항공우주 시스템 및 부품 제조업체 – 옮긴이)의 제프 윌크를 실무팀장으로 데려오는 데 공이 컸다. 윌크는 몇 년 뒤 중추적 역할을 하게 된다.

소비자들은 1999년 크리스마스 시즌에 아마존으로 몰려들었다. 닷컴에 대한 사회적 과민 반응을 1년 동안 지속적으로 접하고 나니, 고객들은 매혹적인 웹이라는 물속으로 다 함께 들어갈 준비가 되었다. 아마존 직원들은 다 같이 숨을 죽였다.

미국과 유럽 두 군데를 포함해 이제 다섯 군데에 물류센터가 퍼져 있었다. 지미 라이트와 많은 월마트 사람들이 아마존을 떠났고, 원래 책 배송을 위해 디자인된 소프트웨어 시스템은 TV부터 아이들의 모래놀이 상자까지 모든 것을 감당해야 했다. 아마존의 오래된 적인 무질서가 또다시 고개를 쳐들었다.

추수감사절이 지나고 얼마 되지 않아 예상했던 대로 아마존은 가장 인기 있는 장난감 재고를 갖다놓지 못했다. 월마트에서 아마존으로 합류한 구매 담당 케리 모리스는 직원들에게 전국의 코스트코와 토이저러스 매장을 방문해 그 당시 선풍적인 인기를 끌던 포케몬과 마텔 사의 워크 앤드 왜그 강아지를 사오도록 했다. 그녀는 새로 개설한 토이저러스닷컴ToysRUs.com 웹사이트에 있는 포케몬 상품의 재고를 깡그리 비웠고, 경쟁사의 무료 배송 서비스를 이용해 몽땅 펀리 물류센터로 보냈다. 모리스는 "그들은 그해 전자상거래를 처음 시작했기 때문에 우리가 자신들의 재고를 싹 쓸어간다는 것을 알리는 시스템이 없었죠. 그들이 알았을 때는 이미 너무 늦었답니다"라고 말한다.

빠른 성장으로 또다시 회사는 '산타 구제 작전'을 펼쳐야 했다. 직원들은 2주 동안 고객서비스 전화 상담이나 전국에 흩어져 있는 물류센터에서 일하기 위해 가족들에게 작별 인사를 했다. 뼛속까지 구두쇠인 아마존은 두 명을 한 호텔 방에 넣었다. 어떤 이들에게는 입사 이후 최고로 즐거운 경험이었지만, 또 다른 이들에게는 끔찍한 경험이 되었고 목청껏 불평했다. "그들이 공주님 대접을 받을 것을 기대한 것은 아니지만, 이럴 거라고는 예상도 못했고 이런 상황에 익숙지도 않았죠. 그래서 많은 이들이 차분하게 대처하지 못했습니다." 펀리 물류센터 총책임자인 버트 웨그너의 말이다.

펀리에서 어떤 직원들은 리노에 있는 골든 너겟에 묵었고 야근이 끝나고 나면 새벽 6시에 카지노에서 만나 맥주를 마셨다. 나중에 몇 명은 근처 감옥에서 일시 출소한 재소자들과 나란히 일했다고 주장하지만 증명하기는 힘들다. 원조 직원 톰 숀호프는 델라웨어로 간 그룹에 끼어 있었는데 거기서는 임시 노동 인력의 수준 때문에 문제가 있었다. "임시직 중에서는 약물 중독 재활 센터에서 뒷문을 통해 내보낸 듯한 사람이 많았어요." 숀호프는 술에 취해서 해고된 한 인부가 항의를 하면서 옷을 입은 채 오줌을 싸는 모습을 보았다.

숀호프와 그의 팀은 델라웨어의 밀린 업무를 해결하고 인력을 편성하느라 1주일간 고생했다. "우리는 성실하게 열심히 일했습니다. 오만한 소리처럼 들리지 않았으면 좋겠네요. 크리스마스를 무사히 치르고 아마존의 약속을 지키는 것이 목표였습니다. 우리에게는 믿음이 있었으니까요."

킴 라크멜러와 조엘 스피걸이 이끄는 팀은 조지아 맥도노의 2만 2,500평이 조금 못 되는 신축 물류센터로 내려갔다. 공사가 아직 완전히 끝나지 않아 직원들은 안전모를 써야 했다. 그들은 FUD(fillable, unfilled demand) 문제에 초점을 맞췄는데 FUD란 웹사이트에서 상품이 판매되었지만 횡뎅그렁한 물류센터 내 어디에 있는지 찾아내지 못해 아직 배송되지 않은 경우를 말한다. 이것은 100여 명의 고객이 크리스마스에 맞춰 주문한 상품을 배송받지 못하는 정도의 문제가 아니었다(물론 그것 자체만으로도 큰 문제다). 크리스마스 시즌에 분류 기계가 최고 한도로 돌아가고 있을 때, 제대로 배송되지 않은 주문 때문에 활송 장치가 막히고 다른 고객의 주문 처리를 지연시킨다. 그러면 이것도 제시간에 배송되지 않는 주문이 된다. 그래서 FUD가 쌓임에 따라 센터에서 작업 대부분이 지연되기 시작한다. 라크멜러는 밀린 업무를 처리하기 위해 노력했지만 결국 물류센터를 엉망으로 만드는 특정 제품이 있다는 것이 명백해졌다. 바로 포케몬 지글리퍼프 인형 한 상자가 없어진 것이다.

아마존 데이터베이스에 따르면 이 지글리퍼프는 이곳으로 수송되었다. 그렇다면 센터 내 엉뚱한 곳에 두고서 찾지 못하고 있거나 도둑맞은 것이다. 라크멜러는 수색팀을 구성했지만 찾는 것은 불가능해 보였다. 2만 2,500평이나 되는 센터에서 상자 하나를 찾는 것이니 말이다. "이건 마치 인디애나 존스 1편 〈레이더스Raiders of the Lost Ark〉의 마지막 장면 같았죠"라고 라크멜러가 말한다. 그녀는 근처 월마트로 달려가 쌍안경을 몇 개 사왔다. 그러고 나서 사람들에게 나눠주고 철제 선반 위층을 뒤지도록 했다.

광범위한 수색을 시작한 지 사흘째 되는 날 새벽 2시 무렵, 라크멜러는 피곤하고 낙담해서 자신의 사무실에 앉아 있었다. 그때 갑자기 문이 활짝 열리더니 여직원 한 명이 춤을 추며 들어왔다. 그녀는 자신이 꿈을 꾸는 것 같은 착각이 잠시 들었다. 그런데 그 여직원 뒤로 다른 인부들이 줄줄이 춤을 추며 들어왔다. 그들은 잃어버렸던 지글리퍼프를 머리 위로 떠받쳐 들고 있었다.

1999년 크리스마스 시즌이 끝나고 아마존의 직원과 중역들은 마침내 숨을 돌릴 수 있었다. 매출은 지난해 대비 95퍼센트가 올랐고 300만 명의 새로운 고객이 생기면서 등록된 계정이 2,000만 개가 넘었다. 제프 베조스는 《타임》에 역사상 가장 젊은 '올해의 인물'로 뽑혔고 '가상 상거래의 왕'으로 묘사되었다.[9] 이것은 아마존과 회사 미션의 정당성을 재확인시켜주었다.

아마존은 팔리지 않은 장난감에 대해 3,900만 달러를 대손상각 처리하느라 휘청거렸다. 그럼에도 불구하고 위아래 할 것 없이 전 직원의 노력으로 확연한 참사나 고객의 실망은 없었다. 반면, 토이저러스나 매이시스 백화점 같은 라이벌의 웹사이트는 첫 크리스마스 시즌에 겨우 살아남았지만 소비자 불만, 부정적 언론, 고객과의 약속을 지키지 않은 데 대해 연방통상위원회의 조사에 시달렸다.[10]

모두들 푹 쉬고 휴가를 다녀온 뒤 1월에 아마존은 연례 변장 파티를 열었다. 새 최고재무책임자인 워런 젠슨은 바비 인형 수십 개를 산 다음 스웨터에 꿰매어 주렁주렁 달고 다녔다. 그는 과잉 재고로 변장했다고 음산한 농담을 했다. 해리슨 밀러는 그 농담이 별로 우습지 않다고 생각했다.

아마존은 계속 무질서에 맞서 싸우고 있었다. 회사가 얼마나 벼랑 끝 가까이에 서 있는지는 아무도 몰랐다. 내부 회계는 엉망이었다. 너무 빠르게 성장하는 바람에 재고는 분실되거나 도난당한 것이 많았다. 그래서 4/4사분기 마감을 할 수가 없었다. 회계사 제이슨 차일드는 그 당시 아마존의 독일 실무 담당이었지만 감사관 역을 맡아 문제를 해결하라는 시애틀의 호출을 받았다. "아마존 역사상 가장 정신없었던 분기였을 겁니다"라고 차일드는 말한다. 아마존은 회계 컨설팅 회사 언스트앤드영을 통해 자문위원을 고용하는 등 외부에 도움을 받기도 했다. 자문

위원은 회사로 들어와 몇 주 동안 난장판을 자세히 관찰하더니 일을 그만두고 나가버렸다. 1월 말 분기가 끝났을 때 차일드와 직원들은 겨우 마감했다.

이제 아마존 이사회는 리더십의 위기 문제를 처리해야 했다. CEO가 되고 싶어 안달하는 갤리에 대해 많은 사람들이 불만이었고, 베조스에 대해서는 다른 리더 양성에 시간을 투자하지 않고 직원들의 말에 귀를 기울이거나 직원 개개인의 성장에 투자하지 않는다고 느꼈다. 존 도어는 조용히 회사 선임 이사들에게 전화를 걸어 경영진 간 들끓는 긴장에 대한 견해를 물었다. 이 문제를 매듭짓기 위해 그는 실리콘 밸리의 전설이자 컬럼비아 대학 미식축구 코치였던 빌 캠벨에게 시선을 돌렸다.

사람 좋은 캠벨은 애플의 이사직을 역임했으며 1990년대 중반에 인투이트의 CEO였다. 그는 사람들의 말을 주의 깊게 듣고 정확히 분석할 줄 알았으며 기업 상황이 어려울 때 중역들이 자신들의 문제를 직면하도록 만드는 능력이 있다는 소문이 자자했다. 스티브 잡스는 캠벨을 가까이 두고 그에게 속내를 털어놓았으며, 1997년 회사로 돌아왔을 때 그를 애플의 이사회에 앉혔다. 아마존에서 캠벨의 공식 임무는 갤리가 다른 사람들과 잘 지낼 수 있게 돕는 것이었다. 그는 몇 주 동안 실리콘 밸리와 시애틀을 오가면서 중역회의에 조용히 앉아 있거나 아마존 관리자급 직원들과 다른 영역에도 퍼지고 있는 리더십 문제에 대해 일대일로 이야기했다.

그 시절 중역을 맡았던 사람들 중에 이사회가 캠벨에게 좀 더 비밀스러운 임무를 줬다고 믿는 사람들이 꽤 된다. 베조스가 자리에서 물러나도록 설득하고 갤리를 CEO로 앉힐 수 있는지 알아보라는 것이었다. 이것은 설립자의 비전을 실현하기 위해 '어른의 관리 감독'이 필요하다는 당시 실리콘 밸리의 일반적 믿음과도 일치했다. 멕 휘트먼이 이베이를 넘겨받았으며, 모토롤라 중역 팀 쿠글이 야후 설립자인 제리 양을 대체했다. 아마존 이사진은 회사의 어마어마한 지출과 늘어나는 손실액을 걱정하고 있었고 다른 간부들로부터 베조스가 충동적이고 강압적이라는 말을 듣곤 했다. 그들은 황금알을 낳은 거위가 그 알을 박살 내버릴까 걱정스러웠다.

쿡, 도어, 앨버그를 포함한 이사진은 베조스에게 자리에서 물러나라고 요구할 것을 심각하게 고려한 적이 없다고 말한다. 더구나 제일 큰 회사 지분을 가진 베조스가 거부하면 어차피 안 될 일이었다. 그러나 캠벨은 2011년 《포브스》와 제프 베조스에 관해 이야기를 나누면서 아마존에서 자신의 역할을 다음과 같이 묘사했다. "저는 아마존에 CEO가 필요하다고 해서 그 회사를 방문했습니다. 그러고는 '그런데 베조스를 왜 갈아치우려고 하세요?' 하고 이사회에 물었죠. 그러자 그들은 베조스가 일에 대해서는 천재적이지만, 제정신이 아니라서 그렇다고 대답하더군요."[ii]

어쨌거나 캠벨은 갤리가 연봉이나 전용 비행기 같은 것에 지나치게 집착한다고 생각했고, 또 직원들이 베조스에게 충성심을 가진 것을 보았다. 그는 현명하게 이사진에게 설립자를 그냥 CEO로 두라고 조언했다.

갤리는 스스로 아마존을 떠나기로 결정했다고 말한다. 아마존에 합류하기 전 그는 존 스컬리가 지은 『마케팅 황제 존 스컬리, 스티브 잡스를 만나다』를 읽었다. 스컬리는 1980년 CEO를 맡아 애플에 합류했고 나중에 '이사회 쿠데타'를 일으켜 스티브 잡스를 몰아냈다. "아마존으로 가기 전에 제 자신과 가족들에게 약속을 했습니다. 스컬리가 스티브 잡스에게 한 일을 결코 제프에게 하지 않겠다고 말이지요. 그런데 제프는 자신의 비전 및 회사의 미래와 점점 더 사랑에 빠지는 것 같았습니다. 일이 잘못되어갈 거라고 예견할 수 있었어요. 그는 좀 더 직접적으로 관

126

여할 수 있는 역할을 원했습니다. 저는 그저 2인자가 되는 데 익숙지 않아서 말이죠. 2인자가 되려고 태어나진 않았거든요."

2000년 7월 갤리는 아마존을 떠나 버티컬넷이라는 신규 벤처기업의 최고 자리로 옮겨갔다. 그러나 그 회사는 닷컴버블 붕괴 이후 곧 사라졌다. 그로부터 몇 달 뒤 그는 뉴웰 러버메이드로 옮겨갔다. 그곳은 난관에 부딪힌 소비재 회사로 그는 정리해고와 주가 하락으로 점철된 험난한 4년 동안 회사를 이끌었다. 그는 나중에 더트 데블과 후버 같은 진공청소기를 만드는 아시아 제조업체인 테크트로닉 인더스트리의 CEO가 되었다. 그는 6년 동안 그 회사를 성장시켰다.

갤리가 아마존을 떠난 뒤 이사회는 베조스를 또 다른 최고실무책임자와 짝지어주려고 애썼다. 드럭스토어닷컴을 운영했던 이전 마이크로소프트의 중역 피터 뉴퍼트는 몇 달 동안 S팀 회의에 참석했다. 그러나 뉴퍼트와 베조스는 영구적으로 함께 일할 방법에 동의하지 못했다. 베조스는 자신이 동료들에게 필요한 존재가 되고 업무의 세부사항에 관여하는 것을 즐긴다는 사실과 자신이 CEO로서 활발하게 일하고 싶어 한다는 사실을 깨닫기 시작했다. "그는 인생의 다음 몇 년을 회사를 키우는 데 썼습니다. 다른 관심사를 좇으러 서서히 실무에서 손을 떼는 것이 아니고 말입니다." 톰 앨버그의 설명이다.

갤리 실험과 그로 인한 모든 사건 사고는 아마존에 영원한 상처를 남겼다. 그 이후 이 책을 쓰고 있는 지금까지, 아마존은 다른 중역에게 '사장 president'이나 '최고실무책임자' 같은 공식 직함을 준 적이 한 번도 없다. 아마존은 수년간 어떤 눈에 띄는 기업 인수도 없었다. 마침내 기업 인수를 하게 되었을 때도 베조스는 자신의 무모한 행동에서 얻은 교훈을 명심했다.

새로운 천 년이 시작되자 아마존은 벼랑 끝에 섰다. 닷컴 경제에 대한 환한 낙관주의가 어두운 비관주의로 변하면서 아마존은 2000년도에 10억 달러 이상 잃을 것이라는 전망이 나왔다. 회사를 열던 첫날부터 늘 그래왔듯 베조스는 아마존이 열병 같은 시대에 발생한 빚과 손실의 회오리를 이겨낼 거라고 만나는 이들을 설득해야 했다.

CHAPTER **04**

밀리라비
Milliravi

회사 확장에 열을 올렸던 광란의 시절 동안 아마존 경영진 내의 풍파는 믿음에 대한 긴 시험의 시작일 뿐이었다. 닷컴 붕괴로 흔히 기억되는 2000년과 2001년, 투자가와 일반 대중 그리고 아마존의 직원들까지 베조스에게서 마음이 떠났다. 아마존을 지켜보는 대부분의 사람은 회사의 앞날을 비관적으로 생각한 정도가 아니라 기업의 존립 가능성을 의심하기 시작했다. IPO 이후 지속적으로 올라가던 아마존 주가는 최고 107달러까지 올라간 이후 21개월간 서서히 떨어졌다. 깜짝 놀랄 만한 위신 추락이었다.

주식 시장의 반전에는 몇 가지 직접적인 원인이 있었다. 지나친 닷컴 붐에 투자가들은 서서히 지치기 시작했다. 실제적인 비즈니스 모델이 없는 회사들이 수억 달러를 조달하고, 황급히 IPO를 하며, 건강하지 못한 재무 상태인데도 주식 가격은 하늘로 치솟았다. 2000년 3월 《배런》

에 실린 비판적 표지 기사는 아마존 같은 인터넷 회사가 벤처캐피털을 탕진하는 자멸적 속도를 지적했다. 닷컴 붐은 시장이 이윤을 창출하지 못하는 젊은 회사들이 성장할 여유를 줄 것이라는 믿음 위에 생겨났다. 《배런》의 기사는 운명의 날이 올 것이라는 두려움에 기름을 붓는 격이었다. 나스닥은 3월 10일 최고치를 기록했다가 잠시 흔들리더니 나락으로 떨어지기 시작했다.

그 후 2년 동안 엔론Enron 파산과 9ㆍ11테러 같은 사건들이 인터넷 회사 전반에 대한 부정적인 견해를 부추겼다. 그러나 무엇보다 중요한 것은 많은 투자가가 장밋빛 색안경을 벗고 인터넷 회사를 현실적인 눈으로 바라보기 시작했다는 것이다. 그 인터넷 회사에는 아마존도 포함되어 있었다.

다른 닷컴들이 합병하거나 문을 닫는 동안, 아마존은 신념과 임기응변과 운을 결합해 살아남았다. 2000년 초, 델타와 NBC 방송국에서 일했던 워런 젠슨은 보수적인 새 최고실무책임자의 등장에 긴장한 공급자들이 아마존에 판 제품 대금 조기 결제를 부탁할 가능성에 대비해 현금 포지션을 강화하기로 했다. 모건 스탠리의 글로벌 테크놀로지 그룹의 공동 대표 루스 포랫은 유럽 시장을 공략하라고 조언했다. 그래서 2월 아마존은 6억 7,200만 달러 상당의 전환 사채를 외국 투자가들에게 팔았다. 이번에는 등락을 거듭하는 주식 시장과 경기 침체로 들어서는 세계 경제로 인해 예전의 자금조달만큼 그 과정이 쉽지 않았다. 아마존은 훨씬 더 후한 6.9퍼센트의 이자에 융통성 있는 전환 조건을 제시해야 했다. 시대가 변하고 있다는 또 다른 징후였다. 주식 시장이 급락하기 한 달 전 계약이 체결되었고, 그 뒤로는 자금조달이 엄청나게 힘들어졌다. 이러한 단기 여유 자금이 없었다면 아마존은 이듬해에 파산 상태에 직면했을 것이다.

그와 동시에, 커지는 투자가들의 회의론과 긴장한 선임 중역의 호소로 베조스는 기어를 바꾸었다. 사훈은 '급성장하라'에서 '집을 정돈하라'로 바뀌었고 실천어는 '절제 · 효율 · 낭비 근절'이었다. 아마존의 직원 수는 1998년 1,500명에서 2000년 초반 7,600명으로 폭발적 증가를 이루었다. 그리고 이제 숨을 돌릴 시기라는 데 베조스도 동의했다. 새로운 품목 추가도 속도를 늦추었다. 아마존은 인프라를 무료 운영 체계인 리눅스로 옮겼다. 또한 멀리 떨어진 물류센터들도 효율성 증가를 위해 일치단결했다. "아마존은 기발한 아이디어를 많이 사용하는 수밖에 없었답니다." 워런 젠슨의 말이다.

그러나 닷컴 붕괴는 회사에 큰 타격을 주었다. 직원들은 거대한 부의 가능성을 위해 가족과의 휴가도 희생시키며 쉬지 않고 일하기로 동의했다. 땅에 떨어진 주가는 회사를 반으로 갈라놓았다. 초창기에 아마존으로 들어온 직원들은 지치긴 했지만, 여전히 엄청난 부자였다. 좀 더 최근에 합류한 많은 사람들은 이제는 별 가치가 없는 스톡옵션을 보유하고 있었다.

최고경영자급도 환멸을 느꼈다. 세 명의 선임 중역들은 그해 회의실에서 몰래 만나 베조스의 성공과 실패를 목록으로 만들어 모두 화이트보드에 적었다. 실패 항목에는 경매 사이트, 지숍, 다른 닷컴 회사에 대한 투자, 대부분의 기업 인수 등이 있었으며 성공 항목보다 훨씬 길었다. 그 당시 성공 항목에는 책, 음악, DVD밖에 없는 것 같았다. 장난감, 공구, 전자제품 쪽의 미래는 아직도 불투명했다.

그러나 이 시기 베조스는 대중의 큰 감정 변화에 불안해하거나 걱정하는 기색이 없었다. 선임 부사장 마크 브리토는 다음과 같이 말한다. "우리는 다들 호떡집에 불난 것처럼 전전긍긍하면서 사무실을 이리저리 뛰어다니는데 제프는 그렇지 않았어요. 폭풍의 눈 속에서 그렇게 침착한 사람은 여태껏 본 적이 없었습니다. 그의 혈관에 얼음물이 흐르는 것 같았지요."

격동의 2년 동안 베조스는 빠르게 변하는 시대에 대처하도록 아마존을 재정립했다. 이 시기 동안 그는 매일 최저가를 제공하는 것이 얼마나 강력한 무기인지 잘 이해하는 소매업계의 두 전설을 만나기도 했다. 그는 전통적인 광고에 대해 다르게 생각하기 시작했고, 우편으로 제품을 배송하는 비용과 불편함을 줄이는 방법을 찾았다. 그는 성취하기 힘들 정도로 높은 자신의 기준에 못 미치는 중역에게 심하게 쏘아대는 등 특유의 불안정한 성격을 보여주었다. 오늘날 우리가 알고 있는 아마존의 속성과 특질은 많은 면에서 베조스와 아마존이 닷컴 붕괴 시절 헤쳐온 장애물의 결과이며 회사와 리더를 향해 팽배해 있던 불신에 대한 반응의 결과다.

이런 상황에서 베조스는 많은 수의 최고 중역들을 지치게 했고 아마존에서 많은 사람이 극적으로 퇴진했다. 그러나 아마존처럼 자본이 지나치게 투입된 수백 군데의 닷컴들과 통신사들을 파산시킨 돌풍은 아마존을 피해갔다. 베조스는 많은 사람에게 자신이 옳았음을 증명했다.

"그때까지는 제프가 무조건 성장을 향해 앞만 보고 달리는 모습만 봤습니다. 수익성이나 효율성을 향해 나아가는 모습은 처음 보았지요. 대부분의 주역들, 특히 처음으로 CEO 자리에 앉은 이들은 한 가지에 능하죠. 그래서 자신들이 아는 춤만 계속 춥니다. 솔직히 말해 저는 제프가 해내리라고 생각지 못했어요." 인투이트 설립자이자 당시 아마존 이사진이었던 스콧 쿡의 말이다.

2000년 6월 아마존의 주가가 나스닥의 다른 주식들과 함께 곤두박질쳤을 때 베조스는 라비 수리아라는 이름을 처음 듣게 되었다. 인도 마드라스에서 교사의 아들로 태어난 수리아는 톨레도 대학 진학을 위해 미국으로 왔고 툴레인 대학 경영대학원에서 MBA를 받았다. 2000년 초, 스물여덟 살의 그는 투자은행인 리먼 브라더스의 전환 사채 애널리스트였다. 무명의 풋내기였던 그는 세계금융센터 14층에 있는 작은 사무실에서 일했다.[1] 그해 말, 그는 월스트리트에서 가장 자주 언급되는 애널리스트로 떠올랐고, 예상치 않게 아마존과 제프 베조스의 숙적이 되었다.

애널리스트로서 페인 웨버와 리먼 브라더스에서 일했던 첫 5년 동안 수리아는 통신 회사들과 생명공학 기업의 과잉 자본 같은 난해한 주제에 관해서 글을 썼다. 세간의 관심을 끈 세 번째 사채 발행과 최고실무책임자인 조 갤리의 사임 뒤, 아마존은 수리아의 관심을 끌었다. 아마존의 최근 분기 수익 발표를 보면서 수리아는 지난 크리스마스 시즌의 심한 손실을 분석했고 회사가 위기 상황에 놓여 있다고 결론지었으며 대중에게 널리 유포되는 연구 보고서에 아마존의 파멸을 예견했다.

'아마존 사채의 신용 등급은 지극히 약한데다 더 악화하고 있다는 것을 발견했다.' 그는 이 기사를 필두로 그 후 8개월간 아마존에 관한 신랄한 보고서를 여러 편 썼다. 수리아는 투자가들이 무슨 일이 있어도 아마존 사채만은 피해야 하며 아마존은 유통 부문에서 "지나치게 높은 수준의 무능력함"을 드러냈다고 지적했다. 그러고는 "이 회사는 마법의 모자에서 또 한 번 자금조달이라는 토끼를 꺼내는 마술을 부리지 않는 한, 다음 4/4분기 내로 현금이 고갈될 것이다"라고 일격을 가했다.

이 예측이 나오자 전 세계의 언론은 선정적 헤드라인과 함께 이 내용을 실었다.[2] 이미 시장의 초반 하락에 놀라 있던 투자가들은 아마존 주식을 매도했고, 주가는 다시 20퍼센트 더 떨어졌다.

아마존 내부에서 수리아의 보고서가 많은 이들의 신경을 건드렸다. 아마존의 최고홍보담당관이었던 빌 커리는 이 보고서를 '쓰레기'라고 불

렀다. 베조스는 《워싱턴 포스트》와의 대화에서 커리보다 한발 더 나아가 '순전히 쓰레기'라고 말했다.[3]

수리아의 평가는 매우 부정확했던 것으로 밝혀졌다. 유럽에서 사채를 발행해 조달한 추가적 자금으로 아마존은 거의 10억 달러에 달하는 현금과 유가증권이 있었다. 공급업자에게 줄 미결제 금액을 모두 처리하기에 충분한 액수였다. 더구나 회사의 역 운전자금 모델negative working capital model(회사가 현금을 너무나도 빨리 창출해내서 운전자금이 전혀 필요없는 상태 - 옮긴이)은 영업에 필요한 자금을 계속해 매출에서 발생시켰다. 아마존에서는 또 비용 삭감이 한창 진행 중이었다.

아마존이 직면한 진짜 위험은 리먼 보고서가 자기실현적 예언이 되는 것이었다. 만약 수리아의 예견이 공급자들을 겁주어 아마존에 자신들의 제품에 대한 금액을 당장 결제하라고 요구하는 뱅크런bank run과 비슷한 사태가 일어난다면 아마존의 비용이 늘어날 수 있다. 만약 수리아가 고객들을 겁주어 그들이 곳곳에서 보이는 뉴스로 인터넷은 그저 반짝 유행이라고 믿고 더 이상 아마존을 이용하지 않는다면 아마존의 매출 성장세는 하락하고 그것이 문제가 될 수 있다. 다시 말해 아마존의 위험은 수리아와 다른 월스트리트의 비관적 투자가들이 믿는 그 잘못된 예측 속에 있었다. "가장 불안하게 느꼈던 점은 위험이 현실에 달려 있지 않고 사람들의 인식에 달려 있다는 것입니다." 그 당시 아마존의 자금부장 러스 그랜디네티의 말이다.

이것이 바로 아마존의 대응이 단호했던 이유다. 초여름 젠슨과 그랜디네티는 미국과 유럽을 종횡으로 누비며 대형 공급업체들과 만나 회사의 재무 건전성에 대해 소개했다. "짧은 기간이었지만 '유죄 추정 원칙'을 적용하는 것이 현실이더군요." 그랜디네티가 털어놓았다.

한번은 그랜디네티와 젠슨이 아마존의 재무 상태는 건전하다고 인그램의 이사회를 안심시키기 위해 내슈빌로 날아갔다. 존 인그램 사장은 자신의 어머니 마사 인그램 회장이 지켜보는 가운데 아마존 중역들에게 말했다. "우리는 당신들을 믿습니다. 여러분이 사업을 잘해내고 있다고 생각해요. 하지만 아마존이 망하면 우리도 망합니다. 아마존에 대한 우리의 판단이 틀렸다면 그냥 '에이, 틀렸구나' 하고 넘길 정도가 아니에요. 우리는 아마존으로부터 받을 미수금이 너무 많아서 큰 곤경에 빠지게 됩니다."

아마존의 평판이나 브랜드 이미지가 언론에서 공격받자 베조스는 사람들의 마음을 사로잡기 위해 나섰다. CNBC 채널에 출연하고 신문 잡지 기자들과 인터뷰를 하며 투자가들과 대화를 하는 등 갑자기 어디를 가나 그가 보이기 시작했다. 그는 수리아가 틀렸으며 아마존은 근본적으로 탄탄하다고 설득했다. 그 당시 나는 《뉴스위크》의 실리콘 밸리 담당 기자였고, 베조스와 젠슨을 그해 여름에 만났다. "여기서 핵심은 그의 현금 흐름 예상은 틀렸다는 점입니다. 완전히 틀렸어요." 나와 베조스의 첫 대화는 이렇게 시작되었다. 우리는 그 뒤 10년간 열두 번 정도 더 만나서 이야기를 나누었다.

인터뷰 녹취록을 보면 베조스는 10년이 지난 지금과 마찬가지로 자신감과 신념에 차 있었던 것 같다. 그는 이미 매끈한 제프이즘을 꾸준히 재활용하고 있었다. 그는 책이나 음악 및 영화와 연관되는 브랜드가 아니라 '고객이 원하는 것으로부터 시작해 아마존으로 거슬러 올라가 제품을 찾는 추상적인 개념'이 연상되는 브랜드를 만들고 실수로부터 교훈을 얻으며 오래가는 기업을 만들겠다고 재차 다짐했다.

그러나 베조스가 수리아의 예측에 대해 언급할 때는 방어적인 태도를 보였다. "먼저 아마존닷컴을 일정 기간 동안 관찰해본 사람은 누구나 알겠지만, 이것은 낯선 일이 아닙니다." 그는 요란한 웃음소리를 간간이 넣어가며 대답했다. "요즘 세상에는 10분도 장기적이라고 느껴집니다. 하하하. 하지만 역사적 관점에서 (…) 질문을 하나 드리겠습니다. 지난 3년 동안 아마존의 주식이 얼마나 올라갔다고 생각합니까? 20배나 껑충 뛰었습니다! 그러니 우리에게는 이것이 정상인 것이지요. 제가 아마존에 대해 늘 말씀드리고 싶은 것은, 우리가 논란을 일으키는 것이 아니라 논란이 우리를 찾아온다는 점입니다. 하하하."

사실 정상적인 시절은 아니었다. 수리아와 닷컴 붕괴로 생긴 어려움으로 재무 상황이 변화했고 베조스도 그것을 알았다. 몇 주 뒤 젠슨과 베조스는 함께 앉아 아마존의 대차대조표를 유심히 들여다보고 있었다. 아무리 회사가 일정 수준의 성장을 지속한다 할지라도 물류센터와 직원 월급 같은 고정비용이 너무 컸다. 비용을 지금보다 더 삭감해야 했다. 베조스는 내부 공문을 보내서 무슨 일이 있어도 2001년 4/4분기까지는 수익을 창출할 것이라고 발표했다.[4] 젠슨은 "현실적으로 매출 예측을 하려고 노력했고 전 직원에게 경비 목표액을 주었습니다"라고 설명했다.

그러나 언론은 아마존에 좀처럼 호의적이지 않았다. 아마존이 얼마 뒤 이 목표를 공표했을 때, 또 한 차례 새로운 비난이 쏟아졌다. 수익성 계산에서 일반적 회계 방법을 사용하지 않고, 스톡옵션 발행 비용 같은 특정 경비를 무시하는 형식적 회계 기준을 사용했다는 것이 문제가 되었다.

다음 8개월 동안 라비 수리아는 부정적인 보고로 아마존을 계속 가격했다. 사람들은 그의 분석을 동트는 인터넷 시대의 리트머스 시험지로 받아들이고 지켜보았다. 웹의 장래를 믿었던 사람들과 인터넷에 생계를 건 사람들은 수리아의 부정적 견해에 회의적이었다. 그러나 다가오는 변화의 물결이 자신의 사업과 자연적인 질서, 심지어 자신의 정체성에까지 위협이 된다고 느낀 이들은 수리아 및 비슷한 의견의 애널리스트들과 견해를 같이하는 경향이 있었고 아마존닷컴은 비합리적으로 활발한 주식 시장에 불안하게 세워진 정신 나간 꿈에 불과하다고 믿었다.

아마 이것이 초합리적인 베조스가 성품이 온화하고 안경 쓴 이 뉴욕 애널리스트에게 점점 집착하게 된 이유일지도 모른다. 베조스에게 수리아는 넓은 시장을 전염시키는 비이성적 사고의 중압감을 상징했다. 인터넷 혁명과 그에 따른 모든 오만한 재창조는 그냥 사라질 것이라는 개념 말이다. 그 시절 동료에 의하면 베조스는 수리아의 분석을 회의에서 자주 언급했다고 한다. 재무팀의 한 간부 직원이 라비 수리아의 이름을 이용해 100만 달러 이상의 중요한 수학적 오류를 나타내는 용어를 만들었다. 베조스는 그 단어가 너무나 마음에 들었고 직접 사용하기 시작했다. 그 단어는 '밀리라비milliravi'였다.

각 부서의 합보다 더 큰 가치로 평가받고자 하는 것은 모든 첨단 기술 기업의 야망이다. 그러려면 다른 회사들이 고객들에게 다가가기 위해 사용할 수 있는 일련의 도구를 제공할 수 있어야 한다. 업계 용어로 표현하자면, 기업은 다들 '플랫폼'이 되고 싶어 한다.

마이크로소프트가 그러한 작전을 쓴 전형적인 회사다. 소프트웨어 제조자들은 자신의 제품을 어디에서나 보이는 윈도우 운영 체제에서 사용할 수 있게 맞추는 수밖에 없었다. 또한 전화와 태블릿을 위한 애플의 iOS 운영 체제는 모바일 개발자들이 사용자에게 다가가기 위한 기반이 되었다. 여러 해 동안 인텔, 시스코, IBM 같은 회사뿐만 아니라, 심지어 AT&T까지 플랫폼을 지었고 그 유리한 위치를 이용해 보상을 받았다.

그러니 그 오래전 1997년에도 아마존의 중역들은 어떻게 하면 플랫폼이 되어 다른 소매업체들의 전자상거래 노력을 증가시킬지 생각하고 있었던 것이다. 아마존의 경매 사이트는 그것을 위한 첫 시도였고, 그

다음에 나온 지숍은 영세업체들이 아마존닷컴에 가게를 개설할 수 있게 해주는 서비스였다. 하지만 두 경우 모두 영세 소매상들 사이에서 폭발적이었던 이베이의 인기를 극복하지 못하고 실패했다. 그럼에도 불구하고 2000년에 와서 베조스는 직원들에게 사내 공문을 보내 아마존의 연간 판매액이 2억 달러가 될 때까지 제품 판매액과 아마존닷컴을 이용하는 다른 상인들에게서 받은 수수료에서 발생한 수익을 똑같이 나누고 싶다고 알렸다.

아이러니하게도 1999년 업계 전반의 무리수 덕분에 아마존은 플랫폼으로 입지를 굳혀 나가게 되었다. 토이저러스는 인터넷 자회사인 토이저러스닷컴을 설립하기 위해 소프트뱅크와 사모펀드인 모비어스 에퀴티 파트너스로부터 6,000만 달러를 조달했지만, 1999년 크리스마스 시즌에 심하게 휘청거렸다. 오프라인 소매기업인 토이저러스는 웹사이트가 자주 다운되고 주문 배송이 늦는데다 어떤 경우는 아예 크리스마스를 넘겨버리기도 하는 등 부정적인 내용으로 언론에 자주 오르내렸다. 회사는 고객과의 약속을 이행하지 못했다는 이유로 연방통상위원회에 35만 달러의 벌금을 내게 되었다. 한편 남으면 직접 동네 쓰레기 매립장에 갖다 버리겠다고 열정적으로 약속했던 아마존은 팔다 남은 장난감 재고 3,900만 달러를 대손상각 처리했다.

크리스마스 시즌이 지난 어느날 밤, 토이저러스닷컴의 최고실무책임자 존 포스터가 베조스의 사무실에 예고도 없이 전화를 걸었다. 아마존의 CEO가 전화를 받자 포스터는 함께 힘을 모으자고 제안했다. 온라인 소매회사는 중요한 인프라를 제공할 수 있고 오프라인 소매회사는 제품의 전문 지식과 하스브로 같은 공급업체와의 관계를 공유할 수 있을 것이다. 베조스는 토이저러스 중역에게 장난감 사업의 품목 관리자인 해리슨 밀러와 만날 것을 제의했다. 두 회사는 시애틀에서 예비 회의를 열었지만 그 당시 아마존은 핵심 경쟁자와 협력할 이유를 찾지 못했다.

다음 해 봄, 밀러와 아마존 실무팀은 장난감을 입고하고 배송하는 문제를 연구했다. 그들은 그 품목에서 수익을 내려면 거의 10억 달러의 매출이 필요하다고 결론지었다. 가장 큰 도전은 장난감을 잘 선정하고 공급받는 일이었다. 정확히 말해 토이저러스에서 인기를 끈 품목들 말이다.

몇 주 뒤, 아마존 사업개발부를 이끌었던 밀러와 마크 브리토는 시카고 오헤어 국제공항의 작은 회의실에서 토이저러스닷컴의 중역들과 만났다. 그들은 장난감 판매 사업에 함께 힘을 모으기 위해 정식 협상을 시작했다. 밀러는 다음과 같이 말한다. "우리는 바비와 디지몬을 고르는 것이 얼마나 힘든 일인지 깨달았고, 그들은 세계 최고 수준의 전자상거래 인프라를 구축하는 것이 얼마나 많은 비용이 드는지 깨달았습니다."

완벽하게 맞아떨어지는 듯했다. 토이저러스는 계절마다 인기 상품을 고르는 데 능했고 생산업자에게 미치는 영향력이 커서 가장 인기 있는 장난감을 저렴한 가격에 충분히 공급받았다. 반면 아마존은 온라인 소매사업을 경영하고 상품을 소비자에게 제때 배송하는 데 일가견이 있었다. 제프 베조스가 관여하는 일들이 종종 그렇듯이, 협상은 길었고 존 포스터의 말마따나 '고통스러웠다'고 한다. 두 팀이 처음 만났을 때, 베조스는 회의실 테이블에 의자 하나를 비워놓는 쇼를 벌였다. 그는 '고객이 앉을 자리'라고 설명했다. 베조스는 상품을 포괄적으로 구비하는 데 초점을 두고, 토이저러스가 모든 종류의 장난감을 웹사이트에 올리도록 설득했다. 토이저러스는 비실용적이고 비싼 생각이라고 주장했다. 그러면서 그 장난감 회사는 아마존닷컴에서 독점적으로 장난감을 팔고 싶어 했는데 베조스는 이것이 너무 심한 제약이라고 생각했다.

두 회사는 여러 달 동안 서로 으르렁거렸다. 협상을 성공적으로 마무리 짓기 위해 그들은 회색빛 중간 지점 어딘가에서 만났다. 토이저러스는 수백 종류의 인기 장난감을 파는 데 동의했고, 아마존은 토이저러스가 고르고 남은 인기가 덜한 제품을 취급할 권리를 가졌다. 원하던 것을 얻은 회사는 없었지만 당분간 모두들 안도의 숨을 내쉬었다. 8월 두 회사는 10년간의 파트너십을 발표했다. 이는 아마존에 시급한 주요 현금 조달처를 마련하고 대차대조표상의 문제를 경감시켜주었다. 두 회사는 토이저러스의 재고를 아마존의 물류센터에 보관하는 데 동의했다. 아마존의 사업에서 가장 비싸고 복잡한 부문을 다른 회사들이 사용할 수 있는 플랫폼으로 만들기 시작한 것이다.

이 거래는 향후 아마존과 업체들 간 거래의 모델이 되었다. 총괄하던 장난감 품목을 토이저러스에 하청을 주고 나서, 해리슨 밀러는 플랫폼 서비스 대표라는 새로 생겨난 직책을 맡았다. 공학 부사장인 닐 로즈먼과 함께 그는 전국을 다니며 대형 소매업체에 토이저러스와의 거래를 모방하도록 권유했다.

그들은 전자제품업계의 거물 베스트 바이와 거래를 이뤄낼 뻔했다. 그러나 협상의 마지막 단계에서 설립자 리처드 슐츠가 극적으로 토요일 오전 전화회의 중에 전자제품 부문에서 독점권을 내놓으라고 고집을 부렸다. 베조스는 거절했다. 베드, 배스앤드비욘드와 반스앤드노블 역시 도중하차했다.

소니 전자는 아마존을 이용해 소니 스타일의 온라인 체인을 여는 가능성을 고려했다. 이러한 협상의 일부로 소니 미국 법인 대표인 하워드 스트링어는 펀리의 아마존 주문 이행 센터를 둘러보았다. 그 잊지 못할 순간에 그는 창고 바닥에서 소니 제품을 한 무더기 발견했다. 엄격히 말해 아마존이 취급해서는 안 되는 물건이었던 것이다. 그 제품이 어디서 왔는지 알아내기 위해 스트링어와 소니 직원들은 라벨을 확인해 제품번호를 적었다. 그 결과 협상은 결렬되었다.

그러나 2001년 초, 아마존의 노력이 결실을 보기 시작했다. 도서 소매유통 체인 보더스와 계약을 한 것이다. 그 서점은 온라인 주문을 맞추기 위해 내슈빌 외곽에 있는 거대한 유통 시설을 짓는 실수를 저질렀다. 그들은 고객에게 빠르고 저렴하게 책을 배달하기 위해서는 지역적으로 퍼져 있는 작은 창고가 필요하다는 것을 나중에야 깨달았다. 몇 달 후 아마존은 시급했던 1억 달러 투자금의 대가로 AOL의 쇼핑 채널을 운영하기로 동의했다. 아마존은 또한 소매업체 서킷시티의 재고를 담당하기로 계약하면서 텅 빈 아마존 전자제품 선반에 여러 종류의 제품을 추가하게 되었다.

일련의 계약들은 아마존의 대차대조표를 단기적으로 향상시켰지만 장기적으로는 모두에게 불편함을 주었다. 아마존에 의존함으로써 소매업체들은 중요한 새 영역에 대해 필요한 교육을 지연시켰고 고객 충성심을 이 공격적 신규 기업에 양도한 셈이 되었다. 보더스와 서킷시티가 안고 있던 많은 문제 중 하나는 바로 이것이었다. 그들은 2008년도에 시작된 금융 위기 속에 파산했다.

베조스는 이러한 계약들에 완전히 마음이 편치 않았고, 소비자에게 선택의 폭을 무한히 넓혀주고자 하는 자랑스러운 목표를 하청준다는 아이디어 자체도 불편하게 느껴졌다. 특히 토이저러스와의 계약은 큰 수익을 가져다주었지만 아마존이 장난감 종류를 포괄적으로 다양하게 구비하도록 관리하는 것이 더 힘들었기 때문에 베조스는 불만스러웠다. 바로 그 부분이 수년 후 파트너십의 운명에 큰 영향을 미쳤다. 그들은 연방법원 법정에서 다투게 되었다.

2000년 여름 라비 수리아가 계속 자신의 예측을 언론에 표명하자 아마존의 주가 하락은 점점 가속화되기 시작했다. 6월에는 3주 동안 주가가 57달러에서 33달러로 떨어지면서 거의 반동강이 났다. 직원들은 초조해지기 시작했다. 베조스는 사무실 화이트보드 위에 "나는 주식 가격이 아니다"라고 적어놓고 전 직원에게 점점 팽배하는 비관론을 무시하라고 지시했다. "주가가 30퍼센트 올라갈 때 내가 30퍼센트 더 똑똑해진다고 느끼지 않는 것처럼 주가가 30퍼센트 떨어져서 30퍼센트 더 멍청해진다고 느낄 필요는 없습니다." 그는 전 직원 회의에서 말했다. 그는 워런 버핏에게 영감을 준 영국 태생 투자가 벤저민 그레이엄의 말을 인용했다. "단기적으로 볼 때 주식 시장은 투표 집계기 같습니다. 그러나 장기적으로 보면 (회사의 진정한 가치를 측정하는) 저울과 같습니다." 만약 아마존이 고객에게 초점을 맞춘다면 회사는 무사할 것이라고 베조스는 확언했다.

고객서비스에 대한 외골수적인 집착을 증명이라도 하듯, 베조스는 떠오르는 판타지 시리즈 『해리포터』에 아마존의 '퀴디치Quidditch' 빗자루를 잡아매는 비싼 계약을 했다. 7월에 작가 J. K. 롤링은 해리포터 시리즈의 네 번째 책 『해리포터와 불의 잔』을 출간했다. 아마존은 정가의 40퍼센트를 인하하고 7월 8일 토요일 최초 출간 당일에 고객들이 책을 받아볼 수 있게 일반 배송료만 내면 총알 배송을 해주었다. 약 25만 5,000건의 주문이 들어왔는데 아마존은 건당 몇 달러씩 손해를 보았다. 이는 월스트리트가 불만스러워하는 종류의 돈 잃기 작전이었다. 그러나 베조스는 고집스럽게 그것을 고객 충성도를 높이는 책략으로 여겼다. "고객에게 득이 되는 일이니 주주들에게는 손해가 날 것이라는 그런 흑백 논리는 굉장히 아마추어 같은 생각입니다." 그는 그해 나와의 인터뷰에서 말했다.

해리포터 이벤트를 준비한 중역들조차 걱정했다. "저는 '제기랄, 이건 엄청난 금액이야!'라고 생각했습니다." 그 당시 책 부문을 맡았던 아마존 중역 린 블레이크가 말한다. 그녀는 나중에 베조스가 옳았음을 시인했다. "우리는 쏟아지는 호평을 들었습니다. 현관에서 배달원을 만나면서 사람들이 한 말을 전해 들었죠. 운전기사들이 고객의 소리를 우리에게 전해줬어요. 우리는 그들에게 잊을 수 없는 경험을 선물해준 것입니다." 그해 6월과 7월, 해리포터 시리즈의 신간에 관한 700개의 기사에서 아마존이 언급되었다.

베조스는 고객서비스에 집착했고, 그와 같은 목표를 향해 외골수로 나가지 않는 사람들이나 크게 생각하는 능력을 보이지 않는 직원들에게는 불호령을 내렸다. 이 기간 중 특히 자주 타깃이 되었던 사람은 고객서비스를 맡고 있는 부사장 빌 프라이스였다.

장거리 통신사 MCI에서 잔뼈가 굵은 프라이스는 1999년에 아마존으로 왔다. 그는 회의석상에서 출장이 잦은 아마존 중역들은 비즈니스석을 이용할 수 있도록 하자고 제의하는 실수를 일찌감치 범한 적이 있었다. 베조스는 직원들이 솔직하게 속내를 털어놓기 바란다는 말을 자주 했지만, 자신의 의견과 반대되는 말은 듣기 싫어하는 것 같았다. "제가 무슨 지구의 축을 바로 세우자는 소리라도 한 것 같았습니다. 제프는 손으로 책상을 내려치며 '주인 정신이라곤 없군! 내 평생 이렇게 멍청한 소리는 처음 들어보네'라고 하더군요." 프라이스는 여러 해가 지난 뒤에도 그 순간을 회상하면서 몸서리친다.

"물론 중역들 모두 비즈니스석을 이용하도록 해줘야 한다고 생각하고 있었지만 그 말을 입 밖에 낸 제가 그 회의실에서 모난 돌이 되어버렸지요." 프라이스는 이렇게 덧붙인다.

2000년 연말은 프라이스에게 전쟁 같았다. 그가 맡은 고객서비스 부서는 중요한 측정치 두 가지를 추적했다. 첫째는 평균 통화 시간(직원이 고객 한 명과 전화 통화하는 데 소요하는 시간)이었고 둘째는 주문당 연락(구매할 때 필요한 고객 전화나 이메일 문의 횟수)이었다. 베조스는 프라이스에게 두 가지 수치를 모두 낮추라고 말했지만 실제로 그것은 실행하기 힘들었다. 고객서비스 직원이 전화를 오래 붙들고 앉아서 각 고객의 문제를 완전히 해결해주면 주문당 연락 횟수는 줄어들 수 있지만, 평균 통화 시간은 올라가게 된다. 반면 직원이 전화를 빨리 끝내려고 애쓴다면 평균 통화 시간은 내려가겠지만, 고객이 다시 전화를 걸 가능성이 높아진다.

베조스는 그 단순한 계산은 거들떠보려고 하지 않았다. 그는 고객이 전화를 한다는 것 자체가 시스템에 결점이 있기 때문이라고 보고 고객으로부터 전화가 오는 것을 싫어했다. 또한 고객들이 웹사이트에 있는 도움말이나 도움 도구를 사용해 문제를 스스로 해결할 수 있어야 한다고 믿었다.[5] 그래도 고객으로부터 전화가 오면, 베조스는 즉각적으로 대답해주고 문제를 완전히 해결해주기를 원했다. 거기에는 어떤 핑계도 받아들여지지 않았다. 프라이스의 유일한 해결책은 자신의 팀원들을 더 달달 볶는 수밖에 없었지만, 직원 채용을 추가적으로 할 자원이 한정되어 있기 때문에 직원들만 죽어났다.

'전쟁실war room'이라 불리는, S팀의 새로운 의식에 대단원의 막이 올랐다. 전쟁실은 연말 크리스마스 시즌 동안 중요한 회사 및 고객 문제를 다루는 1일 회의를 일컫는다. 30명가량의 수석 중역이 드넓게 펼쳐진 퓨젓 사운드 만이 한눈에 들어오는 퍼시픽 메디컬 빌딩 꼭대기 층 회의실을 꽉 채웠다. 크리스마스 매출이 오르고 아마존의 통화 시간이 다시 한 번 길어지자, 베조스는 회의를 열어 프라이스에게 고객 대기 시간이 어떻게 되냐고 물었다. 그 순간 프라이스는 아마존의 철칙을 어기고 말았다. 그는 어떤 증거도 제시하지 않고 베조스에게 1분 이하라고 안심시키려 했다. "정말입니까?" 베조스가 물었다. "어디 한번 봅시다."

회의 테이블 한복판에 있는 스피커폰으로 그는 아마존의 800번 무료 번호로 전화를 걸었다. 어울리지 않게 발랄한 대기 음악이 흘러나와 회의실을 메웠다. 베조스는 손목시계를 벗어 과장된 몸짓으로 시간을 쟀다. 잔혹한 1분이 지나고, 다시 2분이 지났다. 다른 중역들이 거북한 듯 꼼지락거리는 동안 프라이스는 몰래 휴대전화로 조용히 부하직원들에게 연락하려고 애썼다. 베조스의 얼굴은 시뻘게지고, 허리케인 경고 시스템이라 볼 수 있는 이마의 핏줄이 불거져 나왔다. 4~5분이 소요되었지만, 그날 그 자리에 있었던 많은 사람은 이 일을 회상하면서 기다림이 영원히 끝나지 않을 것 같았다고 한다.

마침내 경쾌한 목소리가 튀어나왔다. "안녕하십니까? 아마존입니다!" 베조스는 "그냥 확인 좀 하려고 전화했습니다"라고 말한 다음 전화를 끊었다. 그러고 나서 프라이스를 무능한 거짓말쟁이라고 몰아세웠다.

10개월 뒤 프라이스는 사직서를 냈다.

아마존 중역들이 대형 체인점에 구애하는 동안, 한 경쟁사는 그들에게 구애했다. 이베이 CEO 멕 휘트먼과 그녀의 최고 참모 제프 조던이 가을에 아마존을 방문해서 매력적인 제안을 했다. 그들은 망해가는 아마존의 경매 사업을 인수하고 싶어 했다.

휘트먼은 설득력이 있었다. 그녀는 이베이가 다루기 힘든 영세업체들에 주안점을 두고 있음을 강조하면서, 아마존의 경우 이들 상인이 아마존과 같은 상품을 갖고 경쟁하므로 제3자 소매상을 들이려는 아마존의 노력은 근본적으로 회사의 핵심 소매사업과 상충된다고 설파했다. 반면 이베이는 자체적으로 상품을 판매하지 않기 때문에 이러한 갈등이 없었다. 휘트먼은 그들 사이의 거래가 아마존이 안고 있는 문제를 해결하는 한편 이베이의 주요 핵심 사업인 경매에서 이베이의 입지를 굳힐 수 있다고 주장했다. 전형적인 윈윈win-win 시나리오였다.

그러나 베조스는 아마존 웹사이트에 경매와 지숍을 유령 타운으로 유지하는 것과 똑같은 이유로 그 제안을 거절했다. 그는 중소 소매상들의 플랫폼이 되고 싶은 아마존의 희망을 포기하거나 양도할 준비가 되어 있지 않았다. 아마존에서 제3자 판매 사업이 제대로 이루어지지 못했다는 사실은 베조스에게 단지 바로 그 특정한 순간에 제대로 이루어지지 않았다는 것에 지나지 않았다.

가장 큰 문제는 경매와 지숍이 아마존 웹사이트의 구석진 곳에 따로 위치하고 있어서 고객의 주의를 끌지 못했다는 점이다. 베조스는 그것을 웹사이트의 골방에 있다고 표현했다. 미미하게 거래가 일어날 때는 크로스링크Crosslink라는 기능을 통해서였다. 크로스링크는 관련 소매 페이지에 나타나는 제3자 경매 링크다. 예를 들어 빈티지 낚싯대를 파는 상인이 플라이 낚시에 관한 책이나 영화의 페이지에 크로스링크를 걸어 자신의 경매를 올릴 수 있다.[6]

아마존은 알고리즘을 이용해 상품 페이지나 경매에 나오는 특정 단어나 어구를 분석한 후 자동으로 비슷한 제품과 이어주는 실험을 했다. 그 기술 덕분에 웃지 못할 에피소드도 많이 생겨났다. 예를 들어 청소년 소설『황금 나침반The Golden Compass』의 후속편『미묘한 칼The Subtle Knife』의 상품 페이지는 경매 품목에서 잭나이프와 제2차 세계대전 무기 세트를 파는 다양한 서바이벌 상품 전문 상인들의 링크가 떴다. "이것이 문제가 되는 경우도 있었습니다. 한번은 평생 어린이들을 위한 좋은 동화를 쓰는 것이 삶의 목적인 사람이 내 사무실로 쫓아 들어와서 '왜 내 페이지에 나치 기념품이 올라가 있는 거요?' 하고 소리쳤어요." 조엘 스피걸의 말이다.

2000년 가을 어느 주말, 베조스는 메디나에 있는 자신의 호숫가 대저택 지하에서 1일 회의를 소집해 S팀 멤버와 중역 여럿을 불렀다. 제3자 프로젝트가 왜 실패하는지 알아보기 위해서였다. 그들은 아마존 제3자 판매인들로 가는 대부분의 트래픽은 상품 페이지의 크로스링크에서 발생한다는 것을 알았다.

이는 중요한 깨달음이었다. 아마존의 트래픽은 믿을 수 있는 일반 상품 카탈로그로 몰리도록 되어 있었던 것이다. 이베이에서는 고객이 헤밍웨이의 소설 『태양은 다시 떠오른다』를 찾으면 새 책부터 중고 서적까지 열두어 종류의 경매 상품이 보인다. 그런데 아마존에서 그 책을 검색하면 소설에 대한 상세 설명이 있는 단 하나의 페이지가 나타나고 그곳으로 고객이 모인다.

그날 아마존의 중역들은 자신들이 인터넷에서 가장 권위 있는 상품 카탈로그를 갖고 있으며 이를 잘 활용해야 한다고 생각했다. 그것은 바로 아마존을 영세 온라인 업체를 위한 활발한 플랫폼으로 변화시켰을 뿐 아니라 오늘날의 성공을 끌어낸 핵심적인 통찰이었다. 아마존이 그 웹사이트에 다른 상인들에게 자리를 제공하고자 한다면 고객들이 실제로 방문하는 페이지에 회사의 물건과 나란히 그들의 물건을 올려놓아야 한다. 제프 블랙번은 이렇게 말한다. "정말 훌륭한 회의였어요. 하루를 마무리할 무렵 우리는 모두 이것이 바로 우리의 미래라는 것에 대해 100퍼센트 확신했습니다."

그해 가을, 아마존은 '마켓플레이스Marketplace'라는 새로운 기능을 발표했다. 이 프로젝트는 먼저 중고 책으로 시작했다. 다른 서적 판매자들은 아마존의 자체 도서 페이지 위에 있는 상자 속에 직접 자신의 제품을 광고하도록 초대받았다. 고객들은 제품을 아마존에서 직접 살 것인지, 제3자 판매인으로부터 살 것인지 결정해야 한다. 만약 후자를 고른다면 그것은 그 판매자가 더 낮은 가격을 매겼거나 아마존에 그 제품이 품절이었기 때문이다. 그 경우 아마존은 약간의 수수료를 받는다. "제프는 처음부터 매우 명확했습니다. 만약 누군가가 우리보다 더 싸게 판다면, 그들이 물건을 팔도록 놔두는 한편 도대체 어떻게 그렇게 할 수 있는지 알아내야 합니다." 닐 로즈먼의 말이다.

마켓플레이스는 2000년 11월에 도서 품목에서 개시했는데 즉각적인 항의에 부딪혔다. 미국출판연합과 작가협회 같은 두 업계 단체는 아마존이 중고 책을 팔면서 새 책의 판매를 저해하고, 따라서 작가들의 호주머니에서 인세를 도둑질한다고 항의하는 공문을 그들의 웹사이트에 올렸다.[7] "만약 중고 책 판매를 공격적으로 홍보해 아마존 독자들 사이에 인기가 높아지면, 새 책 판매를 심각하게 갉아먹을 것이고 작가와 출판업계에 직접적인 해악을 끼치게 된다"는 내용이 포함되어 있었다.

그러나 그 항의는 아마존 내부 직원들이 아마존 마켓플레이스에 대해 경악한 것에 비하면 아무것도 아니었다. 품목 관리자들은 예전에는 안전했던 자신의 온라인 상점에서 이제는 경쟁자에게 매출을 잃을 수 있다는 것을 자각했던 것이다. 더구나 소상인들과 거래하면서 좋지 않은 경험을 한 소비자가 부정적인 후기를 남길 수도 있었다. 그리고 회사의 구매 담당 직원들은 격분한 출판사들과 직면해야 하고, 자신들의 새 상품 옆에 왜 정식 허가도 받지 않은 소규모 상인들의 중고 상품이 팔리고 있는지 알고 싶어 하는 다른 생산자들을 상대해야 했다. 아마존이 다음 몇 년간 이 계획을 확대해 품목마다 제3자 판매인의 새 상품과 중고 상품을 올리자 이 설전은 서서히 사그라들었다. 사실상 마켓플레이스는 아마존 내에 있는 소매상들이 베조스가 그들을 위해 정해놓은 높은 목표를 달성하기 더 어렵게 만들었다.

크리스 페인은 마켓플레이스에 대한 자신의 첫 반응을 이렇게 설명한다. "본인이 수백억 달러 상당의 재고에 묶여 있는 사람이라고 상상해보십시오. 그런데 이 정신 나간 사람이 와서 당신의 페이지에 가격이 낮은 물건을 올려놓으면 다툼이 일어날 거라는 건 불 보듯 뻔한 일입니다."

이 새로운 전략은 다양한 부서 간에, 아마존과 공급업체 간에, 업계 단체와 회사 간에 수년 동안 긴장을 야기했다. 베조스는 그것이 고객들에게 더 많은 선택의 여지를 주고, 그러한 과정에서 아마존에 더 다양한 제품이 올라오기만 한다면, 다른 것에는 전혀 신경 쓰지 않았다. 그 단 하나의 천재적이고도 직관적이지 않은 전략으로 그는 자신의 동료를 비롯한 거의 모든 사람의 마음을 상하게 해버렸다. 마크 브리토는 "언제나처럼 이건 제프 대 온 세상의 싸움이었죠"라고 말한다.

2000년 12월 초 어느 토요일, 억셉트닷컴 인수로 아마존에 합류한 사업개발 중역 브리토와 더그 보크가 펀리에서 주문 제품을 선물 포장하고 있었을 때였다. 브리토의 휴대전화가 울렸다. 베조스였다. 그는 그날 밤 아칸소 벤튼빌에서 만나자고 했다. 월마트를 방문하려는 것이었다.

이제 그들은 최고의 경쟁자가 되었기 때문에, 믿기 힘들겠지만 아마존은 월마트에 자체 웹사이트를 열라고 권유했다. 월마트는 소매업계의 1인자였고, 전 세계 연간 100군데에 새 매장을 열었으며 시장 약세에도 불구하고 비교적 영향을 받지 않고 있었다. 월마트의 제3대 CEO인 리 스콧은 베조스를 자신의 집으로 초대했다. 브리토와 보크는 포장지를 기꺼이 내려놓고 르노 공항으로 향했다.

그날 저녁 아마존의 중역들은 벤튼빌에서 만났고 월마트 브랜드의 검소함을 맛보았다. 월마트는 그 지역 데이즈 인에 그들의 방을 잡아주었다. 그날 밤 베조스, 브리토, 보크는 근처 식당 칠리스에서 저녁식사를 하고 역사적인 시내 광장을 한 바퀴 산책했다.

다음 날 호텔 앞으로 검은 쉐보레 서버밴 석 대가 줄지어 약속 시각에 맞춰 도착했다. 차가운 표정의 운전사들은 선글라스에 이어폰을 착용하고 있었다. 아마존의 중역들은 중간에 있는 차로 안내를 받았고 이 삼엄한 경비에 놀랐다. 베조스는 몰랐겠지만, 그는 미래의 자신을 보고 있었던 것이다.

차들은 골프 코스에서 약간 떨어진 외부인 출입 제한 주택지 내의 어느 저택으로 갔다. 아마존 중역들은 차에서 나와 앞문으로 걸어가 노크를 했다. CEO의 아내 린다 스콧이 문을 열자 그들은 즉시 마음이 놓였다. 그녀는 베조스에게 열렬한 팬이라고 말했고 몇 주 전에 CNBC 채널의 〈스콕 박스Squawk Box〉에 출연한 것을 보았다고 했다.

아마존 중역들은 둥근 돌출창이 있는 다이닝룸에서 리 스콧과 최고재무책임자 톰 스코위를 만났다. 두 시간 동안 페이스트리를 곁들여 커피를 마시면서 CEO들은 솔직한 대화를 나누었다. 그들은 두 회사의 유사한 문화와 베조스가 샘 월튼의 전기에서 배운 원칙에 관해 이야기했다. 베조스는 아마존의 개별 맞춤화 시도와 협력적 여과장치의 기반이 되는 기술에 대해 전반적인 이야기를 꺼냈다. 그 기술은 특정 상품을 산 사람은 또 다른 특정 상품을 살 가능성이 높다는 것을 발견한 알고리즘이다.

스콧은 월마트 역시 비슷한 기술을 쓴다고 언급했다. 매장에 진열할 때 어린이 지구본 같은 특정 제품이 색칠공부책 같은 또 다른 제품의 판매를 늘릴 수 있는지를 측정하는 기술이었다. 두 회사 모두 이러한 조합을 시험하는 데 깊은 관심이 있었다.

스콧은 또 월마트는 광고와 가격 책정이란 같은 영역 속의 반대편 끝이라고 말했다. "우리는 마케팅에 0.4퍼센트만 지출합니다. 월마트의 재무제표를 보세요. 그 금액의 대부분은 우리 매장에서 무엇을 파는지 알기 위해 신문으로 갑니다. 나머지 마케팅 비용은 가격 인하를 위해 씁니다. 우리의 마케팅 전략은 가격 책정 전략입니다. 바로 '매일매일 낮은 가격everyday low' 전략이지요."

회의 전에 릭 달젤은 월마트 이사들이 얼마나 교활하고 약삭빠른지에 대해 경고했다. 그러나 베조스는 스콧의 말을 스펀지처럼 흡수했다. 그는 아마존을 언제나 소매업이 아닌 전자상거래 회사로 여겼다. 이제 베조스는 프로 스포츠 세계의 바탕이 되는 규칙을 배울 필요가 있었다. 그 순간까지 그는 그저 아마추어처럼 경기했던 것이다.

첫 한 시간이 지나고 나서 중역들은 사업 이야기를 시작했다. 스콧은 아마존이 어떤 계획을 갖고 있는지 알고 싶어 했다. 중역들은 토이저러스 거래에 대해 설명하고 초기 웹사이트 운영 및 다른 소매상을 위한 유통 채널이 되는 것에 대해 이야기했다. 스콧은 뚜렷한 약속은 하지 않은 채 가치 있는 이야깃거리였다고 말했다. 회의를 마무리하면서 그는 앞으로 몸을 기울이고 말했다. "그러면 우리가 고려해야 할 뭔가 더 깊이 있고 더 전략적인 것이 있나요?"

베조스는 월마트에 더 흥미로운 제안을 하기 위해 더 생각해보겠다고 말했다. 악수를 나눈 뒤, 아마존의 중역들은 앞에서 기다리고 있는 서버밴으로 돌아갔다. 공항으로 가면서 브리토와 보크는 리 스콧이 헤어질 때 했던 말은 은근한 인수 제안이라고밖에 해석할 수 없다고 의견을 모았다. "정말 그것이 그의 의도였을까?" 베조스가 물었다.

물론 베조스는 자신의 회사를 월마트에 파는 데 관심이 없었고, 스콧은 결국 월마트 온라인 영업의 주요 부분을 아마존에 하청주려던 생각을 접어야 했다. 두 회사 간 대화는 이후 더 이어지지 않았고 그 회의는 역사 속 에피소드로 남아 있다. 그때 일이 잘 풀렸다면 지금쯤 어떻게 되었을지 궁금하다. 그들은 각자의 길을 계속 걸어가다가 수년 후 치열한 경쟁의 길에서 만나게 된다.

*　　*　　*

2001년 2월 라비 수리아는 다시 고개를 들었다. 그는 아마존의 자금 비축에 의문을 제기하는 또 하나의 보고서를 발표했다. 부채에 대한 아마존의 연간 이자비용이 1억 3,000만 달러인데다 꾸준히 손실을 내고 있으므로 아마존은 연말까지 심각한 현금 부족 현상에 직면할 것이라고 예측했다.

이번에는 아마존도 가만히 보고 있지 않았다. 빌 커리 대변인은 인터뷰에서 수리아의 보고서에 대해 어리석다고 응수했다.[8] 워런 젠슨은 리먼의 부회장 하워드 클라크를 찾아갔고, 존 도어는 그곳의 CEO인 딕 펄드에게 전화를 해 수리아의 보고를 회사 차원에서 검토해달라고 간곡히 부탁했다.

여러 해가 지나, 어둡고 윤기 나는 나무로 인테리어가 된 맨해튼 시내 트럼프 바의 흐릿한 불빛 아래서 칵테일을 마시며 수리아는 그 당시 아마존이 견딜 수 없는 압력을 행사했다며 불만을 토로했다. "그들은 나를 해고하고 싶어 했어요. 리먼에 있는 모든 사람들은 그 몇 달 동안 나를 싫어했습니다. 나에게 전화하는 사람마다 소리를 지르곤 했죠."

수리아는 이제 헤지펀드 운용을 돕고 있으며, 아마존과 그 사이에 일어났던 일에 대해 씁쓸하게 생각하고 있다. "아마존은 초등학생을 괴롭히는 고등학생 같았습니다. 저는 스물아홉 살이었어요. 그 시절은 아마존의 성격을 정의해줬는데 제가 보기에 그들은 낙제점을 받았습니다. 아마존은 2년간의 내 인생을 망쳐놨어요." 수리아는 베조스가 정신적으로 정상이 아니라고 믿고 있으며, 그 일이 있었던 이후로 아마존에서 아무것도 산 적이 없다고 자랑스럽게 이야기했다.

그러나 투자가들이 수리아의 분석에 귀를 기울인 것은 분명하다. 헤지펀드인 듀케인 캐피털 매니지먼트로 옮겨가기 전 수리아는 자신의 마지막 리먼 브라더스 보고서인 2월 연구 보고서에서 아마존 주가가 불명예스럽게도 한 자리 숫자로 떨어질 것으로 예측했다. 물론 이것에도 큰 반향이 따랐다. 그달 베조스의 변호사는 금융관리위원회 제출 서류에 1,200만 달러 정도 되는 주식을 팔겠다는 의도를 내비쳤다. 그런데 수리아의 보고서를 발표하기 전 리먼이 아마존에 보고서를 미리 보여주었기 때문에, 주식 판매 시기가 증권거래위원회가 보기에는 베조스가 나쁜 뉴스로 주가가 하락할 것을 예상해 일부러 아마존의 주식을 싼값에 내놓는 것처럼 느껴졌다.

뒤를 돌아보면, 그것은 사실과 상당히 거리가 있음을 누구나 알 수 있다. 베조스는 아마존이 결국에는 성공할 거라고 확신했다. 그러나 닷컴 버블에 취해 있다고 비난을 받아온 증권거래위원회는 내부자거래가 있었는지 조사하겠다고 발표했다. 조사는 제대로 이루어지지 않았지만 《뉴욕 타임스》를 비롯한 여러 언론사는 경제면 첫 페이지에 대문짝만하게 그 뉴스를 다루었다.[9] 워런 젠슨은 이렇게 말한다. "신문에 내부자거래 혐의 내용 위에 실린 자신의 사진을 보는 일은 사람이면 누구나, 얼마나 담대하든 상관없이, 재미있는 일이 아닐 겁니다. 우리는 모두 자기 경험의 산물입니다. 이 일은 제프에게 큰 영향을 끼쳤습니다. 그 상처는 쉽게 낫지 않을 거예요."

이제 아마존은 또다시 악화 일로를 걷는 주가와 열띤 사업 확장으로 인한 이 실제적인 영향을 감당해야 했다. 그달에 아마존은 직원 스톡옵션 가격을 다시 매겼다. 이전 주식 3주당 새 주식 하나를 주었다. 이는 스톡옵션이 가치 없게 되어버린 직원들의 사기를 돋우는 정책이었다. 그리고 아마존은 전체 인력의 15퍼센트가량 되는 1,300명의 직원을 감축하겠다고 발표했다. 아마존은 인력을 줄이는 것이 아니라 늘리는 데 익숙했기 때문에 정리해고는 각별히 더 힘들었다. 몇 달 전에 고용된 사람들은 단번에 해고되어 그들의 직장생활과 사생활이 큰 타격을 입었다. DVD 그룹의 선임 머천다이징 매니저 미치 버먼은 애틀랜타의 코카콜라에서 일하다가 이 직장 때문에 시애틀로 이사했다. 그는 아마존에서 겨우 4개월간 근무했고 왜 해고되는지 이해할 수가 없었다. "말 그대로 나는 삶을 몽땅 뿌리째 뽑아서 미국을 가로질러 여기에 왔어요. 물론 나는 완전히 에너지를 소진했어요. 그런데 이제 다시 소매를 걷어붙이고 새로 시작해야 했습니다." 그는 현재 스페인 바르셀로나에 살면서 인생 상담 코치로 일하고 있다.

애플 출신의 새로운 중역 디에고 피아센티니는 곧장 난장판으로 들어왔음을 알아챘다. 베조스는 2000년 초 세련된 이탈리아인 피아센티니를 수석 부사장 자리에 앉혀 아마존의 해외 영업을 맡겼다. 피아센티니의 옛 상사 스티브 잡스는 그가 아마존으로 옮긴 것에 대해 특유의 거침없는 태도로 놀라움을 표시했다. 쿠페르노에 있는 애플 구내식당에서 점심을 먹으면서 잡스는 애플이 컴퓨터를 재창조 중일 때 왜 따분한 소매업체로 가고 싶은 마음이 들었느냐고 피아센티니에게 물었다. 그런 후 피아센티니가 대답할 겨를도 없이, 이러한 직업적 선택으로 인해 피아센티니가 얼마나 멍청한지 알게 되었으니 그가 애플을 떠나는 것이 다행스럽다고 했다.

처음에는 피아센티니 자신도 왜 이곳으로 오겠다고 결정했는지 의아했다. 베조스와 조 갤리 간 갈등이 한창일 때 그는 아마존에 합류했다. 처음 몇 주가 지나고 피아센티니는 밀라노에 있는 아내에게 전화를 걸어 시애틀로 갈 이삿짐을 아직 싸지 말라고 했다. 그러나 갤리가 떠난 뒤 아마존에서 근무하는 것이 좀 더 편안해졌다. 1년 뒤 인원 감축 기간 동안 그는 헤이그에 있는 아마존의 새 다중언어 콜센터를 폐쇄하는 일을 맡았다. 콜센터의 장소 선정은 적절하지 않았다. 헤이그는 금융과 외교의 허브로 콜센터는 한때 은행이었던 대리석 바닥 건물에 어울리지 않게 위치해 있었다. 원래부터 그렇게 비싼 곳에 콜센터를 열어서는 안 되지만, "빨리 움직이고자 여러 레벨의 사람들이 분산된 결정을 내리니 제대로 처리하기가 힘들었다"고 피아센티니가 설명한다.

피아센티니가 콜센터를 폐쇄하기 위해 헤이그에 도착했을 때는 콜센터를 연 지 겨우 몇 달밖에 되지 않은 상태였다. 시애틀에서 함께 간 동료 몇 명과 함께 그는 250명 정도 되는 직원들을 거대한 대리석 로비에 모아놓고 나쁜 소식을 전하는 짧은 영어 연설을 했다. 그곳에 있었던 한 아마존 직원에 따르면 사람들은 울부짖고 소리 지르기 시작했다고 한다. 어떤 여자는 흐느껴 울면서 바닥에 누워 굴렀다.

그 당시 아마존의 시애틀 사무실은 마치 벽이 점점 좁혀오는 것 같았다. 그리고 정말 문자 그대로 벽이 실제로 좁혀온 적도 있었다. 2월 28일 수요일 아침 닐 로즈먼, 릭 달젤, 그리고 톰 킬랄리아라는 중역은 베조스의 개인 회의실에 모여 베조스에게 아마존의 중고 도서 마켓플레이스인 익스체인지닷컴에서 발생한 심각한 보안 문제에 관해 알렸다. 대화를 시작한 지 몇 분이 지났을 때 회의실이 흔들리기 시작했다.

처음에는 천천히 시작했다가 바닥의 흔들림이 벽으로 전해지면서 곧 강도가 세졌다. 네 사람은 어리둥절하게 서로 쳐다보다가 회의실 한복판에 놓인 문짝 책상 밑으로 뛰어들었다. 74킬로미터 남서쪽에서 지구가 갑자기 움직였다. 리히터 진도 6.9의 니스퀄리 지진이 발생했다.

건물 밖에는 68년 된 퍼시픽 메디컬 빌딩에서 벽돌과 회반죽 덩어리가 흔들리며 빠져나와 비처럼 땅 위에 쏟아졌다. 건물 안에서는 자동 살수 장치가 돌아갔고 직원들은 다행히도 두꺼운 문짝 책상 아래로 기어들어갔다. 베조스의 작은 회의실은 스타트렉 액션 인형이나 물총 같은 싸구려 장난감이 수북했는데 시끄러운 소리를 내며 바닥에 쏟아졌다. 또 그 방에는 밀도 높은 금속 텅스텐으로 만든 10킬로그램짜리 공이 있었다. 그것은 스튜어트 브랜드와 롱 나우 시계 주최자들이 준 기념품이었다. 지진이 반 정도 진행되었을 때, 방에 있던 중역들은 쇳덩어리 공이 받침대에서 굴러떨어지는 불길한 소리를 들었다. "나는 거기서 직급이 제일 낮은 사람이라서 다리가 반쯤 노출된 상태였거든요." 닐 로즈먼은 농담 반 진담 반으로 말했다. 다행히 사상자 없이 그 공은 바닥에 떨어졌다.

지진이 계속되자 킬랄리아는 머리를 내밀고 노트북을 당겨와 아마존 웹사이트가 여전히 작동하는지 확인했다(그는 나중에 그 객기로 '저스트 두 잇' 상을 받아 낡고 오래된 운동화를 갖게 된다).

45초 뒤 우르릉거리는 소리가 가라앉았고 직원들은 건물에서 빠져나와 대피했다. 베조스는 자신의 진기한 수집품에서 물건 하나를 꺼내오는 위엄 있는 쇼를 했다. 그 물건은 38리터짜리 카우보이 모자같이 생긴 헬멧이었는데 베조스는 그것을 뒤집어쓰고 주차장에 있는 어떤 차의 지붕으로 올라가, 직원들을 둘씩 짝지어 건물에 다시 들어가 그들의 귀중품을 가져오도록 했다. 나중에 건물주는 보수를 위해 10층과 12층을 폐쇄했고, 벽돌이 떨어져 나온 건물의 앞면에는 여러 달 동안 나일론 방수포를 씌워놓았다.

3월에 《뉴스위크》에 기사를 또 하나 쓰기 위해 아마존을 방문했을 때, 주식은 10달러 근처를 맴돌고 있었고 도시 안전 감독관이 중앙 로비를 봉쇄해놓은 상태였다. 그 광경은 상당히 우울하게 느껴졌으며 아마존의 빠른 몰락에 대한 피할 수 없는 메타포 같았다. 방문자들은 떨어지는 벽돌을 경고하는 커다란 팻말을 지나, 건물 뒷문을 통해 지하로 안

내되었다.

2001년 초, 아마존의 입지와 미래 전망은 여전히 의심스러웠다. 문제는 줄어드는 시가 총액이나 지나친 채용 및 사업 확장뿐만이 아니었다. 수년간 두 자리 숫자를 거듭하던 최초 사업 품목인 도서 부문(그 당시 책은 여전히 아마존의 사업 중 절반 이상을 차지하고 있었다)의 성장이 둔화되고 있었다. 회사 내부에서 중역들은 이렇게 성장이 둔화된다는 것은 온라인 쇼핑 자체의 전체적 하락을 의미하는 것이라며 두려워했다. 마켓플레이스를 담당했던 부사장 에릭 린지월드는 다음과 같이 말한다. "우리는 겁나 죽을 지경이었어요. 서적 쪽이 둔화되는 상황에 모두들 월마트닷컴 Walmart.com이 밑지고 책을 팔기 시작해 우리의 성장을 방해할 것이라고 생각했죠."

아마존은 그래서 역사에서 찾아보기 드문 결단을 내렸다. 회사가 세워놓은 수익성 데드라인 마진을 늘리기 위해 애를 쓰던 워런 젠슨은 구품목들의 가격을 조용히 올리자고 베조스를 설득했다. 아마존은 베스트셀러에 대한 할인을 줄였고 국내 웹사이트에서 책을 사는 외국 고객들에게 배송료를 더 받기 시작했다. 베조스는 이러한 인상정책을 승인했지만, 또 다른 중요 회의에 참석하고 나서 재빨리 마음을 바꾸었다.

그해 봄 어느 토요일 오전, 아마존의 최초 회의를 열었던 벨뷰 반스앤드노블 내의 스타벅스에서 베조스는 코스트코 설립자인 짐 시네걸을 만났다. 피츠버그 태생인 그는 수수하고 격식이 없는 사람이었다. 배우 윌포드 브림리를 연상케 하는 시네걸의 숱 많은 흰 콧수염과 정감 있는 표정 때문에 강철 같은 결단력을 지닌 사업가로는 보이지 않았다. 은퇴할 나이가 지났지만, 그는 쉴 생각을 하지 않았다. 두 사람은 공통점이 많았다. 베조스와 마찬가지로 시네걸은 옷, 가전제품, 가공식품에서 코스트코의 가격을 올리고 싶어 하는 월스트리트 애널리스트와 수년간 싸워왔다. 또한 베조스처럼 시네걸은 수년간 많은 인수 제안을 거절했다. 그중에는 샘 월튼으로부터 들어온 인수 제안도 있었다. 그리고 그는 출구 전략이 없다고 말하길 좋아했다. 그 역시 회사를 장기적인 안목으로 키워왔던 것이다.

베조스는 여전히 아마존에 물건을 팔지 않으려는 생산업체의 제품에 대해 코스트코를 도매 공급업체로 이용하고자 시네걸의 조언을 구하는 회의를 마련했다. 그 아이디어는 실현되지 않았지만 한 시간 동안 베조스는 열심히 듣고 다시 한 번 경험 많은 노련한 소매 베테랑으로부터 중요한 교훈을 얻었다.

시네걸은 코스트코의 모델을 베조스에게 설명했다. 고객 충성도가 핵심이라는 것이다. 코스트코 창고에는 평균 4,000여 가지의 제품이 있다. 여기에는 계절 및 유행에 따라 한정된 수량만 들여오는 보물찾기 제품도 포함한다. 이 제품은 건물 전체 곳곳에 흩어져 있다. 개별 품목 내에 있는 제품의 종류는 한정되어 있지만 각 종류의 수량은 엄청나다. 더구나 모두 대단히 싸다. 코스트코는 물건을 대량으로 사서 모든 제품에 14퍼센트의 마진을 붙인다. 마진을 더 붙일 수 있는 경우에도 마찬가지다. 또한 광고를 전혀 하지 않고 대부분의 총수익은 연회비에서 얻는다.

"연회비를 내는 것은 한 번 겪는 고통이지만, 고객이 매장으로 걸어들어가 47인치 TV가 다른 곳보다 200달러 더 싼 것을 볼 때마다 그 가치는 재인식됩니다. 개념적 가치가 재강화되는 것이지요. 고객들은 코스트코에서 정말 물건을 싸게 살 수 있다는 것을 압니다."[10]

코스트코의 낮은 가격은 거대한 매출을 유발했다. 그러면 그 큰 물량을 이용해 가장 좋은 가격을 공급자에게 요구했고 제품당 총수익을 늘렸다. 공급업체들은 압력받는 것에 대해 기분이 좋지 않았지만 결국은 마음을 돌렸다. "우리랑 거래하기 싫은 업체들을 모아놓으면 세이프코 필드(Safeco Field, 미국 시애틀에 있는 야구 경기장 - 옮긴이)가 꽉 찰 겁니다. 하지만 시간이 지나면서 우리가 물량도 많을 뿐더러 결제도 잘하고 약속도 잘 지키는 고객이라는 것을 보여주었지요. 그러자 그들은 '왜 내가 이 회사와 거래를 하지 않는 거지? 내가 생각해도 멍청하군. 이들은 훌륭한 유통업체야'라고 생각하게 되었죠."

시네걸은 계속해서 말했다. "저는 늘 좋은 제품을 싼 가격에 공급하는 것이 핵심이라는 생각으로 접근해왔습니다. 사람들이 창고같이 생긴 우리 매장으로 쇼핑하러 오는 이유는 우리가 가격 대비 높은 가치를 제공하기 때문입니다. 우리는 좋은 제품을 꾸준히 싼 가격에 공급합니다. 다른 이유는 없어요."

10년 뒤 마침내 은퇴할 준비를 하던 시네걸은 우리가 나눈 그 대화를 잘 기억한다. "제프가 그것을 보고서 자신의 사업에도 적용할 수 있겠다고 생각한 것 같습니다." 시네걸은 사나운 경쟁자가 되어버린 사업가에게 가르침을 준 것에 대해 후회는 없다. "나는 늘 좋은 아이디어는 나누어야 한다고 생각합니다."

2008년 시네걸은 아마존의 전자책 킨들을 샀는데 알고 보니 불량품이었다. 아마존 고객서비스에서 그의 기계를 무료로 바꿔주자 베조스에게 칭찬하는 이메일을 보냈다. 베조스는 이렇게 답장을 보냈다. "저를 귀하의 전담 킨들 고객서비스 직원으로 생각해주시기 바랍니다."

아마 아마존 설립자는 자신이 시네걸에게 감사의 빚을 지고 있다는 사실을 깨달았는지도 모른다. 그는 2001년 커피를 마시면서 배웠던 교훈을 맹렬히 적용했으니 말이다.

시네걸과 만난 그다음 월요일, 베조스는 변화를 일으키기로 했다며 회의를 시작했다. 그곳에 있던 몇몇 중역의 말에 따르면, 그는 회사의 가격 책정 전략이 일관성이 없다고 말했다. 아마존은 낮은 가격을 외쳤지만 어떤 경우에는 경쟁자들보다 가격이 더 높았다. 월마트나 코스트코처럼 아마존도 '매일 최저가'를 제공해야 한다고 베조스는 말했다. 다른 대형 소매업체의 가격을 주시하면서 그들의 최저가와 언제나 가격을 맞춰야 한다는 것이다. 아마존이 가격 경쟁력만 유지할 수 있다면, 무한정한 선택의 폭과 차를 타고 매장에 가서 줄을 서는 번거로움이 없는 편리함으로 쉽게 승부할 수 있었다.

7월, 시네걸과의 만남에 따른 직접적인 결과로 아마존은 책, 음악, 영화에서 20~30퍼센트 가격을 인하했다. "세상에는 두 종류의 소매상이 있습니다. 하나는 가격을 더 높게 매기는 방법을 연구하는 사람들이 있고, 또 하나는 가격을 더 낮게 매기는 방법을 연구하는 회사가 있습니다. 우리는 주저 없이 두 번째를 선택합니다." 그달 애널리스트들과 분기별 전화회의를 하면서 그가 했던 말이다. 이 말은 새로운 제프이즘이 되어 여러 해 동안 끝없이 되풀이된다.

베조스는 아마존이 스스로 뚫어놓은 커다란 구멍에서 빠져나가기 위해 더 이상 금융 책략을 쓰는 일이 없도록 마음을 먹은 것처럼 보였는데, 이는 단지 시네걸의 사업계획을 본떠서 그런 것만은 아니었다. 그해 이틀에 걸친 경영 및 이사진들의 연수에서 아마존은 비스니스계의 철학자 짐 콜린스를 초대해 곧 출간할 그의 책『좋은 기업을 넘어 위대한 기업으로』에 나오는 연구 결과에 대해 설명했다. 콜린스는 아마존을 연구한 뒤 그 연수에서 열띤 토론을 이끌어냈다. "여러분이 훌륭히 해낼 수 있는 일이 무엇인지 알아내야 합니다." 콜린스는 이렇게 말했다.

콜린스의 '플라이휠flywheel' 개념이나 '자동 강화 고리self-reinforcing loop' 등에 착안해 베조스와 그의 직원들은 아마존의 사업에 동력이 될 그들만의 선순환을 그렸다. 그것은 다음과 같다. 낮은 가격이 더 많은 고객을 불러들인다. 더 많은 고객은 매출을 늘리고 수수료를 내는 제3자 판매인을 더 많이 불러들인다. 이는 자연히 아마존이 주문 이행 센터나 웹사이트 서버 같은 고정비용에서 더 많은 것을 얻어낼 수 있게 만든다. 그러면 효율성은 높아지고, 그 덕분에 가격이 더 낮아진다. 이 플라이휠의 어느 부분이라도 강화하면 그것이 전체 고리를 가속화한다고 생각했다. 아마존의 중역들은 너무나도 기뻤다. 그 당시 S팀에 있었던 사람들의 말에 따르면 그들은 5년이 지나서야 마침내 자신들의 사업에 대해 이해했다고 느꼈다. 그러나 워런 젠슨이 애널리스트들 앞에서 발표할 때 플라이휠에 대한 것을 포함해야 할지 묻자 베조스는 그렇게 하지 않도록 부탁했다. 일단 지금으로서는 그것을 비밀에 부쳐두고 싶어 했다.

2001년 9월 베조스, 브리토, 해리슨 밀러, 그리고 두 명의 아마존 홍보담당관은 미니애폴리스로 날아가 타깃 사와 오랫동안 계획하던 거래를 발표했다. 발표가 있던 날, 그들은 오전 8시 바로 직전에 시내에 있는 타깃의 본사에 도착했다. 그들은 그 도시에서 가장 높은 건물 중 하나인 타깃 플라자 사우스의 32층에 있는 TV 스튜디오로 가기 위해 엘리베이터를 탔다. 엘리베이터를 타고 올라가던 중, 아마존의 최고홍보담당관 빌 커리가 시애틀에 있는 직원으로부터 전화를 받았다. 비행기가 세계무역센터를 들이받았다는 것이었다. 위층에 도착하자 그들은 타깃 직원들에게 TV를 켜달라고 부탁했다.

아마존과 타깃의 중역들은 두 번째 비행기가 세계무역센터 건물을 들이받는 광경을 경악하며 지켜보았다. 무슨 일이 일어나고 있는지 아는 사람은 아무도 없었다. 보잉의 전 홍보담당관이었던 커리는 비행기가 767같이 보인다고 했다. 그들의 파트너십을 위성 TV 인터뷰로 방송하려던 계획은 무산되고 말았다. 비극의 아침은 그들과 세상 모든 사람의 눈앞에 펼쳐졌다. 타깃은 사람들을 밖으로 대피시켰다가 다시 건물을 재개방했다. 아마존과 타깃의 중역들은 그날 하루 내내 함께 서서 TV를 보며 보냈다.

오후가 되자 당시 한창 사진 찍기에 빠져 있던 베조스는 타깃 사무실을 돌아다니면서 끔찍하고 역사적인 그날을 기록하기 위해 자동카메라의 셔터를 눌러댔다. 아마존과의 파트너십을 담당한 타깃의 데일 니치키에게 누군가 불평을 했고 그는 조용히 베조스에게 그만둘 것을 부탁했다.

상업용 비행기는 그 후 72시간 동안 운항이 중지되었기 때문에 아마존 사람들은 다시 시애틀로 날아갈 수 없었다. 9월 12일 아침, 그들은 마셜 필즈 백화점에서 여분의 옷과 자동차 휴대전화 충전기를 사서, 비싼 1일 요금을 내고 흰색 마즈다 미니밴 렌터카를 빌린 뒤, I – 90 고속도로를 타고 시애틀로 향했다.[ii] 브리토가 운전을 했고 밀러가 조수석에 앉았다. 그들은 모두 푹푹 찌는 자동차 속에서 9 · 11의 충격에서 벗어나지 못한 채 음악을 들으며 생각에 잠겼다. "시골길을 운전하면서 앞으로 다가올 일에 대해 생각하니 초현실적인 느낌이 들면서도 마음이 정화되었습니다"라고 밀러는 말한다.

브리토가 운전하는 동안, 베조스는 휴대전화를 사용해 아마존 홈페이지에 기부 운동을 준비했는데 2주 동안 적십자에 보낼 700만 달러가 모금되었다. 그들은 배드랜즈에서 잠시 다리를 펴고 휴식을 취했고 러시모어 산의 호텔에서 하룻밤을 묵었다. 베조스는 어린 시절 가족과 함께 이곳을 방문했던 기억이 났다. 러시모어 기념공원에는 조기가 달려 있었고 관광객들은 엄숙했다. 그들 중 몇 사람이 베조스를 알아보았는데 아마존닷컴의 설립자로서가 아니라 스페셜 올림픽(4년마다 개최되는 발달 장애인들이 참가하는 국제경기대회 – 옮긴이) 모금을 위해 타코 벨 광고에 나온

CEO로 기억했다. 그러고 나서 중역들은 군청색 러시모어 산 바람막이 재킷을 똑같이 사 입고 공원 매점에서 식사를 했다.

그들은 계속 서쪽으로 차를 몰았다. 그날 오후 잠시 개인용 비행기 운항이 허락되어 가설 이륙장에서 대기하고 있는 베조스의 비행기를 탔다. 상황의 무게 때문인지, 베조스는 이 비행기는 회사 돈이 아니라는 예의 발표를 하지 않았다. 그들은 시애틀로 날아갔고 그들의 엄숙한 국토 횡단 대장정은 막을 내렸다.

베조스가 어떤 이들에게는 타코 벨 광고로 유명해졌는지 몰라도, 사실 닷컴 시대의 가장 유명한 TV 광고는 아마존 광고였다. FCB 광고사의 샌프란시스코 사무소에서 만든 '스웨터 입은 신사들 시리즈'에서 마음씨 좋은 이웃집 아저씨같이 생긴 남자들로 구성된 합창단이 아마존의 끝없는 선택의 폭을 찬양하는 노래를 불렀다. 복고풍의 위트는 아마존 CEO의 유머감각을 잘 나타냈다. 그러나 시장 상황이 악화된 지 1년, 베조스는 어떻게 하면 아예 광고를 하지 않을 수 있을지 필사적으로 궁리하고 있었다.

평상시처럼 베조스는 마케팅 중역들과 설전을 벌였다. 그들은 아마존이 새로운 고객에게 접근하려면 전파를 타야 한다고 주장했다. 그러나 아마존의 손실액이 쌓이면서 베조스의 반대도 더 강경해졌다. 그는 마케팅 부서에 미니애폴리스와 포틀랜드 멀티미디어 시장에만 TV 광고를 하고 그 지역의 매출이 상승했는지 알아보는 테스트를 준비하라고 일렀다. 결과적으로 매출 상승이 있기는 했으나, 베조스는 그것이 광고비를 정당화할 만큼은 아니라고 결론지었다.[12] "그 실험 이후로 TV 광고가 그다지 큰 영향력이 없다는 것이 명백해졌습니다." 펩시에서 온 재무팀 부사장 마크 스태빙거스의 말이다.

그 결과 아마존의 TV 광고가 모두 취소되었을 뿐만 아니라 마케팅 부서의 극적인 숙청이 벌어졌다. 마스터카드에서 온 최고마케팅책임자 CMO 앨런 브라운은 그 직책을 맡은 지 1년 만에 회사를 떠났다. 아마존의 중앙집중식 마케팅팀은 문을 닫았고, 업무는 앤디 재시의 이메일 마케팅 부서와 제프 홀든의 국제 디스커버리 그룹이 나누어 맡았다. 아마존은 7년 후 킨들을 출시할 때까지 TV 광고를 하지 않았다. "아마존에는 마케팅을 총괄하는 사람이 단 한 명입니다. 바로 제프예요." 아마존의 데이터마이닝 부서장이자 광고 테스트를 도왔던 영국인 다이앤 라이는 이렇게 말한다.

베조스는 입소문이 고객을 아마존으로 이끌 것이라고 느꼈다. 그는 마케팅에 쓸 돈을 고객서비스를 향상시키는 데 들이부어서 플라이휠을 가속화하고 싶었다. 마침 그 당시 아마존은 이러한 그의 의도에 잘 맞는 실험을 진행하고 있었다. 그것은 바로 '무료 배송'이었다.

2000년과 2001년 크리스마스 시즌 동안 아마존은 100달러 이상 구매하는 고객에게 무료 배송을 제공했다. 그 행사는 비용이 많이 들었으나 확실히 매출을 신장시켰다. 고객 설문 조사에 따르면 온라인 주문을 하는 데 가장 방해가 되는 걸림돌은 배송료였다. 아마존은 책, 부엌용품, 소프트웨어를 한꺼번에 구매하는 등 고객이 다양한 품목에 걸쳐 쇼핑을 하도록 유도하는 방법을 찾지 못했다. 그런데 그 100달러 조건이 고객들이 장바구니를 여러 가지 물건으로 채우는 동기가 되었다.

2002년 초 어느 월요일 늦은 밤에 베조스는 연말연시 무료 배송 서비스를 어떻게 영구적으로 제공할 수 있을지 의논하기 위해 워런 젠슨의 회의실에서 회의를 소집했다. 이는 마케팅 예산을 재사용하는 방법이었다. 젠슨은 극구 반대했다. 최고재무책임자는 어차피 대량 주문을 낼 고객에게까지 무료 배송을 제공하게 되므로 그것은 비싸고 비효율적이라고 생각했다.

그러자 젠슨의 부하직원인 재무 부사장 그레그 그릴리가 항공사들이 자사 고객을 비즈니스와 관광객 두 그룹으로 나누어 토요일 저녁까지 목적지에 있을 사람에게는 더 싼 항공권을 제공한다는 사실을 언급했다. 아마존도 그와 비슷한 방법을 쓰자고 제안했다. 무료 배송을 영구적으로 제공하되 주문을 받기 위해 며칠 더 기다릴 용의가 있는 고객에게만 무료로 배송하자는 것이었다. 그렇다면 항공사들처럼 아마존 역시 고객을 시간이 촉박한 이들과 그렇지 않은 이들로 이분화하게 되는 것이었다. 이러한 방법으로 회사는 무료 배송비를 줄일 수 있게 된다. 주문 이행 센터의 일꾼들이 무료 배송 주문을 포장해서 트럭에 여유가 있을 때 그 주문 상품들을 실어서 택배회사나 우체국으로 보내면 되기 때문이다. 베조스는 그 의견이 너무나 마음에 들었다. "자네의 말대로 바로 그렇게 할 걸세!"

아마존은 2002년 1월 99달러 이상의 주문에 '초알뜰 무료 배송Free Super Saver Shipping'을 개시했다. 몇 달 지나지 않아 최소 주문량을 49달러로 낮췄고 다시 25달러로 낮췄다. 초알뜰 배송은 회원제 클럽 아마존 프라임Amazon Prime 등 앞으로 몇 년 뒤에 생겨날 다양한 서비스의 무대를 열어준 셈이었다.

이 결과에 대해 모두가 기뻐한 것은 아니었다. 그 회의가 끝나고 나서 워런 젠슨은 그릴리를 따로 불러 꾸짖었다. 그 순간에 그는 무료 배송은 그저 대차대조표상의 부담거리로밖에 보이지 않았던 것이다.

다음 해 동안 아마존 중역들은 떼를 지어 사직서를 냈다. 그들의 주식이 이미 모두 귀속vesting된 상태(회사에서 직원에게 사주를 줄 때 모든 소유권을 한번에 넘기지 않고 일정 기간에 걸쳐 단계적으로 넘기는 것. 주식 귀속 기간이 끝나기 전 회사를 그만두게 되면 주식의 일부만 소유하게 된다 – 옮긴이)이거나, 더 이상 아마존의 사업 목표에 대한 믿음을 갖고 있지 않거나, 비교적 낮은 연봉과 하락한 주가 때문에 제대로 돈 벌 일이 까마득해 보였기 때문이다. 또한 그저 지치고 변화가 필요했던 사람들도 있었다. 어떤 사람들은 남의 말을 잘 듣지 않는 베조스가 이제 와서 갑자기 듣기 시작할 리도 만무하다고 느꼈다. 거의 모두가 아마존의 전성시대는 끝났다고 생각했다. 회사는 2002년과 2003년 사이에 엄청난 수준의 자연 감원이 일어났다. "그 당시 직원 수가 상당히 많이 줄어들었어요. 하지만 제프는 다시 아마존을 800억 달러짜리 회사로 만들 수 있다고 생각했습니다. 그는 결코 믿음을 버리지 않았어요. 눈 한 번 깜짝하지 않았습니다." 실리콘 밸리 신규 회사인 오픈테이블로 떠난 더그 보크의 말이다.

그들은 모두 나름대로의 이유가 있었다. 데이비드 리셔는 워싱턴 대학 경영대학원에서 교편을 잡기 위해 떠났다. 조엘 스피걸은 청소년이 된 자신의 아이들 셋이 독립하기 전에 그들과 시간을 더 보내고 싶었다. 마크 브리토는 샌프란시스코로 돌아가고 싶었다. 해리슨 밀러는 지치고 변화가 필요했다. 크리스 페인은 마이크로소프트로 가서 검색 엔진 빙을 론칭했고 그 후 이베이로 옮겨가 최고 중역이 되었다.

아마존을 떠난 사람들은 마치 무슨 이단교에서 도망쳐 나온 것처럼 큰 한숨을 쉬며 어지럼증을 느꼈다. 공공연하게 떠들지는 않았지만 베조스와 함께 더 이상 일을 하고 싶어 하지 않은 사람이 많았다. 그는 불가능할 정도로 요구가 많고 칭찬에 인색했다. 동시에 많은 사람들이 베조스에게 엄청난 충성심을 느꼈고 나중에 자신이 아마존에서 얼마나 많은 것을 이루었는지를 보고 놀랐다. 킴 라크멜러는 그 당시 동료한테서 들은 말을 전했다. "당신이 무능하면 제프는 당신을 잘근잘근 씹어서 뱉을 거예요. 하지만 당신이 유능하다면 그는 당신의 등에 올라타서 쓰러질 때까지 마구 부려먹을 거예요."

베조스는 직원들의 대탈출로 인해 절망한 적이 없었다. 그의 동료 중한 명에 따르면 제프는 개인적으로 지나친 애착을 느끼지 않고도 직원들에게 동기부여를 하고 목표를 향해 몰고 갈 수 있는 능력을 지녔다고한다. 그러나 그는 기존 중역들과 은밀히 만나기 위해 늘 시간을 비워두었다. 해리슨 밀러는 베조스와 함께 마지막 점심을 먹으면서 아마존에서 그가 이룩한 업적 중 가장 자랑스러운 것은 2002년 아마존의 현금흐름에서 3분의 1을 차지한 대형 소매업체 플랫폼 서비스 사업이라고말했다. 베조스는 다음과 같이 응수했다. "맞네. 하지만 자네가 우리의첫 장난감 가게를 열었다는 것을 잊지 말게. 훌륭한 일이었지." 이는 그가 수익성이 좋은 단기 파트너십보다 진정한 에브리싱 스토어를 만드는장기적 목표에 더 초점을 맞추고 있었다는 것을 보여준다.

　자신의 송별회에서 브라이언 버트위슬은 아마존에 근무하면서 가장 기뻤던 순간을 칵테일 냅킨에 적어 내려갔다. 베조스와 버트위슬은 그 냅킨과 사진을 찍고 하버드 경영대학원에서 보스턴 공항으로 차를 함께 타고 가던 때를 회상했다. "우리의 인연은 자동차 여행으로 시작됐지. 그동안 참 멋진 여행을 함께해줘서 고맙네"라고 베조스는 말했다.

　베조스가 늘 감상적인 것은 아니었다. 아마존의 최고재무책임자 크리스토퍼 자이다는 이베이로 옮겨갔고, 직원을 가로챘다며 월마트가 소송을 걸었던 것처럼 아마존은 자이다를 연방 법원에 고소했다. 그가 고용계약서에 있는 경쟁 금지 조항을 위반했다는 것이다. 그 소송은 월마트가 아마존에 건 소송처럼 별문제 없이 해결되었다. 그러나 이 소송으로짐작건대, 그는 시가 총액이 아마존보다 훨씬 큰 잘나가는 이베이를 신경 썼던 것이 틀림없다.

　두 회사 간 치열해지는 경쟁은 적어도 한 사람을 어색한 위치에 올려놓았다. 인투이트의 설립자 스콧 쿡은 여전히 두 회사의 공동 이사였기 때문이다. 이제 그는 둘 중 한 회사와 관계를 끊어야 한다는 것이 명확해졌다. 그는 아마존을 떠나 이베이에 남았다. "제프는 화가 났지만 나에게 화가 난 건 아니었어요. 그는 제가 처음에 이베이 이사회에 합류하겠다고 했을 때 나를 막지 않았던 것에 스스로 화가 났죠. 그는 지는 것을 좋아하지 않거든요." 쿡의 말이다.

워런 젠슨도 떠났다. 아마존의 최고재무책임자는 아직도 애틀랜타에 사는 아내와 아이들에게 돌아가고 싶었다고 설명한다. 아마존이 마침내 심각한 재정 문제에서 벗어났기 때문에 시기도 적절했다는 것이다. 그러나 이것이 전부는 아니었다.

젠슨과 베조스는 갈등이 잦았다. 젠슨은 회사의 수익성을 올려 화난 투자가들을 달래려 애썼다. 그는 중요한 시기에 유럽 사채 발행으로 자금을 조달했고 회사가 다시 떠오를 발판이 점점 작아질 때 베조스에게 힘든 결정을 내리도록 만들었다. 또한 그는 가격을 올렸고 무료 배송에 반대했다. "제가 완벽했다고 주장하는 것이 아닙니다. 그러나 나는 언제나 회사를 위해 노력했습니다."

아마존에서의 젠슨의 발자취는 10년이 지난 뒤에도 논란의 대상이다. 어떤 이들은 그가 지나치게 정치적이었다고 한다. 또 다른 이들은 그가 무모한 급성장의 길에서 회사를 돌렸고 아마존과 기술업계에 커다란 공헌을 하게 되는 능력 있는 재무팀을 꾸려냈다고 한다. 젠슨의 업적에 대한 증거는 무시하기 힘들다. 아마존에서 젠슨의 부하직원으로 일했던 재무이사 데이브 스티븐슨은 이렇게 평한다. "워런은 그 시기에 딱 들어맞는 최고재무책임자였습니다. 그는 어려운 결정을 내리도록 만들었고 어려운 토론을 이끌어냈죠. 그는 늘 다른 사람들보다 제프에게 좀 더 직접적으로 맞섰습니다."

젠슨의 후임으로 베조스는 GE에서 또 다른 최고재무책임자 톰 스쿠택을 스카우트했다. 그는 인터넷 역사의 갈림길에서 그들이 미칠 수 있는 영향에 대한 열정적인 두 페이지짜리 편지로 일을 성사시켰다. 스쿠택 역시 그 시기 아마존에 딱 들어맞는 최고재무책임자였다. 그는 앞으로 다가올 새롭고 다양한 사업을 향한 베조스의 야심 찬 시도에 맞서기보다는 그것을 지지했다.

이 시절에 가장 불미스럽게 직원들을 떠나보내게 된 사건은 아마존의 편집팀과 개별 맞춤화팀, 두 부서 간 싸움에서 비롯되었다. 아마존 초창기로 거슬러 올라가는 편집팀은 작가와 편집자들로 구성되어 있는데 아마존 홈페이지와 개별 제품 페이지에 좀 더 인간적인 글귀를 넣는 일을 했다. 베조스가 원래 이 팀을 만든 의도는 작은 독립 서점의 문학적 분위기를 고양하고 고객들이 찾기 힘든 책을 추천해주기 위해서였다.

그러나 세월이 흐르면서 개별 맞춤화팀이 편집팀의 영역을 침범하기 시작했다. P13N(개별 맞춤화를 뜻하는 personalization의 P와 N 사이에는 열세 개의 알파벳이 있다)이라고 불리기도 하는 개별 맞춤화팀은 분석론과 알고리즘을 이용해 개별 고객의 과거 구매를 바탕으로 추천 목록을 생성했다. 수년 동안 P13N은 점점 향상되었다. 2001년 아마존은 단순히 과거 구매뿐만 아니라 고객이 검색했던 제품을 바탕으로 추천 목록을 만들기 시작했다.

이 두 접근법 간의 차이는 확연했다. 편집팀은 제품마다 멋진 글쓰기를 이용하고 권장 제품에 대해 직관적인 결정을 내리며 제품을 하나하나 다루었다(1999년 아마존 홈페이지에는 사자 모양의 어린이 책가방을 홍보하면서 다음과 같은 글귀를 실었다. "우리는 사자가 아닙니다. 하지만 이 귀여운 사자 가방과 함께라면 떨리는 학교 첫날도 용감하게 보낼 수 있습니다"). 개별 맞춤화팀은 말장난을 다 빼버리고, 차갑고 확실한 데이터를 이용해 개별 고객을 위한 가상 가게를 지어 통계적으로 고객들이 가장 구매할 만한 제품으로 선반을 채웠다.

베조스는 어떤 팀을 더 선호한다는 것을 겉으로 드러내지 않은 채 테스트 결과를 주시했다. 시간이 흐름에 따라 사람의 힘으로는 부족하다는 것이 명확해졌다. P13N 사무실 벽에는 "사람들은 존 헨리가 결국에는 죽었다는 사실을 잊어버린다"는 글귀가 붙어 있다. 이것은 증기 기계와 땅 파기 시합을 한 전설적 인물에 대한 내용이다. 존 헨리는 시합에서 이기긴 했지만, 그 후 즉시 숨을 거두었다.

대부분의 편집자와 작가는 다른 부서로 전출되거나 정리해고되었다. 루퍼스의 주인인 수전 벤슨은 안식휴가를 다녀왔다. 그녀가 돌아왔을 때 당시 멀티미디어 부사장이었던 제이슨 킬러가 그녀를 회의에 불러들였다. 그는 이메일에서 회의가 '편집팀의 변화'를 이야기하기 위한 것이라고 불길하게 묘사했다. 그녀는 예감이 좋지 않았다. "우리는 편집팀을 해체해 자동화된 세계의 일부로 편입시키는 방법에 대해 이야기했습니다. 이제 이곳에서 저의 임기는 끝났다는 것을 알았죠." 벤슨의 말이다.

'아마봇Amabot'이라는 알고리즘이 편집팀의 몰락을 가져왔다. 아마봇은 규격화된 배열에 자동으로 생성된 추천 목록을 넣어 지금까지 개인적으로 수작업된 부분을 대체했다. 이 시스템은 일련의 테스트를 손쉽게 이겼고 인간 편집자만큼 많은 제품을 팔 수 있다는 것을 증명했다. 그 후 얼마 되지 않아 이름을 밝히지 않은 아마존 직원이 시애틀 지역 신문 《스트레인저Stranger》의 2002년 밸런타인데이판에 짧은 광고를 실었다. 그 내용은 다음과 같다.

친애하는 아마봇
우리의 증오를 흡수할 수 있는 심장이 너에게도 있다면…… 쓰고 버릴

녹슨 양동이 같은 놈아, 덕분에 잘리게 생겼다. 암만 그래도 피와 살로 된 황홀한 너저분함이 결국에는 이기리라!

＊　　＊　　＊

2002년 1월 아마존은 순수익 500만 달러의 첫 분기 수익을 냈다. 큰 금액은 아니었지만, 주가당 상징적인 금액이었다. 마케팅 비용은 내려가고 영국과 독일 내 매출이 늘었으며 아마존 플랫폼을 사용하는 제3자 판매인의 매출이 회사에 들어온 전체 주문의 15퍼센트를 차지했다. 무엇보다 중요한 것은 논란이 되었던 아마존의 형식적 회계 기준뿐만 아니라 일반적 회계 방법 모두에서 수익이 났다는 점이었다.

아마존은 불운한 여느 닷컴 회사가 아니라는 것을 마침내 세상에 증명해 보였다. 개장 몇 시간 만에 주가는 즉시 25퍼센트 반등하면서 한 자리 숫자에서 벗어날 준비를 했다. 새로운 아마존 홍보담당자 캐시 새빗은 베조스에게 좋은 기사들을 오려서 액자에 넣어 사무실 벽에 걸어두고 싶다고 말했다. 베조스는 《배런》에 실렸던 불명예스러운 〈아마존닷쿵〉 표지 기사 같은 나쁜 기사들을 액자에 걸어두고 싶다고 했다. 사람들이 아마존에 대해 긍정적인 말을 하거나 글을 쓰면, 베조스는 직원들에게 《배런》의 기사를 상기시키면서 그들이 안심하지 않기를 원했다.

대차대조표 문제에서 아직 완전히 벗어나지는 않았지만, 벗어나는 방향으로 나아가고 있었다. 다음 해 첫 분기 아마존은 비성수기에 처음으로 10억 달러의 매출을 올리면서 회사 최초 연간 흑자를 기록할 무대를 마련했다. 낙관적인 징후가 만연한 가운데 아마존은 1998년에 발행한 채권을 조기 상환하겠다고 발표했다. 채권자들에게 발행 금액 전부를 만기 5년 전에 지불하게 되는 것이다.

이 발표를 준비하면서 재무팀에서 누군가 오래전 그들의 적이었던 라비 수리아는 지금쯤 무슨 생각을 하고 있을지 궁금하다고 말했다. 그 발언이 중요한 수학적 오류를 말하기 위해 만들어졌던 단어, 밀리라비를 상기시켰다. 그 당시 최고회계책임자 마크 피크는 언론 보도 자료에 그 단어를 집어넣을 방법을 찾아보자고 농담했다. 베조스를 포함한 모든 이들이 그 생각에 적극적으로 찬성했고 이메일로 여러 가지 방법을 서로 제안하기 시작했다. 마침내 투자가 관계 담당 이사 팀 스톤이 정말로 그럴 작정이냐고 묻자 베조스는 그렇다고 대답했다. 그는 정말 그렇게 할 작정이었다.

2003년 4월 24일, 분기 실적이 나오자 주주, 애널리스트, 기자들은 수수께끼처럼 난해한 제목이 붙은 보고서를 받았다. 거기에는 베조스가 붙인 제목이라는 설명도 곁들여져 있었다. '의미 있는 혁신이 맹렬한 아마존 방문자 수 개선을 인도하고 개시하며 고취시킨다.Meaningful Innovation Leads, Launches, Inspires Relentless Amazon Visitor Improvements'

각 단어의 첫 글자를 골라 연결하면 '밀리라비milliravi'라는 단어가 된다. 아마존을 지속적으로 관찰하던 애널리스트와 기자들은 이 기묘한 제목에 머리를 긁적였다. 아마존 외부 인사들 중에서 이것을 이해하는 사람은 아무도 없었다. 그러나 제프 베조스, 그리고 첫 번째 대전투 동안 지치지 않고 싸우는 지도자의 곁을 떠나지 않은 그의 직원들에게 그 의미는 명확했다.

그들이 이겼다.

PART 2
문학적
감수성

LITERARY INFUENCES

CHAPTER 05

로켓 소년
Rocket Boy

제프 베조스는 닷컴버블 붕괴 시절 라비 수리아와 다른 회의론자들이 틀렸다는 것을 증명하기만 한 것이 아니었다. 그는 그들을 무찌른 후, 그의 승리를 보도 자료에 은밀히 부호화해 넣었다. 이와 비슷하게 그는 마켓플레이스에서 반스앤드노블을 압도했을 뿐만 아니라 커피숍에서 그들을 처음 만난 것에 대해 두고두고 이야기했다.

베조스의 오랜 친구나 동료들은 그의 강한 경쟁심과 승부욕을 설명할 때, 종종 50년 전 그의 어린 시절로 되돌아가 그 이유를 찾는다. 베조스는 유대감이 끈끈한 집에서 자랐다. 그의 가족은 깊은 사랑과 관심이 넘치는 부모 재키와 마이크, 가깝게 지내는 두 동생 크리스티나와 마크다. 겉으로 보기에는 전혀 눈에 띄는 점이 없는 집안이다.

이렇게 평범한 어린 시절 이전에 그는 잠시 어머니와 함께 조부모의 집에서 산 적이 있다. 그 이전에는 어머니와 그의 친아버지 테드 조겐슨이라는 사람과 함께 살았다. 베조스는 《와이어드Wired》와의 인터뷰에서 자신이 열 살쯤 되었을 때 어머니 재키와 엄밀히 말해 양아버지인 마이크가 이 사실을 그에게 설명해주었다고 털어놓았다. 그의 부모는 마이크가 친아버지가 아니라는 것과, 그가 안경을 써야 한다는 사실을 한꺼번에 말해주었다. "난 울었어요." 그가 말했다.[1] 몇 년 뒤 대학생이 되었을 때, 그는 어머니에게 이 문제를 꺼냈고 자신의 출생에 관해 조목조목 따졌다. 그들은 모두 그날 나누었던 대화 내용에 대해 언급하기를 거부했지만, 대화가 끝나고 나서 베조스는 어머니를 안으며 "훌륭하게 해내셨어요, 엄마"라고 말했다.[2]

베조스는 테드 조겐슨에 대해 생각할 때가 있다면, 병원 양식에 가족 병력을 써넣는 순간밖에 없다고 한다. 그는 1999년 《와이어드》에 자신은 그 남자를 만난 적이 없다고 말했다. 엄밀하게 말해 그것은 사실이 아니다. 그를 마지막으로 보았을 때 베조스는 세 살이었다.

지성과 야망, 자신의 능력을 증명하려는 욕구가 섞인 비옥한 사업가 기질을 일구어낸 것이 특이한 출생 환경인지는 알 도리는 없다. 첨단 기술의 우상이 된 또 다른 두 명, 스티브 잡스와 래리 엘리슨도 입양되었고 그 경험이 그들에게 성공을 향한 강력한 동기부여가 되었다고 말하는 사람들도 있다. 베조스의 경우 그가 어릴 적부터 남다르다는 것을 선생님들과 부모가 알았다는 것은 부인할 수 없는 사실이다. 그는 유달리 재능이 뛰어났을 뿐만 아니라 특이할 정도로 투지에 넘쳤다. 그의 유년기는 사업가의 인생으로 베조스를 쏘아올린 발사대였던 셈이다. 탐험과 우주 발견에 대한 변함없는 관심을 불어넣어주기도 했다. 어쩌면 우주 탐사에 대한 그의 사랑이 언젠가 그를 우주로 데려다줄지도 모른다.

시어도어 존 조겐슨은 서커스 공연가로, 1960년 앨버커키 지역 최고의 외발자전거 선수였다. 지역 신문 기록보관소는 그가 젊었을 때 얼마나 실력이 뛰어났는지에 대한 놀라운 기록을 여전히 보관하고 있다. 1961년 열여섯 살 때 찍은 《앨버커키 저널》 속 사진에서 그는 외발자전거 페달 위에 서서 뒤를 돌아보며 한 손은 의자에, 다른 한 손은 극적으로 옆으로 뻗은 모습이다. 집중한 표정에는 긴장감이 감돌았다. 사진에는 그가 지역 외발자전거 클럽에서 '가장 다재다능한 선수'로 뽑혔다고 설명되어 있다.

그해 조겐슨은 다른 여섯 명의 선수와 함께 동네 자전거 가게를 운영하는 로이드 스미스가 이끄는 팀에 들어가 외발자전거 폴로 경기를 하며 여행을 다녔다. 조겐슨의 팀은 캘리포니아 뉴포트비치와 콜로라도 볼더 등에서 우승을 했다. 신문을 보면 볼더의 경기 내용이 나온다. 얼어붙는 날씨에도 400여 명의 관중이 쇼핑센터 주차장으로 나와 10센티미터의 눈 위에서 91센티미터 길이의 플라스틱 폴로 채를 휘두르며 지름이 15센티미터쯤 되는 작은 고무공을 쫓아다니는 팀을 구경했다. 조겐슨의 팀은 경기를 휩쓸었다. 그날 있었던 두 경기에서 각각 3 대 2와 6 대 5로 승리를 거두었다.[3]

조겐슨의 팀은 1963년에 다시 신문에 실렸다. 그들은 유니사이클 랭글러스라는 팀으로 카운티 축제, 운동 대회, 서커스 같은 곳을 돌았다. 그들은 스퀘어 댄스, 지터버그, 트위스트 같은 춤을 추며 줄넘기를 한다든지 높은 곳에서 줄타기를 하는 묘기를 보였다. 그들은 끊임없이 연습했고 1주일에 세 번씩 로이드 스미스의 가게에서 예행연습을 했으며 1주일에 두 번 무용 수업을 들었다. "이건 마치 번개 위에서 중심을 잡고 춤을 추는 일을 한꺼번에 하는 것 같다고나 할까요." 그들 중 한 멤버가 《앨버커키 트리뷴》과의 인터뷰에서 한 말이다.[4] 링글링 브라더스와 바넘 앤드 베일리 서커스단이 마을을 찾아왔을 때 랭글러스는 커다란 서커스장에서 공연했다. 그리고 1965년 봄 그들은 루드 브라더스 서커스와 함께 여덟 번의 지역 공연을 했다. 그들은 또한 〈에드 설리번 쇼〉에 출연하기 위해 할리우드로 갔다(결국 출연하지는 못했다).

테드 조겐슨은 시카고의 침례교도 집안에 태어났다. 그의 아버지는 조겐슨과 남동생 고든이 초등학교에 다닐 때 식구들과 함께 앨버커키로 이사했다. 테드의 아버지는 당시 전국에서 가장 큰 핵무기 기지였던 샌디아에서 구매 담당관으로 일하면서 기지의 보급 수송을 맡았다. 조겐슨의 친할아버지는 덴마크 이민자로 마지막 남은 스페인-미국 전쟁 참전용사였다.

고등학교 시절 조겐슨은 두 살 어린 재클린 자이즈와 사귀기 시작했다. 그녀의 아버지 역시 샌디아에서 근무했다. 아버지들은 서로 아는 사이였다. 그녀의 아버지 로렌스 프레스턴 자이즈는 미국 원자 에너지 위원회의 지역 사무소를 총괄했다. 이곳은 트루먼이 제2차 세계대전 후 군대로부터 인수한 핵무기 프로그램을 관리하는 연방 에이전시였다. 자이즈의 친구들은 그를 프레스턴이라고 불렀고 가족들은 그를 '팝Pop'이라고 불렀다.

조겐슨이 고 3 시절을 마감하던 열여덟 살 무렵 자이즈가 임신을 했다. 그녀는 열여섯 살로 고등학교 1학년이었다. 그들은 사랑하는 사이였고 결혼을 결심했다. 그의 부모는 멕시코 후아레스로 날아가 결혼식을 하도록 돈을 주었다. 몇 달 뒤인 1963년 7월 19일 그들은 자이즈의 집에서 다시 결혼식을 올렸다. 자이즈가 미성년자였기 때문에 그녀의 어머니와 조겐슨이 결혼허가증을 신청했다. 아기는 1964년 1월 12일에 태어났다. 그들은 아기의 이름을 '제프리 프레스턴 조겐슨'이라고 지었다.

신혼부부는 사우스이스트 하이츠 지역에 아파트 월세를 얻었고 재키는 고등학교를 마쳤다. 낮 동안은 그녀의 어머니 매티가 아기를 돌보았다. 상황은 힘들었다. 조겐슨은 늘 땡전 한 푼 없었고, 그들에게는 크림색 55년형 쉐보레 한 대밖에 없었다. 외발자전거 팀에서 공연하는 것은 큰 돈벌이가 되지 못했다. 로이드 스미스가 공연료에서 큰 몫을 떼고 랭글러스는 나머지를 똑같이 나누어 가졌다. 결국 조겐슨은 글로브 백화점에서 1.25달러의 시급을 받고 일하게 되었다. 글로브 백화점은 당시 K마트와 월마트가 이끄는 수익성 높은 할인 소매 시장에 뛰어들기 위한 시도로 월그린이 만든 브랜드였다. 재키는 가끔씩 아기를 데리고 매장을 방문했다.

어린 그들은 철이 없었고, 결혼생활은 시작부터 불안했다. 조겐슨은 술을 좋아했고 친구들과 밤에 자주 돌아다녔다. 그는 아버지로서, 남편으로서 무성의했다. 프레스턴 자이즈는 그를 도와주려고 애썼다. 그는 사위가 뉴멕시코 대학에 다닐 수 있도록 등록금을 대주었지만 조겐슨은 몇 학기 후에 자퇴했다. 자이즈는 그를 뉴멕시코 주 경찰청에 취직시키려 했지만 조겐슨은 제대로 준비하지 않았다.

결국 재키는 아이를 데리고 샌디아 기지에 있는 친정집으로 갔다. 1965년 6월, 아기가 17개월이 되었을 때 그녀는 이혼을 요구했다. 법원은 조겐슨에게 양육수당으로 매달 40달러를 지급하라고 명령했다. 법원 기록에 따르면 당시 그의 월급은 180달러라고 되어 있다. 그 후 몇 년 동안 조겐슨은 아들을 가끔 보러 갔으나 양육수당이 많이 밀렸다. 그는 불성실하고 무일푼이었다.

재키는 다른 사람을 사귀기 시작했다. 조겐슨이 아들을 보러 갔을 때 다른 남자가 그들과 함께 있던 적이 몇 번 있었다. 그들은 서로 마주치지 않으려 했다. 하지만 조겐슨은 주변에 그 사람에 대해 물어보았고 좋은 남자라는 말을 들었다.

1968년 재키는 테드 조겐슨에게 전화했는데 재혼해서 휴스턴으로 간다고 말했다. 이제 양육수당을 지급하지 않아도 되는 대신 제프리에게 새 남편의 성을 주고 입양하도록 하겠다고 말했다. 그녀는 조겐슨에게 그들의 삶에 관여하지 말라고 부탁했다. 그 무렵 재키의 아버지는 조겐슨을 만나 접근하지 않겠다는 약속을 받아냈다. 그러나 입양을 하기 위해서는 테드의 동의가 필요했다. 조겐슨은 깊이 생각해보고는 아들이 재키와, 그녀의 새 남편의 아들로 더 나은 삶을 살 수 있을 것이라는 데 동의했다. 몇 년 뒤 그는 그 가족들이 어디로 갔는지 기억하지 못했고 그들의 성도 잊어버렸다. 수십 년 동안 그는 아들이 어떤 인물이 되었는지 몰랐고 자신의 어리석은 결정에 대해 아들을 다시 떠올리게 되리라고는 꿈에도 생각지 못했다.

1959년 쿠바혁명이 미겔 앙헬 베조스 페레스의 평화로운 삶을 완전히 뒤흔들어놓았다. 미래에 제프 베조스의 양아버지가 될 그는 바티스타 정부가 무너졌을 당시 쿠바의 남쪽 해안에 있는 산티아고 데 쿠바의 엘리트를 위한 예수회 사립학교인 콜레히오 데 돌로레스에 다니고 있었다. 카스트로(그 역시 돌로레스 졸업생이었다)는 학교들을 사회주의 청년 캠프로 바꾸었고, 사기업들을 폐쇄했다. 미겔 베조스의 아버지와 삼촌이 소유하고 미겔이 아침마다 일했던 적재장도 여기에 포함됐다. 미겔과 그의 친구들은 길거리를 돌아다니며 시간을 보냈다. "카스트로 반대 구호를 쓰는 등 우리가 해서는 안 될 일을 하면서 시간을 보냈죠"라고 그는 고백한다. 그의 부모는 아들의 장난질에 대해 알게 되자 그가 나쁜 일을 당할까 걱정했다. 그래서 당시 청소년기 자식을 둔 쿠바의 많은 가족들이 그랬듯이, 아들을 미국으로 보낼 준비를 했다.
그들은 1년 뒤 가톨릭교회의 후원으로 아들의 여권을 발급받을 수 있

180

었다. 미겔의 어머니는 아들이 추운 북쪽으로 간다는 생각에 걱정이 앞섰다. 그래서 어머니와 그녀의 여동생은 헌 누더기를 풀어 그에게 스웨터를 짜주었다. 미겔은 그것을 입고 공항으로 갔다(그 스웨터는 이제 아스펜에 있는 그의 집 벽 액자 속에 걸려 있다). 그의 어머니는 아들을 길가에 내려주고 근처 공터로 가서 비행기가 이륙하는 모습을 지켜보았다. 가족들은 이것은 일시적인 일이며 정치적 상황이 안정되면 모든 것이 정상으로 돌아갈 것이라고 믿고 있었다.

열여섯 살의 미겔 베조스는 1962년 마이애미에 홀로 도착했다. 그가 아는 영어 단어라곤 햄버거뿐이었다. 그는 피터팬 작전Operación Pedro Pan으로 구출된 아이들 중 나이가 많은 편이었다. 피터팬 작전이란 가톨릭교회가 주관하고 미국 정부가 후원한 구출 프로그램으로, 1960년대 초 수천 명의 청소년을 카스트로의 손아귀에서 빼냈다. 가톨릭 복지 사무국은 베조스를 마테쿰베Matecumbe라고 불리는 남플로리다 캠프로 데려갔고, 그곳에서 그는 망명한 다른 어린이 400명과 합류했다. 기막힌 우연으로 다음 날 그의 사촌 앙헬이 같은 곳에 도착했다. "즉시 우리는 둘도 없는 단짝이 되었습니다." 미겔의 말이다. 몇 주 뒤 그들은 캠프 사무소로 불려갔고 짐가방과 두꺼운 '진짜' 외투를 받았다. 그들은 델라웨어 주 윌밍턴에 있는 집단주택으로 옮겨졌다. "우리는 서로 쳐다보면서 '이제 우린 큰일 났어'라고 말했죠." 미겔은 그렇게 회상한다.

미겔과 그의 사촌은 카사 데 살레스라는 시설에 있는 피터팬 아이 24명과 합류했다. 그곳은 스페인어에 능숙하고 가끔씩 보드카 토닉을 즐기는 젊은 신부 제임스 번즈가 돌보는 곳이었다. 나중에 그들은 제임스 신부가 신학교를 갓 졸업했다는 것을 알게 되었다. 젊은 나이에도 불구하고 그는 권위가 있었다. 신부는 아이들에게 영어를 가르쳤고, 공부에 집중하라고 강조했으며 아이들이 할 일을 잘하고 나면 토요일 밤에 춤을 추러 갈 수 있도록 매주 1인당 50센트씩 주었다. "그분이 우리에게 쏟은 헌신적인 노력은 평생 다 갚을 길이 없을 겁니다. 그는 집에 가득한, 영어 한마디 못하는 난민 청소년들로 진정한 가족을 만들었습니다. 1962년 제가 그곳에서 처음 맞은 크리스마스에 신부님은 모든 아이들을 위해 나무 밑에 선물을 마련해놓으셨어요." 그 시설에서 미겔과 앙헬의 룸메이트였던 카를로스 루비오 알베트의 말이다. 그해 10월, 긴 긴장감이 팽배했던 쿠바 미사일 위기(미국이 모스크바를 조준한 핵미사일을 터키와 이탈리아에 건설하자 소련은 쿠바에 핵미사일을 배치한다. 이것이 1962년 미국 정찰기에 발견되어 13일간 미국과 소련 간 대립으로 이어지는데 이를 '쿠바 미사일 위기'라 한다 – 옮긴이)의 13일이 지나고 나서 카사 데 살레스의 아이들은 집으로 돌아가려면 아주 오랜 세월이 흘러야 한다는 것을 알았다.

카사 데 살레스의 분위기는 엄격했지만, 청소년들의 생활은 즐거웠다. 나중에 그들이 번즈 신부와 재회했을 때, 그들은 그곳에서의 삶을 자신의 인생에서 가장 행복했던 시간으로 꼽았다. 젊은 미겔 베조스가 즐겨 치던 장난이 있었다. 단체 숙소에 새로운 아이가 오면 그는 벙어리에 귀머거리인 척하고 식사 테이블에서 몸짓이나 끙끙거리는 소리로 물건을 가리키곤 했다. 며칠을 그렇게 반복한 뒤, 예쁜 소녀가 지나갈 때 갑자기 일어나 "우와, 정말 예쁜 여자야!"라고 소리쳐서 새로 온 아이를 놀라게 했다. 그러면 그의 친구들이 모두 입을 모아 "기적이 일어났어!"라고 합창하고는 다들 깔깔거리며 배꼽이 빠지도록 웃었다.

미겔 베조스는 1년 후 앨버커키 대학에 입학해 카사 데 살레스를 떠났다. 지금은 문을 닫은 이 학교는 쿠바 난민들에게 전액 장학금을 준 가톨릭 대학이었다. 용돈이라도 벌기 위해서 그는 뉴멕시코 은행에 야간 직원으로 일했다. 그와 같은 시기에 갓 이혼한 젊은 재클린 자이즈 조겐슨이 은행 경리부서에서 일하기 시작했다. 그들의 근무 시간은 한 시간이 겹쳤다. 베조스는 짙은 쿠바식 억양에 기본적인 영어 실력으로 몇 차례 데이트 신청을 했다. 그는 반복해서 정중하게 거절당했다. 그러나 결국에는 그녀가 승낙했다. 그들은 첫 데이트로 영화 〈사운드 오브 뮤직〉을 보았다.

미겔 베조스는 뉴멕시코 대학으로 옮겨 그곳을 졸업하고 1968년 앨버커키 교회에서 재키와 결혼식을 올렸다. 결혼 피로연은 샌디아 기지에 있는 코로나도 클럽에서 열렸다. 미겔은 엑슨의 정유 엔지니어로 일했고 그들은 휴스턴으로 이사했다. 그의 직업 덕택에 부부는 나중에 3개 대륙을 다니며 살게 된다. 네 살이 된 제프리 프레스턴 조겐슨은 제프리 프레스턴 베조스가 되었고 미겔 베조스를 아빠라고 부르기 시작했다. 1년 뒤 그 둘 사이에서 딸 크리스티나가 태어났고, 다시 1년 후에는 아들 마크가 태어났다.

제프와 그의 동생들은 아버지의 지치지 않는 근면함을 보고 자랐다. 또한 아버지가 미국에 대한 사랑과 미국이 주는 기회 및 자유에 대해 자주 언급하는 것을 들었다. 나중에 마이크라는 이름을 쓰게 된 미겔 베조스는 시민의 사생활과 사업에 정부가 관여하는 것에 대한 자유주의적인 혐오를 아이들에게 물려주었는지도 모른다고 인정했다. "확실히 그것은 우리 가정 곳곳에 스며 있었던 사고였습니다. 나는 전체주의적 정부를 참을 수 없습니다. 좌익이든 우익이든 그 중간의 어떤 형태든 말이지요. 아마 그것이 어느 정도 영향을 준 것 같습니다." 그는 이렇게 말하는 한편, 저녁을 먹으면서 가족들이 나누던 대화는 비정치적이고 주로 아이들에 관한 내용이었다고 말한다.

재키 베조스는 돌이켜보면 큰아들의 어린 시절에 특이한 어떤 순간들이 있었다고 말했다. 세 살짜리 제프는 큰 침대에서 자고 싶어서 자신의 아기 침대를 나사돌리개로 분해한 적이 있었다. 한번은 아이를 놀이공원에 데리고 가서 빙빙 도는 보트에 태웠는데 다른 아이들이 엄마를 쳐다보면서 손을 흔드는 동안 제프는 전선과 도르래로 이루어진 기계 구조를 관찰하고 있었다. 몬테소리 유치원 교사들은 아이가 무엇을 하든 하던 일에 너무 집중해 아이가 앉아 있는 상태로 의자를 번쩍 들어서 다음 활동으로 옮겨야 했다고 알렸다. 그러나 제프는 재키의 첫아이였다. 그녀는 모든 아이들이 그런 줄 알았다. "'영재gifted'라는 용어는 당시 많이 쓰이지 않았고, 나는 스물여섯 살밖에 안 되었던 때라서 그 말의 의미도 몰랐어요. 그저 아이가 조숙하고, 의지가 굳으며 믿기 힘들 정도로 집중력이 뛰어나다고만 알고 있었죠. 그 모습과 지금의 모습을 생각해보면 하나도 변한 게 없어요."

여덟 살이 되었을 때 베조스는 표준화 시험에서 높은 점수를 받았고 그의 부모는 집에서 차로 운전해 30분 정도 걸리는 리버 옥스 초등학교의 뱅가드 프로그램에 아이를 입학시켰다. 베조스는 눈에 띄는 아이였고 교장은 그를 『총명한 아이를 기르는 법』을 쓰기 위해 조사를 하러 온 줄리 레이 같은 방문자들과 이야기하도록 보냈다. 그 지역의 한 회사가 회사 메인프레임 컴퓨터에 남는 용량을 학교에 기부했다. 어린 베조스는 한 무리의 친구들을 이끌고서 학교 복도에 있는 텔레타이프 기계를 이용해 메인프레임에 연결하곤 했다. 그들은 프로그래밍하는 방법을 스스로 알아내어 메인프레임에 있던 〈스타트렉〉 초기 게임을 발견했다. 아이들은 그 게임을 하면서 수많은 시간을 보냈다.

그 당시 베조스의 부모는 아들이 너무 책벌레가 되는 것 같아 걱정스러웠다. 그래서 여러 방면으로 균형 잡힌 사람으로 자라고 자신의 취약점을 배우게 하려고 다양한 운동 프로그램에 참가시켰다. 베조스는 야구팀 투수였으나 그가 던진 공이 어디로 날아갈지 아무도 알 수 없었기 때문에 그의 어머니는 울타리에 매트리스를 묶어놓고 거기에 대고 혼자

연습하라고 말했다. 그는 또 어쩔 수 없이 몸무게 제한을 겨우 통과한 채로 미식축구도 했는데 모든 경기를 외우고 필드에서 모든 이들의 위치를 기억하는 바람에 코치가 그를 방어 주장으로 임명했다. "미식축구를 하는 것이 너무나 싫었어요. 사람들이 나를 바닥에 넘어뜨리는 운동 경기에는 관심이 없었거든요"라고 그는 털어놓았다. 그렇지만 운동 경기에서조차 그는 맹렬한 경쟁심을 보였다. 그의 팀 제트가 리그의 챔피언십을 놓쳤을 때 그는 주저앉아서 울었다.[5]

운동을 해도 다른 지능적인 여가 활동에 대한 어린 제프 베조스의 열정은 사그라지지 않았다. 〈스타트렉〉은 휴스턴에 있는 베조스 집안의 일부였다. 식구들은 학교를 마치고 오후에 재방송을 보았다. "우리는 모두 〈스타트렉〉 페인이었죠. 제프는 대사를 줄줄 외울 정도였어요. 거기에 완전히 빠져 있던 거예요"라고 재키 베조스는 말한다. 그 프로그램은 제프가 다섯 살 때 집에서 흑백 TV로 아폴로 11호의 달 착륙을 보았을 때 시작된 우주 탐험에 대한 꿈을 더 강화시켰다. 20여 년 전 ARPA(지금은 'DARPA'로 바뀌었다), 즉 고등연구계획국Advanced Research Projects Agency이라고 불리는 국방 연구 개발팀에서 일했던 그의 할아버지 또한 로켓과 미사일 이야기나 앞으로 다가올 신기한 우주여행에 관해 이야기를 들려주면서 그의 집착을 더 부추겼다.

1968년 53세의 나이에 팝 자이즈는 워싱턴에 있는 그의 상사와의 행정적 문제로 인한 다툼 때문에 미국 원자 에너지 위원회에서 사퇴했다. 그와 매티는 은퇴 후 텍사스 코툴라에 있는 처가의 목장에서 살았다. 제프 베조스는 네 살부터 열여섯 살이 될 때까지 매년 여름을 조부모와 함께 보냈고 할아버지는 제프가 목장에서 여러 가지 일을 돕도록 했다. 그 목장은 가장 가까운 가게나 병원으로부터 160킬로미터나 떨어져 있었다.

미 해군 소령으로 제2차 세계대전에 참전한 자이즈는 여러 면에서 베조스의 멘토였다. 그는 베조스에게 자립심과 풍부한 지략, 비효율성에 대한 본능적 불쾌감 같은 가치관을 심어주었다. 재키 베조스는 친정아버지에 대해 다음과 같이 이야기한다. "그는 무엇이든 물고 늘어지면 못할 일이 없다고 생각했던 분이죠." 베조스와 할아버지는 함께 풍차를 수리하고, 황소를 거세했을 뿐 아니라 진흙길 노면을 고르고, 자동문 여닫이나 고장 난 D6 캐터필러 불도저의 무거운 부품을 나르기 위한 크레인 같은 기계를 만들었다.

팝 자이즈는 종종 DIY 충동이 너무 지나칠 때가 있었다. 한번은 그의 충직한 사냥개 스파이크가 차 문에 꼬리 끝을 다쳤다. 근처 수의사들은 다들 가축이나 큰 동물 전문인지라 자이즈는 필요한 절단 수술을 차고에서 직접 하기로 했다. "개 꼬리에서 피가 그토록 많이 날 줄은 몰랐어." 그는 나중에 말했다.

그러나 아마추어 수술이나 육체적 노동이 전부가 아니었다. 팝 자이즈는 지적 활동의 열정을 손자에게 불어넣어주기도 했다. 그는 아이를 코틀라 지역 도서관으로 데리고 갔다. 매년 여름 베조스는 그곳에서 지역 주민이 기증한 상당한 양의 공상과학소설을 읽어나갔다. 그는 쥘 베른, 아이작 아시모프, 로버트 하인라인의 중요 작품들을 읽었고 별나라 여행을 상상하며 커서 우주 비행사가 되리라 결심했다. 팝 자이즈는 베조스에게 체커 게임을 가르쳐주고 매번 그를 이겼다. 재키는 제프에게 좀 져주라고 부탁했지만, 그녀의 친정아버지는 "제프는 준비가 되면 나를 이길 거야"라고 말했다.[6]

베조스의 조부모는 그에게 동정심에 대한 가르침을 주었고 그는 수십 년 뒤 2010년 프린스턴 대학 입학 연설에서 그 이야기를 했다. 몇 년마다 조부모는 에어스트림 캠핑 트레일러를 차 꽁무니에 매달고 다른 캠핑 트레일러 주인들과 함께 전국을 돌아다녔는데 가끔씩 제프를 데리고 가기도 했다. 한번은 베조스가 열 살이었을 때 이러한 여행을 하면서 차 뒷좌석에 앉아 시간을 보내고 있었다. 그는 금연 공익광고에서 들은 사망률 통계로 계산을 해 할머니의 흡연 습관이 수명을 9년 단축할 것이라는 결과를 얻었다. 그는 앞자리로 머리를 들이밀고 있는 사실 그대로 할머니에게 알렸다. 할머니는 울음을 터뜨렸고 팝 자이즈는 차를 세웠다.

사실 매티 자이즈는 몇 년째 암과 싸우고 있었고 결국에는 무릎을 꿇고 말았다. 베조스는 프린스턴 연설에서 그다음에 일어난 일을 묘사했다.

> 할아버지는 차에서 내려 제가 앉아 있던 쪽 차 문을 연 뒤 제가 내릴 때까지 기다렸습니다. 큰 꾸중을 듣게 되었는지도 모른다고 생각했습니다. 저의 할아버지는 매우 지적이고 조용한 분이었습니다. 저에게 심한 말씀을 한 적이 없었지요. 하지만 이번이 처음이 될지도 모른다는 생각이 들었습니다. 아니면 저에게 차로 되돌아가 할머니께 용서를 빌라고 말씀하실 것 같기도 했습니다. 저는 조부모님과 이런 식의 경험을 한 적이 없었기 때문에 어떤 일이 벌어질지 가늠하기가 힘들었죠. 우리는 트레일러 옆에 섰습니다. 할아버지는 저를 바라보며 잠시 침묵한 후 부드럽고 잔잔하게 말씀하셨습니다. '제프, 언젠가는 너도 이해하게 되겠지. 따뜻한 마음을 갖는 것이 똑똑한 머리를 갖는 것보다 더 어렵단다.'

제프가 열세 살이었을 때 엑슨에서 일하던 마이크 베조스가 플로리다의 손잡이 부분에 위치한 펜사콜라로 발령이 나서 가족들이 이사를 가게 되었다. 나중에 아들에게서 볼 수 있는 흔들리지 않는 결의로 재키 베조스는 지역 학교 공무원들을 설득해 엄격한 1년 대기 기간 원칙에도 불구하고 아들을 중학교 영재 프로그램에 넣었다. 공무원들은 아이를 받기 꺼려했지만 아들의 작품들을 보여주자 마음을 바꾸었다.[7] 베조스의 어린 시절 친구 조슈아 와인스타인은 이렇게 말한다. "제프의 성공 이유를 알고자 한다면 재키 아주머니를 보세요. 그분만큼 강한 여성은 드뭅니다. 또 그보다 더 마음씨 곱고 신실한 분도 없지요."

큰아들이 청소년이 되었을 때 재키는 겨우 서른 살이었다. 하지만 그녀는 아들을 잘 이해했고 그의 열정을 키워주었다. 베조스는 토머스 에디슨 같은 발명가가 되는 꿈도 갖고 있었다. 그래서 어머니는 수제 로봇, 호버크래프트(hovercraft, 압축공기를 뿜어내어 기체를 띄워서 나는 에어쿠션선 – 옮긴이), 태양열 취사도구, 동생들이 그의 방에 들어오지 못하게 할 장치 등 여러 가지 기구를 만들 부품을 사기 위해 그 지역 전자기기 소매 체인점으로 참을성 있게 그를 차로 태워 다녔다. "나는 집 안 곳곳에 알람 장치로 부비트랩을 계속 설치했습니다. 그중에는 단지 소리만 나는 것이 아니라 실제 부비트랩도 있었습니다. 부모님은 좀 걱정을 하셨던 것 같아요. 어느 날 방문을 열면 15킬로그램 정도의 못이 머리 위에 떨어진다든지 하는 일이 일어날 것만 같았던 거죠."[8]

베조스는 그 당시에 가끔 동생들을 돌보았는데 그의 시끄럽고 거리낌 없는 웃음소리 때문에 문제가 생기기도 했다. 재키 베조스는 이렇게 회상한다. "동생들을 극장에 데려다주라고 맡겼더니 아이들이 창피해하며 돌아와서는 '제프가 너무 시끄럽게 웃어요' 하고 불평했어요. 디즈니 영화였는데 제프의 웃음소리 때문에 하나도 안 들렸다고 하더군요."

펜사콜라에서 2년을 보낸 후 가족들은 다시 이사했다. 이번에는 마이크가 마이애미로 발령났다. 15년 전 마이크가 무일푼 이민자로 처음 왔던 그 도시였다. 이제 그는 엑슨의 중역이 되었고 비법인 지구 데이드 카운티에 있는 부유한 팔메토 지역에 뒷마당 수영장과 침실 네 개가 있는 집을 샀다.

그 당시 마이애미는 격동의 도시였다. 마약과의 전쟁이 한창이었고 1980년 마리엘 보트 난민 탈출로 공산 정권을 피해 달아난 쿠바인들이 대거 이주했다. 그러나 폭력과 정신없이 일어나는 사건들은 베조스와 새로운 친구들의 배타적 세계에서 아무런 관심을 끌지 못했다. 제프는 마이애미 팔메토 고등학교로 전학을 갔고 과학부와 체스반에 들었다. 그는 에어컨이 없는 파란색 포드 팔콘 스테이션 왜건을 몰았고, 같은 반 친구들은 그의 근면함에 놀랐다. 베조스의 친구(둘은 지금도 친하다) 중 한 명으로 가까이 살았던 와인스타인이 말한다. "그는 집중력이 대단했어요. 미친 과학자 같은 집중력은 아니었지만 특정한 일에 대해서는 정말 광기가 흐를 정도로 집중할 줄 알았죠. 그는 자제력이 매우 뛰어났어요. 아마 그래서 이 모든 일을 할 수 있는 것이겠지요."

베조스의 집은 그와 친구들의 모임 장소가 되었다. 그들은 차고에서 모교 방문회 행진에 쓸 과학부 행진차량을 만들었고, 졸업반 무도회가 끝나고 뒷풀이 파티도 그곳에서 했다. 엄마들 중 가장 젊었던 재키 베조스는 아이들의 존경을 받았고 그들의 삶에서 중요한 인물이 되었다. 와인스타인의 어머니와 함께 그녀는 마을 자체 방범대를 결성했고 그녀의 집에서 회의를 열었다. 그녀는 엄격하기도 했다. 한번은 베조스가 딕시 하이웨이에서 속도위반으로 스티커를 발부받은 적이 있었다. 어머니는 아들에게 그의 차에 탔던 친구들에게 전화해 일일이 사과하게 했다.

베조스가 청소년기에 다투지 않았던 사람은 어머니밖에 없었다. 그가 고등학교 졸업반이었을 때 지금은 무슨 내용인지 잊어버렸지만 어떤 이데올로기적 문제로 아버지와 열띤 언쟁을 벌였다고 재키 베조스는 기억한다. 그들이 말다툼을 시작했을 때 이미 밤 10시였지만 양쪽 다 그 문제에 관해 한발도 물러서지 않았다. 의견 대립은 큰 말싸움으로 이어졌지만 결국은 그쳤다. 마이크는 자기 침실로 돌아갔고 제프는 1층 화장실로 갔다. 그 당시 남플로리다의 주택들은 대부분 화장실에서 뒷마당으로 나가는 문이 따로 있었다. 재키는 둘 다 마음을 진정시키도록 놔두었다가 한 시간 정도 후에 두 사람이 잘 있는지 확인하러 갔다. "마이크는 여전히 침실에 있었어요. 마치 제일 친한 친구를 잃은 듯한 얼굴이더군요." 그녀는 아래층으로 가서 화장실 문을 두드렸으나 대답이 없었다. 문이 잠겨 있었다. 그래서 그녀는 뒷마당으로 돌아 나가서 바깥문을 열었다. 화장실은 텅 비어 있었다. 차들도 그대로 있었다. "저는 너무 걱정되었지요. 주말도 아닌 주중에, 시간은 이미 자정이었어요. 그 아이가 혼자 바깥에서 걸어 다니고 있다고 생각하니 덜컥 겁이 났지요."

어머니가 어떻게 해야 할지 고민하고 있을 때 집 전화가 울렸다. 제프였다. 공중전화가 있는 가장 가깝고 안전한 장소에서 전화한 것이었다. 그는 병원에 있었다. 제프는 어머니에게 걱정하지 말라고 한 뒤 아직 집으로 돌아갈 준비가 되지 않았다고 말했다. 그녀는 아들을 설득해 그를 데리러 갔다. 그들은 24시간 영업하는 근처 식당으로 차를 몰았고 그곳에서 몇 시간 동안 이야기했다. 그는 마침내 집으로 돌아가는 데 동의했다. 이미 새벽 3시가 넘었고 그날 학교도 가야 했지만 제프는 곧장 잠자리에 들지 않았다. 그날 아침, 마이크 베조스가 회사에 도착했을 때 자신의 가방 속에서 아들이 직접 쓴 편지를 발견했다. 그는 지금도 그 편지를 자신의 가방에 넣고 다닌다.

베조스는 고등학교 시절 여러 아르바이트를 했다. 어느 여름에는 동네 맥도날드에서 튀김 튀기는 일을 했는데 한 손으로 달걀 깨는 법을 비롯한 다양한 기술을 익혔다. 잘 알려지지 않은 에피소드 중에서는 별난 이웃집 여자를 돕던 일도 있었다. 그녀는 어느 날 햄스터를 번식시켜 분양하겠다는 결심을 했다. 베조스는 철장을 청소하고 햄스터에게 먹이를 주었지만 곧 자신이 동물을 돌보는 것보다 이웃 여자의 넋두리를 듣는 데 더 많은 시간을 보내고 있음을 깨달았다. 그녀가 베조스를 신임했음에 틀림없다. 한번은 학교로 찾아가 수업 중인 베조스를 불러낸 다음 새로운 개인적 문제를 의논했다. 나중에 재키 베조스가 이 일에 대해 알게 되고 그녀는 아들과 이웃의 관계를 마무리지었다.

베조스의 고등학교 동창들은 그의 경쟁심이 지독했다고 말한다. 그는 학교에서 과학 최고 우등상을 3년 연속 수상했고 수학 최고 우등상을 2년 연속 수상했으며 주 전체를 대상으로 열린 과학경진대회에서 무중력 상태가 집파리에게 미치는 영향을 주제로 참가해 상을 받았다. 언젠가 그는 학교 친구들에게 680명의 동급생 중에서 전교 1등으로 졸업하겠다고 선언하고 자신의 등수를 높이기 위해 시간표를 고급 과정으로 빽빽하게 짰다. "그래서 나머지 학생들은 아예 전교 2등 자리를 놓고 겨루었지요. 제프는 한번 하겠다고 마음먹으면 그 누구보다 더 열심히 하거든요." 조슈아 와인스타인의 말이다.

제프의 고등학교 여자친구인 어설라 워너는 그가 독창성이 넘치고 상당히 로맨틱했다고 말한다. 그녀의 열여덟 번째 생일 선물로 그는 며칠에 걸쳐 정교한 보물찾기 놀이를 고안했다고 한다. 그 놀이를 위해 그녀는 은행에 가서 창구직원에게 100만 페니를 달라고 하거나 홈디포 매장의 변기 뚜껑 아래에 숨겨진 단서를 찾는 등 마이애미 시내를 돌며 희한하고 창피한 일을 해야 했다.

맥도날드에서 기름때를 묻혀가며 일하던 여름이 지나고 나서 베조스는 또다시 저임금을 받고 일을 하기는 싫었다. 그래서 그는 워너와 같이 '드림 학원DREAM Institute'를 만들었다. 이는 열 살짜리 아이들을 위한 열흘간의 여름학교로 『걸리버 여행기』부터 블랙홀, 핵저지력, 베조스네

집 애플 2 컴퓨터 등 다양한 주제의 커리큘럼으로 짰다. 어린 선생들이 학부모들에게 나눠준 전단지에는 "오래된 영역에서 새로운 사고방식을 사용하는 데 중점을 두는 수업"이라고 되어 있었다. 워너에 따르면 워너의 부모는 그 수업에 대해 시큰둥한 반응을 보이면서 도대체 누가 그 수업을 듣겠느냐고 물었다. 반면 베조스의 부모는 이를 축하하면서 당장 마크와 크리스티나를 등록했다. "재키와 마이크는 늘 제프를 격려하고 그의 독창성에 물을 주는 부모였던 것 같아요." 워너의 말이다.

베조스는 마이애미 팔메토 고등학교에서 전 과목 A를 받았고 프린스턴 대학에 조기 입학 허가를 받았으며, 전교 1등으로 졸업했을 뿐 아니라 《마이애미 헤럴드》가 후원하고 주 전체에서 수상자를 뽑는 실버 나이트Silver Knight 상을 받았다. 와인스타인에 따르면 제프가 은행에 상금을 입금하러 갔을 때 직원이 수표를 보고 물었다고 한다. "아니, 학생은 《마이애미 헤럴드》에서 어떤 일을 하나요?" 그러자 베조스는 거만하게 대답했다. "실버 나이트 상을 받는 일을 해요."

베조스는 최고 우등생 졸업 연설을 손으로 썼고 그의 어머니가 타이핑을 했다. 그녀는 타이핑하던 손을 잠시 멈추고는 제프가 고등학교 졸업생 치고는 너무나 거창한 야망을 품고 있다고 생각했다. 그녀는 아직도 그 원고 한 부를 가지고 있다. 연설의 서두는 전형적인 〈스타트렉〉 초반부다. "우주, 그 마지막 개척지"로 연설을 시작한 베조스는 공전하는 우주정거장에 영구 인간 식민지를 건설해 인류를 구하는 한편 지구를 거대한 자연보호구역으로 만드는 꿈에 대해 이야기했다.

이것은 그저 막연한 꿈 이야기가 아니었다. 이것은 그가 개인적으로 추구하는 목표였다. 어설라 워너는 이렇게 말한다. "그가 자신의 미래를 상상할 때는 언제나 부자가 되는 이야기가 나왔어요. 그러지 않고는 그가 원하는 바를 이룰 수가 없으니까요." 그가 원하는 것은 정확하게 무엇이었을까? 워너는 1990년대에 그 인터넷 거물에 대해 알아보려고 연락해온 기자들에게 대답했다. "그가 그렇게 많은 돈을 버는 이유는 우주로 가기 위해서예요."

*　　*　　*

2000년 닷컴 회의론자들과 싸우면서 아마존의 대차대조표를 향상시키려고 애쓸 무렵 베조스의 재산은 61억 달러에서 20억 달러로 곤두박질쳤다.[9] 여전히 그것은 어마어마한 금액이었고 그는 세계에서 가장 부유한 사람 중 한 명이었다. 그는 첨단 기술, 참을성, 장기적 안목이 결실을 맺는다는 것을 직접 보았다. 그래서 아마존의 미래 전망에 대한 세계의 회의론이 극에 달한 순간에도 베조스는 우주 탐사를 연구하는 완전히 새로운 회사를 비밀리에 세웠고 워싱턴 주에 등록했다.

베조스는 그의 새 우주 연구소를 비밀에 부쳐두려 했다. 그러나 그의 야망을 알고 있는 아마존 직원이 너무 많았다. 그는 1990년대에 아마존의 홍보부장이었던 케이 댄가드에게 말했고, 그녀는 그것을 아마존 브랜드에 섞어넣어 그를 기쁘게 해주려고 조용히 노력했다. 그녀는 실제로 에디 머피의 영화 〈플루토 내쉬의 모험〉에서 달 위에 아마존 광고판을 세우는 간접광고 건을 계획했으나 형편없는 각본을 읽어본 후 취소했다. 1999년 그녀는 NASA가 우주 왕복선 디스커버리 호에 있는 우주 비행사들에게 궤도에서 아마존닷컴에 크리스마스 선물을 주문하는 것을 허락하도록 요청했다. NASA는 일단 관심을 표명했지만, 나중에 그 아이디어가 너무 상업적이라며 퇴짜를 놓았다.

베조스는 아마존 초기 투자가이자 사업 첫 5년간 비공식 이사회 멤버였던 닉 허나워에게 자신의 꿈을 털어놓기도 했다. 허나워는 "그는 자신이 우주에 간다고 확실히 믿고 있어요. 그건 언제나 그의 목표 중 하나였죠. 그가 아침 운동을 시작한 이유도 여기에 있어요. 그는 아주 심각하게 임하고 있습니다"라고 말한다.

돌이켜보면 베조스가 자신의 일급비밀 우주 계획으로 언론을 거의 놀린 것같이 보인다. 그는 은근히 그것에 관해 언급했다. 1999년《와이어드》와 지구의 장기적 건강 상태에 관해 이야기를 나누면서 그는 "어떤 식으로든 돕고 싶은 마음이 있습니다. 내 생각에는 우리가 달걀을 한 바구니에 담은 것 같습니다"라고 말했다.[10] 또한 2001년《패스트 컴퍼니 Fast Company》와의 대담에서 인류가 다른 행성을 식민화하는 내용을 다룬 소설『듄Dune』이 '논픽션'이었으면 좋겠다고 말했다.

2000년 내가 베조스를 인터뷰했을 때 그에게 무슨 책을 읽고 있느냐고 물어보았다. 그는 로버트 주브린의『우주로의 진입 : 우주여행 문명 창조하기Entering Space: Creating a Spacefaring Civilization』와『화성을 위한 변론 The Case for Mars』에 관해 이야기했다. 대화를 마무리할 무렵, 나는 언젠가 그 어느 용감한 실리콘밸리 사업가가 사설 우주 회사를 차릴지 궁금하다고 했다(이 대화는 페이팔PayPal 공동 설립자인 엘론 머스크가 로켓 회사인 스페이스 X를 설립하기 2년 전에 이루어졌다). 베조스의 대답은 유난히 난해하게 들렸다. "이것은 매우 힘든 기술적 문제입니다. 투자금에 대해 적당한 기간 내 수익을 창출할 수 있을지 가늠하기가 매우 힘듭니다. 당신의 질문에 대해서는 아마 그럴 거라는 답을 드리고 싶습니다. 누군가 그것을 하는 사람이 있겠죠. 그렇지만 이것은 벤처캐피털 회의에서 등장하는 주제는 아닙니다. 하지만 사람들의 관심이 없지는 않습니다."

2002년 베조스는 아마존에 개인적인 독서 취향이 세세히 담긴 위시 리스트를 만들어 누구나 볼 수 있게 해놓았다. 그중에는 팀 퍼니스의

『우주선의 역사』와 피터 더글러스 워드와 도널드 브라운리의 『지구의 삶과 죽음』도 있었다. 2003년 2월 나는 기술 및 디자인을 주제로 캘리포니아 몬터레이에서 개최된 연례회의인 테드TED 컨퍼런스에 갔다. 그곳에서 누군가가 블루Blue라는 시애틀 우주 항공 회사에 관해 이야기하는 것을 우연히 어깨너머로 듣게 되었다. 한 달 뒤, 베조스와 그의 변호사는 웨스트 텍사스 앨파인 근처에서 헬리콥터 사고로 가벼운 부상을 입었다. 그곳은 수백 킬로미터를 가도 아무것도 나오지 않는 외딴곳이었다. 연방항공국의 공식 사고 보고서에는 다음과 같이 쓰여 있다. "이륙 도중 꼬리부리가 나무에 부딪힘. 헬리콥터가 옆으로 구름. 부분적으로 시냇물에 잠김. 승객 세 명이 부상을 당해 현지 병원으로 이송됨. 생명에 지장 없는 정도임."

베조스는 나중에 《타임》과의 인터뷰 중에 사고 당시 그의 머릿속에는 '이렇게 바보같이 죽는구나'라는 생각밖에 안 났다고 했다. 나중에 알게된 일이지만 그는 텍사스 목장 터를 사려고 알아보던 중이었다고 한다. 베조스는 조부모의 코튤라 목장에서 자랐던 경험을 자신의 아이들에게도 물려주고 싶었다.

그는 또한 발사대를 짓기에 적당한 장소를 물색하고 있었다.

헬리콥터 사고가 났을 때 세상은 제프 베조스의 우주 탐사 회사에 대해 아무것도 몰랐다. 그러나 무엇인가가 태동하고 있었다. 사고 후, 나는 워싱턴 주 기업 데이터베이스에서 블루라는 회사를 검색해보았다. 그리고 아마존 본사인 시애틀의 12번가 1200번지의 주소로 블루 오퍼레이션 유한 책임 회사를 발견했다. 그 회사는 수수께끼처럼 모호한 웹사이트에 추진과 항공 전자 공학 같은 분야의 항공 우주 전문 엔지니어를 뽑는다는 광고를 올려놓았다. 그 당시 나는 《뉴스위크》의 풋내기 기자였고 유명 인터넷 억만장자가 몰래 자신의 우주선을 짓고 있다는 이야기는 놓치기에 너무 아까웠다.

2003년 3월 시애틀 여행 도중 나는 워싱턴 주 기업 기록 문서에서 찾은 블루의 또 다른 주소를 향해 밤늦게 차를 몰았다. 이곳은 듀워미시 워터웨이를 따라 시애틀 남쪽 공업단지에 위치해 있었다. 그 주소지에는 1,500평이 조금 안 되는 창고가 있었다. 앞문에 파란색 차양이 쳐져 있었고 그 위에는 하얀 글씨로 "블루 오리진Blue Origin"이라고 적혀 있었다.

주말의 늦은 밤이었지만 불이 켜져 있었고 차와 오토바이 몇 대가 건물 앞에 세워져 있었다. 창문이 가려져 있어서 안이 보이지 않았고 밖에는 아무도 없었다. 공기에는 강물과 가공된 목재 냄새가 심하게 났다. 나는 차에 앉아 비밀 우주선과 억만장자의 화성 탐사 미션을 상상하며 그저 궁금해하고 있었다. 그러나 제대로 상상을 해볼 단서가 없었다. 너무나도 답답했다. 한 시간이 지나자 더 이상 참을 수가 없었다. 나는 차에서 내린 뒤, 길 건너 휴지통으로 가서 내용물을 한아름 꺼냈다. 그런 다음 차로 되돌아가 그것을 트렁크에 실었다.

몇 주 뒤 '베조스, 우주로 가다'라는 제목으로 블루 오리진에 관해《뉴스위크》에 실을 첫 기사를 썼다.[11] 그날 밤 운 좋게 발견한 서류들은 커피 얼룩이 묻은 블루 오리진 기업 사명문 초안이었다. 회사의 장기적 사명은 인류가 우주에 영원히 생존하도록 만드는 것이었다. 그 회사는 선구적인 머큐리 계획(유인 우주 비행에서 소련을 앞지르기 위해 1958년부터 1963년까지 NASA에 의해 이루어진 미국 최초의 유인 우주 비행 탐사 계획 – 옮긴이)의 우주 비행사 앨런 셰퍼드의 이름을 딴 뉴셰퍼드 우주선을 짓고 있었다. 이 우주선은 관광객을 대기권의 가장 위층으로 데려가는 것이 목적이었다. 독특한 디자인 때문에 수직 이륙이 필요하고, 수직 착륙을 통제해 우주선을 경제적으로 재사용할 수 있도록 자세 제어 분사기도 있어야 했다.

그 신규 업체는 또한 지상 설치 레이저로 움직이는 웨이브 로터와 로켓 같은 새 추진 시스템 연구에 자금을 대고 있었다.

블루 오리진의 창고를 찾아가고 며칠 후 나는 모든 상세 내용을 베조스에게 이메일로 보냈다. 기사에 어떤 내용이 나갈지 미리 알리고 그의 반응을 이끌어내기 위해서였다. 내가 보냈던 이메일은 그 뒤 분실했지만, 나의 숨 가쁜 취재 중에 아마 NASA의 유인 우주여행 연구가 원활히 이루어지지 않자 그가 답답했던 것이 아니냐는 내용을 은근히 내비쳤던 것 같다. 나는 내 메일에 대한 그의 답장을 아직도 보관하고 있다.

브래드, 나는 여행하면서 블랙베리로 답장을 쓰고 있어요. 이해해주리라 믿습니다.

블루로서는 무슨 말을 하거나 무엇에 대한 평을 하기에는 지나치게 이릅니다. 왜냐하면 우리는 언급할 가치가 있는 것을 아직 이루지 않았기 때문입니다. 앞으로도 당신이 이 주제에 관해 관심이 있다면, 우리가 말할 가치가 있는 것이 생겼을 때 연락하겠습니다. 당신의 글에는 맞는 내용도 있고 틀린 내용도 있지만, 예민한 주제를 언급하셨으니 제가 한 가지만 말씀드리지요. 이는 NASA에서 근무하는 사람들에게 마음 아픈 내용이며, 반론이 필요하다고 생각합니다.

NASA는 우리나라의 보물입니다. NASA를 답답하게 여긴다는 것은 말도 안 되는 소립니다. 제가 우주에 관심이 있는 것은 제가 다섯 살 때 그들이 영감을 불어넣어주었기 때문입니다. 다섯 살짜리 꼬마에게 영감을 불어넣어주는 정부 기관이 몇 군데나 된다고 생각하세요? NASA가 하는 일은 기술적으로 엄청나게 힘들고 근본적으로 위험하지만 그들은 지속적으로 훌륭하게 일을 수행하고 있습니다. 다른 소형 우주 항공 회사들이 뭔가라도 이룬다면 그 유일한 이유는 NASA의 업적과 독창성이라는 거인의 어깨에 올라서서 시작할 수 있었기 때문입니다.

구체적인 예를 원하신다면 이러한 회사들이 구조나 열흐름, 공기 역학 같은 것을 분석하기 위해 사용하는 지극히 정교한 컴퓨터코드를 생각해 보세요. 이 코드들은 NASA가 여러 해에 걸쳐 물리적 현실에 대비해 꼼꼼히 실험하면서 개발했습니다!

제프

《뉴스위크》 기사가 나가고 난 뒤 겉핥기 식의 언론 보도가 어느 정도 있었으나 블루 오리진은 계속해서 비밀리에 작업했다. 베조스는 헬리콥터가 추락했던 곳에서 멀지 않은 텍사스 밴 혼 지역의 텍사스 농장을 인수했다.[12] 그는 토지 소유주들에게 후한 금액을 지불하기 위해 제임스 쿡 합자회사라든지 코로나도 벤처같이 역사적 탐험가의 이름을 딴 익명의 기업체를 이용했다. 2005년에 그가 소유한 땅은 35만 5,000평이었는데 로드아일랜드의 3분의 1 정도 되는 면적이었다. 그는 지역 신문사인 《밴 혼 애드버킷》 사무실로 가서 우주 공항을 건설하겠다는 자신의 의도를 발표했다. 그리고 어안이 벙벙해진 편집자와 즉석 인터뷰를 했다.

카네기 멜론 대학의 2011년도 연설에서 베조스는 블루 오리진의 목표가 인간을 우주로 실어나르는 비용을 줄이고 기술의 안전성을 보강하는 것이라고 말했다. "우리는 인간이 태양계를 직접 탐험할 수 있는 미래를 건설하기 위해 우주 비행의 비용을 줄이도록 노력하고 있습니다. 느리지만 꾸준히 앞으로 나아가다 보면 어떤 도전도 시간이 지남에 따라 이겨낼 수 있을 것입니다."

작업 진도는 베조스와 그의 로켓 과학자들이 처음 상상했던 것보다 더 느렸다. 2011년 블루 오리진의 시험 우주선이 마하 1.2의 속력으로 13킬로미터 상공에서 제어 불가능 상태로 들어갔다. 우주선이 하늘의 근사한 불덩이로 사라지는 모습은 밴 혼 주민들에게 우주 왕복선 챌린저의 참사(1986년 1월 28일, 미국의 챌린저 우주 왕복선이 고체연료 추진기 이상으로 발사한 지 73초 만에 폭발한 참사 – 옮긴이)를 상기시켰다. "우리가 원했던 결과는 아니었지만, 이것이 쉽지 않은 일이라는 것을 알게 되었습니다." 베조스는 블루 오리진 웹사이트 블로그에 그렇게 썼다.[13] 그로부터 1년 뒤, 우주선의 승무원 캡슐 탈출 시스템을 성공적으로 테스트했다. 유인 우주 비행 관련 기술 개발을 위해 2,500만 달러 이상 되는 NASA 보조금을 두 번 받았다. 인터넷계의 거물 엘론 머스크의 스페이스 X와 버진 갤럭틱의 설립자인 억만장자 리처드 브랜슨 역시 같은 목표를 향해 달리고 있다.

베조스는 일반 대중이나 언론에 우주 항공 설비 견학을 허락하지 않고 있다. 2006년 회사는 시애틀에서 남쪽으로 32킬로미터쯤 떨어진 워싱턴 켄트에 본사를 확대 이전했다. 그곳을 방문하게 되면 군데군데 진열되어 있는 베조스의 우주 관련 기념품이 보인다. 〈스타트렉〉의 소품이라든지 역사 전반에 걸쳐 다양한 우주선에서 나온 로켓 조각이라든지 진짜 소련 우주 비행사가 입었던 우주복 등이 있다. 엔지니어들은 2만 6,000제곱미터 크기의 시설을 세그웨이 이륜 전동 스쿠터를 타고 바삐 다닌다. 건물의 안마당에는 쥘 베른의 소설에서 묘사되었을 법한 빅토리아식 기계장치 증기 우주선의 모형 모델이 있다. 운전석부터 놋쇠 제어기, 19세기 가구까지 완벽하게 다 갖추어져 있다. 방문자들은 그 안으로 들어가 벨벳이 깔린 좌석에 앉아 자신이 네모 선장과 필리어스 포그 시대의 용감한 탐험가가 된 마냥 상상해볼 수 있다. "상상력이 풍부한 아이에게 이것은 정말 역사적 유물처럼 보일 겁니다." 베조스의 친구 대니 힐리스의 말이다.

월트 디즈니, 헨리 포드, 스티브 잡스 등 상상을 현실로 만들어낸 여느 위대한 사업가처럼 베조스 역시 어린 시절 공상에 잠겨 꿈꾸던 것을 손에 잡히는 실제의 것으로 바꾸어놓았다. 힐리스는 이렇게 말한다. "제프에게 우주란 2000년도 혹은 2010년도에 그가 잡은 기회라고 말할 수 있는 성격의 것이 아닙니다. 그것은 수세기 동안 인류의 꿈이었고 앞으로도 수세기 동안 여전히 인류의 꿈이 될 것입니다. 제프는 자신과 블루 오리진을 그 거대한 이야기의 일부로 보고 있습니다. 쥘 베른이 글로 표현했고 아폴로가 이룬 것의 다음 단계를 이어나가려는 것이지요."

베조스는 이 열정을 추구하면서 생기는 책임감을 받아들이는 데 주저하지 않았다. 아마존이 사업을 유지하기 힘든 상황이었을 때도 그는 새로운 임무를 수행하며 블루 오리진에 직원을 더 채용했고 자신의 모든 의무 사이에서 효율적 시간 배분을 하는 영리한 방법을 만들어냈다. 그는 블루 오리진의 문장紋章을 만들고, '한 걸음씩 맹렬하게'라는 의미의 라틴어 문구 "그라다팀 페로시테르Gradatim Ferociter"라는 모토를 세웠다. 이 문구는 아마존의 기업 철학도 정확하게 포착했다. 불가능해 보이는 목표를 향해 꾸준히 나아가면 결국은 승리할 것이다. 후퇴는 일시적이며, 반대자는 무시하는 것이 상책이다.

언젠가 베조스는 인터뷰에서 이미 엄청난 재산을 모았는데도 더 많은 것을 성취하려는 의욕이 강한 이유가 무엇이냐는 질문을 받자 이렇게 말했다. "사람들이 제게 의지하면 저는 의욕이 생긴다는 것을 최근에 알게 되었습니다. 누군가가 나를 의지하는 게 좋아요."[14]

CHAPTER **06**

혼돈 이론
Chaos Theory

제프 베조스는 누군가가 자신에게 의지하는 것을 좋아했다. 그러나 닷컴 붕괴의 끝무렵인 2002년 아마존이 수익을 낸 후 자신도 다른 이에게 의지를 해야 할 때가 있다는 것을 깨달았다. 아마존이 가장 목소리 큰 비평가를 잠재우는 동안, 베조스는 회사 내에 점점 커져가는 혼돈을 길들일 필요가 있었다.

아마존은 모든 중요한 면에서 더 크고 더 복잡한 회사가 되었다. 1998년 말 직원 수는 2,100명이었고 2004년 말에는 9,000명이 되었다. 아마존은 닷컴 붕괴에서 살아남은 후 운동용품, 옷, 보석 등 다른 품목에도 눈을 돌렸고 일본과 중국 같은 새 시장 개척 가능성을 타진했다.

규모가 커지면 혼돈도 커지게 마련이다. 모든 회사는 청소년기의 헌신발처럼 갑자기 내부 구조가 회사에 더 이상 잘 맞지 않는 중요한 순간을 맞게 된다. 아마존은 이러한 통과의례를 혹독하게 치렀다. 규모와 야망이 커질수록 구조적으로 더 복잡해지고 전 직원을 조정하고 빠르게 움직이게 하는 것이 힘들어졌다. 베조스는 몇 가지 전략을 한꺼번에 집행하기를 원했지만, 회사에 상호 의존적인 부서가 많아서 서로 조정하는 데 시간을 너무 많이 낭비했다.

물류센터에서의 혼돈은 그저 개념적인 것이 아니라 실제적인 문제였다. 시설을 몇 시간 동안 멈춰버리는 잦은 시스템 다운과 직원들이 못 본 척하는 바닥에 늘 널브러져 있는 제품 무더기 등으로 분명히 모습을 드러냈다. 정신없이 성장에 박차를 가하던 초창기 새로운 품목들이 제대로 준비도 없이 유통망에 던져졌다. 직원들은 1999년 가을 가정 · 부엌 용품이 들어왔던 때를 잘 기억하고 있다. 식칼이 안전하게 포장되지도 않은 채 컨베이어 활송 장치 밑으로 휙휙 날아다니곤 했다. 아마존의 내부 유통 소프트웨어는 새로운 품목을 제대로 반영하지 못해 창고로 들어오는 새 장난감에 대해 양장본인지 문고판인지 표시하라는 지시를 내렸다.

아마존은 "급성장하라", "집을 정돈하라" 같은 사훈을 앞세워 직원들이 모두 힘을 합쳐 혼돈을 벗어나려는 노력을 하기도 했다. 덕택에 전 직원이 적어도 같은 방향으로 노를 젓게 되었지만, 이제 회사는 너무 커져서 이런 종류의 뻔한 구호로는 충분하지가 않았다.

아마존이 서투른 청소년기를 지나는 동안 베조스는 속력을 늦추지 않았고 에브리싱 스토어에 대한 그의 거대한 꿈과 인터넷에 이전보다 두 배, 세 배로 더 많은 것을 걸었다. 이러한 변화 속에서 회사를 이끌어가기 위해 그는 특이한 이름의 비정통적인 조직 구조를 만들었다. 그리고 제프 윌크라는 젊은 이사에게 물류센터의 문제 해결을 맡겼다. 윌크는 매우 지적이고 때때로 조급한 경영 스타일이 베조스와 흡사했다. 공급체인 부사장 브루스 존스는 이렇게 묘사한다. "그 두 사람은 서로 죽이 잘 맞았습니다. 베조스는 그 일을 하고 싶었고 월크는 그 일을 하는 방법을 알았습니다. 마키아벨리적인 재미가 엄청났죠."

제프 월크의 임무는 선임자의 실수를 바로잡는 것이었다. 월마트에서 온 지미 라이트와 카우보이 팀이 1990년대 후반 아마존의 전국 유통망을 디자인했다. 그들은 대형 소매유통 시설을 짓는 데는 세계 최고였다. 그러나 모든 물건을 보관하고 배송하겠다는 베조스의 끝없는 목표를 충족시키기 위해 빨리 움직이다 보니, 비용이 많이 들고 불안정하며 연말마다 시애틀에서 직원들을 대거 비상 차출해야 하는 시스템을 짓게 되었다. 브루스 존스는 이렇게 말한다. "완전 엉망이었습니다. 월마트 물류센터가 바로 이런 식이었죠. 하지만 두루마리 화장지 5,000개를 배송하는 데는 적격일지 몰라도 작은 주문에는 잘 맞지 않았습니다."

월크는 변호사의 아들로서 피츠버그 외곽에서 자랐다. 그가 열두 살 때 부모가 이혼했다. 그는 6학년 때 지역구 수학경시대회에서 2등을 하자 자신이 수학에 재능이 있다는 것을 알게 되었다. 열다섯 살 때 라스베이거스에 사는 조부모를 방문했을 때 그는 카지노의 비디오 포커 게임에 완전히 매료되었다. 그는 집에 가서 자신의 1세대 개인용 컴퓨터 타이멕스 싱클레어 1000에 그것을 복제해놓았다(그 컴퓨터의 내장 메모리는 2KB였다). 월크는 학창 시절 내내 전 과목 A를 받았다. 하지만 그의 지도교사는 키스톤 옥스 고등학교에서 아이비리그 대학에 입학한 사람은 아무도 없었다면서 프린스턴 대학에 지원하지 말라고 했다. 그래도 그는 원서를 냈고 입학 허가를 받았다.

월크는 1989년, 베조스가 졸업한 지 3년 후 프린스턴에서 최우등으로 졸업했다. 그는 MIT에서 공학과 MBA 복수 전공 프로그램인 '제조업의 리더Leaders for Manufacturing(지금은 '국제 사업의 리더Leaders for Global Op-
erations'라고 부른다)'를 통해 공학 석사 학위와 MBA 학위를 받았다. 이 프
로그램은 MIT 경영대학원과 공대가 보잉 같은 파트너 회사와 함께 심
화되는 국제 경쟁에 대처하기 위해 만든 새로운 연합 프로젝트다. 그를
따라 아마존으로 온 MIT 동창생 마크 매스탄드리아는 이렇게 말한다.
"윌크는 내가 만난 사람 중에서 가장 똑똑해요. 그는 누구보다도 해답
을 빨리 알아내죠."

　윌크는 앤더슨 컨설팅에서 커리어를 시작하고 나중에 허니웰에 합병
된 제조업계의 거인 얼라이드시그널로 이직했다. 그는 빠르게 승진해
서 CEO인 래리 보시디에게 직접 보고하는 부사장이 되었고 기업의 연
2억 달러짜리 약품 사업을 이끌었다. 뉴저지 모리스타운에 위치한 얼
라이드시그널의 본사에서 윌크는 회사의 신조인 6시그마에 몰입했다.
6시그마는 결함을 발견하고 제거해 효율성을 높이는 제조 및 경영 철학
이다.

　다시 1999년으로 돌아가서, 나중에 마이크로소프트의 인력개발부장
이 된 아마존의 인재 채용관 스콧 피태스키는 지미 라이트의 후임 채용
을 맡았다. 피태스키는 예전에 얼라이드시그널에서 윌크와 함께 일한
적이 있었다. 아마존에는 모든 일의 방법과 과정을 물어보기 좋아하는
제프 베조스를 상대할 수 있는 똑똑한 사람이 필요하다고 결론짓고 자
신의 옛 동료를 생각해냈다.

　피태스키는 스위스에 출장 가 있는 윌크를 찾아내서 아마존의 중요한
유통망을 맡으라고 설득했다. 그는 유통망을 짓고 새로운 산업을 규정
하는 유일무이한 기회이며 이런 기회는 얼라이드시그널에서는 존재하
지 않는다고 윌크에게 말했다. 빠르게 일하는 피태스키는 또한 최고실
무책임자인 조 갤리에게 당시 동부 해안 쪽에서 살던 그의 자식들을 방

문도 할 겸 월크가 미국으로 돌아오자마자 덜레스 국제 공항 근처 호텔 식당에서 월크를 만나라고 설득했다.

겨우 서른두 살밖에 안 된 월크는 함박웃음을 짓고 촌스러운 안경을 끼고 있어서 그다지 역동적인 리더의 모습은 아니었다. 갤리는 이렇게 회상한다. "그는 카리스마 있게 의사소통을 하는 사람은 아니었어요. 하지만 매우 똑똑하고 생각이 깊은 공급체인 전문가였죠. 그는 사실을 바탕으로 한 분석에 의존하며, 초점을 잘 맞춰 제대로 일하기를 원했어요." 그날 저녁식사에서 그들은 좋은 인상을 받았으며, 나중에 다시 갤리가 월크와 그의 아내 리즐을 만나러 뉴저지에 있는 월크의 집을 방문했을 때 그들은 유대감을 느꼈다. 월크와 갤리는 둘 다 피츠버그 출신으로 비슷한 중산층 뿌리를 갖고 있었다. 타고난 장사꾼인 갤리는 아마존이 당면한 거대한 유통 문제를 이야기하며 월크의 관심을 끌었다. 그런 후 월크는 시애틀로 가서 베조스 및 조이 코비와 면접을 보았다. 곧 그는 국제 업무 부사장 겸 총책임자로 아마존에 합류하게 되었다. 갓 은퇴 선언을 한 얼라이드시그널의 래리 보시디와 마지막으로 대화를 나눈 후에 그 베테랑 CEO는 그를 힘차게 안아주었다.

시애틀로 이사하자마자 월크는 아마존의 유통 부서를 소매 물류 베테랑보다는 과학자와 엔지니어들로 채울 작정이었다. 그는 자기가 아는 가장 똑똑한 사람들의 이름을 적어 내려간 후 그들을 몽땅 영입했다. 그중에는 제약회사 바이엘의 공급체인 엔지니어인 러셀 앨고어도 포함되어 있었다. 월크는 앨고어와 함께 프린스턴을 다녔고 그의 공학 문제지를 베끼기도 했다. 앨고어와 그의 공급체인 알고리즘팀은 아마존의 비밀 무기가 되었다. 그들은 아마존의 물류망 내 특정 제품의 재고를 쌓아둘 장소와 시간이라든지 다양한 고객의 주문을 한꺼번에 묶어 한 상자로 보낼 가장 효율적인 방법을 찾는 문제에 수학적 답을 찾아냈다.[1]

윌크는 아마존의 물류센터에 특이한 문제가 있다고 느꼈다. 한 배송에서 다음 배송까지 미리 계획하기가 엄청나게 힘들었다. 아마존은 예견 가능한 양이나 종류의 주문을 보관하고 배송하는 것이 아니었다. 고객이 책 한 권, DVD 한 편, 연장 몇 대를 선물포장하거나 일반포장으로 주문할 수도 있고 그러한 조합의 주문이 다시는 반복되지 않을 경우도 많다. 다시 말해 무한한 경우의 수가 나오는 것이다. "우리는 본질적으로 고객의 주문을 준비해 이행하는 일을 했습니다. 공장 물리학은 소매업보다 제조업이나 조립에 훨씬 더 가깝지요." 윌크의 말이다. 그가 처음으로 한 일 중 하나는 아마존 배송 시설을 실제로 거기에서 벌어지고 있는 일을 정확히 나타내기 위해 다시 이름을 붙인 것이었다. 그 후로 '창고(원래 이름)'나 '물류센터(지미 라이트가 붙인 이름)'가 아니라 '주문 이행 센터fulfilment center' 혹은 FC라고 불리게 되었다.

윌크가 아마존에 들어오기 전에 이행 센터 총책임자는 종종 즉각적으로 전략을 짜냈다. 매일 아침 전화로 이야기하고 어떤 시설이 완전 가동 중이거나 용량 초과인지 계산한 후 주문을 한 곳에서 다른 곳으로 순간적 판단으로 주고받았다. 윌크가 온 후, 그의 알고리즘이 정확한 FC의 수요에 매끈하게 맞아떨어지자 밀린 주문도 줄어들고 아침마다 전화해야 할 필요도 없어졌다. 그는 그러고 나서 얼라이드시그널에서 배운 과정 중심의 6시그마 원칙을 적용하고 그것을 다시 도요타의 린 생산방식Lean manufacturing 철학과 섞었다. 이것은 회사가 고객을 위해 만들어내는 가치와 연결해서 모든 비용을 합리화하도록 한다. 또한 인부(이제는 현장 직원이라고 부른다)들이 결함을 발견했을 때 빨간 줄을 당겨 모든 시설 내 공정을 중지할 수 있도록(제조업계의 용어로는 안돈andon 시스템이라고 부른다) 해준다.

처음 2년 동안 윌크와 그의 팀은 열 개가 넘는 계량 지표를 만들어냈다. 그는 각 FC가 몇 번의 선적을 받았고 몇 건의 주문이 출고되었으며 각 제품의 단위당 포장 및 배달 비용이 얼마인지를 포함한 지표들을 잘 관찰하라고 총책임자들에게 지시했다. 그리고 실수를 일컫는, 오래되고 가끔은 경망스럽기까지 한 이름을 없애버린 후 좀 더 진지한 이름으로 바꾸었다(주문이 엉뚱한 고객에게 바뀌어 배달된 것을 아마존의 원래 용어로는 'Switcheroo'라고 불렀다). 또한 그는 FC에 기본적 정신 교육을 시켰다. 월크는 이렇게 말한다. "제가 처음 회사에 들어왔을 때는 시계가 없었어요. 사람들은 아침에 오고 싶을 때 왔고, 일이 다 끝나거나 마지막 트럭에 짐을 다 싣고 나면 집에 갔습니다. 제가 기대하던 성실의 수준과는 달랐습니다." 월크는 결함을 줄이고 생산성을 높이는 것만으로도 확실하게 비용을 절감할 것이라고 베조스에게 약속했다.

월크는 아마존 내 FC 감독들의 위치를 공고히 했다. 그들을 시애틀에 가능한 한 자주 부르는가 하면, 그들이 맡은 기술 문제의 중요성을 강조했다. 크리스마스 시즌에는 현장에서 일하는 블루칼라 동료들에 대한 결속력의 상징으로 매일 면 티셔츠를 입고 왔다. 그는 지금도 연말이면 면 티셔츠를 입는다. "월크는 총책임자라는 자리는 힘든 직업이라고 인정하며 평생 같이 갈 소중한 사람으로 대접해주었습니다." 그 시절 펀리 FC를 담당했던 버트 웨그너의 말이다.

월크는 또 다른 무기를 갖고 있었다. 그것은 가끔씩 활화산처럼 폭발하는 베조스 같은 성격이었다. 2000년 가을 아마존 FC의 소프트웨어 시스템은 여전히 재고와 배송을 정확히 추적하지 못했다. 그래서 월크가 입사 후 두 번째로 맞는 그해 연말 회사 내부적으로 '대돌격'이라고 부르는 크리스마스 쇼핑 기간 동안, 월크는 미국과 유럽에 있는 총책임자들과 1일 전화회의를 시작했다. 그는 총책임자들에게 전화를 걸 때마다 주문이 얼마나 배송되었는지, 배송 전인 주문은 몇 건인지, 밀린 일들이 있는지, 있다면 그 이유는 무엇인지 등등 현장 상황에 대해 정확하게 알려달라고 했다. 크리스마스 시즌이 다가옴에 따라 윌크는 총책임자들에게 담당 작업장에 무엇이 있는지 보고할 준비를 하라고 요구했다. 즉 짐을 내리고 우체국이나 택배 회사로 주문을 보내기 위해 FC 밖에서 기다리고 있는 트럭의 정확한 수와 내용물을 파악하라는 것이었다.

그해 반복적으로 문제가 발생하던 곳은 애틀랜타에서 남쪽으로 48킬로미터 떨어진 노동자 계층이 사는 도시 조지아 맥도노의 FC였다. 폭풍 같은 연말의 열기 속에 1999년 그 유명한 지글리퍼프 위기의 근원지였던 맥도노는 자주 스케줄이 늦어지고 있었다. 예전 월마트 중역이었다가 다시 월마트로 되돌아간 당시 맥도노 총책임자 밥 듀런은 윌크가 총책임자들을 전화회의로 소집해 담당 작업장에 무엇이 있는지 물었을 때 이미 살얼음판 위를 걸어야 할 상황이었다. 그러나 듀런은 연락을 받지 못한 것 같았다. 맥도노 차례가 되었을 때 듀런은 이렇게 말했다. "부사장님 잠깐만요. 지금 제 창 밖에 트럭이 보여요." 그러더니 그는 의자에 등을 기대고 앉아 전화기에 대고 큰 소리로 세기 시작했다. "여기 몇 대가 있느냐면 말입니다. 한 대, 두 대, 석 대, 넉 대……."

윌크는 폭발했다. 그는 그날 머서 아일랜드에 있는 자택 사무실에서 전화를 하고 있었다. 그는 소리를 지르기 시작했다. 얼마나 맹렬하게 소리를 지르고 욕을 하는지 전화회의에 참석 중이던 총매니저들의 전화기가 되먹임 소리를 날카롭게 냈다. 그러더니 갑작스럽게 소리를 지르기 시작했던 것처럼 갑작스럽게 조용해졌다. 마치 그가 갑자기 사라진 것 같았다.

30초 정도 아무도 입을 떼는 이가 없었다. 마침내 캠벨스빌의 총책임자였던 아서 발데즈가 조용히 말했다. "그가 전화기를 먹어버렸나

봐요."

실제로 무슨 일이 일어났는지에 대해 다양한 의견이 있었다. 어떤 이들은 월크가 너무 격분해 전화기 선을 잡아채어 벽에서 코드가 빠졌다고 생각했다. 또 다른 사람들은 그가 분노에 못 이겨 전화기를 방의 반대쪽 끝으로 던져버렸을 것이라고 추측했다. 10년이 지나서 아마존 사무실 근처 이탈리아 음식점에서 점심을 먹으며 월크는 설명했다. 사실 그는 계속 전화 통화 중이었지만 단순히 너무 화가 나서 더 이상 말이 나오지 않았다는 것이다. "우리는 맥도노의 다양한 부분이 전반적으로 제대로 돌아가게 하기 위해서 많이 노력했습니다. 거기를 이끌 적임자를 스카우트하려고 애를 썼고, 그곳에서 일할 인원을 충당하기 위해 애를 썼습니다." 월크의 말이다.

그해 봄, 아마존이 수익성 목표를 향해 질주하고 있을 때 월크는 맥도노를 폐쇄했고 정직원 450명을 해고했다. 그러나 시설을 폐쇄하는 것으로 아마존의 문제를 해결하지 못했다. 오히려 용량 축소로 아마존의 다른 FC에 더 압력을 가한 꼴이었다. 회사는 이미 크리스마스 시즌을 맞아 전면 가동 중이었고 매출은 연간 20퍼센트 이상 성장하고 있었다. 이제 아마존은 복잡한 자사 시스템을 완전히 정복하는 한편 지금까지 투자한 데서 좀 더 많은 수익을 창출해낼 수밖에 없었다.

월크는 항해 도중에 배를 불태웠다. 그리고 아마존 함대는 이제 되돌릴 수 없었다. 몸소 모범을 보이는 리더십에 적정 수준의 조급함을 보이는 그를 보면 영락없이 베조스 스타일이다. 어쩌면 월크가 아마존에 입사한 지 겨우 1년이 조금 넘어 선임 부사장으로 승진한 것도 우연이 아니었을지 모른다. 제프 베조스는 혼돈과의 전쟁에서 큰 동지를 찾았다.

1990년 후반 경영팀 연수회에서 하급 중역들 한 팀이 좋은 의도를 가지고 회사 최고관리자들 앞에서 모든 큰 기관에서 보이는 문제에 관해 프레젠테이션을 했다. 광범위한 부서들을 조정하는 어려움이 그 주제였다. 그들은 그룹 간 대화를 활성화시키는 다양한 방법을 제안했다. 그들은 자신들의 기발한 아이디어가 자랑스러운 듯했다. 그때 제프 베조스는 벌게진 얼굴로 이마에 핏줄이 튀어나온 채 입을 열었다.

"무슨 말을 하는지 알겠네만 자네들은 완전히 잘못 짚었네." 그는 이어서 말했다. "대화는 역기능의 증거야. 즉 사람들이 함께 유기적인 방법으로 일하지 않는다는 뜻이지. 우리가 해야 할 일은 부서 간에 서로 연락하는 것을 줄이는 것이지 늘리는 것이 아니네."

많은 사람들이 그 긴장되던 순간을 기억한다. 데이비드 리셔는 이렇게 전한다. "제프 머릿속의 작은 전구에 불이 들어오는 순간이 있습니다. 몸 전체의 혈액이 얼굴로 몰리죠. 그는 믿을 수 없을 정도로 열정적이에요. 그가 책상을 치는 버릇이 있었다면 손이 다 부르텄을 겁니다."

그 회의와, 회의 후 연설에서 베조스는 아마존을 경영하는 데 있어서 분권화와 독립적 의사 결정에 중점을 두겠다고 다짐했다. "서열 구조는 변화에 충분히 대응하지 못합니다. 물론 저는 지금도 직원들에게 가끔 제 생각대로 일을 시키곤 하지만 모두들 제 말에 따르기만 한다면 우리는 좋은 회사가 될 수 없을 것입니다."[2]

베조스의 주장은 직관에 반대되게 들리지만 그 요점은 직원 간 조정을 하는 것은 시간 낭비가 많고, 문제에서 가장 가까이 있는 사람이 그것을 해결할 가장 좋은 위치에 있다는 것이었다. 이는 다음 10년 동안 첨단 기술 산업계의 일반 통념과 매우 닮아 있다. 구글이나 아마존, 그리고 나중에는 페이스북까지 이러한 철학을 받아들인 회사들은 부분적으로 군살이 없고 날렵한 소프트웨어 개발 이론으로부터 교훈을 얻었다. 영향력 있는 기술 서적 『맨먼스 미신』에서 IBM 베테랑이자 컴퓨터공학 교수인 프레더릭 브룩스는 복잡한 개발 프로젝트에 인력을 더하는 것은 실제로 개발을 늦출 뿐이라고 주장했다. 그 이유 중 하나는 프로젝트에 참여한 인원과 비례해 의사소통에 사용되는 시간과 비용이 늘어나기 때문이다.

베조스와 다른 벤처 창업가들은 이전 첨단 기술계 거인들로부터 얻은 교훈에 반응하고 있었다. 마이크로소프트는 중간 관리자층이 있는 하향식 경영 방식top-down management approach을 취했다. 이 시스템은 의사 결정을 느리게 만들고 혁신을 억제했다. 워싱턴 호 건너편 소프트웨어 거인의 답답하고 행복하지 않은 서열 구조에서 아마존의 간부들은 정확하게 피해야 할 형태라는 확실한 경고 사인을 보았다.

비용 절감 운동 역시 회사에 새로 생겨나려는 중간 관리자층을 제거하도록 만들었다. 2000년 주식 시장 붕괴 이후, 아마존은 두 차례의 정리해고를 거쳤다. 그러나 베조스는 직원 채용을 그만두고 싶었던 것이 아니었다. 그저 더 효율적이고 싶었을 뿐이었다. 그래서 그는 자신이 원하는 종류의 직원을 쉬운 말로 정의했다. 모든 신입사원은 회사의 결과를 직접적으로 향상시켜야 했다. 그는 관리하는 사람들이 아닌 엔지니어, 개발자, 하다못해 구매 담당 직원 등 실천하는 사람들을 원했다. "우리는 마이크로소프트 식으로 길들여진 프로그램 매니저들의 획일적인 군대가 되고 싶지 않았습니다. 우리는 기업가 정신이 있는 자립적인 팀을 원했어요. 자치적 업무팀은 좋지만, 업무팀을 관리하는 것은 나쁘다는 것이지요." 닐 로즈먼의 설명이다.

그러나 여느 때처럼 베조스가 직원들에게 핵심 사상을 고취하고자 노력하며 얼마나 깊이 이러한 조직 이론 속으로 들어갈지는 아무도 몰랐다. 2002년 초 그의 새로운 개인적 의식의 일부로 크리스마스 시즌을 마감한 후 생각을 하고 글을 읽는 시간을 가졌다(이 점에서는 매년 몇 주 동안 휴가를 내어 생각하는 시간을 갖는 마이크로소프트의 빌 게이츠가 긍정적 모범이 되었다). 몇 주 뒤 회사로 돌아와서 베조스는 워싱턴 메디나에 있는 자택 지하실에서 S팀에 자신의 새로운 구상안을 제시했다.

그는 '피자 두 판 팀two-pizza team'을 중심으로 구조조정을 할 것이라고 말했다. 직원들은 열 명 미만으로 구성된 자치적 그룹으로 편성된다. 야근을 하게 되면 직원들 야식으로 피자 두 판이면 충분할 만큼 작은 크기였다. 이러한 팀들은 아마존의 가장 큰 문제들에 독립적으로 투입되었다. 그들은 자원을 놓고 서로 경쟁하고 가끔씩 업무를 이중적으로 진행하면서 다원주의적인 적자생존의 모습을 재현할 것이다. 베조스는 이 팀들이 회사 내 부서 간 소통의 문제에서 벗어나 더 빨리 움직이고 고객들에게 물건을 더 빨리 전달하기를 바랐다.

베조스의 피자 두 판 팀 개념에는 머리를 갸우뚱하게 만드는 부분들이 있었다. 각 팀은 자신들의 '적합성 함수'를 제안해야 했다. 적합성 함수란 모호하지 않게 실적을 측정하는 일차 방정식이다. 예를 들어 고객들에게 이메일 광고를 보내는 피자 두 판 팀은 메시지를 여는 속도 곱하기 이러한 이메일이 생성하는 평균 주문 크기를 자신들의 적합성 함수로 정할 수 있다. 혹은 FC를 위해 소프트웨어 코드를 쓰는 팀은 각 제품 종류마다 배송료를 줄이고 고객의 구매 시간과 제품이 트럭에 실려 FC를 떠나는 시간을 줄이는 것을 적합성 함수로 할 수도 있다. 베조스는 친히 각 공식을 승인하고 시간이 흐름에 따라 결과를 추적하기를 원했다. 그것이 바로 팀의 진화를 이끌어내는 그의 방법이었다.

베조스는 일종의 혼돈 이론을 경영에 적용하고 있었다. 조직의 복잡성을 인정하며 회사를 가장 기본적인 단위로 쪼개어 내려감으로써 예기치 않은 놀라운 결과를 바랐다. 적어도 그런 고매한 목표를 품었다. 그러나 결과는 조금 실망스러웠다. 피자 두 판 팀의 개념은 공학부에서 제일 먼저 시작되어 릭 달젤의 지지를 받게 되었고 다음 몇 년 동안 회사 전체로 일관성 없게 적용되었다. 법무팀이나 재무팀을 이런 식으로 재편성할 이유는 없었다.

적합성 함수 아이디어는 특히 인간 본성의 기본적인 면과 상충되는 듯했다. 나중에 자신이 가혹하게 평가될 수 있는 기준을 스스로 정한다는 것은 불편한 일이다. 팀에 자신들의 적합성 함수를 직접 정의하라고 하는 것은 마치 죄수에게 자신이 처형될 방법을 결정하라고 말하는 것과 비슷했다. 그들은 공식에 대해 걱정하는 데 너무 많은 시간을 허비하게 되었고 공식은 점점 더 복잡하고 추상적으로 변했다. 킴 라크멜러는 이렇게 설명한다. "사실 정말 짜증나는 일이었어요. 업무 처리에 도움이 되지도 않았고요. 따라서 대부분의 엔지니어와 팀은 짜증스러워했습니다."

아마존에서 제프 윌크가 근무한 지 1년쯤 지났을 때, 그는 옛 스승 스티븐 그레이브스에게 전화를 걸어 도움을 청했다. 그는 MIT에서 경영과학을 가르치는 교수였다. 아마존은 최대 규모의 전자상거래 유통망을 운영했으나 여전히 회사를 효율적으로 운영하는 데 애를 먹고 있었다. 전 세계 일곱 군데에 있는 FC는 운영비가 많이 들고 업무처리량도 일관성이 없었다. 베조스는 고객들에게 정확히 언제 물건이 도착할지 알려주는 아마존 웹사이트를 원했다. 예를 들어 학기말 시험에서 중요한 책을 주문한 대학생은 물건이 다음 월요일에 배송된다는 것을 알아야 한다고 생각했다. 그러나 FC는 그 정도로 자세한 예측을 할 수 있을 만큼 안정적이지 못하다.

윌크는 문제를 새롭게 바라보기 위해 그달 말에 자신과 직원들을 만나달라고 그레이브스에게 부탁했다. 베조스와 윌크는 오늘날에는 상상도 할 수 없을 기본적인 질문을 했다. 아마존이 미래에도 계속 제품을 유통시키며 사업을 해나갈 수 있을까? 그 대안으로는 바이닷컴Buy.com 같은 경쟁자들이 사용했던 모델로 전환하는 것이었다. 그 회사는 온라인 주문을 받지만, 생산자나 인그램 같은 대형 도매업체에서 곧장 직송으로 물건을 보낸다.

성 패트릭의 날에 아마존의 가장 비상한 두뇌들이 네바다 펀리에 있는 FC의 우중충한 사무실로 모였다. 제프 베조스와 브루스터 카일은 베조스가 새로 구매한 전용 비행기 다소 팔콘 900EX를 타고 시애틀에서 두 시간 걸려 날아갔다.

스티브 그레이브스는 매사추세츠에서 리노로 날아가서 끔찍한 55킬로미터의 사막을 통과해 펀리로 갔다. 아마존 엔지니어가 몇 명 있었고 시설의 선임 책임자 버트 웨그너도 그곳에 있었다. 아침에 그들은 FC를 한 바퀴 둘러보고 회사의 주 납품업자의 프레젠테이션을 들었다. 그는 처음부터 아마존에 맞지 않았던, 유통에 관한 똑같은 전통적 생각을 이야기하면서 자신이 취급하는 추가적 장비와 소프트웨어의 장점을 열거했다. 프레젠테이션 후 그들은 어안이 벙벙해진 납품업자를 돌려보내고 FC의 모든 부분을 어떻게 향상시킬 수 있을까 하는 문제를 가지고 화이트보드를 빼꼭하게 채워가면서 오후 시간을 보냈다. 맥도날드에서 점심을 사다 먹었고 건물의 자판기에서 간식거리를 사 먹었다.

웨그너로서는 그날 받은 질문들이 개인적으로도 반향을 불러일으켰다. "우리는 중요한 결정을 내려야 했습니다. 유통망은 상품commodity일까요, 아니면 핵심 역량core competency일까요? 만약 상품이라면 왜 투자를 해야 할까요? 그리고 회사가 커지면 계속 자체적으로 관리해야 할까요? 아니면 하청을 줘야 할까요?" 만약 아마존이 하청을 주기로 결정한다면 웨그너는 직장을 잃을지도 몰랐다. "한마디로 눈앞에서 제 일자리가 왔다 갔다 하더군요."

제조업계의 용어로 '배치(Batch, 한번에 일괄 처리되는 물품을 함께 일컫는 말 – 옮긴이)'라고 부르는 것에 아마존의 문제가 있었다. 아마존 FC 장비는 원래 짐 라이트가 구입했는데, 월마트 물류센터의 시스템처럼 최소 용량에서 최대 용량으로 옮겨갔다가 다시 돌아오는 물결식으로 작동하도록 디자인되어 있다. 물결의 시작에서 피커picker라고 부르는 인부들 한 그룹이 제품을 쌓아놓은 곳으로 흩어져 각자 담당 구역에서 고객이 주문한 물건을 집어온다. 이 당시 아마존은 일반적인 조명 유도 피킹 시스템을 이용했다. 통로와 개별 선반에 있는 여러 종류의 불이 해당 제품으로 인도하면 피커는 그 물건을 집어 토트tote라고 불리는 운송용 상자에 담는다. 그리고 나서 토트를 거대한 분류 기계로 들어가는 컨베이어 벨트로 옮긴다. 그 기계 안에서 상품들은 고객의 주문에 따라 재정리된 후, 새로운 컨베이어 벨트에서 포장이나 배송 작업을 돕도록 보내진다.

피커들은 개별적으로 일하도록 되어 있었는데, 자연히 어떤 사람들은 다른 이들보다 더 오래 걸렸고 이것이 문제가 되었다. 예를 들어 피커 99명이 45분 만에 자신들의 배치를 끝냈는데 100번째 피커가 추가적으로 30분을 더 소요하면 그 99명은 그저 앉아서 기다리고 있어야 했다. 마지막 토트가 활송 장치에서 제거되어야 시스템은 천둥 같은 소리를 온 FC에 울리며 다시 살아났고 최대 용량으로 작동할 준비가 되었다.

FC에서는 모든 일이 이렇게 산발적으로 벌어졌다. 크리스마스 시즌 '대돌격' 동안 용량을 최대로 이용하고자 하는 회사에게 이는 큰 문제였다. 1984년에 출간된 엘리 골드렛과 제프 콕스의 『더 골』은 제조업의 한계를 다룬 영향력 있는 책으로 윌크는 거기에서 설명한 원칙을 따랐다. 그 책은 재미있는 소설 형식을 빌려 병목 현상이 가장 심한 부분의 효율성을 극대화하는 데 초점을 맞추라고 가르친다. 아마존으로 보면,

크리스플랜트 분류 기계가 여기에 해당했다. 모든 상품이 이 기계에 들어가는데 배치에서 피킹 때문에 분류기에 제품이 주입되는 속도가 제한된다. 그 결과 배치가 정점에 이르는 짧은 몇 분 동안만 기계들이 전면 가동하게 된다. 윌크의 그룹은 물결이 겹치도록 가동하는 실험을 해보았지만 크리스플랜트 분류기가 과부하되는 경우가 많았고 그렇게 되면, 총책임자들이 과장되게 '건물이 폭발했다'고 말하는 상태에 이르곤 했다. 그러면 그 아수라장을 다 치우고 다시 모든 것을 정상 궤도로 올리는 데 많은 시간이 걸렸다.

펀리에서의 그날 회의 중, 간부급 직원들과 엔지니어들은 소매유통의 지배적인 정설에 의문을 제기했다. 늦은 오후 모두들 시설 작업장에 다시 가서 주문 제품들이 멈칫거리며 시설 전체에 걸쳐 돌아가는 모습을 지켜보았다. "나는 제프 베조스에 대해 잘 몰랐습니다만, CEO가 거기서 팔뚝을 걷어붙이고 우리와 함께 컨베이어를 기어오르는 모습을 보고 깊은 인상을 받았습니다." MIT 교수 스티븐 그레이브스가 말한다. "우리는 비판적으로 사고하면서 어떻게 이 일을 더 잘할 것인지에 대해 별 희한한 의견을 다 내놓았습니다."

하루를 마감할 무렵, 베조스와 윌크를 비롯한 직원들이 다음과 같이 결론을 내렸다. 제3자 회사로부터 제공받은 장비와 소프트웨어는 현재 업무를 감당하기에 적절치 않다. 배치에서 벗어나 시설 전반을 지속적이고 예측 가능한 주문의 흐름 형태로 옮기려면 아마존이 직접 모든 소프트웨어 코드를 다시 써야 한다. 유통 사업에서 손을 떼는 것이 아니라 재투자하기로 결정했다.

"다음 몇 년 동안 우리는 납품업체 모뎀의 전원을 하나씩 껐습니다. 납품업자들은 놀라서 입이 떡 벌어지더군요. 우리가 자체 솔루션을 개발해낼 줄은 몰랐던 거죠." 웨그너의 말이다. 나중에 시애틀이나 라스베이거스 같은 곳에 포장이 손쉬운 제품을 처리할 작은 시설을 열고 인디애나폴리스와 피닉스 및 그 외의 도시에 규모가 작은 FC를 열었을 때, 아마존은 한발 더 나아가 조명 유도 피킹 시스템과 커다란 크리스플랜트 분류 기계를 아예 들이지 않은 채 눈에 보이지 않는 알고리즘을 선호하는 자동화가 덜 된 접근 방식을 이용했다. 직원들은 포장 작업대의 오른쪽 선반에서 자신의 토트를 가져오는데 그들의 움직임은 소프트웨어로 조심스럽게 조정되었다. 천천히 아마존은 물결식 피킹을 완전히 몰아내고 직원들의 생산성을 높였으며 FC의 정확성과 안정성을 향상시켰다.

유통망의 효율성을 높이는 데 있어서 월크의 점진적 성공은 앞으로 수년간 많은 면에서 아마존을 유리한 위치로 올려놓았다. 물류를 엄격히 제어할 수 있게 되자 회사는 고객에게 주문 배달 예상일에 대한 구체적인 약속을 할 수 있게 되었다. 아마존이 공급체인에서 웹사이트까지 모든 기술 영역을 자체적으로 운영하게 되자 러셀 앨고어와 그가 거느리는 엔지니어들은 주문마다 무한한 시나리오를 생성해 시스템이 가장 빠르고 저렴하게 배송할 수 있게 해주는 알고리즘을 만들어냈다. 매시간 수백만 번의 결정이 이루어지고 비용 절감이 일어남에 따라 가격은 낮아지고 매출은 늘어나게 되었다.

"FC 내에서 제품을 통합하는 것은 매우 힘든 일이지만 일단 시스템이 완성되면 그것으로 절감한 액수는 재고와 제반 경비를 내고도 남습니다." 이렇게 말하는 제프 월크는 베조스가 펀리 회의에서 FC 모델을 포기할까 걱정한 적이 없다고 주장한다. "원칙적으로나 수학적 계산으로 보면 우리가 옳다는 것을 쉽게 알 수 있습니다. 저는 일찍부터 이 회사는 원칙과 수학 계산을 따르면서 참을성을 갖고 끈기 있게 일하면 결국 승리하는 곳이라는 것을 알았습니다."

FC나 시애틀 본사를 돌아다닐 때마다 제프 베조스는 회사 시스템이나 심지어 기업 문화에 결함이 있는지 찾았다. 예를 들어 2003년 어느 평일 아침, 아마존 회의실에 들어간 베조스는 흠칫 놀랐다. 회의실 한구석 벽에 직원들에게 영상 프레젠테이션을 보여주는 TV가 새로 설치되어 있었다. 회의실에 TV가 있다는 것 자체가 논란이 될 것 같지 않았지만 베조스는 기분이 좋지 않았다.

그는 TV 설치에 대해 미리 알지 못했고, 당연히 승인한 적도 없었다. 설치된 TV는 부서 간 연락을 위한 서툰 시도일 뿐만 아니라 재정 낭비로 보였다. "이런 식으로 무슨 좋은 소통이 이루어질 수 있겠어!" 그는 불평했다.

베조스는 아마존 내 회의실에 있는 모든 TV를 치우도록 했다. 그러나 오랫동안 관리급 사원으로 일해온 매트 윌리엄스에 의하면 베조스는 일부러 벽에 달린 철제 TV 설치대는 여러 해 동안 놔두었다. 그중에서는 낮게 장착된 것들이 있어 직원들이 일어서다가 머리를 부딪힐 수 있는데도. 마을 어귀에 적장의 목을 베어 걸어두는 고대의 장군처럼 그는 TV 설치대를 바람직하지 않은 행동에 대한 상징과 훈계로 사용했다.

TV 소동은 아마존에서 직원에게 주는 또 다른 상을 만드는 이유가 되었다. 이것은 관료주의적이고 자원을 낭비하는 활동을 찾아내는 직원에게 수여되는 표창장으로, 갑자기 갈 곳이 없어진 TV를 상품으로 주었다. TV가 동나자 그 상은 '문짝 책상 상'으로 변신해 '고객에게 저렴한 가격으로 제공할 수 있는 잘 만들어진 아이디어'를 내는 직원에게 수여되었다. 상품은 문짝 책상 모양의 장식품이었다. 베조스는 다시 한 번 자신의 가치관을 회사 내에 강화할 방법을 찾고 있었다.

TV를 벽에서 끌어내리던 그 무렵 베조스는 기업 문화에 중요한 변화

두 가지를 이끌어냈다. 자신의 시간을 좀 더 효율적으로 할당하기 위한 지속적인 노력의 일환으로 그는 더 이상 부하직원과 일대일 회의를 하지 않겠다고 선언했다. 이러한 회의들은 문제 해결이나 브레인스토밍보다는 자질구레한 보고와 사내 정치에 관한 것이 대부분이었다. 오늘날까지도 베조스는 직원과 단둘이 만나는 경우가 거의 없다.

다른 변화 역시 희한하고 어쩌면 기업 역사에서 유일한 것인지도 모른다. 그때까지는 아마존 직원들이 마이크로소프트의 파워포인트와 엑셀 스프레드시트 소프트웨어를 사용해 회의에서 자신의 아이디어를 발표했다. 베조스는 그 방법이 게으른 사고를 숨기고 있다고 믿었다. "파워포인트는 매우 애매모호한 소통 메커니즘입니다." 이렇게 말하는 제프 홀든은 베조스의 옛 D. E. 쇼 동료였으며 그즈음에는 이미 S팀에 합류한 상태였다. "요약 목록 사이에 숨는 일은 아주 쉽습니다. 생각을 완전히 표현하지 않아도 되니까요."

직원들은 더 이상 이러한 안일한 방법을 사용할 수 없었고 그들의 프레젠테이션을 베조스가 '서술narrative'이라고 부르는 산문 형태로 써내야 했다. S팀은 파워포인트 사용을 없애는 것에 대해 그와 열띤 토론을 벌였지만 베조스는 완강했다. 그는 깊이 생각하고 자신의 생각을 설득력 있게 표현하기 위해 공을 들이는 사람들을 원했다. 그는 직원들을 독려하면서 이렇게 말하기를 좋아했다. "이곳이 컨트리클럽으로 변하는 것을 원치 않습니다. 우리는 힘든 도전과 씨름하고 있습니다. 여기는 설렁설렁 일하다가 퇴직이나 하려고 오는 곳이 아닙니다."

그리고 불편스러운 적응기가 곧 이어졌다. 회의는 더 이상 예전의 아마존이나 세상의 여느 기업에서처럼 누군가 일어서서 회의를 진행하는 것으로 시작하지 않는다. 대신 직원들은 자신의 서술을 돌리고 모두들 조용히 앉아 15분 정도(더 길어질 때도 있다) 서류를 읽는다. 처음에는 분량 제한이 없었다. 디에고 피아센티니는 그것 때문에 상당히 고통스러운 상황이 발생하곤 했다고 한다. 직원들이 몇 주 동안 길게는 60페이지짜리 서술을 써내자 곧 추가 칙령이 발표되었다. 서술에 6페이지 분량 제한이 생겼고 주석을 추가할 수 있었다.

이 새로운 사규를 누구나 다 받아들인 것은 아니었다. 많은 직원들이 효율적인 운용자나 혁신적인 사상가를 치하하는 것이 아니라 글쓰기에 능한 사람들에게 상을 주는 시스템이라고 느꼈다. 특히 엔지니어들은 마치 타임머신을 타고 중 3 국어 시간으로 돌아온 것처럼 갑자기 산문이나 쓰고 앉아 있으려니 상당히 기분이 좋지 않았다. "스프레드시트에 담아야 할 내용까지 모두 서술로 바꾸려니 황당하더군요." 당시 생산자 관계 업무를 담당하던 린 블레이크의 말이다. 그녀는 이 모든 것이 조금 지나면 시들해질 것으로 생각했다(그런 일은 일어나지 않았다).

베조스는 새로운 사규에 세부사항을 채워넣기 시작했다. 새로운 기능이나 제품을 제안할 때는 모의 언론 보도 자료의 형식으로 서술을 써야 한다고 선언했다. 직원들이 제품 설명을 가장 본질적인 순수한 형태로 승화시키고 소비자가 볼 수 있는 광고 문구에서 시작해 역순으로 작업하는 것이 목표였다. 베조스는 어떤 기능이나 제품에 관해 정확히 표현하는 방법을 모르고 또한 고객이 그것을 어떻게 받아들일지 모르고는 제품에 대한 좋은 결정을 내릴 수 있다고 생각하지 않았다.

스티브 잡스는 고객이 원하는 것을 정확히 꿰뚫는 통찰력의 소유자로 알려져 있다. 그와 동시에 동료들을 종잡을 수 없게 대하는 변덕스러운 성격으로도 유명하다. 애플의 설립자는 엘리베이터에서 직원을 해고하고 실적이 좋지 않은 중역들에게 소리를 지르기도 했다고 한다. 어쩌면 빠른 속도로 돌아가는 첨단 기술 산업계에는 이런 행동을 일으키는 풍

토적인 뭔가가 있는 것 같다. 이러한 치열함은 CEO들 사이에서 그다지 드문 일은 아니니 말이다. 빌 게이츠는 어마어마한 분노발작을 터뜨리곤 했다. 마이크로소프트에서 그의 후임자가 된 스티브 볼머는 의자를 던지는 경향이 있다. 오랫동안 인텔의 CEO를 지낸 앤디 그로브는 너무나 가혹하고 무서운 사람으로 정평이 나 있어 한번은 부하직원이 실적평가를 받다가 기절했다.

제프 베조스도 이 부류에 든다. 그의 광적인 투지와 과감성은 동의를 이끌어내고 예의바른 기업 문화를 조장하는 기존의 리더십을 능가했다. 그는 언론 앞에서 매력 있고 유머 감각이 뛰어난 반면 카메라만 꺼지면 직원의 머리라도 물어뜯을 것 같다.

베조스는 멜로드라마식의 분노발작을 일으키곤 했다. 그러면 일부 아마존 직원들은 이를 두고 비밀스럽게 '헤까닥했다'고 말했다. 베조스의 엄격한 기준에 미치지 못하는 직원은 그를 헤까닥 상태로 만들었다. 만약 직원이 제대로 된 답을 할 수 없거나, 대충 답을 끼워 맞추려고 하거나, 다른 사람의 공로를 가로채거나, 사내 정치 냄새를 풍기거나, 전투의 열기 속에서 조금이라도 반신반의하거나 약한 모습을 보이면 이마의 핏줄이 튀어나오고 여과 장치가 사라졌다. 그러한 순간에 그는 과장이 심하고 인정머리가 없었다. 여러 해 동안 그의 질책은 직원들을 충격에 빠뜨린 적이 많았다. 다음은 아마존 베테랑들이 수집해 들려주는 베조스의 히트작들이다.

"만약 그게 우리의 계획이라면, 난 우리의 계획이 마음에 안 드네."

"미안하지만 오늘 얼간이 약을 먹었나?"

"이 문제에 관해 자네가 내 말을 듣게 하자고 '나는 이 회사의 CEO입니다'라고 적힌 증명서라도 떼어와야 하나?"

"자네랑 관련 없는 일에서 다른 사람의 업적을 가로채려는 건 아니겠지?"

"당신, 게으른 거야, 아니면 그냥 무능력한 거야?"

"세계적 수준의 회사를 맡겼더니 다시 한 번 나를 실망시키는군."

"이 아이디어를 다시 듣느니 차라리 자살하겠어."

"자네가 그 질문에 대한 답을 모르는 것이 이상하게 보이나?"

"자네는 왜 내 인생을 망치고 있지?"

(누군가가 제안서를 발표한 후) "이 문제에 대해 우리는 인간의 지능이라는 걸 적용해야 해."

(공급체인팀의 연간 계획을 훑어본 후) "공급체인팀은 다음 해에는 별로 일을 할 생각이 없나 보군."

(서술을 읽고 나서) "이 문서는 B급 팀이 작성한 것이 분명하군. 누가 A급 팀의 문서를 나에게 건네주겠나? 나는 B급 서류 따위에 시간을 낭비하고 싶지 않네."

현재 일부 아마존 직원들은 스티브 잡스, 빌 게이츠, 래리 엘리슨과 마찬가지로 베조스는 공감능력에 문제가 있으며, 그 결과 직원들의 회사 공헌도를 고려하지 않은 채 그들을 소모품처럼 대하고 있다는 주장을 펴고 있다. 다른 사업가들의 경우 감정이나 개인적 관계가 영향을 끼치지만, 베조스는 결국 자본과 인력을 냉정하게 할당할 수 있어서 초합리적인 사업 결정을 내릴 수 있다는 것이다. 그들은 또한 베조스가 회사의 실적과 고객서비스 향상에 우선적으로 에너지를 집중시키느라 그에게 인간관계가 2차적인 문제로 밀려나고 있는 것임을 인정한다. "제프는 누군가를 심하게 혼내는 것을 즐기는 부류의 사람이 아니에요. 그저 어리석음을 참지 못할 뿐이죠. 그것이 실수라 할지라도요."

불행인지 다행인지는 몰라도, 베조스의 비판이 놀랍도록 혹은 짜증

날 정도로 정확해서 그것을 받아들이는 편이 더 쉬울 때가 많다. 회사가 배치 문제를 해결하기 위해 애쓰는 동안 아마존의 부사장이었던 브루스 존스는 다섯 명의 엔지니어를 이끌고 FC에서 피커의 움직임을 최적화하는 알고리즘을 만들던 이야기를 들려준다. 팀은 이 작업에 9개월 동안 매달렸고, 베조스와 S팀 앞에서 그 내용에 대한 프레젠테이션을 했다. "문서는 훌륭하게 작성되었고 팀원들 모두 철저히 준비했습니다." 존스의 말이다. 그런데 베조스가 문서를 읽은 후 "자네들 모두 다 틀렸어"라고 말하더니 일어서서 화이트보드에 뭔가를 쓰기 시작했다.

존스는 이렇게 말한다. "그는 제어 이론이나 운영 체계에 대한 배경 지식이 전혀 없습니다. 단지 기본적 물류센터 경험이 전부인데다 몇 달, 아니 몇 주 동안도 현장에서 근무한 적이 없습니다." 그러나 베조스는 자신의 주장을 화이트보드에 적어놓았다. "글쎄, 그가 적어놓은 것 하나하나가 다 정확하고 옳은 것이 아니겠습니까! 그가 틀렸다는 것을 증명할 수 있었으면 좋으련만 우리는 그러질 못했죠. 제프와의 상호작용은 주로 이런 식이었습니다. 그는 자신과 전혀 관련 없는 분야의 일에 대해 믿을 수 없을 정도로 지능적일 수 있는 신기한 능력을 갖추었고, 그것으로 소통하는 데 있어서 완전히 인정사정없었습니다."

2002년 아마존은 재고 관리 방식을 후입선출법에서 선입선출법으로 바꾸었다. 그 변화는 아마존이 자사 제품을 FC에 보관하고 있는 토이저러스나 타깃 같은 제휴 회사들의 제품과 쉽게 구분하게 해주었다.

제프의 공급체인팀은 이 복잡한 업무를 맡게 되었는데, 소프트웨어에 버그가 많아 며칠간 고생을 하느라 아마존 시스템은 어떤 매출 수입도 정식으로 기록할 수 없었다. 사흘째 되는 날, 존스가 시스템 전환 상황을 S팀에 보고하고 있을 때 베조스가 그에게 마구 퍼붓기 시작했다. "그는 나를 '완벽한 머저리 새끼'라고 부르면서 왜 나 같은 바보를 회사에 채용했는지 모르겠다고 했죠. 그러고는 '자네 부서를 청소하게'라고 하더군요." 존스는 수년이 지난 지금도 이 이야기를 한다. "끔찍했어요. 거의 사직서를 낼 뻔했습니다. 나는 쓸모없어진 자원이었던 거죠. 하지만 한 시간 후 그는 평상시 모습으로 돌아왔습니다. 마치 아무런 일도 없었던 것 같았습니다. 그처럼 상황적 분할이 잘되는 사람은 처음 봤어요."

존스가 선입선출법 회의 자리에서 나오자 제프 윌크의 사무 비서가 전화기를 들고 그에게 다가왔다. 윌크가 애리조나 휴가지에서 전화를 걸어온 것이다. 그는 벌써 회의에서의 사건에 대해 알고 있었다. 그는 "브루스, 나는 100퍼센트 자네를 지지하네. 나는 완전히 자네를 믿어. 여기 골프 코스에 있을 테니 필요한 것이 있으면 연락하게. 도울 수 있는 한 뭐든 하겠네"라고 말했다.

그렇다고 제프 윌크가 언제나 베조스의 부드러운 짝 노릇을 했던 것은 아니다. 그 두 사람은 매년 가을 모든 FC를 방문했는데 그들은 이 연중행사를 '완행열차 여행'이라고 불렀다. 1주일 동안 하루에 한 FC를 방문하면서 자신들의 카리스마 넘치는 존재감을 이용해 오류를 잡아내고 과정을 향상시키는 데 직원들이 집중하도록 만들었다. 총책임자들은 손이 땀에 젖고 맥박이 빨라진 상태로 그 둘 곁에서 긴급 상황 시나리오를 설명하고, 연말에 수천 명의 임시 노동자들을 채용해서 물량을 성공적으로 처리한 이야기를 들려주었다. 윌크와 베조스는 세부사항으로 파고 들어가서 무섭도록 놀라운 예측력으로 질문을 해댔다. 그것은 영감을 주는 동시에 무시무시한 경험이었다. "이 사람들은 인정사정 봐주지 않았어요. 혼나지 않으려면 '모르겠습니다. 알아보고 두 시간 뒤에 다시 보고 드리겠습니다'라고 솔직하게 말하고 그렇게 실행하는 데 익숙해져야 해요. 얼렁뚱땅 넘어가거나 거짓말을 할 수 없어요. 그랬다가는 끝장이죠." 마크 매스탠드리아의 말이다.

T. E. 멀레인은 수년간 아마존의 유통망에서 일하면서 새로운 FC를 열고 관리하는 일을 맡았다. 그는 펜실베이니아 체임버스버그에 새 FC를 열고 윌크가 이곳에 첫 방문을 했을 때 그를 안내했다. 멀레인에 따르면 윌크는 건물 주변을 천천히 걸어 다니면서 투어를 시작했다고 한다. 그는 수취 화물 적재 플랫폼 옆 건물 코너에서 너무 크거나 무거워 컨베이어 벨트를 사용할 수 없는 제품들이 무질서하게 쌓여 있는 것을 발견했다. 무슨 이유에서인지 인부들은 상품을 주문서와 매치시킬 수가 없어서 그냥 무더기 속에 둔 것이었다.

한 바퀴 돌고 나서 윌크는 멀레인을 보며 전형적인 질문으로 대화를 시작했다. "T. E., 내가 주변을 걷자고 한 이유를 아는가? 이유를 말해 보게."

"오류를 찾기 위해서입니다."

"그러면 인부들이 왜 제품을 무더기로 쌓아두나?"

"현재 과정이 정확하지 않아서입니다. 정확하지 않고 예측 불가능한 상태이기 때문입니다."

"좋아. 그러면 이 문제를 자네가 해결할 텐가?"

"네."

보통 4/4분기 중간 무렵 크리스마스 쇼핑 주문이 서서히 늘어나기 시작하지만, 제프와 윌크는 추수감사절 후 사람들이 몰리는 블랙 프라이데이나 사이버 먼데이 전에 완행열차 여행을 간다. 대돌격 기간 중에 윌크는 시애틀로 돌아오곤 하지만 엄격한 1일 전화회의를 통해 부하직원들과 연락을 취한다.

크리스마스 시즌의 압박이 너무 심해져서 윌크는 스트레스 해소를 위한 새로운 코너를 만들었다. 바로 '원초적 함성'이 그것이다. 물류팀이 무엇인가 의미 있는 것을 이루었을 때 월크는 그들에게 뒤로 기대고 앉아 눈을 감고 전화기에 최대한 목청껏 큰 소리를 지르라고 말했다. "명백히 스트레스 해소에 도움이 되었습니다만 처음에는 내 스피커폰이 날아가는 줄 알았습니다." 월크의 말이다.

대돌격이 끝나고 마지막 상자를 실어 보내고 나면 보통 12월 23일이 된다. 버트 웨그너는 "이 세상 누구보다도 크리스마스를 멋지게 보내야 해요. 여기에 오기까지 너무나 열심히 일했거든요"라고 말한다. 그러고 나면 다시 새로운 1년이 시작되는 것이다.

2002년 제프 월크는 이제 거대한 물량을 이용해 주요 사업 제휴처인 UPS로부터 할인을 받기 위한 중요한 노력을 시작했다. 그해 아마존은 UPS와 재계약을 할 때가 다 되었다. 그러나 트럭운전사 노조와 교착 상태에 있던 UPS는 이 온라인 신규 업체에 좀 더 호의적인 조건을 제시할 기분이 아니었던 것 같았다. 아마존은 그 당시 페덱스FedEx를 거의 사용하고 있지 않았고 UPS 이외에 주로 거래했던 택배 회사는 연방정부 차원에서 운영되는 우체국이었는데 요금을 협상 조정할 수 없었다. 아마존은 영향력을 행사할 여지가 없었다.

그러나 그해 초, 기회를 예감한 월크는 실무팀의 브루스 존스에게 페덱스와의 관계를 맺어보라고 부탁했다. 6개월 동안 존스와 그의 팀은 멤피스에 있는 페덱스 본사를 자주 찾아가면서 시스템을 통합하고 물량을 조용히 증가시켰다. 아마존은 또한 우체국을 통한 배송량도 늘렸다. 직원들은 회사 트럭을 몰고 우체국에 가서 상품을 연방 우편물의 흐름 속에 직접 집어넣었다.

월크는 계약 만기일인 9월 1일이 되기 전 그해 여름 루이빌에서 UPS와 협상을 시작했다. 예상했던 대로 UPS가 표준 요금보다 가격을 내리는 것에 대해 완강히 거부하자 월크는 거래를 끊겠다고 협박했다. UPS

직원들은 그가 허세를 부린다고 생각했다. 월크는 시애틀에 있는 존스에게 전화했다. "브루스, 이쪽은 꺼버리게."

"열두 시간 내로 아마존에서 UPS로 가는 물량은 하루에 수백만 건에서 두 건으로 줄었습니다." 존스는 이를 지켜보기 위해 펀리로 날아갔다. 교착 상태는 72시간 동안 계속되었으나 고객들과 외부인들은 전혀 눈치채지 못했다. 펀리에서 UPS 직원들은 아마존은 계속 이렇게 유지하지 못하리라는 것을 안다고 존스에게 말했고 페덱스는 곧 물량을 감당하지 못할 것이라고 예견했다. 아마 그들의 말이 맞았을 것이다. 그러나 그 예견이 맞는지 확인하기도 전에 UPS 중역들은 더 이상 견디지 못하고 아마존에 할인 요금을 제시했다.

"네, UPS 없이도 영업을 할 수는 있었겠지요. 그러나 매우 힘들고 고통스러웠을 겁니다. 그들도 그것을 알았어요. 저는 UPS와 거래를 끊고자 한 것이 아니라 단지 정당한 가격을 원했을 뿐입니다." 결국 그는 원하던 것을 이루었다. 이는 아마존이 받은 최초의 대량 주문 할인 중 하나가 되었고, 규모의 힘과 거대 사업 세계의 다윈주의적 생존 현실에 대한 교훈이 되었다.

2003년 제프 베조스는 아마존에 대한 자신의 구상안을 짤 수 있는 또 다른 방법을 들고 왔다. 이번에는 새로운 내구재 하드라인 품목으로의 확장을 이끌고 있는 구매부를 위한 것이었다. 철물 공구, 운동용품, 전자제품이 그 품목들이었다. 아마존은, 베조스에 따르면 비非가게unstore였다.

그 당시 베조스는 회사가 다음으로 노릴 큰 기회로 보석류를 생각하고 있었다. 제품의 크기는 작고 가격은 높은데다 배송료는 비교적 저렴했다. 매력적인 대상이 아닐 수 없었다. 그는 이 프로젝트를 진행할 사람으로 소매 담당 책임자인 에릭 브루사드와 랜디 밀러를 지목했다. 언제나처럼 베조스가 제품 판매를 총괄하도록 선정한 중역은 그 제품 판매에 대한 경험이 없었다.

화려하게 보일지는 몰라도 보석을 파는 데는 어려움이 따랐다. 비싼 보석류는 상세한 사항을 온라인으로 전시하기가 힘들었다. 또한 비싼 만큼 FC에서 일하는 직원들에게 슬쩍하고 싶은 마음이 들게 하는 제품이었다. 또 다른 문제는 가격 책정이었다. 보석 산업은 후한 마진이 붙는 단순한 가격 책정 모델을 이용하고 있었다. 가게에 따라 도매가의 두 배를 부르는 곳도 많았고, 심지어 세 배를 붙이기도 하는Keystone Pricing 등 소매 이윤이 엄청났다. 보석 제조업체와 소매업체는 이 관습을 엄격히 고수했는데, 이는 가장 낮은 가격으로 제공하겠다는 베조스의 굳은 신념과 잘 맞지 않았다.

아마존 보석류 중역들은 회사가 최근에 의류로 진출하기 위한 조심스러운 첫 시도로 사용했던 접근법을 이용하기로 결정했다. 경험이 많은 다른 소매업자들이 아마존의 마켓플레이스를 통해 모든 것을 팔게 하고 아마존은 수수료를 받는 것이다. 그러는 동안 회사는 그들을 지켜보면서 배울 수 있었다. "우리는 이 부분에 상당히 능했습니다. 사업에 대해 아는 바가 없으면 마켓플레이스를 통해 시작합니다. 소매상들을 불러들여 그들이 무엇을 하는지, 무엇을 파는지 공부한 후 우리도 뛰어들면 됩니다." 랜디 밀러의 말이다.

베조스는 그 계획을 좋게 받아들이는 것 같았다. 적어도 처음에는 말이다. 어느 날 S팀과 내구재 하드라인 구매부를 불러 회의를 하던 도중 무엇인가 그의 신경을 건드렸다. 그들은 보석 사업의 마진에 대해 의논하고 있었고, 랜디 밀러의 부하직원이 보석 산업이 전통적인 방법으로 돌아간다는 말을 했다. 베조스는 "자네는 지금 이것을 제대로 생각하지 않고 있네"라고 말하더니 잠시 자신의 사무실에 무엇인가를 가지러 갔다. 그는 몇 분 뒤 복사한 서류를 한 무더기 안고 나와 회의에 참석한 모든 사람에게 한 장씩 나누어주었다. 거기에는 열 문장으로 된 글 한 단락이 적혀 있었다. 그 글은 이렇게 시작된다. "우리는 비가게입니다."

밀러와 그 자리에 있던 다른 중역들에 따르면 그 문서에는 베조스가 자신의 회사를 어떻게 보고 정의내리고 있으며, 또한 왜 그토록 많은 회사가 아마존의 시장 진출에 그렇게 불편해하는지에 대해 나와 있었다.

베조스의 관점에서 비가게란 전통적인 소매 규칙에 얽매이지 않는다는 뜻이었다. 아마존은 무한한 진열 공간을 갖추고 있고 각각의 손님마다 개별 맞춤화를 할 수 있었다. 고객이 긍정적인 후기뿐만 아니라 비판적인 후기도 올릴 수 있도록 했고, 새로운 상품 바로 옆에 중고 상품도 함께 두어 손님들이 모든 정보를 가지고 선택을 할 수 있도록 했다. 베조스는 아마존이 매일 최저가격과 뛰어난 고객서비스를 제공한다고 보았다. 회사는 월마트이자 노드스트롬 백화점(미국의 고급 백화점 체인 - 옮긴이)이었던 것이다.

또한 비가게가 된다는 것은 오로지 고객에게 제일 득이 되는 것만 생각해야 한다는 뜻이었다. 기존의 보석 사업은 일상적으로 100퍼센트 혹은 200퍼센트의 마진을 매겨왔지만, 아마존에는 통하지 않는 이야기였다.

회의에서 베조스는 아마존은 소매업을 하지 않으니 소매업계에 굽실거릴 필요가 없다고 선포했다. 그는 보석 사업의 가격 책정 관습은 무시해도 좋다고 말하며 아마존에서 1,200달러 상당의 팔찌를 산 고객이 인근 보석상에서 감정을 받았는데 그 상품이 사실은 2,000달러의 가치가 있다는 것을 알았다면 기분이 어떨지 상상해보라고 제안했다. "여러분은 소매업 전문이고 제가 여러분을 채용한 이유도 여러분이 소매업자들이기 때문입니다. 그러나 알아두십시오. 이제 오늘부터 당신들은 옛 규칙에서 해방되었습니다."

2004년 봄 아마존은 보석을 팔기 시작했다. 제품의 3분의 2는 마켓플레이스에서, 나머지 3분의 1은 아마존에서 직접 파는 것이었다. 베조스는 여러 달 동안 아마존이 사용할 우아한 목각 보석함 디자인에 몰두했다. 랜디 밀러는 이렇게 전한다. "그 상자는 베조스의 모든 것이었습니다. 티파니처럼 보석계의 상징이 되기를 원했던 거죠."

아마존은 사교계의 유명인사인 패리스 힐튼과 계약을 맺고 그녀가 디자인한 보석을 독점적으로 팔았다. 또한 고객이 자신의 반지를 웹사이트에서 디자인할 수 있는 도구를 만드는 데 상당한 자원을 들였다. 아마존의 새로운 보석 세공 직원은 켄터키 렉싱턴에 있는 FC에서 화염 개방로를 이용해 반지를 세공했다. 추가적으로 아마존은 다이아몬드 검색이라는 기능을 만들어 고객이 캐럿, 모양, 색깔 등에 따른 개별적 보석을 찾을 수 있게 만들었다. 그리고 그의 경쟁심을 보여주는 엄격한 전술로 베조스는 아마존의 통신 직원에게 블루나일의 분기 보고와 같은 시간에 보석 품목의 개시를 공고하라고 지시했다. 블루나일은 온라인 보석 판매의 리더로 역시 시애틀에 본사를 두고 있다.

이 품목에 종사하는 직원의 말에 따르면 보석 판매는 아마존에게 크지는 않지만 꽤 짭짤한 수익을 가져다주었다. 그러나 베조스가 상상했던 것과 달리 보석 사업은 크게 성장하지 않았다. 아마존의 시계 사업은 튼튼하게 성장하고 있는 반면 사람들은 약혼반지를 고를 때는 실제로 보석 가게에 가고 싶어 했다. 얼마 후 반지를 디자인하는 도구와 다이아몬드 검색은 웹사이트에서 사라졌다. 아마존의 관심은 신발과 의류 같은 새로운 전쟁터에서 어슬렁거리고 있었다. 보석 프로젝트에 참여했던 직원들은 나중에 그 힘든 경험에 대해 털어놓았다. 목표는 자주 변했고, 상사는 자주 바뀌었으며 아마존의 가격 책정 방법을 싫어했던 공급자들과 끊임없는 분쟁이 있었다고 한다. 비가게가 된다는 것은 베조스가 생각했던 것만큼 쉬운 일은 아닌 듯했다. 그 시절에 내구재 하드라인 사업 담당 아마존의 중역들이 즐겨하던 농담이 있다. "하드라인에 '하드hard'라는 말이 있는 이유는?"

*   *   *

하드라인팀이 다양한 성공률로 아마존에 새로운 품목을 들여오고 있는 동안, 제프 윌크와 그의 그룹은 무계획적으로 지은 시설망을 이용하는 아마존의 주문 이행 과정을 다항식 같은 시스템으로 바꾸어놓는 일을 완성했다. 고객이 여섯 개의 제품을 주문한다 치자. 그러면 회사의 소프트웨어는 재빨리 고객의 주소, FC 내의 제품 위치, 전국에 있는 다양한 시설의 배송 마감 시간 같은 여러 가지 요인을 확인한다. 그다음 이 모든 변수를 가지고 계산해 가장 빠르고 저렴한 방법으로 제품을 배송한다.

유통망의 소프트웨어를 완전히 다시 만들고 나니 바라던 효과가 나타났다. 배송 시간(웹사이트로 주문이 들어온 제품이 트럭에 적재될 때까지 걸리는 시간)이 짧아지고 단위당 비용(특정한 하나의 물건에 대한 주문을 이행하는 전체 비용)이 내려간 것이다. 윌크가 아마존에 합류했을 무렵, 고객이 주문 버튼을 누른 후 선적까지 걸리는 시간은 3일이 걸렸다. 그런데 펀리에서의 회의가 있고 1년 후에는 네 시간 정도밖에 걸리지 않았다. 그 당시 전자상거래업계의 기준은 열두 시간이었다.

제품을 효과적으로 배송하고 고객에게 정확한 배달 시간을 알려주는 역량 덕분에 아마존은 다른 경쟁사들보다 경쟁우위에 있게 되었다. 특히 이베이는 아예 이 분야를 비껴갔다. 주문 이행은 베조스가 투자한 레버리지였고 그는 전략을 이끌어가는 데 그 레버리지를 사용하기 시작했다.

2002년 아마존은 따로 배송비를 받고 익일 배송, 이틀 배송, 사흘 배송 등 고객들에게 다양한 배송 서비스를 선택할 수 있게 했다. 윌크와 직원들은 이것을 '패스트트랙fast-track' 혹은 '패스트레인fast-lane' 주문이라 불렀고 이를 처리하기 위한 별도의 과정을 만들었다. 이렇게 주문된 제품은 FC 작업장에서 크리스플랜트 분류기를 통해 가속화되고 포장 담당 직원에게 가장 먼저 전달되며 그다음 대기 중인 트럭에 가장 먼저 선적된다. 아마존은 이 능력을 점점 세분화해 익일 배송의 경우 배송 마감 시간을 마지막 트럭이 FC를 떠나기 45분 전으로 정했다. 특급 배송은 실제로 이용하기가 힘들 정도로 고객과 아마존 모두에게 비용이 많이 들었다. 그렇지만 전략적 효과를 얻기 위해 그 서비스를 웹사이트에 같이 올려두었다.

2004년 찰리 워드라는 아마존 엔지니어가 아이디어 툴이라는 직원 의견 프로그램을 통해 제안서를 냈다. 초알뜰 배송은 가격에 민감하고 시간적 여유가 있는 고객의 요구에 맞춘 것이다. 토요일 저녁까지 목적지에 있을 비행기 여행자들이 더 싼 가격을 지불하는 것과 마찬가지다. 그 주문들은 트럭에 여유가 있을 때 선적되기 때문에 전체적으로 운송비가 줄어든다. 그렇다면 정반대의 고객을 위한 서비스를 만들면 어떨까? 워드는 시간이 촉박하고 가격에 신경을 쓰지 않는 고객을 위한 초고속 배송 클럽을 제안했다. 그는 월회비를 내는 음악 클럽처럼 운영하면 좋으리라고 의견을 냈다.

그해 가을, 직원들이 워드의 제안에 워낙 큰 관심을 보여 베조스의 눈에도 띄게 되었다. 그 아이디어에 즉각 매료된 베조스는 아마존 주문 시스템 이사인 비제이 라빈드란을 포함한 직원들 몇 명에게 메디나 자택 뒤에 있는 보트 창고에서 토요일에 만나자고 말했다. 베조스는 회의를 시작하며 이제 배송 클럽이 최우선 긴급 순위라고 알렸다. "이건 엄청난 아이디어야." 그는 모여 있는 엔지니어들에게 말했다. 그는 라빈드란과 제프 홀든에게 그들 부서에서 최고로 뛰어난 사람들을 모아서 열두 명으로 구성된 SWAT팀을 만들라고 지시했다. 그리고 그는 2월에 있을 다음 분기 수익 발표 전까지 완성하라고 당부했다. 겨우 몇 주밖에 남지 않은 것이다.

베조스는 그 후로 두 달 동안 찰리 워드와 나중에 킨들 중역이 된 도로시 니콜스를 포함한 SWAT팀을 매주 만났다. 그들은 빨라진 개별 상품 처리 속도를 이용해 이틀 배송 서비스를 만들었다. 팀은 새로운 서비스에 붙일 이름 몇 개를 제안했다. 그중에는 '초알뜰 플래티넘Super Saver Platinum'도 있었는데 베조스는 사람들이 이 서비스를 돈을 아낄 수 있는 프로그램으로 생각하기를 원하지 않았기 때문에 퇴짜를 놓았다. 아마존의 이사회 임원이자 클라이너 퍼킨스의 파트너인 빙 고든은 자신이 으뜸이라는 의미의 '프라임Prime'이라는 이름을 생각해냈다고 주장한다. 하지만 몇몇 팀원은 그 이름이 선택된 이유가 패스트트랙 팔레트가 FC에서 으뜸 자리에 놓여 있었기 때문이라고 여긴다. 프라임 가입 과정을 테스트하기 위해서 포커스 그룹을 아마존 사무실에 불러왔다. 참여자들은 가입 과정이 헷갈린다고 느꼈다. 그래서 홀든은 '프라임 계정 만들기'라는 글씨가 적힌 커다란 오렌지색 버튼을 사용하자고 제안했다.

서비스를 위한 회비를 책정하기는 쉽지 않았다. 얼마나 많은 고객이 가입할지, 그리고 가입 후 구매 습관이 어떻게 변할지 아무도 아는 사람이 없었기 때문에 명확한 재정 모델이 없었다. 그들은 49달러에서 99달러까지 몇 개의 가격을 고려했다. 베조스는 연회비 79달러로 결정했다. 고객이 신경을 쓸 만큼 큰 금액이어야 하되 한번 가입해볼 만한 금액이어야 한다는 것이었다. "사실 79달러라는 금액은 중요하지 않았어요. 진짜 목적은 사람들의 사고방식을 바꿔 다른 곳에 가서 쇼핑하지 않게 하려는 것이었죠." 나중에 최고디지털책임자CDO가 된 라빈드란이 《워싱턴 포스트》에서 한 말이다.

베조스는 2월 서비스 개시일에 대해 단호한 입장을 취했다. 프라임팀이 시간이 더 필요하다고 보고했을 때 베조스는 수익 발표를 1주일 늦추었다. 팀원들은 마감일 새벽 3시에 서비스 세부사항 준비를 마쳤다. 복잡한 작업이었지만 그 프로그램의 많은 요소가 이미 기존에 있던 것들이라서 준비가 가능했다. 윌크의 부서는 FC에 있는 우선순위 물건을 빠르게 피킹하고 포장해서 배송하는 시스템을 이미 만들어놓은 상태였다. 아마존의 유럽 사업부는 독일과 영국에 새로이 시작한 넷플릭스 부류의 DVD 우편 대여 사업을 위해 회원 가입 도구를 만들어놓았다. 그 서비스는 상당히 기초적이었지만 빠르게 개선되어 미국의 프라임 서비스를 지원할 수 있게 되었다. 홀든은 "프라임 서비스는 이미 존재하는 것이나 마찬가지였어요. 우리는 그저 마무리 작업을 하는 셈이었죠"라고 말한다.

많은 면에서 프라임의 도입은 신념을 바탕으로 한 행위였다. 아마존은 이 프로그램이 어떻게 주문에 영향을 미칠지 혹은 고객이 멀티미디어 이외의 다른 품목에서도 쇼핑할 가능성이 있는지에 대해 거의 알지 못했다. 만약 특급 배송을 하는 데 8달러가 드는데 배송 클럽 회원이 1년에 스무 번 주문을 한다면, 회사는 배송에 160달러를 쓰게 된다. 79달러 회비보다 훨씬 더 큰 금액이다. 서비스는 운영비가 비쌌고 정확한 손익분기점을 찾아내기도 어려웠다. "금융 분석을 할 때마다 '이틀 내 배송을 공짜로 해주다니 완전히 미쳤다'는 말이 돌아왔지만 우리는 이 결정을 내렸습니다." 디에고 피아센티니의 말이다.

베조스는 직관과 경험으로 밀고 나갔다. 그는 초알뜰 배송이 고객의 행동을 바꾸어 더 큰 주문을 생성하고 새로운 품목에서도 쇼핑하도록 동기를 부여했다는 것을 알아챘다. 그는 또한 원클릭 주문에서 온라인 쇼핑 과정이 쉽고 매끄러울수록 고객들은 더 많이 산다는 것을 알았다. 덕분에 회사의 플라이휠이라는 선순환에는 가속도가 붙었다. 고객이 더 많이 물건을 살 때, 아마존의 판매량은 늘어났다. 그래서 배송료를 낮출 수 있고 공급업자들과 새로운 거래 협상을 할 수 있었다. 그 덕분에 회사는 돈을 절약할 수 있었고, 그 돈을 프라임 서비스에 재투자해 다시 더 낮은 가격을 제공할 수 있게 되었다.

결국 프라임은 그 존재 가치가 정당화되었다. 그 서비스는 고객을 아마존 중독자로 만들어버렸고, 그들은 주문을 하고 나서 확실히 이틀 뒤면 구매한 물건이 현관문에 나타나는, 거의 즉각적인 욕구 만족을 마음껏 누렸다. 제이슨 킬러는 그 당시에 이렇게 말했다. "아마존 프라임 계정을 사용해보면 마치 전화 모뎀을 쓰다가 브로드밴드로 바꾼 느낌입니다." 배송 클럽은 일단 회비를 내고 가입했으니 그 혜택을 최대한 받고 싶은 인간의 조금은 비이성적인 충동에도 초점을 맞췄다. 특급 배송의 지나친 비용 때문에 아마존은 프라임 회원제의 시행으로 처음에는 손해를 보았다. 그러나 점차적으로 윌크의 부서는 고객의 여러 주문을 묶어 한 상자로 보내는 데 능해졌다. 이는 돈을 절약해주었고 아마존의 운송 비용을 매년 두 자리 퍼센트씩 감소시켰다.

프라임이 커다란 성공 사례로 세상에 모습을 드러내기까지는 몇 년이 더 걸렸다. 원래는 아마존 내부적으로도 인기가 없었다. 어느 기술 중역은 비제이 라빈드란에게 베조스가 이제 엔지니어들에게 이래라 저래라 할 수 있다고 믿고 마음에 드는 프로젝트를 가지고 와서 시스템에 쑤셔넣으려고 할까 겁난다고 불평했다. 또 다른 중역은 프라임의 예상 손실액 때문에 걱정했다. 프라임을 열렬하게 믿은 사람은 베조스가 거의 유일했다. 그는 매일 신규 가입 상황을 상세히 관찰하고 소매팀이 홈페이지에서 배송 클럽 광고를 빼면 다시 올리도록 했다.

이미 2005년 2월에도 베조스는 대성공이 될 것이라고 예감했다. 언제나처럼 2번가 무어 극장에서 열린 아마존의 전 직원 회의에서 비제이 라빈드란이 프라임을 소개했다. 소개가 끝나자 베조스는 열렬히 박수치기 시작했고 다른 이들도 눈치를 보며 그를 따라 박수를 쳤다.

프라임은 새로운 기회를 열어주었다. 다음 해 아마존은 아마존이 주문 이행을 하는 FBAFulfilment by Amazon 서비스를 도입했다. 이 프로그램은 다른 소매상들이 자신의 제품을 아마존의 FC에 보관하고 배송하게 해주었다. 추가 혜택으로 그들의 제품을 주문하면 프라임 회원들은 이틀 내 배송을 받을 수 있도록 해 아마존의 가장 활발한 고객들에게 그 업체를 노출시켜준다. 윌크의 유통 부서로서는 자랑스러운 순간이었다. "정말 감격스러웠습니다. 우리가 그렇게 좋은 서비스를 만들었고 사람들이 그것을 이용하고자 우리에게 돈을 주니 말입니다." 버트 웨그너의 말이다.

그래서 베조스가 2006년 말 윌크를 운영 평가 도중에 불러냈을 때, 윌크는 그해 크리스마스 시즌이 그의 마지막 물류 업무 기간이 될 것이라는 말을 듣게 될 거라고 생각하지 못했다. 베조스는 윌크가 북미 소매 부서 전체를 떠맡고 싶어 했으며, 윌크는 자신의 후임자를 찾아야 했다. 윌크는 아마존 FC의 향상 속도가 서서히 느려지고 있다고 생각했다. 그래서 자신처럼 6시그마의 교리에 젖은 내부 물류 부서 직원을 승진시키기보다는 새로운 접근과 국제적 경험이 있는 사람을 찾아나섰다.

그가 발견한 사람은 마크 오네토였다. GE의 중역으로 일했던 그는 강한 프랑스 억양과 생동감 넘치는 이야기꾼이었다. 오네토의 감독하에 엔지니어들은 또다시 아마존 물류 소프트웨어의 일부를 다시 썼으며 '메커니컬 센세이Mechanical Sensei'라고 부르는 컴퓨터 시스템을 만들었다. 메커니컬 센세이는 아마존의 FC를 돌고 있는 모든 주문을 시뮬레이션하고 다음 새 FC는 어디에 위치하는 것이 가장 생산적일지 예측했다. 오네토는 또한 아마존의 초점을 린 생산방식으로 돌렸다. 린 생산방식이란 도요타로부터 나온 경영 철학으로, 낭비를 없애고 작업장에서 실용적인 변화를 가져오도록 하는 데 중점을 둔다. 일본인 컨설턴트들이 가끔씩 아마존에 파견나왔는데 이들이 얼마나 비판적이었고 아마존을 무시했던지 아마존 직원들은 그들에게 새로운 별명을 붙여주었다. 그것은 바로 '욕설턴트insultant'였다.

아마존이 자사의 소프트웨어와 시스템에 열심히 초점을 맞추고 있기는 하나 유통 시스템에는 또 다른 핵심 요소가 있다. 바로 거기서 실제로 일하는 저임금 노동자들이다. 아마존은 10년 동안 성장하면서 크리스마스 시즌마다 수만 명의 임시직 직원을 고용했다가 그들 중 10~15퍼센트만 정규직으로 바꿔왔다. 다른 괜찮은 일자리가 없는 곳에서 시간당 10~12달러를 받고 노동하는 저숙련 일꾼들에게 아마존은 잔인한 주인이었다. FC에 DVD나 보석류처럼 쉽게 훔칠 수 있는 물건들을 쌓아두게 되자 절도가 끊이지 않았다. 그래서 회사는 모든 FC에 금속탐지기와 경비 카메라를 설치하고 결국에는 시설을 순찰할 외부 경비업체와 계약을 맺었다. "그들은 확실히 모든 사람을 잠재적으로 아마존의 물건을 훔쳐갈 사람으로 보더군요. 저는 별로 기분 나쁘게 받아들이지 않았어요. 실제로 너무나 많은 사람이 계속 도둑질을 했다고 알고 있거든요." 2010년 펀리 FC에서 현장 직원으로 일했던 랜들 크로즈의 말이다.

아마존은 직원들의 비행을 퇴치하기 위해 점수 제도로 직원들의 실적을 체크했다. 지각하는 직원은 0.5점, 결근하면 3점이 깎였다. 아파서 출근하지 못하는 경우에도 1점을 잃었다. 그래서 총 6점이 깎이게 되면 해고를 당했다. "아마존은 회사의 기대치에 맞추지 못하면 그 자리에서 일하고 싶어서 줄 서 있는 사람들로 대체했습니다. 두 번째 기회 같은 것은 주지 않았어요." 크로스가 설명한다.

여러 해 동안 트럭운전사 노조인 팀스터와 유나이티드 푸드 앤드 커머셜 워커스 노조는 아마존의 미국 FC에 노조를 결성하기 위해 애를 썼다. 그들은 주차장에서 전단지를 나누어주기도 했고 어떤 경우에는 직원들의 집에 직접 찾아가기도 했다. 아마존의 물류 중역은 재빨리 이러한 노력에 맞서 직원들과 소통하고 고충을 듣는 한편 노조활동은 허용되지 않는다는 것을 명확히 표현했다. 아마존의 어마어마한 직원 규모와 FC 내 높은 이직률을 볼 때 누구라도 직원들을 조직한다는 것은 지극히 힘들었다. 가장 최근인 2013년에는 독일에 있는 아마존 FC 두 곳의 직원들이 4일간 파업을 하며 월급 인상과 복지 혜택 확대를 요구했다. 아마존은 노조와 협상하기를 거부했다.

노조들은 또 다른 걸림돌이 있다고 말한다. 나중에 당할 불이익에 대한 직원들의 두려움이었다. 2001년 1월, 회사는 비용 절감의 한 방편으로 시애틀 고객 상담 콜센터를 닫았다. 아마존은 최근에 일어난 노조활동과 상관이 없다고 말했지만 그 사건에 연루된 노조는 다르게 생각하는 눈치였다. "아마존의 노조화를 가로막고 있는 가장 큰 장애물은 두려움입니다." 기술업계 노조인 워싱턴 얼라이언스 오브 테크놀로지 워커스의 대변인 레니 새웨이드는 말한다. "직원들은 해고될까 두려워합니다. 정확히 말해서 그것은 불법이지만 말이죠. 만약 해고되면 일자리를 되찾기 위해 싸워야 하는 것은 본인이거든요."

아마존은 종종 FC에서 절도, 노조화, 무단결근보다 더 예측하기 힘든 것과 싸워야 했다. 바로 날씨였다. 아마존은 날씨가 쌀쌀해졌을 때 난방을 하는 것을 불필요한 경비로 보았다. 하지만 회사의 관리자급 직원들은 피닉스에 있는 첫 FC에 에어컨을 설치하는 수밖에 없다는 것을 곧 깨달았다. 그곳의 여름은 숨 막히게 더웠기 때문이다. 그래서 FC 관리자들은 폭염에 대처하기 위한 프로토콜을 만들었다. 중서부 지방에서는 여름에 38도 이상 올라가는 경우가 잦았는데, 그런 경우 보통 15분인 아침과 오후 휴식 시간을 5분 더 늘렸다. 또한 선풍기를 설치하고 게토레이 음료를 공짜로 나누어주었다.

이러한 조치가 거의 우스우리만큼 하찮게 들리는데, 실제로 그랬다. 2011년 앨런타운 지역 신문 《모닝 콜》이 그해 여름 혹독한 폭염 속에서 리하이 밸리에 있는 FC 두 곳의 열악한 작업 환경에 대한 폭로 기사를 실었다. 노동자 열다섯 명이 더위와 관련된 이상 증상을 나타냈고 인근 병원으로 실려갔다. 응급실 의사는 연방정부 관리 기관에 전화해 위험한 작업 환경을 보고했다. 그 상세 내용을 보면 많은 독자와 아마존 고객들에게 잔인하게 들릴 부분이 많다. 그중 하나는 폭염 동안 FC 밖에 사설 앰뷸런스 회사의 구급요원들이 대기하고 있었다고 했다. 직원들이 쓰러지면 대처하기 위해서였다.

제프 윌크는 미연방 직업안전보건국에 기록된 낮은 사고율에서도 알 수 있듯 아마존의 전체적 안전 기록을 보면 아마존의 창고에서 일하는 것이 백화점에서 일하는 것보다 더 안전하다고 주장한다(아마존의 시설에 관해 미연방 직업안전보건국에 접수된 불만 신고 건수가 낮다는 사실이 이 주장을 뒷받침한다).[3]

베조스와 윌크는 혼돈과 싸우며 공학을 이용해 해결하려 애썼지만, 완전히 극복하지는 못했다. 인간 본성의 변덕스럽고 예측할 수 없는 기이한 면은 언제나 예기치 못한 방법으로 나타나곤 한다. 2010년 12월 불만에 찬 직원이 펀리 조달실에 불을 질렀을 때처럼. 직원들은 모두 대피했고 집으로 가라는 지시가 떨어질 때까지 두 시간 동안 추위에 떨며 밖에 서서 기다려야 했다고 당시 현장에 있었던 직원 두 명이 증언한다. 같은 해 펀리에서 일을 그만두기로 마음먹은 직원 한 명이 컨베이어 벨트 위로 올라가 벨트를 타고 FC 내를 한참 돌아다녔다. 물론 그는 곧 문 밖으로 끌려나갔다.

아마 최고의 이야기는 2006년 연말연시에 벌어진 일일 것이다. 캔자스 코피빌 FC의 임시직 노동자 한 명이 출근 시간에 맞춰 나타났다가 퇴근 시간에 떠났다. 그런데 이상한 것은 그 시간 동안 실제로 그가 한 일이 전혀 기록되어 있지 않았다는 점이다. 그 당시는 아마존의 근무 시간 기록기가 생산성을 체크하는 시스템에 연결되어 있지 않은 때라 아무도 눈치채지 못한 채 1주일이 흘렀다.

마침내 누군가가 그것을 발견했다. 그 인부는 FC의 구석진 곳에 2.4미터 높이로 쌓여 있는 빈 나무 팔레트에 아무도 모르게 굴을 팠다. 그 내부는 밖에서 볼 수 없도록 완전히 가려져 있는데, 그는 그곳에 아늑한 보금자리를 만들고 아마존의 두둑한 선반에서 슬쩍한 물건으로 잘 꾸며놓았다. 그곳에는 음식과 포근한 침대가 있었고 책에서 찢은 그림이 장식되어 있었다. 포르노 사진으로 된 달력도 몇 점 있었다. 코피빌 FC의 총책임자인 브라이언 캘빈은 그 인부의 보금자리를 급습했고 그를 문 밖으로 쫓아냈다. 그 남자는 불평 한마디 없이 떠나 근처 버스정류장으로 갔다. 겸연쩍어 하면서, 그러나 조금은 득의만면해서.

어린 시절의 제프 베조스.
(사진 제공 : 아마존)

다섯 살 무렵의 제프 베조스와 그의 할아버지
로렌스 프레스턴 자이즈. 1969년 텍사스의 코툴라.
(사진 제공 : 아마존)

1982년 마이애미 팔메토
고등학교 졸업반 시절의 제프 베조스.
(사진 제공 : 세스 파펠 /
졸업 앨범 도서관)

MOST VERSATILE RIDER of the Albuquerque Unicycle
Club is Ted Jorgensen, who received one of three trophies
awarded to club members at the club's third anniversary
dinner Tuesday night at the Heights Community Center.
Other trophies went to Rachel Westerman, "most creative"
rider, and Tony Stanphill, winner of the "anniversary race."
New officers of the club are Betty Ross, president; Tommy
Ratcliff, vice president; Margaret Bradley, secretary, and
Jeanne Baum, treasurer. Club members will travel to Okla-
homa City this fall to ride in the community celebration.
The group meets each Tuesday at 7:30 in the community
center. Anyone interested is invited to attend.

1961년 신문에 실린 테드 조겐슨의 모습.
(사진 제공 : 테드 조겐슨)

자신의 자전거 가게에 있는 테드 조겐슨.
2013년 3월 27일, 로드러너 바이크 센터.
(사진 : 벤자민 라스무센)

집에서 아내 매켄지와 함께
오붓한 시간을 보내고 있는 제프 베조스.
(ⓒ 데이비드 버넷 / 콘택트 프레스 이미지)

2012년 제29회 아스펜 연구소 연례 시상식에
참석한 재키와 마이크 베조스 부부.
(ⓒ 페트릭 맥멀런)

제프 베조스와 아마존 직원들.
(사진 제공 : 로렐 캐넌)

셸 캐펀(왼쪽)과 초기 아마존 엔지니어.
(사진 제공 : 로렐 캐넌)

제프와 매켄지 베조스 부부(중앙)가 회사 분장 파티에서
아마존 직원들과 즐거운 시간을 보내고 있다.
(사진 제공 : 아마존)

1997년 아마존 주식 상장 업무를 함께했던 아마존과 도이치 은행 직원들이
가족과 함께 멕시코의 로스 카보스에서 자축 행사를 벌이고 있다. (사진 제공 : J. 윌리엄 걸리)

정글리의 중역 브라이언 렌트, 라케쉬 마터, 초기 구글 투자가 람 쉬리램, 제프 베조스.
(사진 제공 : 브라이언 렌트)

맥도노 FC에서 장난감 주문 처리를 돕는 제프 베조스.
맥도노 FC는 오래지 않아 문을 닫았다.
(ⓒ 사진 : 데이비드 버넷 / 콘택트 프레스 이미지)

아마존 물류센터 시스템을 개혁했던
선임 부사장 제프 윌크.
(ⓒ 브라이언 스메일)

세그웨이를 타고 있는 제프 베조스. 2002년 아마존은
세그웨이 전동 스쿠터를 5,000달러에 독점적으로 판매하기 시작했다.
(마리오 타마 / 게티 이미지)

2001년 9월 7일 금요일,
나스닥 거래 개장을 알리는 벨을 누르는 제프 베조스. (블룸버그)

1999년 12월 29일 버뱅크에 있는 NBC 방송국 제이 레노 투나잇쇼에 출연하여
교육용 장난감인 거스 거츠를 진행자 레노에게 보여주고 있는 제프 베조스. (로이터 통신)

2003년 8월 22일 아마존 의류
부문을 홍보하기 위해 뉴욕 그
랜드 센트럴 터미널에서 테니
스 시범경기를 가진 후 포즈를
취하는 제프 베조스와 테니스
의 여왕 안나 쿠르니코바.
(에반 아고스티니 / 게티 이미지)

2007년 아이다호 선 밸리에서 열린 앨런 앤드 컴퍼니 회의에서 구글 공동 창업자 세르게이 브린과 함께 웃고 있는 제프 베조스. 베조스는 구글의 최초 투자자 중 한 명이었다. (릭 윌킹 / 로이터 통신)

2007년 11월 19일, 뉴욕 시에서 열린 기자회견 도중 최초의 킨들 단말기를 소개하는 제프 베조스. (사진 : 마크 레니헌 / AP 통신)

2009년 제프와 매켄지 부부의 모습. (사진 : 패트릭 맥멀런)

2011년, 킨들 파이어 태블릿을 소개하는 제프 베조스. 이 제품은 아마존과 애플 간의 경쟁을 더욱 심화시켰다. (블룸버그)

기자회견 후 아마존 직원이 기자들에게 킨들 파이어를 선보이고 있다. (EPA / 저스틴 레인)

NASA 부국장 로리 가버(오른쪽에서 세 번째)가 워싱턴 켄트에 위치한 베조스의 사립 우주 탐사 회사 블루 오리진을 둘러보고 있다. (빌 잉걸즈 / NASA)

런던에서 북동쪽으로 45마일 떨어진 밀튼 킨즈에 위치한 아마존 FC.
(데이비드 르빈 / 아이바인 / 레덕스)

2013년 아마존이 제안한
파격적 디자인의
시애틀 시내 새 본부 건물.
(NBBJ)

CHAPTER 07

소매업체가 아닌 첨단 기술 회사
A Technology Company, Not a Retailer

2005년 7월 30일 아마존은 시애틀 베나로야 홀에서 창립 10주년 축하 기념 파티를 열었다. 작가인 제임스 패터슨과 짐 콜린스, 시나리오 작가 로렌스 캐스단이 직원 및 파티에 참석한 손님들과 이야기를 나누었다. 밥 딜런과 노라 존스는 음악을 연주하며 밥 딜런의 〈아이 쉘 비 릴리즈드I Shall Be Released〉를 듀엣으로 부르기도 했다. 코미디언 빌 마헤르는 기념식 진행을 맡았다. 마케팅 부사장 캐시 새빗은 역사적인 순간인 만큼 돈을 후하게 쓰라고 베조스를 설득했고, 아마존답게 고객에게 혜택을 주는 쪽으로 모든 것을 준비했다. 콘서트는 아마존닷컴에서 라이브로 방송되었고 100만 명이 시청했다.

아마존은 놀라운 속도로 발전해왔지만 아직도 언론의 스포트라이트를 자주 받지는 못했다. 이제 공식적으로 실리콘 밸리의 검색 엔진 신규 업체 구글의 시대가 열렸다. 구글의 공동 설립자 래리 페이지와 세르게이 브린은 인터넷 역사를 다시 쓰고 있었다. 2004년의 IPO를 비롯해 그들의 성공기는 전 세계적인 주목을 받았다. 갑자기 똑똑한 온라인 사업 모델과 전통적 회사의 경험 많은 CEO들이 실리콘 밸리의 퇴물이 되었고 기술적으로 유능한 중역들로 대체되었다.

이제 하버드 MBA나 월스트리트 헤지펀드 신동의 시대가 아닌, 스탠퍼드 컴퓨터공학 박사들의 시대가 온 것처럼 보였다. 바깥세상은 아마존이 이 큰 변화를 잘 극복해낼 것이라고 믿지 않았다. 창립기념일 파티가 있기 전 1년 동안 아마존의 주가는 12퍼센트나 떨어졌다. 월스트리트는 아마존의 좁은 마진 폭을 불편하게 여기면서 다른 인터넷 회사들의 우수한 사업 모델에 주목했다. 창립기념행사 무렵 아마존을 분석한 23명의 금융 애널리스트 중 18명은 아마존의 주식 등급을 보유나 매도로 매기며 회의적이라는 의견을 냈다. 여전히 상거래를 위한 최고의 장소로 간주되는 이베이의 시가 총액은 아마존의 세 배였다. 구글은 상장된 지 1년도 채 안 되었지만, 가치 평가는 아마존의 네 배 이상이었다. 베조스는 아마존이 소매업체가 아니라고 강조했지만 아마존은 소매업체처럼 보이고, 소매업체 냄새가 났고, 소매업체처럼 움직였다. 게다가 수익성이 좋지도 않았다.

10주년 기념행사가 열린 지 1주일 만에 《뉴욕 타임스》는 일요일판 경제 1면에 베조스가 더 이상 아마존을 이끌기에 적합한 인물이 아니라는 요지의 기사를 길게 실었다.[1] 그 기사는 "다른 많은 기술 회사의 설립자들이 간 길을 베조스도 따라갈 때가 왔다. 그것은 바로 실무 경험이 많고 직업적으로 훈련된 CEO를 찾아서 자리를 내어주는 것이다"라는 어느 애널리스트의 말이 큰 활자로 인용되어 있었다.

구글의 성공은 월스트리트와 언론의 사고방식을 바꾸는 것 이상의 결과를 낳았다. 아마존에 새로운 도전장을 던진 것이다. 인터넷 사용자들은 이제 아마존닷컴으로 곧장 가서 물건을 찾기보다는 구글에서 쇼핑을 시작했다. 제프 베조스와 고객들 사이에 달갑지 않은 중개인이 생긴 것이다. 구글도 자체 전자상거래의 야망이 있었고, '프루글Froogle'이라는 비교 쇼핑 엔진을 일찌감치 열었다. 그것보다 더 나쁜 소식은 아마존과 이베이가 평면 TV나 애플 아이팟iPod 같은 인기 있는 검색어에 대한 구글 검색 결과 옆의 광고 자리를 놓고 경쟁을 해야 했다는 것이다. 그들은 검색을 통해 이루어지는 매출에 대한 세금을 구글한테 바치는 셈이다. 이 새로운 유형의 광고를 더 효과적으로 하기 위해서 아마존은 웹에서 최초로 시도되는 '자동 검색 광고 구매 시스템' 중 하나인 '우루밤바Urubamba'를 고안했다. 우루밤바는 페루에 있는 강의 이름으로 아마존의 지류다. 그러나 베조스는 아마존의 경쟁사들에도 제공될 수 있는 도구를 구글이 개발하는 데 도움을 준다는 게 마음이 편치 않았다. "구글을 산이라고 생각하게. 산에 오를 수는 있으나 산을 움직일 수는 없네." 그는 우루밤바 프로젝트를 진행하는 젊은 개발자 블레이크 숄에게 말했다. "그들을 이용하되 더 영리하게 만들지 말게."

구글은 고객뿐만 아니라 유능한 엔지니어를 놓고 아마존과 경쟁을 벌였다. IPO 후, 구글은 시애틀 시내에서 차로 몰아 20분 정도 걸리는 커크랜드에 사무실을 차렸다. 구글은 무료 식사, 사내 헬스클럽, 직원 자녀들을 위한 어린이집, 거기에다 가치 높은 스톡옵션에 이르기까지 직원들에게 탁월한 복지후생을 제공했다. 반면에 아마존은 다 죽어가는 주식 가격에 전투적인 기업 문화를 제공했으며 직원들은 여전히 주차비와 식비를 스스로 부담해야 했다. 그러니 구글이 아마존의 엔지니어들을 대거 빨아들이기 시작한 것도 놀라운 일은 아니다.

이 시기 동안 베조스는 아마존의 핵심 사업 이외의 분야에서 위험을 감수하자고 열렬히 외치고 있었다. 2003년과 2005년 사이 아마존은 자체 검색 엔진 서비스를 시작했고 고객들이 웹사이트에서 책 속의 내용을 찾을 수 있는 기능을 고안했다. 베조스는 '메커니컬 터크Mechanical Turk'라는 서비스로 현대적인 '크라우드 소싱crowd sourcing'의 개척을 도왔다. 또한 클라우드 컴퓨팅의 시대를 여는 중요한 작품인 아마존 웹 서비스의 초석을 놓았다.

베조스는 자신이 '기관적 거부institutional no'라고 이름 붙인 반응과 싸웠다. 그는 비정통적인 움직임에 대한 내부적 저항을 나타내는 모든 징후를 이렇게 불렀다. 튼튼한 회사들조차 일반적인 경우와 다른 방향으로 진행되는 움직임에 대해서는 반사적으로 밀어내는 경향이 있다고 그는 말했다. 분기 이사회에서 그는 각 이사에게 자신이 경험했던 기관적 거부의 예를 들어보라고 말했다. 그 질문은 가능성이 낮고 비용이 많이 들며 위험한 일련의 도박을 승인하도록 구슬리기 위한 준비 작업이었다. 그는 아마존의 운명이 시시하고 수익성이 낮은 온라인 소매업체라는 것을 받아들이기를 딱 잘라 거부했다. "이 난관에서 벗어나는 길은 하나밖에 없습니다." 그는 그 시기에 반복해서 직원들에게 말했다. "그것은 바로 출구를 스스로 만들어나가는 것입니다."

베조스는 아마존이 소매업체가 아니라 첨단 기술 회사라는 정체성을 가져야 한다고 확신했다. 그래서 그는 첨단 기술 전문가들을 고용해서 그들에게 애매모호한 직책을 주었다. 2001년 그는 애플의 베테랑이자 유명한 유저 인터페이스 전문가 래리 테슬러를 아마존으로 끌어들이고 '쇼핑 체험 부사장'이라고 불렀다. 다음 해 그는 스탠퍼드를 나온 기계 전문 교수 안드레아스 웨이전드를 고용해서 '최고 과학자'라고 불렀다. 베조스의 과중한 기대와 감독하에서 둘 다 좋은 성적을 내지 못했고 금세 시애틀에 싫증을 냈다. 웨이전드는 아마존에서 겨우 16개월밖에 붙어 있지 못했고, 테슬러는 3년 조금 넘게 근무했다. 그러다가 마침내 베조스는 아마존이 새로운 방향으로 뻗어나갈 방법에 대해 자신만큼 거창하게 생각하는 첨단 기술 전문가를 찾아냈다.

우디 맨버는 북이스라엘의 작은 마을 키리앗 하임에서 태어나 워싱턴 대학에서 컴퓨터공학 박사 학위를 받았다. 1989년 애리조나 대학의 컴퓨터공학 교수로 재직하면서 그는 복잡한 수학 공식의 경이로운 문제 해결 능력에 관한 권위 있는 책을 썼다. 『알고리즘 개론 : 창조적 접근Introduction to Algorithism: a Creative Approach』은 실리콘 밸리 전문가의 관심을 끌었다. 맨버는 야후의 번영기에 그곳에서 일했다. 그러나 2002년 워너 브라더스의 CEO였던 테리 시멜이 CEO로 들어와 웹 포털에서 멀티미디어 회사로 방향을 재설정하자 그에 실망한 나머지 회사를 그만두었다.

맨버의 책에 대해 들은 적이 있던 릭 달젤은 맨버가 야후를 떠날 준비를 하는 동안 그에게 구애하기 시작했다. 달젤은 맨버를 베조스에게 소개해주었다. 그리고 나서 소위 공부벌레 사나이들의 끈끈한 우정이 시작되었다. 베조스가 맨버에게 한 최초의 질문 중 하나는 "본인이 만든 새 알고리즘을 설명해보시겠어요?"였다. 맨버는 설명을 했고 베조스의 이해력에 감탄했다. "그는 완전히 이해했을 뿐만 아니라 대부분의 사람보다 이해력이 훨씬 빨랐습니다. 이런 CEO가 있는 줄은 몰랐어요. 대부분의 야후 선임 이사들에게 이것을 설명하려면 한 달은 족히 걸렸을 겁니다."

맨버는 시애틀로 이사하는 데 상당히 회의적이었다. 그의 아내는 스탠퍼드 대학 교수였고 학교에 다니는 어린 두 딸이 있었기 때문이다. 베조스는 그가 시애틀과 실리콘 밸리에서 시간을 나누어 지낼 수 있도록 허락했다. 맨버는 그해 가을 아마존에서 일을 시작했다. 이번에도 베조스는 전형적으로 애매모호한 직책을 주었다. 최고 알고리즘 책임자. 몇 달 뒤 그는 S팀에 합류했다. "우디와 제프는 곧바로 친해졌습니다." 달젤의 말이다.

맨버의 임무는 광범위했다. 첨단 기술을 이용해 아마존의 실무를 향상시키고 새로운 서비스와 기능을 만들어내는 것이었다. 그는 진행 중인 프로젝트를 검토하고 새로운 아이디어를 얻기 위한 브레인스토밍을 하기 위해 1주일에 한 번 베조스를 만났다. 일대일 회의를 피하는 CEO로서 예외적인 일이었다. 베조스는 언제나 맨버에게 100퍼센트 주의를 기울였다. 아마존의 분기 수익 발표가 있기 겨우 몇 시간 전에 만나게 되었을 때도 마찬가지였다.

아마존에서 맨버가 맡은 첫 프로젝트 중 하나는 그 광대한 야망 때문에 언론과 뉴욕 출판계의 관심을 사로잡았다. 맨버가 회사에 들어오기 전 아마존은 '책 내용 미리 보기Look Inside the Book'라는 기능을 시작했다. 어떤 책이든 고객들이 처음 몇 페이지를 훑어볼 수 있도록 해 전통적 서점과 똑같은 경험을 할 수 있도록 하려는 노력의 일환이었다. 맨버는 그 아이디어에서 한 차원 더 나아갔다. 그는 고객들이 구매한 책 속의 특정한 단어나 문구라도 찾아볼 수 있는 '책 내용 찾아보기Search Inside the Book'라는 서비스를 제안했다. 베조스는 그 아이디어가 몹시 마음에 들었고 거기서 한발 더 나아갔다. 그는 고객들이 모든 책에서 이러한 검색을 할 수 있기를 원했다. 또한 그는 맨버에게 10만 권의 책을 새로운 디지털 카탈로그에 올리는 작업 목표를 주었다.[2]

"우리는 매우 단순한 말로 출판사들을 설득했습니다." 맨버의 설명이다. "서점 두 곳을 상상해보세요. 한 군데는 모든 책을 포장해놓았고 다른 한 군데는 아무런 제약 없이 그 자리에 앉아서 읽고 싶은 책은 뭐든지 읽을 수 있다고 칩시다. 어떤 서점이 더 많은 책을 팔까요?"

출판사들은 '책 내용 찾아보기' 기능으로 인해 온라인상의 저작권 침해가 급증할 것을 걱정했다. 그러나 그들은 대부분 한번 해보기로 했고 아마존에게 실제 서적을 주었다. 이렇게 해서 모인 책은 필리핀의 하청업자에게 보내 스캔하도록 했다. 그러고 나면 아마존 검색 알고리즘이 찾아다니거나 색인을 만들 수 있도록, 맨버의 부서에서 스캔한 이미지를 텍스트로 전환하는 시각적 문자 인식 소프트웨어를 스캔 파일에 대고 돌린다. 고객이 책을 공짜로 읽을 가능성을 줄이기 위해 아마존은 일부 내용만 제공했다. 즉 계정에 신용카드 정보가 있는 고객에게만 찾는 문구의 앞뒤 한두 페이지를 보여주었다. 또한 '쿠키cookie'라고 불리는 작은 코드 조각을 각 고객의 컴퓨터에 떨어뜨려 돈을 내지 않고 다음 페이지를 읽으러 자꾸 오지 않도록 했다.

그것은 복잡한 계산이 많이 필요한 작업이었지만 아마존은 맨버와 그의 부서에 컴퓨터 자원을 별로 제공하지 않았다. 맨버는 밤과 주말에 직원 컴퓨터로 소프트웨어를 돌리는 방법을 써야 할 뻔했다. 그러나 그의 직원 중 한 명이 비상사태를 대비해 보관해둔 개인용 컴퓨터 몇 대를 발견했다. 그는 언제든지 요청이 들어오면 돌려주어야 한다는 조건으로 이 기계들을 가져가도 된다는 허락을 받았다.

아마존은 2003년 10월 '책 내용 찾아보기' 서비스를 개시했고 3년 반 만에 처음으로 《와이어드》에 아마존의 중요한 혁신을 축하하는 특집 기사가 실렸다. 그 기사는 이 세상의 모든 책을 보유한 서점을 열겠다는 1990년대의 열병 같은 꿈, 알렉산드리아 프로젝트에 대한 베조스의 비전을 되살렸다. 어쩌면 그러한 보편적 도서관을 디지털로 만들면 실용성이 무한정으로 더 늘어나지 않을까? 베조스는 '책 내용 찾아보기'는 정말로 그러한 꿈을 현실로 이루는 첫걸음일 수도 있다고 《와이어드》와의 인터뷰에서 조심스럽게 대답한다. "어딘가에서부터 시작해야겠죠.

처음에 작은 언덕을 올라가고 나면 다음에 오를 언덕이 보일 겁니다."[3]
1990년대부터 꾸준히 품목을 추가하면서 중역들은 피할 수 없는 결론에 이르렀다. 제품 검색에 능해야 한다는 것이다. 창업 초기부터 아마존은 지금은 사용되지 않는 검색 엔진이자 컴퓨터 제조사 디지털 이퀴프먼트 사의 스핀오프인 알타 비스타의 사용 인가 신청을 냈다. 그러나 그 정도로는 부족하다는 것이 곧 드러났다. 1990년대 말, 아마존 엔지니어 드웨인 바우먼과 루벤 오르테가는 아마존이 공식적으로 문을 열던 순간부터 수집해온 방대한 양의 고객 정보를 이용해 내부 상품 검색 도구인 '보테가Botega'를 개발했다. 이 시스템은 주어진 검색 문구에서 고객이 클릭한 인기 상품을 식별해 그다음 검색에서 그 제품을 좀 더 위에 놓는다. 이 방법도 쓸 만했다. 얼마 동안은. 그러나 아마존의 카탈로그가 점점 더 복잡해지고, 구글이 웹을 정리하고 색인을 만드는 데 점점 더 능해짐에 따라 아마존은 거북한 사실에 맞닥뜨리게 되었다. 주요 경쟁자가 아마존 자체 검색 엔진보다 아마존 상품을 더 잘 찾아준다는 점이었다.

그 시기, 몇 가지 요인으로 인해 아마존은 곧장 더 넓은 웹 검색의 장으로 뛰어들면서 구글과 정면 승부를 겨루게 되었다. 아마존은 기술 전문 인력을 시애틀로 끌어오는 데 애를 먹고 있었으며 부서들은 같은 엔지니어들을 놓고 경쟁하기 일쑤였다. 2003년 말, 제프 홀든과 우디 맨버는 직원 몇 명을 이끌고 팔로 알토로 가서 구직 후보들을 면접했다. 여행은 큰 성과를 거두었고 시애틀의 인력 시장은 상당히 힘들어졌기 때문에 아마존은 시애틀 밖에 위치한 첫 북미 사무실을 열기로 했다.

베조스와 달젤은 이러한 위성 사무실을 원격개발센터라고 불렀다. 그 취지는 기술적 인력이 풍부한 지역에 사무실을 두고 갓 창업한 벤처 같은 에너지와 민첩성으로 특정한 개별 프로젝트를 맡도록 해 시애틀 본사와 필요한 연락을 최소화하자는 것이었다. 회사가 해당 주의 판매세를 매겨야 할지도 모른다는 걱정이 든 아마존의 변호사들은 이러한 사무실들이 독립 자회사로 설립되고 고객 거래에 관여하지 않는다는 조건으로 동의했다.

시애틀에서 1년을 지낸 후 맨버는 통근에 지쳐서 새로 연 팔로 알토 사무실로 보내달라고 신청했다. 2003년 10월 아마존의 첫 개발센터는 팔로 알토 시내의 웨이벌리와 해밀턴 가 사이에 문을 열었다. 수학적 약어를 좋아하는 베조스는 그곳을 알고리즘을 뜻하는 'A9'이라고 불렀다. 맨버는 팔로 알토로 이사한 뒤에도 화상회의를 통해 매주 회의를 계속했고 본사로 자주 출장을 다녔다.

그들은 여전히 큰 생각을 품고 있었다. A9은 아마존닷컴의 제품 검색을 뜯어고치는 데 몰두했을 뿐 아니라 구글의 영역을 곧장 침범해 일반적인 웹 검색 엔진을 개발했다. 아마존은 구글 검색 색인 사용 인가를 받은 후 그것을 그대로 사용하지 않고 추가로 프로그래밍 작업을 해 넣었다. 구글과 파트너로 일하는 한편 구글에 도전장을 낸 것이다. "검색 문제는 아직 해결되지 않았습니다." 맨버는 2004년 4월 아마존의 웹 검색 엔진 에이나인닷컴A9.com을 선보였다. "아직 할 수 있는 일이 많습니다. 이것은 시작일 뿐이에요."

A9은 베조스와 맨버에게 자신들의 야심 찬 아이디어들을 시험해볼 수 있는 장을 마련해주었다. 그 아이디어의 대부분은 아마존의 핵심 사업과 전혀 관계가 없는 것이었다. 어느 날 브레인스토밍 도중에 그들은 웹이 전화번호부를 재발명할 수 있는 자연스러운 기회를 제공한다는 결론을 내리고 가게와 식당의 거리 사진과 A9 검색 결과를 같이 내보내는 '블록 보기Block View'를 만들어냈다. 이는 구글이 '거리 보기Street View'라는 유사한(그러나 더 성공적이고 더 논란이 많기도 한) 서비스를 발표하기 2년

전의 일이었다.

구글은 '거리 보기' 서비스를 위해 비싼 특수 카메라를 장착한 회사 트럭을 한 군단 보내어 전국을 돌게 했다. 그러나 아마존은 이 문제를 평상시처럼 검소하게 해결했다. 프로젝트를 위해 맨버가 낸 예산은 수십만 달러가 채 안 되었다. A9은 사진사들과 휴대용 장비를 렌터카에 태워 20개의 대도시로 보냈다.

2005년 말에 이르자 구글은 인기에 있어서나 시가 총액에 있어서나 큰 성장을 이루었고 에이나인닷컴의 일반 웹 검색은 아이디어는 좋았지만 실패했다. 웹 검색은 자린고비식으로 만들거나 경쟁자의 검색 색인에 업혀가는 방법으로 될 일이 아니었다. 맨버는 웹 검색 작업을 하는 열두 명의 엔지니어가 있었던 반면 구글은 수백 명이 그 작업에 매달리고 있었다. 그렇지만 A9 개발센터는 장래성이 있었다. 아마존닷컴의 제품 검색을 약간 향상시켰고 '클릭리버Clickriver'라는 광고 서비스를 만들기 시작했다. 이것은 광고주들(예를 들어 TV 설치업체)이 검색 결과 내의 링크(예를 들어 고화질 TV를 검색한 경우)를 살 수 있게 하는 프로그램이었다. 클릭리버에는 새로운 광고 사업의 씨앗이 들어 있었고, 그 씨앗은 나중에 회사의 건전한 매출 수익의 출처가 된다. 맨버가 아마존에 있었던 시간은 다른 방면에서도 생산적이었다. 3년 뒤 그는 20개 이상의 특허 신청을 했고 그중 몇 개는 베조스의 이름으로 된 것도 있었다.

그러나 S팀을 뒤흔든 몇 차례의 갈등이 벌어져서 베조스와 맨버의 파트너십이 깨졌다. 결국 아마존은 그저 따분한 소매업체가 아니라 새로운 시대에 가장 합리적인 사업 모델을 선택한 기술 회사임을 세상에 증명하려던 베조스의 노력은 수포로 돌아갔다.

창립 10년 만에 아마존은 일하기에 즐겁지 않은 곳이 되었다. 주가는 낮고 매년 봉급 인상은 상한선이 있어 엄격하게 제한되며 일의 속도가 너무 빨라 정신이 없었다. 직원들은 봉급이 적고 일은 많다고 느꼈다. 팔로 알토와 다른 곳에 새로운 개발센터가 문을 열었을 때 아마존 내에서 유행했던 농담은 시애틀에 있는 모든 사람이 아마존 직원들이 얼마나 비참하고 불쌍한지 다 알기 때문에 회사를 다른 곳으로 옮겨야 새로운 직원을 구할 수 있을 거라는 것이었다.

공학 부서에서는 오래되고 제멋대로 지저분하게 퍼져나간 기술 인프라를 고치려고 끊임없이 노력하고 있었다. 회사는 1990년 셸 캐편이 만든 원래의 프레임워크를 넘어서 성장했다. 그 당시의 프레임워크는 오비도스라는 획일적 코드 베이스로 수년 동안 임시변통으로 고치고 붙이면서 유지되어왔기에 아마존의 중역 베르너 포겔스는 나중에 이를 '강력 본드와 WD40 공학'이라고 불렀다.⁴ 그리고 아마존이 타깃과 보더스의 웹사이트를 운영하기 위해 투박한 코드 베이스를 복제했을 때, 거래는 수익성이 좋았지만 회사의 인프라 문제를 더 가중시켰다. 그래서 엔지니어들은 한 집을 태우는 불만 끄면 되는 것이 아니라 이웃집들까지 태우는 불도 잡아야 하는 꼴이 되었다.

그 당시 많은 기술 회사들처럼 아마존 또한 '서비스 지향 구조'라고 불리는 좀 더 단순하고 더 유연한 기술 인프라로 옮겨가기로 했다. 이러한 종류의 프레임워크는 모든 기능과 서비스가 독립된 조각으로 처리되어 전체를 부수지 않고도 각각을 손쉽게 업데이트하거나 교체할 수 있었다.

그 당시 아마존의 최고기술책임자이자 비행기 조종사인 앨 버뮬런(동료들은 그를 정답게 '앨 브이AI V'라고 불렀다)의 지휘 아래 아마존은 기술 인프라를 서로 연결되었지만 독립적으로 기능하는 조각들로 재건설했다. 새 코드 베이스는 아마존 강의 지류가 갈라지는 부분의 지명을 따서 '그루

파Grupa'라고 불렀는데 전환 과정은 불편하고도 오래 걸렸다. 3년이 조금 넘는 기간 동안 네트워크 엔지니어들은 심하게 고생했고 수많은 문제에 즉시 반응할 수 있도록 무선호출기를 늘 지니고 있어야 했다.

그 결과 재능 있는 기술자 열두 명이 아마존을 떠났고 그중 많은 수가 구글로 전향했다. 스티브 예이그는 그 당시 이렇게 옮긴 엔지니어 중 한 사람이다. 그는 수년이 지난 뒤 소셜 네트워크인 구글플러스에 이전 직장에 대해 긴 글을 포스팅했는데 실수로 '전체 공개'로 설정하는 바람에 온 인터넷에 공개되었다. "아마존에 대해 이야기하려니 자꾸 구토가 나오려고 해서 이 글을 쓰기가 너무 힘들다. 그래도 결국 이 글을 쓸 방법을 찾게 되겠지만 말이다. 많은 면에서 아마존은 세계적 수준의 기업이다. 특히 고객과 관련된 부분에서는 더욱 그러하다. 그러나 직원들과 관계된 부분에서는 다르다. 그러나 마지막에 중요한 것은 고객일 것이다."

2004년 말, 아마존의 분위기와 작업 환경을 들여다볼 수 있는 또 다른 창문이 열렸다. 토이저러스가 아마존을 연방법원에 고소했다. 토이저러스는 아마존 웹사이트에서 가장 인기가 높은 장난감을 독점적으로 판매할 수 있도록 하겠다는 계약을 아마존이 어겼다고 주장했다. 그 사건은 수많은 이슈가 복잡하게 얽혀서 원본 계약서에 나오는 불가사의한 법률 용어들에 기대어야 했다. 그러나 결국에는 목표와 세계관의 충돌이 문제임이 드러났다. 토이저러스는 자신들이 아마존에 비싼 연회비를 내고 매출의 일부를 지불하는 이유가 아마존의 최고 인기 상품 독점 판매자이기 때문이라고 생각했다. 그러나 아마존과, 아마존의 CEO는 고객에게 폭넓은 선택을 제공하고자 하는 그들의 투지를 가로막는 그 어떤 것도 인정하지 않았고, 다른 판매자들로 하여금 경쟁 장난감을 웹사이트에 실을 방법을 고안해 꾸준히 파트너를 화나게 했다.

재판은 2005년 9월 뉴저지 패터슨의 숨 막히는 법정에서 열렸다. 베조스는 이틀에 걸쳐 증언했고 재판 기록을 보면 그는 그다지 기분이 좋지 않았던 것 같다. 마거릿 메리 맥베이 판사는 베조스가 중요한 결정에 대해 기억을 못하는 것에 의구심을 품었다. 그녀는 결국 토이저러스의 손을 들어주면서 아마존과의 계약을 파기하고 자체 웹사이트를 다시 운영하도록 허락했다. 그녀는 자신의 판결에서 아마존 직원들이 오프라인 소매업체들을 경멸하는 한편 아마존의 CEO를 숭배하고 그의 명령에 전전긍긍한다고 묘사했다. "저는 아마존에서 제프 베조스의 승인 없이는 어떤 중요한 일도 일어나지 않는다는 인상을 분명하게 받았습니다." 그녀는 토이저러스 중역의 증언을 인용하며 판결문 속에 그렇게 썼다.

아마존은 배상금이 높다며 항소했지만, 항소심에서도 패소해 이전 파트너에게 5,100만 달러를 물게 되었다. 토이저러스와의 분쟁은 아마존이 고객 제일주의와 자사의 사업 역학에 너무 집착한 나머지 파트너십을 맺은 거대 기업에는 종종 적대적이었다는 첫 증거가 되었다(토이저러스와의 소송이 진행될 무렵, 항공권 및 여행 웹사이트인 익스피디어와의 파트너십도 법적 소송까지 갔다. 그러나 그 건은 법정 밖에서 합의되었다).

토이저러스와의 계약이 파경을 맞은 후 장난감 사업이 새로운 전환점을 맞이한 가운데 내구재 소매 부서는 점점 더 엉망이 되어갔다. 문제는 전자제품과 보석 같은 품목은 아직 수익을 내지 못하는데도 원조 멀티미디어 사업보다 더 빠르게 성장하느라 회사의 재정을 악화시킨다는 점이었다. 베조스는 그 문제에 주의를 기울여야겠다고 느끼고 2004년 말 드럭스토어닷컴의 중역 칼 라만을 영입했다. 그는 월마트의 직원들을 드럭스토어닷컴으로 스카우트하는 데 혁혁한 공을 세운 장본인으로, 그로 인해 아마존은 결국 1998년 월마트와 법적 분쟁을 벌인 바 있다. 하룻밤 사이에 베조스는 당시 국제 소매부 선임 부사장이었던 디에고 피아센티니의 영역을 둘로 쪼개 내구재를 라만에게 넘겨주었다. 그런 다음 화요일에 사내 이메일로 전 직원들에게 발표했다. 그 시절 거의 모든 사람들은 그 연락을 받고 충격을 받은 것은 자신들뿐만 아니라 피아센티니도 마찬가지였다고 한다(그러나 피아센티니는 이메일이 보내지기 전에 자신은 이미 그것에 대해 알고 있었다고 주장한다).

라만은 인도 남부의 작은 마을에서 태어났다. 열다섯 살 때 아버지가 사망하자 가족들은 빈곤의 나락으로 떨어졌다. 그는 스스로의 힘으로 전기공학 학위를 받은 후 뭄바이의 타타 컨설팅 엔지니어스에서 일하게 되었다. 그리고 나서 텍사스에 있는 월마트에서 컨설턴트로 일했는데, 그곳 IT 부서에서 승진하게 되고 릭 달젤을 만난다.[5] 라만은 매우 똑똑했으며 지칠 줄 모르고 일했다. 그는 상사로서 부하직원들에 대한 기대치가 지나치게 높다는 평을 들었다. 또한 그에게는 잊을 수 없는 습관이 있었는데, 회의 중에 '판pan'이라고 불리는 구장나무 잎사귀를 씹기도 하고 휴지통에 침을 뱉기도 했다. 그 당시 아마존의 데이터 창고를 총괄했으며 라만의 부하직원이었던 다이앤 라이는 라만에 대해 한마디로 이렇게 말한다. "칼은 늘 소리를 지르는 사람이었어요."

월마트에서의 경험을 되살려 라만은 아마존을 첨단 기술 회사로 보는 베조스의 비전을 마침내 실현시킬 시스템을 만들기 위해 밀고 나갔다. 그의 팀은 계절에 따른 유행, 과거 구매 패턴, 얼마나 많은 고객이 특정 상품을 특정 시간에 검색했는지 등 열두 가지의 변수를 바탕으로 구매 담당 직원들이 상품을 주문하게 해주는 자동화 도구를 만들었다. 라만의 팀은 또한 가격 책정 보트bot를 위한 소프트웨어를 향상시켰다. 가격 책정 보트란 웹을 돌아다니면서 경쟁사의 가격을 빼낸 후, 거기에 맞게 아마존의 가격을 조정해 아마존의 가격이 온라인이든 오프라인이든 모든 곳에서 가장 낮아야 한다는 베조스의 완고한 요구를 충족시켜주는 자동화 프로그램이다.

　구매 담당 직원들은 제품 재고 상태를 확인하고 가격을 경쟁력 있게 유지할 책임을 진다. 만약 책임을 다하지 못해 제품 선반이 갑자기 비었다든지 아마존 가격이 경쟁사보다 높다든지 하는 일이 벌어지면 "칼이 직접 당신을 추격해서 죽일 것"이라고 라만과 18개월 동안 함께 일한 다이앤 라이가 말한다. "늘 싸우고 소리 지르는 경우가 너무 많았어요. 기계가 늘 고장나곤 했죠. 그리고 기계가 늘 고장났기 때문에 데이터는 종종 틀렸어요. 우리는 그것을 제프 베조스에게 가져갔는데 데이터가 맞지 않으면 그는 우리에게 소리 지르고 고함치고 난리가 나곤 했죠. 오, 정말 끔찍했어요."

　칼 라만은 말투가 빠르고 억양이 강했다. '칼이즘Kalism'이라고 불렸던 전설적인 어록이 있다. "자네들 모두 뽕을 맞으신 것 같군!"이라며 소리를 지르거나 "자네들이 뭘 마셨는지는 모르지만 나도 한잔 주게. 그럼 나도 자네들의 실적을 보고도 기분이 좋아질지 모르지"라고 퍼부었다. 그는 아마존에서 2년도 못 버텼지만 회사 사람들은 아직도 그에 대해 이야기한다.

　"칼은 무자비했어요." 라만 밑에서 일했던 소매부장 제이슨 골드버거가 말한다. "그는 영화에 나오는 사람 같았죠. 허리케인 카트리나가 발생한 지 1년 후에 제가 주택 개조 사업을 맡았습니다. 그런데 그는 왜 발전기 판매 실적이 지난해 허리케인이 휩쓸었을 당시에 비해 떨어졌는지 이해를 못하더군요. 무조건 밀고 나가는 성격이에요."

　이 모든 변화로 일어난 난류는 그 당시 아마존을 괴롭히던 전체적 기능 장애를 가중시켰다. S팀은 여러 가지 내부 경쟁에 시달렸다. 어쩌면 큰 회사의 전형적인 현상일 것이다. 불편하게 소매사업의 주도권을 나누어 잡은 라만과 피아센티니는 사이가 좋지 않았다. 라만은 제프 윌크와도 으르렁거렸다. 언젠가 윌크는 라만이 FC팀에 관해 헐뜯는 것을 듣고 큰 회의석상에서 따졌다. "당신이 나에게 할 말이 있던 것 같더군요. 이 모든 사람 앞에서 말해보겠어요?" 이 광경을 지켜보던 사람들의 눈에는 그들이 주먹다짐이라도 할 듯했다. 게다가 통신 부사장 캐시 새빗은 피아센티니와 사이가 나빴고, 베조스의 원칙과 행동에 완전히 동화된 제이슨 킬러는 비디오 사이트인 훌루의 경영을 맡기로 했으나 아마존이 그의 후임을 찾도록 몇 달간 잔류하고 있는 상태였다.

베조스는 이 모든 일에 제대로 대처하지 못했다. 마치 이러한 인간관계의 드라마는 그가 접근할 수 없거나 접근하기를 원치 않는 다른 차원의 세계에 속한 듯했다. 그 결과 몇몇 멤버에 따르면 S팀은 매우 가연성이 높은 곳이 되었다. 모두들 큰 목소리를 냈고 상사의 비위를 맞춰야 할 것 같은 압박감을 느꼈다. 정치적인 다툼이 극성을 부리기 좋은 환경이었다.

이 가운데 우디 맨버와, 또 다른 기술팀 리더이자 베조스의 데스코 시절 옛 동료이며 청소년기에는 노바라는 이름의 해커로 활동한 제프 홀든이 가장 크게 다투었다.

홀든은 아마존 경영팀에서 누구보다 오래 근무했고 베조스와 개인적인 친분을 갖고 있었다. S팀의 멤버를 태양 주변을 도는 행성에 비유한다면, 홀든은 수성일 것이다. 그는 가장 가까운 특권 궤도를 차지해 상당한 비난을 샀는데 그 비난은 일정 부분 시기심에서 비롯된 것이었다. 이제 30대 중반인 홀든은 여전히 속사포처럼 말하고 다이어트 음료와 프라푸치노 커피를 엄청나게 많이 마시며 제품 회의 중에는 언제나 강렬하게 일을 진행했다. 베조스처럼 그는 빠른 결과를 원하는 공격적인 상사였다.

국제 디스커버리 선임 부사장으로서 홀든은 개별 맞춤화, 상품 판매

자동화, 이메일 마케팅, 검색 엔진 등 여러 부서의 직원 500명 이상을 거느렸다. 맨버를 팔로 알토로 보내 A9을 맡게 하자는 것도 일부분 그의 아이디어였다. 그러나 한참이 지나고 홀든은 맨버의 팀이 일반 검색의 추상적 도전에 너무 몰두해 있고 아마존 웹사이트를 위한 검색 구동이나 신경 쓰이는 문제인 호출 시간(아마존닷컴에서 검색을 할 때 결과를 생성하는 데 걸리는 시간)을 해결하는 등의 실용적인 부분에는 집중하지 않는다고 느끼기 시작했다. 문제는 웹사이트 검색 서비스의 소유권은 홀든이 가지고 있는 한편 검색 기술은 맨버의 책임하에 있다는 것이었다. 그들은 불가분의 관계였던 것이다.

결국 불만은 점점 커지고 홀든은 상황이 도저히 해결될 것 같지 않다는 결론을 낸 후 대런 벤그로프라는 엔지니어와 비밀리에 시애틀에서 오픈 소스 도구인 루신과 솔러를 이용해 아마존의 검색 엔진을 새로 만드는 프로젝트를 시작했다. 몇 달 뒤 홀든은 베조스에게 시험 제품을 보여주었고 그는 엔진을 테스트하도록 허락해주었다. 홀든은 베조스에게 솔러를 바탕으로 한 엔진을 더 개발하고 싶다고 말하고, 만약 일이 잘 진행되지 않으면 검색을 다시 시애틀로 옮기겠다고 했다. 베조스는 생각해보겠다고 말한 뒤 나중에 그 제안서를 맨버에게 보여주었고, 맨버는 자신의 영역에 대한 비열한 공격으로 받아들였다.

이제 다들 힘든 상황에 놓이게 되었다. 베조스는 홀든과 맨버에게 공동 팀을 결성해 새로운 접근 방식에 대해 평가하라고 말했다. 다음에 일어난 일에 대해서는 여러 가지 설이 있다. 그러나 분명한 사실은 맨버와 홀든이 서로 좋아하지 않았으며 함께 일을 제대로 할 수 없었다는 것이다. 평가 기간이 끝나고 나서 베조스는 검색은 A9의 영역으로 남겨두는 것이 좋겠다고 결정했다. 홀든은 기가 죽었다. 그는 자신의 팀이 그 프로젝트의 선봉에 섰고 웹사이트의 고질적인 검색 문제를 고치기 위해 열심히 일했다고 주장했다. 베조스는 그것은 논리적이 아닌 감정적 호소라고 지적했다.

베조스가 자신을 제치고 맨버를 선택했다고 느끼자 홀든은 아마존을 떠날 준비를 했다. 벤그로프와 그는 펠라고라는 모바일 검색 회사를 시작했다(나중에 그루폰이 인수한다). 그 당시는 홀든과 베조스의 관계에서 힘든 시기였지만 그 둘은 친구로 남았고 베조스는 펠라고에 투자를 했다. 그러나 홀든이 떠나자 베조스는 회사 내 가장 오랜 친구 한 명을 잃었으며 아마존의 가장 다재다능한 혁신가를 놓쳤다. 다행히 그에게는 아직 우디 맨버가 있었다.

그러고 나서 맨버가 떠나기로 결심했다.

맨버는 원격 사무실을 운영하는 것이 마음에 들지 않았고 중요한 의사 결정이 내려지는 시애틀에서 너무 멀리 떨어져 있는 것 같다고 했다. 사실 속으로는 베조스가 경쟁자 홀든의 검색 프로젝트를 시애틀에서 하도록 허락한 것에 대해 마음이 상한 것이다. 그는 베조스와 릭 달젤에게 다시 학계로 가서 두뇌의 기억에 대한 과학 연구를 할 생각이라고 했다. 베조스는 맨버에게 아마존 선임 연구원으로 있어달라고 애원했다. 맨버는 생각해보겠다고 했다.

한편 구글의 첫 직원이자 공학 부사장인 어즈 홀즐은 구글의 인프라에 초점을 맞추기 위해 검색을 총괄하는 것을 그만두고 싶어 했다. 홀즐은 우디 맨버를 저녁식사에 초대해 자신을 대신해 구글의 검색 공학 대표 자리를 맡을 의향이 있느냐고 물어서 깜짝 놀라게 했다. 처음에는 이 분야에서 벗어나려는 계획이라고 말하면서 사양했다. 그러나 몇 주가 지나서 그는 마음을 고쳐먹었고 구글의 제안을 한번 들어보고 싶었다. 홀즐은 그해 1월 팔로 알토 중심가에 위치한 일 포르나이오라는 레스토랑의 밀실에서 래리 페이지와 함께 저녁식사 자리를 마련했다. 페이지와 맨버는 일부러 레스토랑을 따로 들어갔다. 식사 도중 세르게이 브린도 합석했다. 구글의 CEO 에릭 슈미트는 디저트 무렵에 나타났다. 그야말로 놀라운 전면적 압박 공세를 편 것이다.

2월경 맨버는 구글에서 검색팀을 맡아달라는 놀랍게도 후한 자리를 제안받았고 승낙했다. 돈은 접어두더라도, 그 당시 검색 엔지니어라면 누구나 구글로 간다는 것은 세상에서 가장 큰물에 발을 담그고 거물급의 팀과 함께 일할 기회로 받아들였다. 구글의 입장으로서는 검색에서 가장 뛰어난 두뇌를 낚아오고 동시에 경쟁사의 프로젝트를 단칼에 베는 일석이조의 효과를 누릴 수 있었다.

수많은 직원이 구글로 전향하고 있는 이 순간에 맨버는 이제 베조스에게 알려야 했다. 그는 베조스에게 전화를 걸었다. 아마존 직원들에 따르면 다음에 벌어진 일은 아마 베조스의 헤까닥 사건 중 가장 큰 규모였을 것이라 한다. 맨버는 베조스가 실망하고 어쩌면 그를 붙잡아두려고 애쓸 것이라 예상하고 있었다. "저는 제프가 그렇게 반응할 것이라고 예상하고 있었습니다만 제 생각은 빗나갔습니다. 그 이상이었죠. 그는 확실히 화가 나 있었고 저한테 화를 쏟아냈지요. 정확한 단어는 기억나지 않지만 '안 돼! 안 돼! 안 돼! 자네 그러는 거 아냐!' 하는 식으로 말했던 것 같습니다. 내가 무슨 잘못을 한 어린애라도 되는 것처럼 막 야단을 치더군요."

그 순간 맨버는 친구 하나를 잃었음을 알았다. 그는 자신과 같은 연구 배경과 관심 분야를 가진 엔지니어로서 구글의 검색을 맡을 기회를 거절할 수는 없었다고 애원하며 설득했다. 그러나 베조스는 이것을 인간적인 배신으로 받아들였다. 이번에는 직원이 떠나는 것을 그냥 쉽게 넘길 수가 없었다. "그는 단도직입적이었어요. 저는 너무 괴로웠습니다. 그는 언제나 저에게 잘해주었거든요. 저에게 멘토 같은 사람이었죠. 그런데 제가 그를 완전히 실망시켰습니다. 그가 나를 언젠가는 용서해줄지 모르겠어요. 아마 그런 날은 오지 않을 것 같아요. 하지만 합리적으로 생각할 때 다른 방법은 없었습니다. 저는 이미 아마존을 떠나기로 결심한 상태였고, 그래서 제가 일하는 분야의 꼭대기로 옮기느냐 새로운 분야에서 처음부터 다시 시작하느냐의 문제였어요."

며칠 뒤 베조스는 진정하고 맨버의 마음을 돌려보려고 애썼지만 이미 너무 늦었다. 베조스는 이제 가장 가까운 동료이자 기술적 인재 두 명을 잃었다. 그리고 그때 소매업이라는 틀을 깨고 기술 회사로서의 정체성을 끌어안겠다는 아마존의 시도는 흔들리고 있었다. 에이나인닷컴에서의 일반 검색 엔진은 실패로 돌아갔고 맨버가 떠난 지 1년 만에 문을 닫았다. '블록 보기'는 구글의 '거리 보기'로 인수되었다. '책 내용 찾아보기'는 흥미로웠지만, 게임의 판도를 바꿀 만한 것은 아니었다. 세계 최고의 엔지니어들은 치명적인 아마존의 문화를 떠나 구글이나 실리콘 밸리의 잘나가는 인터넷 회사로 몰려갔다. 만약 아마존이 정말로 베조스가 필사적으로 주장하는 것처럼 기술 회사임을 세상에 증명하려면, 극적인 돌파구가 필요했다.

*　　*　　*

2002년 초, 웹의 전도사이자 컴퓨터 책 출판업자인 팀 오라일리가 시애틀로 날아와 제프 베조스에게 일장연설을 늘어놓았다. 오라일리는 나중에 인기 높은 '웹 2.0 기술 컨퍼런스' 시리즈와 하드웨어광을 위한 순회 축제인 메이커 페어를 만드는 데 일조했다. 그는 아마존이 너무 '외톨이 웹 종착점'같이 행동한다고 생각했다. 그는 회사가 매출 데이터를 공개해 자신이나 다른 출판사들이 다양한 트렌드를 추적하고 다음에 무엇을 출간하면 좋을지 결정하는 데 이용할 수 있도록 하면 좋겠다고 했다. [6] 베조스는 그러한 서비스를 바깥세상에 광범위하게 제공한다는 생각을 해본 적이 없었다. 그래서 처음에는 그렇게 하는 것이 어떻게 아마존에게 득이 되는지 모르겠다고 대답했다.

몇 년 동안 오라일리와 베조스는 친근하면서도 가끔은 대립적 관계를 이어갔다. 2000년 2월 오라일리는 아마존이 특허를 낸 원클릭 시스템을 다른 인터넷 소매상들이 사용하는 것을 거부했을 때 온라인 항의 시위를 조직했다(베조스는 특허 시스템에 대한 오라일리의 비판에 가담하고 특허의 유효성에 의문을 제기하는 특허등록 이전의 자료나 사례를 발굴하는 사람에게 현상금을 주던 독립 회사 바운티퀘스트를 지지해 반대 운동을 현명하게 잠재웠다. [7] 오라일리는 또 팬들에게 온라인 책값이 더 싸더라도 동네 서점들이 사라지는 것을 막으려면 그곳에서 책을 구입하라고 권유하는 블로그 글을 올리기도 했다. 전국의 상당수 독립 서점은 금전등록기에 테이프로 그 글을 붙여놓았다).

그러나 오라일리가 2002년 설득력 있는 안건을 들고 베조스를 찾아왔고 베조스는 귀를 기울였다. 그 출판업자는 베조스에게 '아마랭크'를 보여주었다. 그것은 그의 회사에서 만든 정교한 도구로, 아마존 웹사이트를 몇 시간마다 한 번씩 방문해 오라일리 미디어 책과 다른 출판사의 서적 순위를 베낀다. 그것은 스크린을 긁어오는 원시적 기술에 의존하는 투박한 도구였다. 오라일리는 아마존에게 제3자가 아마존의 가격, 제품, 판매 순위 같은 데이터를 쉽게 거둘 수 있게 해주는 애플리케이션 프로그래밍 인터페이스Application Programming Interfaces 혹은 간단히 API라고 불리는 일련의 온라인 도구를 개발할 것을 제안했다. 오라일리는 아마존 가게의 전체 항목을 나누어 다른 웹사이트들이 그 위에 덧붙여 프로그래밍 작업을 할 수 있도록 하는 아이디어를 야심 차게 이야기했다. "회사들은 새로운 기술로 자신들이 얻을 소득만 생각하지 말고 다

른 이들도 소득을 얻을 수 있도록 도와주어야 합니다." 그가 말했다.[8]

오라일리가 돌아간 후 베조스는 이 문제를 논의하기 위해 릭 달젤, 닐 로즈먼, 그리고 당시 직원 대표였던 콜린 브라이어를 불러 회의를 열었다. 달젤은 이미 이것과 비슷한 것이 회사 내에서 개발되고 있다고 지적했다. 그리고 그는 베조스에게 아마존이 1999년에 인수한 모바일 상거래 신규 벤처 컨버전스의 설립자인 롭 프레더릭이라는 젊은 엔지니어에 대해 이야기했다. 프레더릭의 팀은 전화나 팜파일럿 같은 비非PC 모바일 기기로 아마존 가게에 접근할 수 있는 API를 만드는 중이었다. 그 회의가 끝나고 베조스는 오라일리를 초대해 엔지니어 몇 명 앞에서 프레젠테이션을 하도록 했다. 나중에 베조스는 오라일리에게 아마존의 전 직원 회의에서 컴퓨터의 역사라든지 플랫폼의 중요성에 관한 강의를 부탁했다.

베조스는 프레더릭의 팀을 콜린 브라이어가 이끄는 직원 그룹 산하 부서로 만들었다. 그런 다음 개발자들이 아마존 웹사이트에 끼워넣을 수 있는 새로운 API 세트를 만드는 업무를 맡겼다. 곧 다른 웹사이트들은 가격과 제품 상세 설명 같은 정보를 아마존 카탈로그에서 골라서 올리고 아마존의 결제 시스템과 장바구니를 이용할 수 있게 되었다. 베조스 자신도 개방성이라는 웹의 새로운 통설을 믿었고, 이러한 새 도구들을 개발자들이 사용할 수 있도록 만들어서 '그들에게 우리를 놀라게 할 기회를 주자'고 다음 몇 달 동안 회사 내에서 설파하고 다녔다. 회사는 첫 개발자 컨퍼런스를 그해 봄에 열었고, 아마존 시스템을 해킹하기 위해 노력하는 모든 외부인을 초대했다. 이제 고객과 제3자 판매인들의 뒤를 이어 개발자들도 아마존의 새로운 구성원이 되었다. 또한 콜린 브라이어와 롭 프레더릭이 이끄는 새 그룹에는 정식 명칭이 붙여졌다. '아마존 웹 서비스'는 이렇게 탄생했다.

262

이는 뜻밖에 발견한 길의 시작점이었다.

아마존 웹 서비스, AWS는 오늘날 저장 공간, 데이터베이스, 컴퓨팅 파워 같은 기본 컴퓨터 인프라를 파는 사업이다. 이 서비스는 실리콘 밸리와 그 외 기술계의 일상과 긴밀하게 엮여 있다. 핀터레스트와 인스타그램 같은 신규 업체는 공간과 컴퓨팅 파워를 아마존의 컴퓨터에서 빌려 인터넷을 통해 사업을 운영한다. 마치 사무실 뒤쪽에 강력한 서버를 갖고 있는 것이나 마찬가지다. 큰 회사들도 AWS에 의존한다. 예를 들어 넷플릭스는 영화를 고객들에게 스트리밍으로 보내기 위해 이를 사용한다. 이 서비스는 클라우드cloud라는 신개념을 소개했고 이것은 기술 신규 업체들의 앞날에 너무나도 중요하게 간주되어 벤처캐피털 전문가들은 새 창업 고객들에게 AWS 선물 상품권을 종종 준다. NASA와 CIA 같은 여러 미국 정부 기관도 유명한 AWS의 고객이다. 아마존은 AWS의 재무 실적과 수익성을 비밀에 부쳤지만 모건 스탠리의 애널리스트들은 2012년 22억 달러의 매출을 거두었다고 추정했다.

AWS가 성장함에 따라 몇 가지의 당연한 질문이 튀어나왔다. 어떻게 온라인 소매업체가 이토록 완벽하게 관련 없는 사업으로 진출했을까? 원래 상업적 API 개발을 맡았던 팀이었던 AWS가 어떻게 급진적으로 다른 영역인 첨단 기술 인프라의 판매자가 되었을까? 처음에 이를 지켜보던 이들 중에서는 아마존 소매사업이 크리스마스 시즌에 반짝하는 한철 장사라서 베조스가 비수기 동안 남는 컴퓨터 용량을 임대할 결심을 했을 것으로 생각하는 사람이 많았다. 하지만 아마존 내부 소식통에 따르면 그 설명은 옳지 않다. 만약 그랬다면 성수기가 시작되는 가을마다 개발자들을 서버에서 쫓아내야 했을 것이다.

이러한 인프라 서비스 제공은 그루파와 좀 더 안정성 있는 기술 인프라로 전환하면서 시작된 것으로 2003년에 모멘텀을 얻었다. 아마존의 내부 시스템이 좀 더 내구성 있는 개별 구성요소로 나누어진 반면, 아마존의 기술 직원들은 여전히 종래의 한 팀으로 이루어져 있었고, 시애틀 시내 유니언 스테이션 근처에 있는 별도의 건물에 함께 모여 있었다. 아마존 서버에 접근 허용 관리를 이 팀이 맡았는데, 회사 내 여러 부서가 새로운 기능이나 프로젝트를 시험해보기 위해 자원을 좀 달라고 빌어야 했다. 아마존의 프로젝트 책임자들은 이러한 과정 때문에 일이 느려져서 속상했다. "이 기계를 운영하는 사람들은 하드웨어의 제사장이나 마찬가지였습니다. 그리고 나머지 사람들은 거기에 대해 불평했죠. 저희는 마음껏 시험해볼 수 있는 놀이터를 원했어요." 그 당시 소프트웨어 개발 책임자였던 크리스 브라운의 말이다.

베조스도 짜증스러웠다. 회사는 FC의 조명 유도 피킹 시스템을 향상시켰고 인프라도 성공적으로 분할되었지만, 컴퓨터 자원 공급이 여전히 병목 현상을 보였다. 상태가 얼마나 심했던지 프로젝트 리더들은 6페이지 서술을 S팀에게 제출하고 나서 나중에 토론을 하다가 실제로 프로젝트를 시험할 수 없었다고 실토하는 일도 벌어졌다. 릭 달젤에게는 특히 기억에 남는 회의가 있었다. 그 회의 도중에 당시 개별 맞춤화를 이끌던 맷 라운드가 실험을 해보기 위한 자원이 없다고 불평했다. 달젤은 이렇게 회상한다. "제프는 마침내 저에게 분노를 터뜨렸습니다. 저는 보통 때에도 제프의 화를 잘 감당합니다만 이번에는 정말로 화가 날 만했죠. 우리가 창의력을 억누르고 있었으니까요. 우리는 아마 전 세계에 있는 99퍼센트의 회사들보다 더 빠른 회사였을 테지만 그래도 우리는 충분히 빠르지 않았어요."

그 무렵 베조스는 스티브 그랜드가 지은 『창조 : 생명과 그것을 만드는 방법Creation: Life and How to Make It』이라는 책에 푹 빠져 있었다. 그랜드는 1990년 컴퓨터 화면에 지능적으로 보이는 생물체를 인도하고 기르는 '크리처스Creatures'라는 비디오 게임의 개발자였다. 지능적 생명체를 창조하는 그의 접근 방법은 '프리미티브primitives'라고 불리는 단순한 계산적 구성 요소를 디자인하는 데 초점을 맞추는 것이었다. 그런 뒤, 편안히 앉아서 어떤 놀라운 행위가 나타나는지 구경하면 되었다. 그는 전자제품이 저항기와 축전기 따위의 기본적인 부품으로 만들어져 있고, 생명체가 유전자 구성 요소에서 살아 나오는 것처럼 정교한 인공지능이 사이버네틱cybernetic 프리미티브에서 생겨날 수 있으며 "디자인을 바꾸는 것은 진화의 톱니바퀴에 달려 있다"라고 썼다.[9]

그 책은 두껍고 어렵기는 하지만 당시 아마존 중역들의 독서 모임에서 광범위하게 논의되었고 회사 자체 인프라 관련 문제에 대한 토론을 결론짓는 데 도움이 되었다. 아마존이 개발자들의 창의력을 자극하고 싶다면 그들이 원하는 서비스가 무엇인지 추측해서는 안 된다. 그러한 추측은 과거의 패턴에 근거한 것인 만큼, 그 대신 컴퓨팅 구성 요소인 프리미티브를 만들어놓은 다음 뒤로 물러나 지켜보아야 한다. 다시 말해, 인프라를 가장 작고 간단한 원자 부품으로 쪼개어 개발자들이 최대한 유연하게 자유자재로 접근하도록 해야 한다. 그 당시 직원들은 베조스가 다음과 같이 주장했다고 전한다. "우리의 임무는 연금술사인 개발자들이 쇳조각으로 황금을 만들 수 있도록 최선을 다해서 돕는 것입니다."

베조스는 엔지니어 한 팀을 이끌고 가능성 있는 프리미티브에 관한 브레인스토밍을 주도했다. 저장 공간, 대역폭, 메시지, 결제, 처리 과정 등이 모두 언급되었다. 그는 프리미티브에 관한 통찰이 얼마나 대단한지 몰랐던 듯하다. 아마존은 위에 언급된 서비스들을 개발할 팀을 약식으로 편성하기 시작했다.

2004년 말, IT 인프라를 이끄는 크리스 핑컴은 고향인 남아프리카공화국에 가족들과 돌아가기로 했다고 달젤에게 말했다. 이 무렵, A9은 팔로 알토에 뿌리를 내렸고 달젤은 스코틀랜드, 인도 및 다른 곳에 원격 개발센터를 설립하느라 바빴다. 달젤은 핑컴에게 아마존을 떠나지 말고 케이프타운에 사무실을 차리라고 제안했다. 그들은 가능한 프로젝트를 브레인스토밍했고 마침내 종류에 관계없이 아무 애플리케이션이라도 개발자가 아마존 서버에 돌릴 수 있도록 하는 서비스를 만들자고 결론을 내렸다. 핑컴과 몇 명의 직원은 그 문제를 연구해 '젠Xen'이라 불리는 새로운 오픈 소스 도구를 사용하는 계획을 세웠다. 젠은 데이터 센터 내 단순 물리적 서버 위에 여러 애플리케이션을 보다 쉽게 구동하도록 하는 소프트웨어 층이다.

핑컴은 동료 크리스 브라운을 데리고 남아프리카공화국으로 갔다. 케이프타운의 북동쪽 와인 생산지로 유명한 콘스탄티아의 평범한 사무실 단지 내에 작업실을 차렸다. 여기서 그들은 AWS의 핵심이자 웹 2.0 붐의 동력이 된, 일래스틱 컴퓨트 클라우드Elastic Compute Cloud, 즉 EC2라는 서비스를 만들어냈다.

EC2는 적어도 첫 1년 동안은 핑컴이 시애틀 동료들과 간헐적으로만 연락하면서 독자적으로 개발했다. 콘스탄티아 사무실은 가정용 DSL선 두 개로 꾸려가야 했고 2005년 뜨겁던 여름에는 미국의 두 원자로가 고장이 나서 엔지니어들이 계속되는 등화관제 속에서 일해야 했다. 핑컴은 훗날 고독했던 게 도움이 되었다고 말한다. 참견쟁이 CEO와 떨어져 편안한 거리에서 일할 수 있게 되었기 때문이다. 핑컴은 이렇게 말한다. "저는 베조스의 눈에 띄지 않는 곳으로 숨는 데 시간을 보냈어요. 그는 함께 어울리기에는 재미있는 사람이지만 그의 관심을 지나치게 받는 것은 상당히 꺼려지죠. 정신이 나갈 정도로 집착하거든요."

아마존의 심플 스토리지 서비스Simple Storage Service, 즉 S3를 동시에 개발하던 열두 명의 엔지니어도 조용히 혼자 연구하고 싶어 했으나 그들에게는 그런 행운이 따르지 않았다. 그들은 퍼시픽 메디컬 빌딩 8층 사무실에서 일했고 근 2년 동안 매일 함께 점심을 먹었으며, 퇴근 후에 함께 카드놀이를 했다. 같은 동네에 있는 디지털 미디어 신규 업체 리얼 네트워크의 베테랑인 책임자 앨런 애틀러스도, 다른 엔지니어들도 베조스로부터 숨을 곳이 없었다.

베조스는 웹 서비스의 진화에 깊은 관심이 있었다. 그래서 S3의 소소한 부분에 관여하면서 서비스를 수요에 어떻게 맞출 것인지 세부사항을 물었고 S3 설계가 더 간단해야 한다며 제도판 작업을 여러 번 되풀이시키기도 했다. 애틀러스는 다음과 같이 말한다. "시작은 언제나 재미있고 즐겁습니다. 제프의 웃음소리가 온 방 안에 울리죠. 그러다가 무슨 일이 생기고 회의가 산으로 가면서 정말 무시무시해집니다. 저는 솔직히 회의 때마다 해고되는 것이 아닌지 늘 조마조마했답니다."

애틀러스는 S3 프로젝트를 하면서 베조스의 생각의 규모가 얼마나 큰지 따라잡기 힘든 적이 많았다고 한다. "그는 말 그대로 200달러짜리 싸구려 기계가 수만 대씩 줄지어 미친 듯이 돌아가는 상상을 합니다. 그리고 영원히 확장될 수 있어야 하지요. 베조스는 이렇게 말하곤 했어요. '예정된 비가동시간 없이 무한대로 가는 거야. 무한대로!'"

어느 회의 중에 애틀러스는 서비스가 개시된 후에 예상보다 큰 성장을 할 경우 대처할 방법을 알아보자고 제안하는 말실수를 했다. 그러자 베조스는 헤까닥 상태로 들어섰다. "그는 내 쪽으로 몸을 굽히고 '왜 자네는 내 인생을 낭비하는 거지?'라고 말하더군요. 그러더니 책임자의 권위와 무능력에 대해 장광설을 늘어놓았어요. 정말 화가 많이 났더군요. 저는 그를 따라잡지 못했습니다. 이런 적이 몇 번 있었어요. 그는 너무 앞서 간 거죠."

S3 개시를 기념하기 위해 애틀러스는 직원들의 홍보 티셔츠를 만들었다. 그는 슈퍼맨 옷 모양을 사용하되 S 대신 3S를 넣어 디자인했다. 당연히, 애틀러스가 그 비용을 고스란히 물게 되었다.

웹 서비스에 대한 그들의 야망이 시애틀에서 남아프리카공화국까지 확장됨에 따라 베조스와 달젤은 이 업무를 이끌 사람을 물색하기 시작했다. 베조스는 최고기술책임자인 앨 버뮬런을 추천했지만, 오리건 코밸리스에서 매일 비행기로 통근했던 버뮬런은 행정적인 업무를 보기 싫다고 말했다. 그는 스스로 강등을 자청해 엔지니어로서 앨런 애틀러스와 함께 S3 작업을 했다. 그래서 달젤은 수년 전 신입사원 시절에 회사 내 첫 브룸볼 경기에서 카약 패들로 제프 베조스를 때리면서 재수 없게 회사생활을 시작했던 앤디 재시를 추천했다.

하이테크의 새로운 시대가 진정으로 컴퓨터공학 박사들의 시대라면, 재시는 눈에 띄는 별종이었다. 버펄로 윙을 좋아하고 뉴욕 스포츠팀을 사랑하는 하버드 경영대학원 졸업생 재시는 기계에 집착하는 괴짜들이 모인 신규 업체에 어울리지 않을 것 같았다. 어쩌면 그래서 그의 아마존 생활에 곡절도 많고 때때로 힘겨운 일이 많았는지도 모른다. 1998년 아마존이 음악 사업으로 진입하기 위한 원래의 사업계획을 낸 것은 재시였다. 그러나 나중에 다른 중역이 그 일을 맡게 되는 것을 실망스럽게 지켜보아야 했다. 몇 년 후에 회사 내 전체 개편이 있을 때 재시는 개별맞춤화팀을 맡도록 발탁되었다. 하지만 당시 부서의 엔지니어들은 이 기술 쪽으로 잘 모르는 사람이 팀을 이끄는 것에 반대했다.

그래서 재시는 독특한 기회를 얻게 되었다. 베조스는 그에게 첫 공식 '그림자'가 되어달라고 했다. 그림자는 CEO를 따라다니는 새로운 직책으로 모든 회의에서 CEO와 동석한다. 인텔이나 선 같은 다른 기술 회사들에도 비슷한 직책이 있다. 베조스가 데스코 엔지니어 출신 존 오버덱과 억셉트닷컴 설립자 대니 셰이더 등 새로 들어온 중역들에게 이 일을 맡긴 적은 있지만, 정식 직책은 아니었다. 더구나 예전에 그림자로 활동한 인물들은 얼마 되지 않아 회사를 떠났다. 재시는 그 제안에 갈등했다. "CEO를 바로 옆에 모시고 일하라는 제안에 기쁘기는 했지만, 처음에는 걱정이 앞섰습니다. 그림자를 하던 사람들이 결국 어떻게 되었는지 많이 보아왔거든요. 나는 제프에게 어떤 경우를 성공으로 보느냐고 물어보았습니다. 그는 내가 그를 잘 알게 되고 그가 나를 잘 알게 되어 서로 신뢰를 쌓게 되면 성공으로 본다고 말했습니다." 재시는 그 자리를 수락했고 다음 18개월 동안 베조스와 함께 여행하고, 매일 있었던 일을 의논하며, CEO의 스타일과 생각 과정을 관찰했다. 재시는 그림자 역을 일종의 최고책임자 자리로 보았다. 오늘날 베조스의 그림자 자리는 공식적으로 기술 고문이라고 불리는데 많은 사람들이 원하고 회사 내에서 영향력 있는 직책이다. 베조스는 중요한 일을 함께 의논하고 직원들이 특정 업무를 잘 수행하고 있는지 확인도 하는 능력 있는 인물을 곁에 조수처럼 두면서 자신의 입김이 닿는 범위를 확대했다.

재시의 그림자 재임 기간이 끝나자 그는 자연스럽게 새로운 AWS 책임자 후보로 떠올랐다. 그의 첫 직무는 비전 선언문을 작성하는 것이었는데 6페이지 안에 다 들어가게 하려고 여백을 줄여야 했다. 그 서류에는 확장된 AWS의 사업 목표가 '개발자와 회사들이 웹 서비스를 사용해 정교한 확장형 애플리케이션을 만드는 것'이라고 설명되어 있었다. 또한 저장 공간, 컴퓨팅 파워, 데이터베이스, 결제, 메시지 등 아마존이 곧 웹 서비스로 전환할 프리미티브가 열거되어 있었다. "우리는 기숙사방에 있는 학생도 세계적인 대기업의 것과 같은 인프라를 마음대로 사용할 수 있는 세상을 꿈꿉니다. 중소기업이나 신규 업체들도 큰 기업들과 같은 원가구조를 가진다면 좀 더 동등한 입장에서 경쟁할 수 있을 것입니다." 재시는 이렇게 말한다.

재시, 베조스, 달젤은 새로운 AWS 계획을 아마존 이사회에 발표했고 기관적 거부라는 괴물이 흉측한 머리를 쳐들었다. 아마존이 엔지니어를 고용하는 데 애를 먹으면서도 국제적으로 회사 확장을 가속화할 무렵, 존 도어는 '건강한 회의론healthy skepticism'을 들며 자연스러운 질문을 했다. "우리는 왜 이 사업에 진출하려는 것입니까?"

"우리에게도 그것이 필요하기 때문이지." 베조스는 마치 어떤 서비스에 대한 아마존의 수요가 일반적 시장의 필요를 반영이라도 한다는 듯 대답했다. 재시는 도어가 그 회의가 끝난 후 이렇게 과감하게 투자하는 회사에서 일하게 된 것이 행운이라고 말했다고 회상한다.

그 무렵 베조스는 또 다른 프로젝트를 추진하고 있었는데 초기에 아마존 이사진의 반대가 심했다. 비교 쇼핑 사이트 정글리의 설립자가 1990년대 후반에 아마존을 떠났을 때, 그와 아마존 중역들은 계속 연락을 하고 공동 작업도 해보자고 하면서 좋게 헤어졌다. 두 명의 공동 설립자 아난드 라자라만과 벤키 하리나라얀은 캠브리언 벤처스라는 인터넷 인큐베이터를 시작했고 베조스는 아마존이 투자하기를 바랐다. 그러나 이사진들이 거부권을 행사하며 베조스의 뜻을 거역하는 드문 일이 일어났다. 그래서 베조스는 개인적으로 투자했다. 이 결정은 몇 바퀴를 돌아서 예상 밖의 서비스를 또 하나 만들어냈으며, 이는 회사가 온라인 소매업을 넘어 진화하려는 노력의 증표가 되었다.

캠브리언 벤처스가 실리콘 밸리에서 사업을 시작했을 무렵 P2P라고 부르는 개인 간 파일 공유 서비스인 냅스터가 헤드라인을 장식하며 음반업계에 충격을 몰고 왔다. 캠브리언 엔지니어들은 냅스터와 전 세계에 흩어져 있는 사람들을 연결하는 네트워크의 힘을 생각했다. 이렇게 광범위한 네트워크로 음악을 훔치는 것보다 좀 더 나은, 뭔가 가치 있는 일을 할 수는 없을까? 그들은 궁금했다. 바로 그 궁금증이 프로젝트 '아그레야Agreya'의 씨앗이 되었다. 아그레야는 산스크리트어로 '처음'이라는 뜻이다.

소프트웨어를 만들고 인터넷을 활용해 전 세계 사람들로 그룹을 조직하고 컴퓨터가 잘 해결하지 못하는 문제를 처리하자는 것이 프로젝트의 취지였다. 예를 들어 컴퓨터 시스템의 경우 애완동물들의 사진을 보고 개인지 고양이인지 가려내기 힘들 수 있다. 그러나 인간은 쉽게 그 일을 수행할 수 있다. 캠브리언 벤처스 중역들은 전 세계의 저임금 노동자를 모아놓고 금융회사나 다른 큰 기업들로 하여금 돈을 내고 그 인력을 사용하게 한다는 가설을 세웠다. 2001년 그들은 '하이브리드 기계/인간 컴퓨팅 배열'이라는 이름으로 특허를 신청했다.[10]

세상은 나중에 이 아이디어에 대해 알게 되고, 이를 크라우드 소싱crowd sourcing이라 부르며 포용하게 된다. 그러나 당시 프로젝트 아그레야는 시대를 너무 앞서 가서 금융회사들은 이 개념을 제대로 이해하지 못했다. 그래서 아그레야 팀은 9·11테러가 발생한 그 주에 뉴욕으로 설명회를 하려고 올라갔다. 그러나 테러 사건으로 인해 벤처캐피털은 씨가 말라버린 까닭에 그들은 프로젝트 아그레야를 접어야 했다.

2003년 라자라만과 하리나라얀은 캠브리언 벤처스를 닫고 코스믹스라는 새 회사를 세우기로 했다. 이 회사는 특정 주제에 따라 인터넷에서 정보를 정리하는 기술을 개발했다. 캠브리언을 접으면서 그들은 베조스와 회사 내 그의 투자금을 먼저 처리해야 했다. 놀랍지도 않겠지만, 베조스는 금액이 자신의 순자산에 비해 비교적 적었음에도 불구하고 끈질기게 협상하며 자신의 금전적 이익을 고집스럽게 지켰다. 라자라만과 하리나라얀은 혹독했던 두 달간의 협상을 기억한다. 그 기간 동안 베조스는 캠브리언 벤처스의 해체를 이용해 코스믹스의 지분을 얻어냈다. 이 과정에서 그들은 아그레야 특허에 관해 이야기했다. 그는 즉시 관심을 보였고 이 거래에 그 특허도 넣어달라고 부탁했다. 그들은 협상을 끝낼 좋은 기회로 보고 재빨리 그에게 특허를 팔았다.

놀랍게도 베조스는 아마존 내에 아그레야와 비슷한 프로젝트를 실제로 개발했다. 그는 이 서비스를 '메커니컬 터크Mechanical Turk'라고 다시 이름을 붙였다. 이는 18세기 체스 기계의 이름을 딴 것이다. 그 기계는 내부속에 몸집이 작은 체스의 고수가 숨어서 기계의 움직임을 조작할 수 있도록 되어 있었다. 24명 정도의 아마존 직원이 2004년 1월부터 2005년 11월까지 메커니컬 터크를 위해 일했다. 사람들은 이것을 제프의 프로젝트라고 불렀다. 베조스는 몇 주마다 한 번씩 제품 책임자와 만나고 엄청나게 상세한 추천 사항을 써서 그에게 이메일을 계속 보냈으며 한밤중에 이메일을 보내는 경우도 많았기 때문이었다.

아마존은 2005년 '책 내용 찾아보기'나 고객들이 올린 제품 이미지에 포르노 사진 같은 것이 들어 있지 않은지 확인하는 일에 사람이 직접 수작업을 하는 메커니컬 터크를 내부적으로 사용하기 시작했다. 또한 A9의 새로운 '블록 보기' 기능에서 지도 위의 이미지와 사업체를 제대로 대응시키기 위해서 메커니컬 터크를 썼다. 베조스는 이 일에 완전히 몰두했고 서비스를 시연하는 방법으로 사용했다.

아마존이 메커니컬 터크를 대중에게 선보일 준비를 하는 동안, 아마존의 PR팀과 다른 직원들은 그 시스템의 이름이 터키 사람들을 지칭한다는 점이 마음에 걸린다고 불평했다. 베조스는 역사적 관련성 때문에 그 이름을 좋아했지만 커뮤니케이션 직원들과 메커니컬 터크팀이 브레인스토밍을 통해 다른 이름을 찾는 것을 허락해주었다. 그들은 아마존의 원래 이름이기도 하며 마법의 주문 같은 '카다브라'라는 이름을 심각하게 고려했다. 그러나 결국 우려의 목소리에도 불구하고, 베조스는 어떤 문제가 생기면 본인이 책임지겠다며 메커니컬 터크로 결정했다.

메커니컬 터크는 2005년 11월 조용히 개시했다. 이제 인터넷 사용자라면 누구나 인간 지능 업무를 수행하면서 작업 단위당 몇 센트를 벌수 있게 되었다. 다른 회사들이 메커니컬 터크 웹사이트에 구인 광고를 실었는데 아마존은 결제 금액의 10퍼센트를 가져갔다.[11] 첫 적용 사례로 캐스팅 워즈라는 회사가 일꾼들에게 1분당 몇 센트를 주고 팟캐스트를 듣고 받아 적는 일을 맡겼다.

메커니컬 터크는 아마존이 핵심 소매사업 밖에서 혁신을 일으킬 수있는 능력을 보여주고 추상적 관념을 구체화하는 자신의 탐구심 가득한 시도를 자랑할 수 있는 또 다른 기회를 베조스에게 주었다. 그는 메커니컬 터크를 "인공적인, 너무나 인공적인 지능"이라고 불렀고 그 서비스에 대해서 《뉴욕 타임스》, 《이코노미스트》와 인터뷰를 했다. 이름에 특정 민족이 언급된 것에 대한 비판은 없었다. 하지만 노동운동가들은 그서비스 자체가 '가상 세계의 노동 착취 농장'이며 '세계화의 어두운 면'이라고 비난했다.[12]

2007년에 이르자 100여 나라의 10만여 명이 메커니컬 터크에서 일하게 되었다.[13] 그러나 베조스가 기대했던 것처럼 성공을 거두지는 못했다. 적어도 현재까지는. 가장 큰 이유 중 하나는 메커니컬 터크의 임금이 너무 낮아 주로 경제가 크게 발달하지 못한 나라에서 더 매력적으로 느껴질 텐데, 제3세계의 가난한 일꾼들의 경우 인터넷이 연결된 PC를 가진 사람이 별로 없다는 점이었다. 이후 몇 년간 아마존의 다른 웹서비스가 갑자기 커지자 베조스는 거기에 더 많은 관심을 기울이고 그

서비스를 이용했다. 아마존 초창기에 자동화된 개별 맞춤화가 편집팀을 대체한 것처럼 기계 속에 숨어 있는 인간이 아닌 진짜 기계 덕분에 아마존은 그토록 기다리던 큰 돌파구를 찾게 되었다.

2006년 3월 아마존은 다른 웹사이트나 개발자가 사진, 문서, 비디오 게임 플레이어 프로파일 같은 컴퓨터 파일을 아마존 서버에 저장하게 해주는 심플 스토리지 서비스(S3, Simple Storage Service)를 소개했다. 그런데 S3는 마치 덜 만들어진 울타리의 한 부분처럼 따로 떨어져서 큰 관심을 받지 못하고 있었다. 서비스 개시 한 달 만에 S3가 아홉 시간 동안 다운된 적이 있었는데 아마존 밖의 세계는 전혀 눈치채지 못하는 것 같았다고 앨런 애틀러스는 회상한다. 그리고 몇 달 뒤, 일래스틱 컴퓨트 클라우드가 퍼블릭 베타를 출시하면서 개발자들은 그들의 프로그램을 실제로 아마존 컴퓨터에 돌릴 수 있게 되었다. 서비스 개시 건으로 남아프리카공화국으로 되돌아간 크리스 브라운에 따르면 아마존은 첫 서버를 미국 동부 해안 쪽 고객들에게 먼저 열었는데 개발자들이 어찌나 빨리 몰려들었는지 서부 해안 쪽 사람들에게 미처 기회를 주기도 전에 컴퓨터의 초기 배치는 동이 나버렸다.

신규 업체들이 AWS에 즉각적으로 끌리는 이유는 사업 모델에 있었다. 웹 서비스를 전력처럼 고객들이 사용한 양만큼만 돈을 내고 사용량을 마음대로 줄이거나 늘릴 수 있도록 만들었기 때문이다. "가장 좋은 비유는 전력망입니다. 100년 전으로 되돌아가봅시다. 전력이 필요할 때 자신이 직접 발전을 해야 하는 경우가 있었습니다. 많은 공장이 그렇게 했지요. 그런데 전력망이 구축되면서 다들 자체 발전기를 없애버리고 전력망에서 전기를 사기 시작했습니다. 그게 더 편리했거든요. 인프라 컴퓨팅도 마찬가지입니다."[14]

베조스는 AWS가 수도, 전기, 가스처럼 저렴한 공공서비스가 되기를 원했다. 단기적으로는 돈을 잃는다 해도. 크리스 핑컴과 함께 EC2 작업을 했으며 핑컴이 2006년도에 떠난 후에도 몇 달간 더 머물렀던 빌럼 반 빌존은 EC2의 요금을 시간당 15센트로 제안했다. 그는 이 금액을 서비스의 손익분기점으로 보았다. EC2가 서비스를 개시하기 전 S팀 회의에서 베조스는 일방적으로 요금을 10센트로 조정했다. "그렇게 하시면 오랫동안 돈을 잃게 되는 것 아시죠?" 빌존은 베조스에게 말했다. "훌륭해!" 베조스는 말했다.

베조스는 자신의 회사가 원가 구조상 태생적으로 유리한 위치에 있으며, 따라서 사업 마진이 얼마 안 되는 업계 환경에서 잘 살아남을 능력이 있다고 믿었다. IBM, 마이크로소프트, 구글 같은 회사는 이런 시장에 뛰어들지 않을 것이라고 생각했다. 만약 그랬다가는 회사 전반의 이윤 폭을 줄이는 꼴이 되기 때문이다. 레그 메이슨 캐피털 매니지먼트의 최고투자책임자이자 아마존의 대주주인 빌 밀러는 그 당시 베조스에게 AWS의 수익성 전망을 물어보았다. 베조스는 장기적으로 수익성이 좋을 것이라고 예상했다. 그러나 그는 '스티브 잡스의 실수'를 되풀이하고 싶지 않다고 말했다. 스티브 잡스가 가장 수익성이 높아지는 선에서 아이폰의 가격을 책정해버렸기 때문에 스마트폰 시장이 피 튀기는 각축장이 되었다는 것이다.

그것은 그의 독특한 사업 철학을 반영하는 말이었다. 베조스는 마진이 높으면 경쟁자들이 연구 개발에 더 많이 투자하고 경쟁자들을 더 많이 끌어당기지만 마진이 낮으면 고객을 더 많이 끌어당기는 한편 경쟁을 방어하기도 쉬워진다고 생각했다(아이폰에 관한 그의 말은 어느 정도 일리가 있다. 거대한 수익 때문에 구글의 안드로이드 운영 체계를 쓰는 스마트폰을 시작으로 엄청난 경쟁이 야기되었다. 그러나 아이폰은 최초의 스마트폰으로서 AWS와는 비교도 안 될 만큼 애플과 주주들에게 커다란 수익을 안겨주었다).

　AWS가 고의적으로 낮춰놓은 요금이 의도한 효과를 내면서 베조스의 신념이 옳다는 것이 증명되었다. 구글의 회장 에릭 슈미트는 적어도 2년이 지나서야 그가 방문한 거의 모든 신규 업체가 자체 시스템을 아마존의 서버 위에 지었다는 것을 눈치챘다. "갑자기 가는 곳마다 아마존이더군요. 모든 급성장하는 흥미로운 회사 플랫폼에 사업을 차린다면 그건 엄청난 혜택이 되는 겁니다." 마이크로소프트는 2010년에 '윈도 애저'라는, 이와 유사한 클라우드 서비스를 발표했다. 2012년 구글도 '컴퓨트 엔진'을 시작했다. 슈미트는 이렇게 말한다. "인정할 것은 인정해야죠. 그 책방 사람들은 컴퓨터공학도들을 데려다가 제대로 분석했어요. 그들은 정말 대단한 것을 만들었습니다."

　『창조』의 저자 스티브 그랜드가 예견한 것처럼 창조물은 생명체가 되어 베조스가 상상도 못했던 방향으로 진화했다. EC2와 S3를 통합해 저장 공간과 컴퓨트라는 두 프리미티브를 함께 연결한 것이다. 이는 AWS와 기술계를 탈바꿈시켰다. 신규 업체들은 더 이상 벤처캐피털을 서버를 구입하고 전문 엔지니어를 고용해 가동하는 데 쓸 필요가 없게 되었다. 인프라 비용은 고정비가 아닌 변동비가 되었고 매출과 같은 비율로 성장하게 되었다. 또한 이로 인해 회사는 자유롭게 연구와 실험에 몰두할 수 있게 되었고 사업 모델을 힘들이지 않고도 변경할 수 있게 되었으며 페이스북이나 트위터 같은 인기 소셜 네트워크의 급속한 회원 수 성장을 감당할 수 있게 되었다.

　이 모든 것을 이루기까지 몇 년이 걸렸고 큰 노력이 필요했으며 중도에 문제가 생겨 작업 진행에 차질이 생긴 적도 많았다. 앤디 재시는 기술 쪽 책임자인 찰리 벨, 워너 포겔스와 함께 EC2 및 S3와 나란히 플렉시블 페이먼트 서비스Flexible Payment Services나 아마존 클라우드서치Amazon

CloudSearch 같은 추가적 서비스를 깔아 경쟁자들을 따돌렸다. 아마존 내부서들은 서버가 완전히 안정화될 때까지 AWS를 사용하라는 지시를 받았다. 엔지니어들은 이것 때문에 또다시 실망했다. 신규 업체나 몇몇 대기업까지 AWS에 전적으로 의존하다시피 함에 따라 서버가 나가는 일이 생기면 그 반향도 넓게 퍼져나갔다. 또한 늘 비밀스럽던 아마존이 공개적으로 상황 설명을 하고 대중과 소통해야 한다는 사실을 깨달았다.

그러나 AWS의 탄생은 많은 면에서 큰 변화를 가져왔다. 아마존의 저렴하고 사용이 용이한 웹 서비스는 수천 개의 인터넷 신규 기업을 탄생시켰다. 그중에는 AWS가 없었다면 아예 생겨나지 않았을 기업도 있을 것이다. 또한 대형 회사에는 클라우드의 슈퍼컴퓨터를 임대할 수 있게 해 금융, 정유, 천연가스, 건강, 과학 같은 분야에 혁신의 새 시대를 열었다. AWS, 특히 S3와 EC2 같은 초기 서비스는 닷컴버블 붕괴 이후 오래 지속된 침체기에서 기술 산업 전반에 힘을 불어넣어주었다고 해도 과장이 아니다. 아마존은 완벽하게 선 마이크로시스템이나 휴렛패커드 같은 우리 시대 최고 하드웨어 제조사들의 허를 찌르고 기업 컴퓨팅의 새 물결을 만들어냈다.

어쩌면 가장 큰 변화는 아마존 자신의 이미지였을 것이다. AWS는 진정한 에브리싱 스토어의 범위를 넓혔고 스폿 인스턴스니 스토리지 테라바이트 같은 어울리지 않는 제품으로 선반을 채웠다. 이렇게 되자 월마트나 다른 소매업체들에게 아마존은 헷갈리는 경쟁 상대가 되었고, 세계에서 가장 흥미있는 문제를 풀 기회를 노리는 많은 엔지니어에게 매력적인 곳이 되었다. 여러 해의 위기와 내부 분쟁을 이겨내고, 드디어 아마존은 베조스가 늘 꿈꾸던 의심할 여지 없는 첨단 기술 회사가 되었다.

CHAPTER 08

피오나
Fiona

옛날 옛적, 인터넷 역사에서 '고생대古生代' 즈음에 해당되던 1997년
경, 마틴 에버하드라는 창업자가 팔로 알토 커피숍에 앉아 자신의 친구
마크 타프닝과 함께 밀크커피를 홀짝거리며 다가올 모바일 컴퓨팅의 밝
은 미래를 구상하고 있었다. 선구적인 개인 정보 단말기PDA인 팜파일럿
이 막 소개되었고 휴대전화는 재빨리 재킷 호주머니에 쏙 들어가는 세
련된 기기로 진화했다. 에버하드와 타프닝은 디스크 드라이브 제조회사
에서 일했고 디스크콘이라는 회의에서 막 돌아온 참이었다. 다시 말해
그들은 따분해 죽을 지경이었고 뭔가 좀 더 재미있는 일을 찾고 있었다.
그들은 둘 다 엄청난 독서광이었다.

그날 커피를 마시면서 그들은 디지털 책을 읽을 수 있는 컴퓨터를 발
명하는 것이 마침내 가능해졌다고 단정했다. 1970년대 초 일리노이 주
샴페인에서 비영리 단체인 프로젝트 구텐베르크가 세상의 책을 디지털

로 만들어 개인용 컴퓨터에서 읽을 수 있도록 만들겠다는 사명을 가지고 문을 열었을 때부터 사람들은 디지털 책에 관해 이야기해왔다. 에버하드와 타프닝은 다른 아이디어를 갖고 있었다. 그들은 갖고 다니기 편한 것을 원했다. 전자책 단말기에 도서관 분량의 전자책을 몽땅 넣어 다닐 수 있다면 얼마나 좋을까! 그해 봄 그들은 누보미디어를 설립했고 로켓 e - 북 혹은 로켓북이라고 불리는 세계 최초의 휴대용 전자책 단말기를 개발했다.

애버하드는 1980년대에 컴퓨터 네트워킹 회사를 차렸고 실리콘 밸리 쪽으로 몇 번 진출해본 적이 있다(나중에 그는 전기자동차 회사 테슬라를 공동 설립했다). 그래서 그는 복잡하고도 제멋대로인 출판업계에서 길을 닦으려면 호주머니가 두둑한 투자가와 강력한 동지가 필요하다는 것을 알았다. 에버하드는 제프 베조스와 아마존닷컴이 필요하다고 믿었다.

1997년 말 누보미디어의 설립자들과 변호사는 로켓북의 원형을 시애틀로 가져가 3주 동안 베조스 및 선임 이사들과 협상을 했다. 그들은 시내에 있는 싸구려 호텔에 묵었고 2번가에 있는 낡은 컬럼비아 빌딩에 자주 가서 아마존의 누보미디어 투자 가능성에 대해 의논을 했다. 베조스는 그들의 기계에 대해 굉장히 관심이 많았다고 에버하드는 말한다. "그는 마침내 이 사업이 가능할 만큼 디스플레이 기술이 좋아졌다는 것을 알게 되었습니다."

겉표면은 페인트칠이 되어 있고 원시적인 소프트웨어에 원형 자체는 상당히 조잡했다. 하지만 기계는 작동했다. 빛나는 반투과형 LCD 화면에 『이상한 나라의 앨리스』와 『두 도시 이야기』가 디스플레이되어 있었다. 그 기계는 450그램이 조금 넘는 정도로 오늘날의 기준으로 보면 무겁지만, 문고판 서적처럼 한 손으로 들 수 있고 건전지는 뒤쪽 불이 켜져 있는 상태로 20시간 정도 지속되었다. 요즘 모바일 기기보다 더 오래가는 셈이다.

베조스는 감탄했지만, 선뜻 결정하지 못했다. 책을 내려받으려면 고객이 단말기를 컴퓨터에 연결해야 했다. 에버하드는 이렇게 말했다. "무선으로 연결하는 것에 대해 이야기했는데 그 당시에는 엄청나게 비쌌습니다. 단말기마다 단가가 400달러씩 더 올라가고 월정액도 까무러치게 나오겠더군요." 로켓북의 화면은 요즘의 단말기처럼 눈이 편하지는 않았다. 에버하드는 전기가 적게 들고 눈부심이 적은 디스플레이를 찾아보았다. MIT 미디어랩에서 개발한 전자잉크와 제록스에서 나온 전자종이도 알아보았으나 기술이 여전히 불안정하고 비쌌다.

3주 동안 치열하게 협상을 했지만 두 회사는 큰 난관에 부딪혔다. 베조스는 에버하드에게 누보미디어를 후원해 성공하도록 도와주고 나면, 나중에 반스앤드노블이 끼어들어 회사를 사버릴까 염려스럽다고 말했다. 그래서 그는 두 회사 간 모든 계약서에 독점 조항을 요구했으며 미래의 투자자를 고르는 일에도 거부권을 갖겠다고 했다. "미래의 독서 방법에 돈을 걸게 되면 우리 고객들에게도 크게 알려서 성공하도록 도울 작정입니다. 하지만 그렇게 하려면 저희가 독점권을 가져야겠지요. 그러지 않고는 저희 고객을 경쟁 상대에게 퍼주는 셈이 될지도 모르니까요." 아마존의 미국 소매 선임 부사장이었던 데이비드 리셔의 말이다.

하지만 에버하드는 도저히 미래의 투자금을 모을 기회를 제한하고 싶지 않았다. 그래서 베조스의 염려는 자기실현적 예언이 되어버렸다. 일단 두 회사 간 협상이 교착 상태에 빠져 있다는 것이 분명해지자 에버하드와 타프닝은 뉴욕으로 날아가 반스앤드노블의 렌과 스티븐 리지오를 만났다. 그들은 1주일 안에 협상을 끝냈다. 반스앤드노블과 거대 출판 기업인 베텔스만이 각각 200만 달러를 투자하기로 약속했으며, 그 두 회사가 누보미디어 지분의 절반을 가져갔다.

로켓북이나 당시 경쟁 상대였던 소프트북이 시대를 너무 앞서 갔고 세상이 디지털식 독서를 할 준비가 되어 있지 않았다고 사람들은 흔히 말한다. 그러나 그것이 이야기의 전부는 아니다. 누보미디어는 첫해에 2만 대를 팔았고 다음 해에는 매출이 두 배 정도 증가할 것으로 예상되었다. 누보는 모든 주요 출판사와 선구적인 전자책 계약을 협상했다(작가협회에서는 그 계약이 작가들에게 불이익을 끼친다고 비난했다[1]) 그리고 1999년 시스코가 누보미디어에 투자를 하자 회사의 신용도가 올라갔을 뿐 아니라 전략적 동맹이 하나 더 생겼다. 단말기에 대한 평가는 일반적으로 호의적이었다. 오프라 윈프리는 그녀의 잡지 《O》 창간호에서 '그녀가 좋아하는 것 열 가지'에 로켓북을 포함했고 《와이어드》는 그 단말기에 대해서 "미래에서 튀어나온 물건 같다"고 썼다.[2]

누보미디어는 빠른 개발을 위해 공격적인 로드맵을 가지고 있었다. 에버하드는 규모의 경제와 기술 우위를 이용해 로켓북의 화질과 건전지 수명을 늘리는 한편 가격을 낮출 계획이었다(1999년 크리스마스 시즌에 기본 사양 단말기가 169달러였다). 그는 《뉴스위크》의 스티븐 레비에게 그해 12월 다음과 같이 말했다. "5년 내로 독자가 유리 뒤쪽을 읽지 않아도 되는 앞 표면 기술을 이용하게 될 것입니다."[3] 그러나 누보미디어는 여전히 새로운 자금이 필요했고 에버하드는 지속 불가능한 닷컴버블과 자금조달이 힘들어지는 환경에 대해 우려했다. 2000년 2월 그는 누보미디어를 1억 8,700만 달러 상당의 주식 거래로 버뱅크에 위치한 쌍방향 TV 가이드 회사 젬스타에 팔았다. 젬스타는 소프트북도 인수했다.

그것은 치명적 실수였다. 알고 보니, 젬스타의 주된 사업 목표는 그들이 소유하는 특허로 소송을 거는 것이었다. 매각이 완료되고 몇 달 뒤, 에버하드와 타프닝은 실망감에 가득 차서 회사를 떠났다. 젬스타는 로켓북과 소프트북의 다음 모델을 시판했지만 판매 부진과 내부 무관심으로 2003년 시장에서 상품 판매를 전면 중단했다. 전자책 인수를 총지휘했던 젬스타 CEO 헨리 위엔은 나중에 회계 사기 혐의를 받자 중국으로 도망갔다.[4]

젬스타 사건은 로켓북과 소프트북의 미래만 망쳐놓은 것이 아니었다. 디지털 서적이라는 아이디어에 대한 관심에 찬물을 끼얹은 것이나 다름없었다. 반스앤드노블닷컴은 로켓북이 사라진 후 전자책 판매를 아예 중단했다. 팜도 전자책 사업을 비슷한 시기에 매각했다.[5] 전자책은 기술적으로 막다른 골목이며 거의 모든 사람에게 가망 없는 매체가 되었다.

베조스와 에버하드는 그 몇 년 동안 계속 친구로 지냈다. 베조스는 로켓북의 흥망성쇠를 관심 있게 지켜보았다. "언젠가는 대부분의 책이 전자 형태가 되리라고 굳게 믿습니다. 하지만 10년도 훨씬 지난 먼 미래에나 일어날 일이지요."[6] 그는 1990년대 말에 그렇게 말했다.

베조스는 그 잠재성을 과소평가했다. 어쩌면 의도적이었는지도 모른다. 2004년 애플 컴퓨터의 부흥으로 고무된 분위기 속에 베조스는 아마존 디지털 전략을 궁리하면서 실리콘 밸리에 작은 비밀 실험실을 열고 신비스러운 랩 126이라는 이름을 붙였다. 랩 126의 하드웨어 해커들에게는 어려운 임무가 주어졌다. 그들은 아마존에서 잘나가는 도서 판매 사업을 전자책 단말기로 교란시키는 한편 아마존의 최고 디자이너인 베조스의 불가능하리만큼 높은 기대에 부응해야 했다. 아마존의 신설 디지털 도서관을 채우기 위해, 출판계와 줄이 닿는 사람은 출판사에 그다지 사용될 것 같지 않은 전자책 포맷을 받아들이라고 압력을 가하라는 지시가 떨어졌다. 이는 거의 불가능한 임무였는데, 심지어 아마존의 전형적인 짠돌이 예산 내에서 이 일을 수행해야 했다. 실수도 많았고, 그 당시의 몇 가지 실수는 오늘날에도 계속 회자되고 있다.

그러나 2007년 아마존이 이 모든 노력의 결과인 첫 킨들Kindle을 선보인 지 몇 주 뒤 베조스는 마틴 에버하드를 실리콘 밸리에 있는 자신의 집으로 초대해 아마존이 제대로 해냈다고 생각하는지 물었다.

스티브 잡스는 애플을 이끌던 기간 동안, 애플에서의 지당한 임무를 버리고 떠난 옛 동료들에게 악담을 퍼붓곤 했다. 그러나 잡스가 그저 소매 업체라고 무시하면서 놀라던 그 신규 업체로 가겠다고 디에고 피아센티니가 애플을 떠났을 때는 그와 대체적으로 우호적인 관계를 유지했다. 어쩌면 유럽 사업 본부장 후임을 찾을 때까지 6개월간 잔류했기 때문에 그랬는지도 모른다. 잡스는 가끔씩 아마존에서 무엇인가 필요하면 피아센티니에게 연락했다. 그런데 2003년 초, 이번에는 피아센티니가 자신의 예전 상사에게 이메일을 보내 요청을 하게 되었다. 아마존은 애플이 제안하기를 원했다.

피아센티니는 그해 봄 회의 때 닐 로즈먼과 롭 프레데릭, 그리고 디지털 미디어를 총괄하는 H. B. 시걸을 애플의 쿠페르노에 데려왔다. 잡스와 직접 만날 줄은 꿈에도 생각지 못하던 아마존의 중역들은 애플의 공동 설립자가 직접 인사하자 깜짝 놀랐고 그들은 몇 시간을 함께 보냈다.

당시 애플은 음악을 팔지 않았다. 사용자들은 아이튠스 소프트웨어로 자신의 PC에 있는 음악을 정리하거나 재생했고 아이팟에 옮겨 담았다. 잡스는 가능하면 많은 PC에 아이튠스가 설치되기를 바랐다. 그래서 아마존이 아이튠스 소프트웨어가 있는 고객들에게 CD를 나누어주는 아이디어를 한번 떠보았다. 피아센티니와 그의 팀은 다른 계획을 갖고 있었다. 아이팟이 있는 사람들이 아마존 웹사이트에서 디지털 음악 파일을 살 수 있는 음악 매장을 공동으로 만들 것을 제안했다.

두 아이디어 모두 빛을 보지 못했다. 잡스는 일어나서 회의실 화이트보드에 그림을 그려가며 애플이 앨범과 싱글을 아이튠스에서 직접 팔

것이라는 자신의 비전을 설명했다. 아마존의 중역들은 자주 업데이트를 해줘야 하는 만큼, 그런 음악 매장은 투박한 데스크톱 소프트웨어 속이 아니라 인터넷에 위치해야 한다고 반대 의견을 냈다. 그러나 잡스는 음악 매장으로부터 휴대용 미디어 플레이어까지 일관성 있고 사용이 용이하게 간단한 모양으로 만들어 컴퓨터에 대해 전혀 아는 것이 없는 사람들도 쉽게 작동할 수 있게 하고 싶었다. 닐 로즈먼은 다음처럼 말한다. "잡스는 웹에서 장사하는 것을 경멸했고 책 따위에 관심을 갖는 사람은 없다고 생각하는 것이 분명했습니다. 그는 아이튠스 매장의 클라이언트 애플리케이션 버전을 꿈꾸고 있었으며, 왜 소비자 경험이 처음부터 끝까지 매끈하게 이어져야 하는지 설명했습니다."

잡스는 자신만만하게 애플이 음악 판매에 있어 아마존을 금방 따라잡을 것이라고 예상했다. 그리고 그가 옳았다. 2003년 4월 애플은 아이튠스 뮤직 스토어를 소개했고 겨우 몇 년 만에 애플은 아마존, 베스트 바이, 월마트를 연달아 훌쩍 뛰어넘더니 미국 최고의 음악 소매 회사가 되었다.

그렇게 뼈아픈 교훈을 얻었던 그 당시 아마존의 투자가들은 회사의 다양한 디지털 사업에서 나오는 '매출을 찾아보기 위해서 현미경이 필요했다'고 나중에 베조스는 말한다.[7] 아마존은 PC 화면에서 읽을 수 있도록 마이크로소프트나 어도비 포맷으로 내려받을 수 있는 전자책을 팔았다. 그러나 전자책 매장이 아마존 웹사이트에서 워낙 꼭꼭 숨겨져 있어서 매출이 거의 오르지 않았다. '책 내용 미리 보기'와 '책 내용 찾아보기'는 디지털 독서를 위한 노력의 일환이었으나 그 목적은 쇼핑 경험을 향상시키고 종이책의 판매를 늘리기 위함에 불과했다. 누보미디어와의 협상에서 보았듯이 베조스는 결국 미디어는 디지털 형태로 전환될 수밖에 없다고 일찍부터 믿고 있었다. 그러나 FC를 고친다든지, 기술 인프라를 향상시키는 등 늘 시급한 다른 문제가 생기는 듯했다.

　다음 몇 년 동안 애플은 음악 사업을 장악하고 타워 레코드나 버진 메가스토어 같은 체인점을 (인터넷 불법 복제와 함께) 소매업의 쓰레기통으로 보내버렸다. 처음에 베조스는 싱글 하나에 99센트를 받고 파는 것은 크게 수익성이 좋은 사업이 아니고 애플의 목표는 그저 아이팟 매출을 늘리려는 것이라며 아이튠스에 크게 신경 쓰지 않았다. 그것은 사실이었으나 아이팟이 엄청나게 흔해지면서 애플은 아이튠스를 이용해 비디오처럼 유사한 미디어로 진입하기 시작했다. 그러자 아마존은 심도 있게 살펴보기 시작했다. "아무것도 성공하지 못했던 음악 부문에서 아이팟이 유독 잘나가는 이유에 관해 우리는 많이 토론했습니다." 닐 로즈먼의 말이다.

　아마존 중역들은 다양한 디지털 음악 판매 전략을 몇 달 동안 고려했다. 그리고 어느 순간부터는 고객이 아마존에서 구입한 CD 음악을 아마존에서 파는 아이팟에 미리 올려놓는 것에 대해 깊이 알아보기 시작했다. 음반 회사들이 여기에 동의할 가능성이 희박하다는 것이 거의 확실해지자, 아마존은 월정액을 내면 엄청나게 다양한 음악을 무제한 들을 수 있는 랩소디와 비슷한 디지털 음악 서비스를 2005년에 거의 개시할 뻔했다. 아마존은 마이크로소프트의 불법 복제 방지 소프트웨어 야누스로 음악을 코딩할 작정이었다. 그러나 몇 명의 팀원이 이 접근 방법에 오류가 있다며 반대했다. 그 이유 중 하나는 야누스로 코딩된 음악은 많은 아마존 고객들이 이미 가지고 있는 아이팟에서 재생되지 않는다는 것이었다. "저 매장을 개시하느니 차라리 죽는 게 낫다는 생각마저 들더군요." 이 프로젝트에 참여한 제품 책임자 에릭 린지월드의 말이다. 베조스도 그 계획을 접고 처음부터 다시 시작하는 데 동의했다. 그러는 동안 애플은 디지털 미디어에서 선두 자리를 더 강화했다. 아마존은 드디어 2007년 불법 복사 방지 코드 없이 자유자재로 복사할 수 있는 곡을 구비한 MP3 매장을 열었다. 그러나 애플이 재빨리 같은 조건으로 협상했고 아마존은 영영 음악 쪽에서는 낙오자가 되었다.

베조스의 동료와 친구들은 아마존이 디지털 음악에서 느림보가 된 것은 베조스가 음악에 별로 관심이 없기 때문이라고 종종 말한다. 베조스는 고등학교 시절 친구들과 이야기할 때 음악에 대해 관심이 있는 것처럼 보이려고 마이애미 지역 라디오 방송국 호출부호들을 일부러 외웠다.[8] 동료들은 9·11테러 이후 숙연한 분위기로 미니애폴리스의 타깃 사무실에서 차를 몰고 돌아오던 길에 편의점에 들렀을 때 베조스가 재고 정리 무더기에서 CD를 여러 장 무작위로 집어들더니 이것들이 다 상호 호환이 가능한지 물었던 것을 아직도 기억한다.

반면 스티브 잡스는 음악에 죽고 음악에 살았다. 그는 밥 딜런과 비틀즈의 열광적인 팬이며 한때 가수 존 바에즈와 사귄 적도 있다. 애플의 전략은 잡스의 개인적 관심 분야에 의해 좌우되는 경우가 많았다. 마찬가지로, 베조스의 특별한 열정도 아마존에 결정적인 영향을 미쳤다. 베조스는 그저 책을 사랑한 것이 아니었다. 그는 책을 완전히 들이켰고 꼼꼼하게 세부사항을 다 소화시켰다. 스튜어트 브랜드의 저서 가운데 『건물은 어떻게 배우는가How Buildings Learn』라는 책이 있다. 그 작가는 1995년 베조스가 개인적으로 소장하고 있는 그 책을 보여주었을 때 깜짝 놀랐다. 페이지마다 베조스가 조심스레 끼적인 메모로 가득 차 있었기 때문이었다.

2004년 애플이 디지털 음악을 장악하자 아마존에서는 새로운 자가반성이 일어났다. 그해 아마존 연매출의 74퍼센트는 책, 음악, 영화였다. 애플의 성공이 보여주는 것처럼 만약 이들 품목이 언젠가 디지털로 변화하게 된다면 아마존은 스스로를 방어하기 위해 빨리 움직여야 했다. 존 도어 이사는 이렇게 말한다. "저희는 아이팟이 아마존 음악 사업에 미치는 영향을 보고 충격을 받았습니다. 다음에 또 애플이나 다른 회사에서 또 다른 기기를 만들어서 저희의 핵심 사업인 책을 공략할까 겁이 났습니다."

레스 메이슨의 투자가 빌 밀러는 베조스와 만날 때마다 디지털로 전환하는 것에 대해 자주 의논했다. "제 생각에는 음악업계의 판도를 빠르게 바꿔놓은 아이팟이 제프를 기습 공격해 킨들의 탄생을 도운 것 같습니다. 그는 이러한 품목들이 디지털로 갈 것이라는 것을 언제나 알고 있었지만, 자신의 CD 사업이 이렇게 망할 줄은 생각지도 않았거든요."

베조스는 아마존이 새로운 디지털 시대에도 서점으로서 계속 성공하려면, 애플이 음악 사업을 장악한 것처럼 아마존도 결국 전자책 사업을 완전히 자신의 것으로 만들어야 한다는 결론을 내렸다. "자기 자신을 잡아먹는 것이 남에게 잡아먹히는 것보다 낫지요. 저희는 코닥처럼 되긴 싫었습니다." 디에고 피아센티니는 몇 년 뒤 스탠퍼드 경영대학원 졸업식 연설에서 이같이 말했다. 100년 된 사진계 거물인 코닥은 1970년대 사내 엔지니어들이 디지털카메라를 발명한 바 있다. 그러나 기존 사업의 마진이 매우 높았고 코닥의 중역들은 수익성이 덜하고 검증되지도 않은 미래의 사업 때문에 그 마진율을 놓치기 싫었다.

베조스는 이미 2003년에 전자책 전용 단말기를 구상하고 있었다. 젬스타가 로켓북 사업을 전면 중단하던 그 무렵이었다. 아마존에 잠깐 존재했던 직책인 최고 과학자를 맡았던 안드레아스 웨이전드는 베조스가 기술팀에게 이러한 기기에 관해 이야기하면서 "한 손으로 읽을 수 있도록 만들게"라고 지시한 적이 있다고 회고한다. 웨이전드는 다른 한 손으로 해야 할 일이 무엇일까를 상상하다가 갑자기 소리 내어 웃기 시작했다. 그러자 회의실에 있던 모든 이들이 배를 쥐고 함께 웃었다. 그러나 베조스는 사람들이 왜 웃는지 전혀 몰랐다. "제프는 너무나도 모범생이었기 때문에 한 손으로 무언가를 읽으면서 다른 손이 바쁘게 움직일 상황을 생각해내지 못했던 겁니다." 웨이전드가 말했다.

2004년 아마존의 중역들은 어도비와 마이크로소프트의 포맷으로 된 자체 신규 전자책 매장을 닫을지 심사숙고하고 있었다. 베조스는 그 매장이 너무나 마음에 들지 않았다. 갖춰놓은 책도 변변치 않았고 가격은 높았으며 책을 내려받아 PC나 PDA로 읽는 과정이 엉망이었다. 그러나 베조스는 거기에서 물러나지 않았다고 피아센티니는 전한다. 이러한 초기의 오류에도 불구하고 전자책은 확실히 도서 판매의 미래라고 그는 굳게 믿었다.

이 주제에 대해 여러 주 동안 의논한 끝에 S팀 회의에서 베조스는 아마존이 자체 전자책 단말기를 개발하겠다고 발표했다. 다들 그 발표에 깜짝 놀랐다. 하드웨어를 만드는 것은 돈도 많이 들고 복잡했다. 더구나 아마존이 가진 핵심 역량에서 아주 멀리 떨어진 일이었다. 다들 입을 모아 펄쩍 뛰며 말렸다. 제프 윌크는 특히 제조업에 경험이 많았기 때문에 직접 자체 기기를 생산 판매하려면 어떤 난관이 기다리고 있는지 잘 알고 있었다. "저는 그 일이 고되고 회사의 다른 업무에 지장을 줄 거라고 믿었어요. 우리가 가진 자원의 올바른 사용이 아니라는 생각에 저는 회의적이었습니다. 그리고 제가 미리 예견했던 문제들도 거의 다 발생했습니다. 그런데 우리는 그 모든 것을 극복하고 해냈습니다. 제프는 단기적인 문제로 물러설 사람이 아니었기 때문이죠."

디에고 피아센티니 역시 반대했다. 그는 애플이 1990년도에 끔찍한 제품 과잉과 대규모 재고 대손상각을 겪는 것을 직접 보았기 때문이었다. "저를 비롯해 소심한 사람들에게는 매우 위험한 투자로 보였죠."

베조스는 그 많은 반대를 물리치고는 애플이 음악에서 성공한 것처럼 아마존이 책에서 성공하려면 매끈한 하드웨어와 사용하기 쉬운 전자책 매장까지 전체적인 소비자 경험을 통제할 수 있어야 한다고 주장했다. 그는 그 회의석상에서 중역들에게 이렇게 말했다. "우리는 진행하면서 필요한 인재들을 고용할 것입니다. 이것이 매우 힘든 일이라는 것을 저도 잘 알고 있습니다. 방법을 배워나갑시다."

아마존 내에서 제프 베조스의 최고 아이디어를 실행하는 선임 이사를 부르는 단어가 있다. '제프봇Jeff Bots'이 바로 그것이다. 장난처럼 놀리는 듯하지만 부러움도 섞여 있는 이 단어는 로봇같이 헌신하게 된다는 의미이자 충성심과 효율성을 나타낸다. 제프봇들은 CEO의 넓은 아이디어 탱크에서 연료를 끌어와 세상으로 나가 충실히 최고의 아이디어를 집행했다. 그들은 베조스의 사업 철학을 완전히 흡수했고, 자신들의 세계관을 그에 맞춰 빚었으며, 모든 일은 고객으로부터 시작해 거꾸로 일해나가야 한다는 제프이즘이 지상 최고의 명령이라도 되듯이 달달 외우고 다녔다. 나는 기자로서 제프봇을 인터뷰할 일이 종종 생긴다. 그들은 중요한 이야기는 한마디도 하지 않으면서 아마존의 창의성과 어디에서도 찾아볼 수 없는 고객을 위한 놀랄 만한 열정에 대해 쉬지 않고 칭송할 수 있는 탁월한 능력이 있다. 제프봇은 경쟁이나 상품의 단점 등 절대 공개적으로 발설하지 말라고 회사로부터 교육받은 주제에 관해 이야기하느니 차라리 혀를 깨물고 죽는 편을 택할 사람들이다.

아마존의 역사상 스티브 케셀보다 더 충실하고 더 기획력 있는 제프봇은 없을 것이다. 그는 보스턴 출신으로 다트머스 대학과 스탠퍼드 경영대학원을 졸업했다. 케셀은 선구적인 브라우저인 넷스케이프의 컨설팅 일을 그만두고 1999년 아마존이 열심히 확장하던 시기에 합류했다. 처음 몇 년 동안 회사에서 도서 부문을 맡았다. 그 당시 아마존은 출판사와 좋은 직거래 관계를 맺고 제3자 판매인이 중고 서적을 웹사이트에서 파는 것에 대한 염려를 달래주기 위해 노력하고 있었다. 아마존에게 험난하고도 긴 이 시기에 베조스는 그를 크게 신임하게 되었다.

2004년 어느 날 베조스는 케셀을 자기 사무실로 불러 갑자기 그의 좋은 직책과 거기에 따른 모든 책임 및 부하직원들을 가져가버렸다. 그러고는 케셀에게 신규 디지털 부문을 맡아달라고 했다. 케셀은 회의적이었다. "저는 처음에 그 말을 듣고 '나는 이미 세상에서 가장 좋은 직업을 가지고 있는데' 싶었죠. 그렇지만 제프가 완전히 새로운 것을 세워가는 것에 대해 이야기하자 저는 그 도전에 관심이 샘솟았습니다." 베조스는 케셀이 전통적 미디어 사업과 디지털 미디어 사업을 한꺼번에 맡을 수는 없다고 단호하게 말했다. "양쪽을 다 맡게 되면 디지털의 기회를 끈질기게 물고 늘어질 수가 없네."

그 당시 베조스와 중역들이 열성적으로 읽고 정신없이 토론했던 책이 또 하나 있었다. 이 책은 하버드 대학 교수 클레이튼 크리스텐슨이 쓴 『혁신 기업의 딜레마』로 회사 전략에 역시 큰 영향을 미쳤다. 크리스텐슨은 큰 기업들이 실패하는 이유는 기존 질서를 무너뜨리는 변화를 피하기 때문이 아니라 장래성 있는 새 시장을 회사의 전통적 사업을 저해할 수 있고 단기적으로 큰 성장을 보이지 못할 것 같다는 이유로 포용하지 않으려 하기 때문이라고 설명한다. 예를 들어 시어즈는 백화점에서 할인 소매로 옮겨가는 데 실패했고 IBM은 메인프레임에서 미니컴퓨터로 전향하지 못했다. 혁신 기업의 딜레마를 해결하는 회사는 "자치적인 조직을 세워 기존 질서를 무너뜨리는 첨단 기술을 중심으로 새롭고 독립적인 사업 진행을 맡길 때" 성공했다.[9]

베조스는 책에서 배운 교훈을 곧장 적용해 케셀을 아마존의 전통적 미디어 조직에서 해방시켰다. "자네의 임무는 여태껏 쌓아올린 사업을 죽이는 것일세. 종이책을 파는 모든 사람들을 실직자로 만들 것처럼 디지털 사업을 진행하게." 베조스는 이 일의 긴박성을 강조했다. 그는 아마존이 세상을 디지털 독서의 시대로 이끌어가지 않으면 애플이나 구글이 그 일을 할 것이라고 믿었다. 케셀이 베조스에게 회사가 처음 만드는 하드웨어, 전자책 단말기를 개발하는 데 마감 기한이 언제인지 물었다. 베조스는 이렇게 대답했다. "이미 마감 기한에 늦었다고 보면 될 걸세."

하드웨어 사업에 전혀 아는 바가 없고 이용할 회사 내부 자원도 없던 케셀은 실리콘 밸리로 가서 기본적인 사항부터 배워나갔다. 그는 애플과 팜의 하드웨어 전문가들을 만났고 유명한 산업디자인 회사 아이데오의 중역들과 이야기를 나누었다. 그는 아마존이 단순히 디자이너뿐 아니라 전자공학 엔지니어, 기계공학 엔지니어, 무선 엔지니어 등 필요한 사람이 무수히 많다는 것을 알게 되었다.

음식을 만들 때 요리법을 그대로 따르듯이, 케셀은 크리스텐슨의 명령을 그대로 따라서 A9에 이어 팔로 알토에 자회사를 신설했다. 그는 새로운 부서의 운전대를 잡을 사람으로 그레그 제어를 뽑았다. 그는 팜 컴퓨팅의 공학 부사장을 지낸 경험이 있고 느긋한 성격의 소유자로 사무실에 재즈 기타를 갖다두었다. 셋톱박스 제조업체이자 티보의 초기 경쟁사였던 리플레이 TV의 엔지니어 재틴 파렉이 최초의 직원이 되었고 다른 사람들도 몇 명 더 채용되었다. 거기에는 보고할 사무실도 없었다. 그래서 A9 본부에 있는 빈방에 작업실을 차렸다. 제어와 직원들은 새 부서에 실리콘 밸리에서 가장 뛰어나고 똑똑한 엔지니어들을 끌어올 만큼 매력적인 이름을 붙일 마음을 먹었다. 결국 그들은 '랩 126'으로 정했다. 1은 a를 나타내고 26은 z를 나타낸다. 고객에게 출판된 적이 있는 모든 책을 제공하겠다는 베조스의 꿈을 넌지시 상징하는 이름이었다.

주문이 곧장 쏟아져 들어오지는 않았다. 제어와 그가 이끄는 팀은 처음 몇 주 동안 인터넷에 연결된 셋톱박스와 MP3 플레이어 제작 가능성을 조사했다. 드디어 아마존의 새 하드웨어팀에 첫 임무가 주어졌다. 전자책 단말기 제작이었다. "우리는 미친 듯한 집중력으로 위대한 일을 해내라는 지시를 받았습니다. 전자 도서계의 애플이 되겠다는 열망에 타올랐죠." 그해 가을 제어가 팜에서 데려온 소프트웨어 엔지니어 톰 라이언이 말한다.

다음 해 그 팀은 A9 인프라 위에 작업을 했다. 검색 부서가 팔로 알토 시내의 린턴 앤드 알마에 로펌으로 쓰던 사무실 건물로 옮기자 랩 126은 그들과 함께 옮겨가 오래된 법률 도서관에 자리를 잡았다. 그들은 소니의 리브레 같은 기존 독서 단말기를 조사했다. AAA건전지를 몇 개 넣어 사용하는 리브레는 매출이 부진했다. 그들은 시장이 활짝 열렸다는 결론을 내렸다. "이것은 누군가가 제대로 해본 적이 없는 일이더군요." 파렉의 말이다.

랩 126은 곧 방대한 양의 자원을 지원받았지만 끝없는 베조스의 상상력과 싸워야 했다. 그는 새 전자책 단말기가 너무나 사용하기 쉬워서 할머니도 작동시킬 수 있기를 원했다. 또한 그는 무선 인터넷망을 이용해 기기가 작동되도록 환경을 설정하는 것은 기술적으로 서툰 사용자들에게는 너무 복잡하다고 말했다. 그는 고객들이 기기를 PC에 접속하도록 강요하고 싶지 않았다. 그렇다면 유일한 대안은 셀 방식의 접근 기능을 하드웨어에 곧장 만드는 것이었다. 다른 말로 표현하면 휴대전화를 기기마다 심는 것과 같다. 이런 건 한 번도 시도된 적이 없었다. 베조스는 고객들이 무선 기능이 포함되어 있는지 알 필요도 없고 그 기능을 사용하기 위해 돈을 지불할 필요도 없어야 한다고 주장했다. "저는 완전히 미친 짓이라고 생각했어요. 정말입니다." 파렉이 말한다.

초기 몇 달 동안 킨들이 나아갈 기본적인 방향의 많은 부분이 잡혔다. 제어와 파렉은 수년 전 마틴 에버하드가 너무 원시적이고 비싸다고 생각한 저출력 흑백 디스플레이 기술인 전자잉크를 연구하기로 결심했다. 전자잉크는 지름이 사람의 머리카락 두께보다 작은 수백만 개의 작은 마이크로캡슐을 사용했는데 거기에는 음전하의 검은색과 양전하의 흰색 입자가 투명한 액체 속에 들어 있다. 양극 전기신호를 가하면 양극 입자는 마이크로캡슐의 위로 움직이면서 하얗게 보이고, 음극 전기신호를 가하면 음극 입자가 위로 올라가면서 검게 보인다.

LCD 시스템과 달리 전자잉크는 직사광선 아래서도 잘 보이고, 전기 소모량이 매우 적으며, 눈이 상당히 편하다. 어떻게 보면 아마존은 운이 좋았다. 기기로 장시간 독서를 가능하게 해주는(그러나 다른 일에는 별 쓸모가 없는) 기술이 개발 10년 만에 완전히 무르익었다.

2004년 초 랩 126 엔지니어들은 새 프로젝트의 코드명을 선택했다. 제어의 책상 위에는 닐 스티븐슨의 『다이아몬드 시대』가 한 권 놓여 있었다. 이 책은 미래주의 소설로 딸 피오나에게 주기 위해 희귀한 인터렉티브 교과서를 훔치는 엔지니어에 관한 이야기다. 초기의 랩 126 엔지니어들은 소설 속의 이 허구적 교과서를 자신들이 만들고 있는 책의 형판形板으로 생각했다. 샌프란시스코에 사는 그래픽 디자이너이자 티보의 이름을 지은 마이클 크로넌은 새롭게 심혈을 기울여 만든 독서 단말기의 공식적 브랜드 작업을 맡기 위해 나중에 채용되었다. 그는 '킨들'이라는 이름을 생각해냈는데 큰불을 시작하는 의미가 들어 있고 동사나 명사로도 이해될 수 있었다. 그러나 그즈음 케셀의 팀은 피오나라는 이름에 애착을 가진 상태였고 베조스에게 그 이름을 계속 쓰도록 설득하려 했지만 헛수고였다. 어떻게 보면 스티븐슨의 허구 세계 속 지식에 굶주린 피오나가 디지털 미개척지로 가는 아마존의 험난한 여정을 지켜주는 수호성인이 된 셈이다.

랩 126의 제어와 팀원들은 소프트웨어 작업을 하면서 아시아 제조업체들과 관계를 맺는 한편 아마존의 새로운 독서 단말기의 초기 디자인을 위해 국제 디자인 회사 펜타그램의 샌프란시스코 사무실과 계약을 했다. 제어는 그곳의 파트너인 로버트 브루너와 1990년대에 애플에서 함께 일했다. 그는 펜타그램은 아이데오 같은 대형 회사보다 더 민첩하고 아마 더 독립적 스타일의 공동 작업이 가능하다는 설명과 함께 브루너를 스티브 케셀에게 소개해주었다. 브루너는 자신의 직원 중 톰 홉스와 사이먼 화이트혼을 그 일에 배정했다.
　영국 태생인 두 명의 펜타그램 디자이너는 독서의 실제적인 물리학을 연구하는 것으로 작업을 시작했다. 즉 독서가들이 어떻게 책장을 넘기고 손에 책을 들고 있는가 하는 물리적 측면을 관찰했다. 그들은 또한 소니의 리브레나 오래된 로켓북 같은 기존의 전자책 단말기와 컴팩의 아이팩이나 팜의 트레오 같은 PDA로 직접 독서를 했다. 그들은 포커스 그룹을 모아 전화 인터뷰를 진행했으며, 심지어 시애틀로 가서 베조스를 직접 만나기도 하면서 수백 년간 인간이 당연하게 받아들여온 과정을 해체하고자 노력했다. "저희는 사람이 책을 읽고 싶도록 만드는 무의식적 성향이 무엇인지 알아내려고 했습니다." 홉스가 말한다. 그들이 조사한 내용 가운데 중요한 결론 중 하나는 좋은 책은 독자를 책이 열어주는 세계로 빨아들여, 손에 든 책을 읽는 중이라는 사실을 잊도록 한다는 것이었다. 베조스는 나중에 이것을 디자인의 최고 목표라고 불렀다. "킨들은 독자들이 작가의 세계로 빠져들 수 있도록 길을 내줘야 합니다."[10]

펜타그램 디자이너는 킨들 작업을 하느라 거의 2년을 보냈다. 그들은 스티브 케셀과 그레그 제어 및 팜에서 랩 126으로 온 찰리 트리슬러와 매주 화요일 아침 팔로 알토의 A9에서, 그리고 나중에는 랩 126의 새 마운틴 뷰 사무실에서 모였다. 그들은 정기적으로 시애틀에 가서 베조스에게 진행 상황을 보고했다. 그들 역시 아마존의 관습대로 6페이지 서술을 CEO에게 발표해야 했다.

회의는 긴장감이 돌 때도 있었다. 홉스, 화이트혼, 브루너는 복잡한 부분 없이 가능한 한 매끈하고 눈에 띄지 않게 만들고 싶었다. 베조스 역시 간단하고 상징적인 디자인을 원했지만, 자판을 달아서 사용자가 쉽게 책을 찾고 주석을 달 수 있게 해야 한다고 우겼다(그는 《월스트리트》 칼럼니스트 월트 모스버그와 함께 달리는 택시 안에서 정보를 입력하고 곧장 전자책 한 권을 내려받는 장면을 상상했다). 베조스는 그 당시 블랙베리 메시지 기기를 가지고 다니며 디자이너들에게 말했다. "자네들도 블랙베리에 가입해서 함께 책을 읽었으면 좋겠네."

한번은 디자이너들이 고집스럽게 자판이 없는 모델을 시애틀로 가져왔다. 베조스는 그들을 째려보았다. "이보게들, 우리 여기에 관해 이야기했지 않나. 내 말이 틀렸을 수도 있지만 그래도 자네들보다는 내가 좀 더 고집을 부릴 수 있는 위치 같네."

"그날 회의가 끝날 때까지 저는 찍소리도 못했지요." 홉스가 말한다. 그들은 순순히 그의 말을 따라 블랙베리 스타일의 직사각형 버튼을 디자인하면서 독자들의 손가락이 편안한 각도에서 기계에 닿도록 애썼다.

와이파이 연결에 대해서도 비슷한 언쟁이 있었다. 펜타그램 디자이너들은 경제적으로 무선 연결이 어떻게 가능할지 이해할 수가 없었다. 또한 그들은 아마존이 사용자들이 책을 살 때마다 무선 통화료를 내게 될 것이라 넘겨짚었다. 한번은 그들이 베조스에게 아이튠즈의 모델과 비슷한 방법을 설명했는데 PC를 연결해 전자북 매장에 접근해야 했다. 베조스는 반대했다. "내가 생각하는 시나리오는 이렇네. 공항으로 가는 도중에 읽을 책이 필요해졌네. 나는 기계에 제목을 입력하고 내 차 안에서 당장 내려받고 싶네."

"하지만 그건 불가능합니다." 홉스가 말했다.

"가능한지 불가능한지는 내가 결정할 걸세. 이건 내가 알아내겠네. 이건 자네가 이해할 만한 사업 모델이 아니네. 자네는 디자이너야. 그러니 이것을 디자인하게. 사업 모델은 내가 생각할 테니."

펜타그램은 2006년도 중반까지 피오나를 놓고 작업을 했다. 그러고 나서 랩 126은 자체 디자이너를 고용해서 그 프로젝트를 다시 가져가 버렸다. 펜타그램 디자이너들은 마침내 그 기기가 출시되었을 때 상반되는 감정을 느꼈다. 버튼이 너무 많고 디자인이 복잡했다. 프로젝트가 끝나고 사이먼 화이트혼은 펜타그램을 그만두고 하고많은 곳 중에 하필 코닥으로 직장을 옮겼다. 그는 톰 홉스를 계약직으로 고용했고 함께 그들은 클래식 코닥크롬 필름으로 찍은 것 같은 분위기를 낼 수 있는 독특한 디지털카메라를 만들었다. 이는 인스타그램 같은 휴대전화 애플리케이션의 전조가 되었고, 자연히 코닥은 그것이 시장에 선을 보이기도 전에 싹을 잘라냈다.

그러는 동안 펜타그램은 킨들 프로젝트를 떠났고 제품은 거의 다 준비되어 출시일이 가까워졌다. 그러나 지연되는 일이 계속 생겼다. 전자잉크는 아시아에서 디스플레이를 보냈는데 온도와 습도로 인해 화면에 대비가 낮아지거나 사용할수록 침침해졌다. 인텔은 킨들이 사용하는 엑스스케일 마이크로프로세서 칩 계열을 마벨이라는 다른 칩 회사에 매각했다. 킨들에서 사용될 셀 부품을 생산했던 퀄컴과 브로드컴은 2007년에 서로 맞소송을 걸었다. 그러면서 어느 순간에는 판사가 킨들에 들어갈 특정 주요 부품이 미국으로 진입하는 것을 막을 것 같던 때도 있었다. 베조스 스스로도 기계에 자꾸 흠을 잡고 반복적으로 수정을 요구해 지연되기도 했다.

킨들은 너무나 오랫동안 질질 끌어서, 이 프로젝트의 존재는 극비였었지만 아마존 내에서 꾸준한 소문의 주제가 되었다. 2006년 가을 무어 극장에서 열렸던 전 직원 회의에서 누군가 일어서서 질문을 했다. "랩 126이 무엇입니까?"

베조스는 퉁명스럽게 대답했다. "노스캐롤라이나의 개발센터요. 다음 질문."

＊　　＊　　＊

킨들이 성공하려면 아마존은 기본적으로 전자책이 필요했다. 그것도 아주 많이. 베조스는 로켓북 이후 소니 제품이 전자책 종류가 빈약해서 휘청대는 것을 보았다. 초기 전자책 단말기를 소유한 독자들은 읽을거리가 없었다. 단말기가 시판되면 그의 목표는 《뉴욕 타임스》 베스트셀러의 90퍼센트를 포함해 10만 권의 디지털 책을 내려받을 수 있도록 구비하는 것이었다. 그 시절 출판사들은 총 2만 권 정도의 신간 목록만 디지털화해놓았다. 킨들 매장은 드디어 베조스에게 에브리싱 스토어의 꿈의 일부를 실현할 또 다른 기회를 제공했다. 고객에게 뛰어난 편리함을 제공하는 엄청난 양의 도서를 구비한 초대형 서점. 그러나 그것을 이루기 위해 아마존은 더 이상 가까운 친구가 아닌 옛 파트너들에게 압력을 가하고, 그들을 회유하고, 심지어 협박해야 했다.

초창기에 아마존과 출판업자들은 대체로 단순한 공생의 관계였다. 아마존은 책을 주로 인그램, 베이커앤드테일러, 그 외 유통업자들로부터 구입했고, 그래도 책 재고가 없는 드문 경우에는 출판사로부터 직접 샀다. 그 시기에는 이따금 충돌이 있기도 했지만 하찮은 내용들이었다. 베조스는 출판사들이 원래 독자 후기의 아이디어 자체를 싫어했다고 종종 말했다. 종종 이름을 밝히지 않은 가혹한 후기가 매출을 저해할까 두려워서였다. 출판사들과 작가협회는 아마존 웹사이트에 제3자 판매인이 중고 물품을 파는 것에 대해 불평하기도 했다.[11]

게다가 풋내기 아마존은 작가 경력, 주제에 관한 포괄적 묘사, 책표지의 디지털 이미지 같은 추가 도서 정보를 더 달라고 끊임없이 졸랐다. 그러나 많은 출판사가 아마존을 구세주로 보기도 했다. 반스앤드노블이나 영국의 워터스톤에 절대적으로 필요하던 견제 세력 역할을 했기 때문이었다. 이 회사들은 모두 새로운 대형 매장을 짓고, 그 규모와 성장 속도를 이용해 도매가격에 더 높은 할인을 요구했다.

대륙을 가로질러 뉴욕과 극과 극에 위치한 시애틀에 살고 있기에 베조스는 출판업계와 거의 친분이 없었다. 그런 가운데 드물게도 제임스 패터슨 및 다른 작가들을 후원하는 타임워너 북 그룹의 CEO 래리 커시바움이 베조스의 지인이었다. 커시바움은 아마존의 미션에 큰 믿음이 있었고 1997년 5월 IPO 때 공모주를 샀다. 몇 달 뒤 억수 같은 비가 쏟아지던 밤 루퍼트 머독이 뉴스 코퍼레이션의 하퍼콜린스 출판 부서의 CEO로 부임한 제인 프리드먼을 위해 준비한 파티가 맨해튼 시내 타임라이프 건물에서 여섯 블록 떨어진 곳에서 열렸다. 베조스와 커시바움은 빗속을 걸어가 파티에 참석했다. 당시 랜덤하우스 CEO 알베르토 비탈레와 출판 에이전트 린 네즈빗 같은 출판업계의 태두들이 빨간 가죽으로 된 칸막이들이 있고, 뛰어다니는 원숭이 벽화가 걸린 54번가 멍키바에 모여들었다. 아마존이 영원히 변화시키게 될 산업의 거인들과 베조스가 드물게 사이좋게 어울렸던 밤이었다. 2011년 뉴욕 출판부를 이끌기 위해 아마존에 합류한 커시바움은 이렇게 말한다. "인생을 살다 보면 모든 것이 생생하게 기억나는 에피소드가 드물게 존재하지요. 이 경우가 그랬습니다. 말이 나왔으니 하는 이야기인데 베조스는 그때 가져간 제 우산을 아직까지 돌려주지 않았어요."

21세기에 들어선 이후 아마존이 수익성에 열을 올리기 시작하면서 도서 출판계를 바라보는 아마존의 태도에 변화가 생기기 시작했다. 2004년에 이르자 아마존은 미국에서 판매되는 전체 서적의 큰 부분을 팔게 되었다. 그래서 출판사와 좀 더 유리한 조건으로 계약하기 위해 공격적으로 협상했고 업계에서 아마존의 규모와 영향력이 커지자 그 혜택을 누리려고 애썼다. 이 중요한 몇 해 동안 아마존과 출판사들의 관계를 맡아온 린 블레이크는 업계의 베테랑으로, 원래는 맥밀런 출판사의 컴퓨터 책 부서의 이사였다.

블레이크는 1999년 아마존에 합류했다. 그녀가 한 첫 번째 일은 출판사와 직접 돈독한 관계를 맺는 것이었고, 아마존의 FC로 책을 보낼 때 따라야 하는 포장 규격을 만들었다(예를 들어 스티로폼 포장 충전재를 사용할 수 없다). 블레이크는 유통업자든 출판사든 재고가 있고 가격이 가장 낮은 곳에 주문을 넣는 자동화 시스템 구축을 감독해 아마존의 도서 공급체인을 좀 더 규율 있고 분석적으로 만들었다. 그녀는 광고비를 내는 출판사에 웹사이트에서 눈에 잘 띄는 자리를 판매하는 아마존의 첫 협력 프로그램을 도서 부문에서 개발했다. 이러한 것들은 대형 소매업자들의 일반적 전술로 그녀는 맥밀런에서 일할 때 다른 소매업 체인들이 이 전술을 이용하는 것을 본 적이 있었다.

블레이크는 아마존에서 예외적인 경우였다. 그녀는 블랙베리를 가지고 다니지 않았고, 매일 오후 5시만 되면 집에 있는 어린 딸을 보러 재빨리 퇴근했다. 그녀는 뛰어난 협상가이며 로빈슨 팻먼 법안을 속속들이 꿰고 있었다. 이 법안은 1936년에 제정된 담합 금지법으로 제조업체가 거대 소매업체에 중소 소매업체보다 더 싼 가격으로 물건을 파는 것을 금지했다. 협상 테이블의 반대쪽에 앉아본 경험이 있는 블레이크는 출판업자의 요구에 민감했고 아마존 내에서 그들의 입장을 대변한 적도 자주 있었다. "대형 출판사들과 저의 관계는 상당히 긍정적입니다. 물론 좀 더 일을 잘하고 열심히 하라는 의미에서 채찍질하기도 했습니다만, 그들이 아마존과 문제가 있으면 제가 나서서 일을 해결하곤 했답니다."

블레이크는 곧 양쪽 사이에서 균형을 잡기가 힘들어졌다. 고객이 저렴한 가격을 즐길 수 있도록 보조금을 쓰고 초알뜰 배송과 프라임 같은 프로그램에 자금을 대고자 하는 베조스의 끊임없는 노력의 일환으로 그는 블레이크와 그녀의 팀이 출판업자들로부터 더 유리한 조건을 받아내고 이윤 폭을 늘릴 수 있는 대로 팍팍 늘리라고 압력을 주었다. 베조스는 아마존이 도서 산업에 이바지하는 만큼 잘 보상받아야 한다고 믿었다. 반스앤드노블 대형 서점에는 15만 종의 책이 있는 반면 아마존 웹사이트에는 수백만 종의 책이 있다. 전통적 소매업자들과 달리 아마존은 반품하는 재고량이 얼마 되지 않았고 종종 5퍼센트에도 미치지 못했다. 반면 거대 서점 체인들은 출판사에서 들여오는 전체 도서량의 40퍼센트를 반품하는 일이 많았다. 또 반품에 대해 전액 환불을 받았는데, 이 역시 서적 소매에서 다반사로 일어났다.

2004년에 이르러 평상시에는 조용하던 아마존의 도서 구매부는 전투를 준비하고 있었다. 구매 담당 직원들은 협상 훈련 및 로빈슨 팻먼 법안의 한계와 유연성에 대한 교육을 받았다. 블레이크는 타협을 하도록 출판사들에 충실하게 압력을 넣는 한편, 자신의 상사에게는 만약 출판사들이 반란을 일으키면 아마존은 치명타를 입을 것이라고 꾸준히 상기

시켜주었다. 도서 부문의 선임 책임자인 에릭 고스는 다음처럼 말한다. "아마존에서는 출판업계가 이것을 어떻게 받아들일지 내부적으로 다들 벌벌 떨던 시기가 있었습니다. 린은 우리의 대사大使였죠. 출판사들과의 관계를 유지시켜온 것은 다 그녀 덕택입니다."

아마존은 대형 출판사들에게 적극적으로 접근했다. 대량 주문에는 더 큰 할인을 해달라고 한다든지, 결제 기간을 늘려달라든지, 아마존이 UPS에서 더 할인을 받을 수 있도록 UPS로 물건을 보내달라고 한다든지 하는 편의를 요구했다. 요구에 응하지 않는 출판사들에게는 자동화된 개별 맞춤화와 추천 시스템에서 그들의 책을 빼버리겠다고 협박했다. 그렇게 되면 그 책들은 고객에게 더 이상 소개되지 않는다. "출판사들은 아마존을 진정으로 이해하지 못했습니다. 그들은 예전에 출간된 책들에 무슨 일이 일어나는지 전혀 모르고 있었어요. 자신들의 구간 목록이 고객들에게 자꾸 노출되어 매출이 올라갔다는 것은 대부분 금시초문이었죠." 고스의 말이다.

아마존은 자사의 시장지배력을 쉽게 보여줄 수 있었다. 출판사가 아마존에 굴복하지 않으면 아마존은 그들의 책을 추천하는 알고리즘을 꺼버렸고 그러면 출판사의 매출이 40퍼센트까지 떨어졌다. "30일 정도 지나면 그들은 '아이고, 어떻게 하면 아마존과 다시 일할 수 있겠습니까?'라고 말합니다." 그 당시 도서 구매 담당 선임 직원이었던 크리스토퍼 스미스의 말이다.

베조스의 요구는 계속되었다. 그는 블레이크에게 아마존에서 구간 도서를 계속 팔지 못하면 장사를 접어야 할 영세 출판사들에게 더 나은 조건을 요구하라고 부탁했다. 그 결과 생겨난 영세 출판사 프로그램을 도서 부문 내에서는 가젤 프로젝트라고 불렀다. 이 이름은 베조스가 어느 회의에서 치타가 아픈 가젤을 추격하는 것처럼 아마존은 영세 출판사들에게 접근해야 한다고 블레이크에게 말한 데서 기인한다.

가젤 프로젝트의 일환으로 블레이크의 팀은 출판사를 아마존에 대한 의존성에 따라 분류했고, 그런 다음 가장 취약한 회사들과 협상을 열었다. 당시 도서 구매 담당 직원 세 명이 그 일을 회상한다. 베조스가 농담으로 치타와 가젤의 비유를 들었는데 블레이크가 그것을 너무 심각하게 받아들인 것이라고 말한다. 그러나 그 프로그램은 실질적으로 출판업자들을 향한 마키아벨리식 접근 방법이 나타나고 있다는 것을 명백히 보여주었다. 그 무자비한 태도는 가끔씩 아마존 직원들조차 놀라게 했다. 가젤 프로젝트를 시작한 지 얼마 되지 않아, 프로젝트 이름에 대해 들은 아마존의 변호사들은 덜 자극적인 '소형 출판사 협상 프로그램'으로 이름을 바꾸라고 우겼다.

출판사들은 이에 충격을 받았다. 한때 서점 체인들에 대한 신선한 평행추의 역할을 하던 회사가 이제는 계속 새로운 요구를 내놓고 있었다. 고객에게 이러한 혜택을 넘겨주기 위해서라고 상당히 설득력 있게 설명했지만, 그것조차 불길하게 들렸다. 아마존이 절약된 금액을 배송 혜택이나 낮은 가격의 형태로 고객에게 넘겨줄 때 영세 독립 서점을 비롯한 일반 서점이 받는 부담을 늘리는 효과가 생겨 아마존의 시장지배력을 더해주었다. 이 무렵 아마존은 출판사를 돌아다니면서 '책 내용 찾아보기'에 들어갈 책들을 제출하도록 전했다. 한편 구글은 저작권자에게 허락도 받지 않고 도서관 서적들을 스캔하기 시작했다. 이는 세계의 문학 작품을 학술 연구를 위해 온라인으로 볼 수 있도록 만드는 거대한 프로젝트의 일부였다. 2005년 작가협회와 미국출판연합은 연방법원에 구글을 대상으로 이중 소송을 냈다. 이것은 복잡한 법적 뒷이야기가 있는 개별적인 드라마지만 그들은 도서 판매라는 지적 추구 활동을 알고리즘으로 분석하고 접근하는 이 돈 많은 서부 인터넷 회사에게 사업 결정권을 잃을지도 모른다는 일부 출판업자들의 자라나는 불안감을 증폭시켰다.

린 블레이크는 2005년 초에 아마존을 떠났다. 그녀는 기대하지도 않던 돈을 많이 벌었으니 이제 가족들에게 시간을 더 쏟고 싶었다. 또한 그녀는 아마존과 출판업자들의 관계가 곧 무너지리라고 보았다고 털어놓는다. "아마 일이 그런 식으로 흘러가게 될 것이라고 느꼈던 것 같습니다. 하지만 저는 양쪽이 모두 가치 있는 것을 얻는 거래를 좋아합니다. 그러면 앞으로도 협상이 평화롭게 일어날 것이라는 뜻이니까요."

그녀의 후임자는 아마존 내에서 출판사의 입장을 옹호하는 정치적인 능란함이 없었다. 블레이크는 회사를 떠나기 전에 아마존 보석 매장을 세우는 데 한몫을 한 랜디 밀러를 승진시켜 유럽에 있는 공급자와의 관계를 관리하도록 맡겼다. 밀러는 아마존에게 금전적으로 더 유리한 조건을 제시하도록 출판업자들에게 압력을 넣으면서 거의 가학적인 즐거움을 느꼈다고 스스로도 고백한 바 있다. 그는 모든 유럽 출판사들을 판매 실적에 따라, 그리고 그들의 책에 붙은 아마존의 이윤 폭에 따라 순위를 매겼다. 그런 다음 뒤처진 출판사들에는 말을 듣지 않으면 웹사이트에서 홍보를 줄이겠다고 협박해 아마존에게 더 유리한 조건으로 계약을 수정하도록 설득했다. 밀러의 팀에서는 그 프로그램을 '페이 투 플레이Pay to Play'라고 불렀다고 한다. 다시 한 번 아마존의 변호사들이 나서서 그 프로그램을 '판매자 재조정'으로 이름을 바꿨다.

다음 1년 동안 밀러는 랜덤하우스나 아셰트 및 해리포터 시리즈를 출판하는 블룸즈버리의 유럽 부서들과 엮이게 되었다. "그들의 실적을 죄기 위해 할 수 있는 일은 다 했습니다." 밀러의 말이다. 그는 이들의 책의 원래 정가 그대로 받았고, 아마존 추천 엔진에서 책을 빼기도 했으며, 여행책 같은 경우는 경쟁 출판사의 책을 홍보했다. 밀러는 다른 책과 실적을 비교할 수 있는 아마존닷컴 판매순위에 집착하는 작가들의 강박적인 불안 심리를 이용해 레버리지를 행사할 수 있는 부분을 꾸준히 찾았다. "우리는 작가들과 계속 만나서 누가 판매순위를 보는지 알아냈습니다. 그들이 판매 수치가 떨어지는 것을 보자마자 출판사에 전화할 것이라는 것을 저희는 알고 있었지요."

이러한 전술은 아마존만 사용한 것이 아니었다. 아마존은 현대 소매라는 100년 전통의 산업에서 자주 쓰이는 술책을 드디어 깨우친 것뿐이었다. 이윤 폭에는 한계가 있기 때문에 공급자와 유리한 조건으로 계약을 할수록 전체적 재정 상태가 더 건전해지게 마련이다. 따라서 고객에게 매일 최저가를 제공할 수 있는 초석이 되는 것이다.

월마트는 특히 공급자들을 끝없이 회유하는 데 달인이었다. 그들은 이 일에 있어서 선교사와 같은 열정을 품고 임했으며 이것이 기저귀 같은 제품의 가격을 낮추어 중하층 미국인들도 쉽게 구입할 수 있도록 만든다고 믿었다. 월마트는 공급업자들에게 아칸소 벤튼빌에 사무실을 열고 RFID 도난 방지 칩 같은 특정 기술을 그들의 제품에도 통합할 것을 요구하는 것으로 유명하다. 또한 월마트는 자신들이 지불할 가격을 스스로 책정하고 공급업자의 이윤 폭이 너무 넓으면 가격을 대폭 깎는 것으로 유명하다.

초창기 시절, 소니나 디즈니 같은 회사들이 직거래를 거부했을 때 아마존은 먹이사슬의 아래쪽에 있었다. 베조스는 그때 이 게임의 규칙을 직접 배웠다. 이제 힘의 균형이 바뀌었다. 이제는 아마존이 공급자를 필요로 하는 것보다 공급자가 아마존을 더 필요하게 되었다. 이렇게 업계의 판도가 바뀐 가운데 아마존은 출판사들에 킨들을 홍보하기 시작했다. 뉴욕에 본사를 둔 출판사들에 보낸 첫 킨들 특사 두 명은 놀라운 그림을 제시했다. 오랫동안 아마존의 사업개발 중역으로 일해온 댄 로즈는 출판사들을 이 계획에 합류시키는 초기 사업을 맡아 이끌었다. 로즈는 중간 정도의 키에 카키와 군청색 셔츠의 캐주얼한 닷컴 회사의 복장을 뽐내면서 디지털 시대에 다가오는 기회에 대해 청산유수로 말했다. 그는 이전 마이크로소프트 제품 책임자였던 제프 스틸과 함께 출판사를 방문했다. 공공연하게 동성애자임을 밝히는 스틸은 193센티미터의 키에 보디빌더였다. 그는 어두운 색의 양복에 넥타이를 착용하고 무시무시한 인상을 주었지만 사실은 너무나도 여린 성격의 소유자였다.

2006년도 상반기에 정한 그들의 목표는, 여태까지 디지털 출판에서 수많은 시도가 실패로 돌아갔음에도 불구하고, 초조해하는 출판사들에게 다시 한 번 전자책에 도박을 걸라고 설득하는 것이었다. 그러나 이들은 미션을 수행하기에 불리한 위치에 있었다. 킨들이 아직 극비사항이었고, 따라서 베조스가 그들에게 킨들의 존재를 인정해서는 안 된다고 했기 때문이다.

그래서 로즈와 스틸은 '책 내용 찾아보기'와 모비포켓의 전자책 기준에 관해 이야기하면서 그 주제에 대해 에둘러 접근하는 수밖에 없었다. 모비포켓은 프랑스 회사로 2005년 전자책 프로젝트의 시작을 원활하게 하기 위해 아마존이 인수했다. 모비의 기술을 소유한 덕분에 아마존 전자책은 휴대전화나 PDA 같은 다양한 기기에도 나타날 수 있게 되었다.

전자책의 전망이 곧 밝아질 것을 전혀 알지 못하는 상태에서 출판사들은 그쪽으로 뛰어들기를 꺼렸다. 인기 높은 책에 대해서는 이미 소니, 어도비, 마이크로소프트, 팜으로 지원되고 있었지만 전자책은 출판사들의 사업에서 너무나도 하찮은 부분을 차지하고 있었다. 또한 오래된 책을 디지털화하는 것은 법적인 제약이 많았다. 1990년 말 이전에 출간된 책의 경우 디지털 판권의 실제 소유권이 누구에게 있는지 확인하기 어려웠다. 그리고 출판사들은 이 문제를 작가나 에이전트들과 다시 상의하기를 싫어했다. 그들이 이를 전체 계약의 재협상 기회로 볼 수 있었기 때문이었다.

　로즈와 스틸의 노력에도 불구하고 큰 진전은 없었다. 베조스는 전자책 10만 권이라는 목표를 향해 얼마나 전진했는지 2주에 한 번씩 보고서를 올리라고 했다. "소리 지르고 뻗대는 출판업자들을 21세기로 끌고 가는 것이 제 일이라고 말하곤 했답니다. 출판사들은 뭔가 흥미로운 일을 할 준비가 되어 있지 않더라고요." 제프 스틸이 말한다. 그해 여름, 그 둘은 드디어 비밀을 더 이상 숨길 수 없다고 베조스를 설득했다. 그들은 출판사에 킨들에 대해서 말해야 한다고 주장했다. "일단 보게 되면 출판사도 좋아할 겁니다." 스틸은 설명했다. 베조스는 출판사들이 기밀 방지 협약에 서명만 한다면 킨들의 원형을 보여줘도 좋다고 마지못해 허락했다.

　2006년 가을 아마존은 킨들을 출판사에 보여주기 시작했다. 그 당시 피오나는 보잘것없었다. 마치 블랙베리와 계산기 사이에서 크림색의 사생아가 태어난 듯했다. 그리고 사용하는 동안 너무 자주 다운되었다. 출판사는 아마존의 전자책이 1970년대의 실패한 소니 홈 비디오포맷인 베타맥스 같은 존재가 될지 모른다고 생각했다. 색깔도 동영상도 백라이트도 없었다. 초기 원형은 무선 연결이 작동되지도 않았다. 하지만 아마존의 중역들은 샘플 전자책이 들어 있는 SD카드를 넣어 기계 작동법을 간간이 시범 보이면서 제품에 대해 설명했다.

　이렇게 비생산적인 몇 달 동안, 아마존의 개발자들은 목표를 향한 지름길이 될 것 같은 무엇인가를 구상해냈고 이를 '토파즈Topaz'라고 불렀다. 토파즈는 '책 내용 찾아보기'에서 스캔한 디지털 파일을 킨들에 맞는 형식으로 바꾸는 프로그램이었다. 아마존은 토파즈가 도서를 디지털화하는 비용을 줄일 것이라며 출판사들에게 권유했다. 그러나 그 디지털 파일은 킨들에서만 사용 가능했다. 사이먼 앤드 슈스터 같은 대형 출판사들은 아마존에 또 다른 의존성을 만들고 싶어 하지 않았지만 작은 회사들은 그 제안을 선뜻 받아들였다.

2007년 초 아마존이 킨들의 무선 접속 기능을 시범 보일 수 있게 되자 마침내 출판사들은 킨들의 잠재력에 대해 평가하기 시작했다. 맥밀런의 CEO 존 사전트와 다른 중역들은 아마존이 언제 어디서나 어떤 전자책이든 곧장 내려받을 수 있게 설계해 고객들에게 즉각적 만족을 얻도록 했기 때문에, 소니와 다른 회사들이 실패한 이 부문에서 성공할 수 있다는 사실을 처음으로 깨달았고, 아마존의 팬이 되었다. 물론 베조스가 걱정했던 대로 정보가 새나갔다. 기술 블로그인 엔가젯에 아마존의 새 전자책 단말기에 관한 첫 상세 설명이 떴다. 곧이어 하퍼콜린스 영국 본부장인 빅토리아 반슬리는 업계 행사에서 그 기기를 보았는데 '매우 인상이 깊었다'고 했다.[12]

킨들은 2006년 크리스마스 시즌부터 판매에 들어가기로 되어 있었다. 그러나 베조스가 스티브 케셀과 그의 팀에게 수정사항 및 기능을 추가하고 더 큰 도서 목록을 만들도록 워낙 혹독하게 압력을 넣는 바람에 1년 더 연기되었다. 그 무렵 댄 로즈가 아마존을 떠나 한창 뜨고 있던 페이스북에 합류했고 제프 스틸과 그의 팀은 케셀에게 직접 보고하게 되었다. 스틸은 종이책 부문의 구매부장 로라 포코와 함께 일했다.

오하이오 주립대학 졸업생으로, 린 블레이크가 채용한 포코는 아마존의 대의명분을 직설적이고 끈질기게 옹호했다. 그녀는 베조스의 강렬함을 그대로 닮았으며 공급업자와의 관계에서 기회가 될 때마다 가차 없이 이윤 폭을 더 늘리는 데 치중했다. 킨들 부서에 합류하기 전에 그녀는 영화 제작사 디즈니와 전투를 벌였다. 어느 협상 과정에서 그녀는 디즈니를 아마존의 추천 상품에서 빼버렸고(그 전략은 먹히지 않았다) 워너 홈비디오 중역들과 워낙 심하게 충돌해 디즈니는 그녀가 회사 건물에 발도 들이지 못하게 했다고 포코의 동료 몇 명이 전한다. 랜덤하우스의 어느 중역은 그녀를 가리켜 '공성퇴'라고 불렀다. 심지어 그녀의 동료조차 회사 업무를 수행할 때 지킬 박사와 하이드를 보는 듯한 그녀의 변신에 경외심까지 느낀다. "로라는 너무나도 착하지만, 아마존에 관련된 업무를 볼 때는 피에 굶주린 흡혈귀 같아요." 크리스토퍼 스미스의 말이다.

최초의 킨들 협상이 있은 지 몇 년 뒤 한 출판사 중역이 면접을 보러 아마존을 방문했다. 그는 아마존의 도서 담당 중역들 몇 명과 면접을 보았는데 포코도 그 자리에 있었다. 그녀는 단 하나의 질문을 던졌다. "당신의 협상 전략이 무엇입니까?" 그는 성공적인 협상이란 양쪽 모두를 기쁘게 만들어야 한다고 대답했다. 그 면접자에 따르면(그는 면접에서 탈락했다), 포코는 이는 매우 아마존답지 않은 대답이며 한쪽이 언제나 이겨야 한다고 열정적으로 말했다고 한다.

이 일화를 전하는 것은 특정 아마존 중역을 흠잡으려는 게 아니라 당시 분위기를 설명하기 위해서다. 회사에는 그런 기업 문화가 되풀이되고 있었고 아마존과 고객을 위한 베조스의 열정을 공유하지 못한 사람들은 회사를 떠났다. 그러나 그 열정을 나눈 사람들은 회사에 남았고 성공가도를 달렸다.

도서 부문의 베테랑 에릭 고스는 더 이상 제프봇들을 견딜 수가 없었다. 그래서 그는 2006년 어머니의 병간호를 위해 내슈빌로 갔다. 그러고는 경쟁사인 매거진닷컴Magazine.com에 들어갔다. 아마존은 경쟁 금지 조항 위반으로 고소하겠다고 협박했다(그 일은 나중에 사적으로 합의했다). 고스는 아마존에 대해 여러 가지 감정이 섞여 있다고 시인했다. 그는 어려운 일들을 이루어낸 자신과 동료들이 자랑스러웠다. 그러나 회사가 파트너를 대하는 방법과 자신의 기독교적 가치관 사이의 괴리를 극복하기가 점점 더 힘들어졌다. 아마존을 떠나고도 1년 정도 동안은 트라우마에 시달렸다고 한다.

출판사로 아마존 원조 지원을 나갔던 부드러운 거인 제프 스틸도 아마존의 공격성이 점점 심해지는 것이 싫었다. "저는 사람들에게 실력 행사를 하는 것이 싫었어요. 합리적인 사업개발 거래라면 늘 약간의 절충안이 필요한 법이죠. 뭔가 주고받는 것 말입니다. 저로서는 너무 불편했습니다." 최후의 결정타는 아마존이 킨들에 심은 디지털 사전 공급자인 옥스퍼드 대학 출판부와의 계약 조건을 놓고 스틸이 케셀과 말싸움을 하면서 일어났다. 케셀은 이미 완료된 계약을 두고 출판사로부터 더 유리한 조건을 받아내려고 재협상을 하고자 했다. 스틸은 거래 협상이 이미 끝난 상태에서 다시 되돌아가 계약을 조정하려는 것은 비윤리적이라고 말했다. 그 후 얼마 되지 않아 스틸은 로라 포코와 소리를 지르면서 싸우는 일이 벌어졌고 케셀은 스틸에게 짐을 싸서 회사를 떠나라고 말했다. 그러고 나서 포코가 킨들 프로젝트를 인수했다.

다음 몇 달간 긴장감이 돌았다. 출판업자들에 대한 설득의 기간이 끝나고 협박으로 이어졌다. 도서 목록을 충분히 디지털화하지 못했거나 디지털 작업을 빠르게 진행하지 않은 출판사는 아마존의 검색 결과와 고객 추천에 나오지 않도록 할 것이라고 말했다. 몇 년 전 음반 회사들이 의구심에도 불구하고 애플의 품 안에 달려가 안긴 이유는 애플보다 음악 불법 복제 유통이 더 무서웠기 때문이었다. 그러나 책은 복제해 인터넷으로 공유하기가 쉽지 않다. 다시 말하자면 도서 출판업자를 겁먹게 하는 망태 할아버지가 존재하지 않았던 것이다. 결국 베조스는 그렇다면 아마존을 망태 할아버지로 둔갑시켜야겠다고 마음먹었다.

아마존이 출판사에 도움을 요청하며 시작했던 것이 시간이 지나자 어른이 어린아이를 윽박지르는 형국이 되어버렸다. 오프라 윈프리의 북클럽에서 선정한 가브리엘 가르시아 마르케스의 『백 년 동안의 고독』이 없

는 것을 알고 포코는 랜덤하우스 판매부장에게 이메일을 보내 왜 아직
도 전자판이 없느냐고 따졌다. 뉴욕 시간으로 한밤중에 날아온 그 메시
지는 너무나 경멸적이고 노골적이라서 그 출판사의 모든 사람에게 회람
되었다(랜덤하우스의 임프린트인 크노프가 그 책을 출간했는데 그다음 해가 되어서야
디지털 판권을 갖게 되었다).

   출판사들은 간청과 협박을 급하게 혹은 여유 있게 계속 보내는 아마
존의 정신분열적 공격에 꼼짝없이 당하고 있는 기분이었다. 포코와 그
녀의 팀은 출판사가 디지털화해야 할 책의 목록을 계속 만들어 보내면
서 전자책이 신속하게 만들어지지 않으면 고함을 질러댔다. 또한 아마
존은 출판사를 소외시키고 에이전트와 작가들에게 직접 호소하기도 했
다. 그러면 출판사들은 세상에서 가장 큰 소매기업이 자신들의 가장 중
요한 작가들과 이야기하는 것을 불편하게 지켜보고 있어야 했다. "우리
한테 쏟아지는 미친 듯한 압력의 시작점은 틀림없이 제프 베조스일 겁
니다. 그는 킨들이 시판되기 전에 나와 있어야 할 전자책의 특정 권수가
마치 마법의 숫자라도 되는 양 광적으로 집착했거든요." 어느 출판사
중역의 말이다.

   아마존과 파트너 출판사들은 이제 완전히 다른 세상에 살고 있었다.
전자책 산업은 아직 제대로 존재하지도 않는 상태였다. 그래서 출판사
들은 왜 그 산업을 포용하지 않는다는 이유로 욕을 먹고 벌을 받아야 하
는지 이해할 수가 없었다. 아마존의 중역들은 미래를 향해 질주하면서
세상의 모든 책을 순간적으로 고객들에게 제공한다는 베조스의 비전을
실현하는 자신을 발견했다. 그러나 동시에 그들은 디지털 미디어의 진
화 속에서 중요한 다음 단계로 가는 데 애플 및 구글보다 먼저 도달하기
위해 필사적으로 매달리고 있었다.

   이 매콤한 섞어찌개에 들어갈 한 가지 재료가 더 있었다. 베조스는 최

310

고 인기 도서와 신간의 디지털판에 일괄적으로 9.99달러를 매겼다. 이 가격을 뒷받침할 어떤 조사도 없었다. 그저 베조스의 직감에 따른 결정이었다. 애플 아이튠스의 디지털 싱글당 99센트라는 가격이 성공적인 것을 보고 비슷한 방법으로 가격을 매겼다. 또한 그는 고객들이 인쇄비나 보관료가 들지 않는 전자책의 가격을 종이책보다 더 낮게 기대하리라고 추정했기 때문이다. 아마존은 출판사들로부터 전자책을 살 때 종이책의 도매가와 같은 가격에 구매했다. 일반적으로 종이책의 경우 권당 소매가 30달러, 도매가 15달러였다. 이는 대부분의 책을 판매하면서 돈을 잃게 된다는 것을 의미했다. 베조스는 기꺼이 받아들였다. 그는 결국 출판사들이 전자책의 낮은 출판 비용을 반영해 도매가를 낮추게 되리라 믿었기 때문이다. 그는 그러한 날이 올 때까지 손해를 사랑하는 아마존의 미래에 대한 투자로 쳐두었다. "고객들은 똑똑합니다. 우리는 그들이 디지털 책은 실제 책보다 가격이 더 낮기를 기대한다고 느꼈지요." 스티브 케셀의 말이다.

아마존은 출판사들이 9.99달러라는 가격을 절대적으로 싫어할 것을 이미 잘 알고 있었다. 비싼 양장본보다 9.99달러짜리 전자책을 선호할 고객들은 꽤 되었다. 그런데 고급 양장본은 업계에서 이윤이 가장 많이 남았고 아마존의 이러한 가격 책정이 전통적인 서점들, 특히 독립 서점들을 당황시켰다. 갑자기 그들은 일부 고객들이 지나치게 비싼 과거의 유물이라고 부르게 될 양장본이 서점 책장에 수북이 쌓여 있다는 것을 알게 되었다. 모든 이들은 음악에서 이와 동일한 역학을 목격했으며 결국 전통적 소매업체들에 처참한 결과를 안겨주었다.

그래서 아마존은 출판업자들이 반대하지 못하도록 9.99달러라는 가격을 출판사에 알리지 않기로 결정했다. 이 결정을 합리화하기는 쉬웠다. 소매업체들은 공급자들에게 제품 가격을 어떻게 책정할지 말할 의

무가 없고, 또 말하게 되면 이론적으로 수직적 가격 고정(vertical price fixing, 소매업체와 공급업체 간 가격 담합의 일종 - 옮긴이)의 의심을 받아 반독점 당국의 관심을 살 수 있기 때문이다. 하지만 출판사를 파트너로 여기고 접근했던 아마존이 이제는 중요한 정보를 고의적으로 보류하고 있는 셈이었다. 다음은 제프 스틸의 말이다. "저희는 가격 책정 전략에 대해 언급하지 말라는 지시를 받았습니다. 출판사들은 우리가 전자책의 가격을 너무 낮게 잡으면 상품의 가치를 떨어뜨린다고 생각하는 것 같았습니다. 그래서 우리는 그저 가격이 아직 결정되지 않았다고 말하곤 했지요."

이러한 가격 책정을 계획하는 줄은 꿈에도 모른 채 출판사들은 도서 목록 대부분을 디지털화하며 사업을 천천히 궤도 위로 올렸다. 2007년 가을 무렵 아마존은 킨들 라이브러리에 9만 권의 책을 보유하면서 베조스의 목표에 아슬아슬하게 못 미쳤다. 킨들 속에 반스앤드노블 서점이 통째로 고스란히 들어 있는 셈이었다.

베조스가 드디어 더 이상 미루지 않고 첫 킨들을 개시하기로 결정했을 때, 모든 주요 도서 출판사의 중역들이 기자회견장에 모여들었다. 그들은 지난 몇 년간 아마존에게 두들겨 맞고 멍이 들었지만, 동종 업계에 일하는 사람들로서 피할 수 없는 문자의 미래를 향해 조심스러운 한 발을 함께 내딛고자 왔다. 이 미래에는 놀라운 일이 그들을 기다리고 있었다.

2007년 11월 19일 제프 베조스는 킨들을 소개하기 위해 맨해튼의 W호텔에서 단상 위로 올라섰다. 그는 100여 명의 기자들과 출판사 중역들을 향해 연설했다. 애플 제품 출시를 위해 모여들었던 애플 숭배자들의 긴 줄에 비하면 상당히 적은 수였다. 푸른색 블레이저와 카키바지를 입은 베조스는 아마존의 새 기기가 550년 전 대장장이 요하네스 구텐베르크가 발명한 이동식 금속활자를 대체하게 될 것이라고 말했다. "왜 책은 아날로그의 마지막 보루일까요?" 베조스가 물었다. "문제는 책처럼 고도로 진화했고 그 임무를 성실히 수행하는 물건을 더 향상시킬 수 있을까 하는 것입니다. 만약 그렇다면 어떻게 그것이 가능할까요?"

399달러라는 가격이 매겨진 최초의 킨들은 지난 3년간 공들여 개발한, 모든 절충안과 불안이 녹아 있는 제품이었다. 독자가 독서를 하는 중에 손에 들고 있는 물리적 기계의 존재감을 잊도록 하는 이 단말기는 쐐기 모양의 몸체에 각진 버튼이 여기저기 달려 있었다. 문자를 쉽게 입력할 수 있도록 하면서도 대담한 디자인으로 자기표현이 가능했다. 원래 베조스는 한 가지 일을 훌륭하게 해내는 기기를 원했다. 그러나 랩126의 이전 팜 엔지니어들은 팜파일럿이 좀 더 다양한 기능을 수행하는 기계에 추월당하는 것을 목격했다. 그래서 마지막 순간에 그들은 MP3 플레이어 및 웹 브라우저 같은 기능을 킨들에 마구 집어넣었다. 이렇게 실험적인 기능들은 단말기의 한구석에 따로 모아두었다.

돌이켜보면 첫 킨들은 베조스의 질문에 의기양양한 대답이 되어준 것이었다. 그것은 아날로그 모델인 종이책보다 많은 면에서 뛰어났다. 무게가 283그램밖에 나가지 않으며 200권의 책을 지니고 다닐 수 있었다. 전자잉크 화면은 눈에도 무리를 주지 않았다. 킨들의 무료 3G 셀 네트워크인 위스퍼넷은 독자가 책을 눈 깜짝할 사이에 힘들이지 않고 내려받을 수 있도록 했다. "다른 단말기들은 다 실패했으나 킨들이 성공한 까닭은 우리가 이 일에 거의 집착했던 덕분입니다. 우리의 목표는 세계에서 가장 예쁜 기계를 만드는 것이 아니라 사람들이 원하는 것을 실제로 이행하는 무엇인가를 만드는 것이었지요." 나중에 킨들 부서에 합류한 충실한 제프봇 러스 그랜디네티의 설명이다.

경쟁자들은 킨들의 성공에 무방비로 당했다. W호텔 행사 몇 주 전 나는 《뉴욕 타임스》에 아마존이 곧 킨들을 시판할 것이라는 내용의 기사를 썼고 그 시절 반스앤드노블의 CEO였던 스티븐 리지오와 대화를 나누었다. 리지오와 그의 형은 로켓북으로 전자책을 시도했다가 실패한 경험의 상처가 아직도 아물지 않은 상태였는데, 당시 고객들이 전자책이라는 개념 자체를 딱 잘라 거부했다고 느꼈다. 리지오는 나에게 이렇게 말했다. "책의 물리적 가치는 디지털 형태가 모방할 수 없습니다. 사람들은 책을 모으는 것을 좋아하고 자기 집 책장에 모셔두기를 즐기지요. 디지털로 종이책을 완전히 동일하게 모방할 수 있는 날은 오지 않을 것이라 봅니다. 왜냐하면 고객의 마음속에 존재하는 물리적인 물체로서의 책의 가치 때문입니다."[13]

리지오는 곧 소개될 킨들에 대한 소문을 들었지만, 아마존의 전망에 대해서는 회의적이었다. "물론 다시 그 사업으로 뛰어들 기회가 있겠지만, 현재는 적기가 아닙니다. 아마 앞으로 두어 해는 적기가 오지 않을 겁니다. 시장이 생기면 저희도 참여할 것입니다."

그것은 엄청난 말실수였다. 반스앤드노블은 전자책 시장에서 아마존의 도전을 받아들이기 위해 질주해야 했다. 그들도 아마존의 랩 126처럼 북부 캘리포니아에 개발 사무실을 차리고 매우 유사한 청사진을 따랐다. 아이러니하게도 기기를 디자인하기 위해 반스앤드노블은 펜타그램을 떠나 애뮤니션이라는 자신의 에이전시를 차린 이전 애플 디자이너 로버트 브루너를 고용했다. 브루너와 그의 직원들은 킨들에 키보드를 넣는 일로 베조스와 싸운 바 있다. '누크The Nook'라고 불리는 반스앤드노블의 기기가 별도의 터치 기반 컨트롤 패드만 넣고 키보드를 뺀 후 "책에는 버튼이 없다"라는 광고 문구를 넣은 것은 그다지 놀라운 일은 아니다.

킨들이 물론 하룻밤 만에 성공한 것은 아니었다. 그러나 언론에서 집중적으로 보도하고 아마존 웹사이트 제일 위쪽에 잘 보이도록 홍보를 했기 때문에 재고 회전율이 높았다. 스티브 케셀은 아이팟처럼 유사 소비자 전자제품의 시판 초기 물량을 조사해 보수적으로 잡아 2만 5,000대만 주문했다. 첫 물량은 몇 시간 만에 모두 판매되었다. 킨들 개발 시간을 너무 오래 끈 나머지 타이완의 공급업체 한 군데에서 무선 모듈에 필요한 중요 부품이 단종되고 말았다. 아마존은 대체품을 찾는 데 몇 달이 걸렸다. 다음 가을에 킨들의 재고가 더 도착했을 때 베조스는 오프라 윈프리의 토크쇼에 출연했고 그 덕분에 또 물량이 동났다. "처음 킨들 제작 물량을 넣으면서 우리는 너무 낙관적으로 주문한 것이 아닌가 우려했죠. 완전 엉터리 예상이었어요."[14] 베조스가 말한다.

물량이 부족하자 내부적으로 마찰이 생겼다. 단말기가 품절되고 나서도 베조스는 아마존 대문 페이지에 크게 홍보를 해서 고객에게 제품을 알게 하고 브랜드 이미지를 키워나가고 싶었다. 이제 북미 소매를 이끄는 제프 윌크는 팔지도 못할 제품을 광고한다는 것은 무책임한 짓이며 아마존의 귀중한 대문 페이지를 낭비하는 일이라고 생각했다. 그 문제에 대해 불쾌한 이메일이 오갔고 어느 날 베조스의 사무실에서 열띤 대화가 벌어졌다. "우리는 둘 다 성격이 불같아서 5분 만에 둘 다 완전히 이성을 잃었죠." 윌크의 말이다. 그는 나중에 베조스가 옳았으며 킨들 브랜드의 이미지를 키우기 위해서라면 단기간의 고생은 가치가 있다고 인정했다. 베조스가 물론 이겼다. 그러나 윌크는 적어도 웹사이트에 현재 킨들의 재고가 없다는 것을 확실히 명시하도록 설득했다.

클레이튼 크리스텐슨이 『혁신 기업의 딜레마』에서 예상했던 것처럼 킨들의 기술 혁신은 회사와 업계에 큰 고통을 안겨주었다. 그 고통을 가장 심하게 느낀 것은 출판업자들이었다. 아마존은 그들이 새로운 디지털 포맷을 받아들이도록 회유도 하고 협박도 하면서 지난 2년을 보냈다. 그러나 그동안 그 많은 대화가 오갔으면서도 아마존은 그날 호텔에서 베조스가 총 40분짜리 킨들 출시 연설을 시작하고 17분 만에 밝힌 결정적인 세부사항을 숨기고 있었던 것이다. 베조스는 그 연설 도중에 이렇게 말했다. "《뉴욕 타임스》가 꼽은 이 베스트셀러 신제품은 단돈 9.99달러입니다."

킨들 기자회견 자리에 모인 출판사 중역들 사이에 술렁임이 일었다. 9.99달러라는 가격은 출시 기념 세일 가격인가? 베스트셀러에 한정된 가격인가? 행사가 끝난 뒤에도 아마존 중역들은 출판사 사람들에게 "우리도 몰랐다", 혹은 "말해줄 수 없다"고 대답했다. 곧 도서판매업계는 이 단일 가격이 일시적인 것이 아니라는 것을 알게 되었다. 아마존은 새로운 기준을 밀고 있었다. 베조스는 킨들 행사 뒤 여러 방송 매체에 출연했다. 그는 〈찰리 로즈 쇼The Charlie Rose Show〉 같은 프로그램에 출연해 신간 및 베스트셀러가 9.99달러라고 홍보하며 도서 산업의 변화에 대한 설득력 있는 설명을 했다. 그는 로즈에게 이렇게 말했다. "책이 죽은 나무에 계속 인쇄되어야 한다는 법은 없습니다."

마침내 암울한 현실과 마주한 출판사 중역들은 자신들의 순진함을 한탄했다. 대형 출판사의 한 중역은 이렇게 말한다. "그 빌어먹을 도서 목록을 붙들고 몇 달이고 우리를 쪼아대면서도 가격 이야기는 한마디도 안 했다는 것에 입맛이 정말 쓰더군요. 그 가격 자체가 나쁜 것이 아니라 그 일을 하는 방법이 나빴다는 것이죠. 이건 완전 뒤통수치는 것이죠. 하루도 거르지 않고 매일 제품 이야기를 하면서 어떻게 이 말을 빼놓을 수가 있나요."

시장점유율이 가장 큰 6대 출판사의 또 다른 중역의 말은 다음과 같다. "아무런 주의사항도 없이 전자책 파일을 공급하기로 결정한 것은 완전히 순진한 생각이었습니다. 과거로 되돌아갈 수 있다면 저는 '감사

합니다. 킨들의 아이디어는 마음에 듭니다만 비용보다 더 낮은 가격으로 팔지 않겠다는 동의서를 먼저 써주시죠'라고 했을 겁니다. 저는 졸면서 이 사업을 이끌었던 것 같아요."

인기 전자책의 새로운 최저가는 모든 것을 바꿔놓았다. 업계의 방향타를 디지털 쪽으로 돌려놓았고, 일반 소매업체에 추가적 압력을 가하면서 독립 서점들의 생존을 위협하는 한편, 아마존에 보다 더 큰 시장 지배력을 부여했다. 출판사들은 지난 여러 해 동안 아마존이 이런 종류의 추가적 레버리지를 어떻게 이용하는지 똑똑히 보았다. 더 많은 할인을 요구했고 그 절약분을 더 낮은 가격이나 배송료라는 혜택을 고객들에게 전달했고 덕분에 한층 더 큰 시장점유율을 갖게 되었다. 그 결과 아마존은 또 이전보다 더 큰 협상 레버리지를 갖게 되는 것이다. 이 모든 것을 정확히 이해하는 데는 몇 년이 걸리겠지만, 킨들이 진정한 가속도를 얻기 시작한 것은 2009년 초 킨들 2의 출시로 보는 것이 일반적인 견해다. 가젤은 부상을 입었고 치타는 자유롭게 날뛴다. 세간의 이목을 끄는 기업 · 법정 드라마가 뒤를 따르면서 도서업계는 뿌리까지 흔들리게 된다.

아마존은 급변하는 주식 시장에 두들겨 맞은 사면초가 닷컴 생존자에서 자사의 제품과 원칙으로 지역사회, 국가 경제, 아이디어 시장 등에 영향을 주는 다각화된 기업으로 성장했다. 모든 강력한 기업이 그렇듯, 아마존 또한 기업의 성격에 대한 감시를 받기 시작했다. 이는 기업이 고객을 얼마나 잘 섬기는가뿐만 아니라 직원, 제휴 회사, 정부 등 기업 생태계의 모든 참여자들과의 관계가 어떠한가에 대한 끊임없는 테스트를 받게 되었음을 의미한다. 피오나의 개발은 아마존 역사의 새로운 장을 열었고, 꾸준히 혁신하며 기존 질서를 무너뜨리는 기업의 모습뿐만 아니라 계산적이고 잔혹한 기업의 모습도 드러내게 되었다. 아마존의 행보는 베조스의 경쟁적인 성격과 무한한 지성의 발로였으며 기업계에 큰

획을 그었다.

PART 3

선교사
혹은 용병?

Missionary or Mercenary?

CHAPTER 09

발사!
Liftoff!

애리조나에서 가장 큰 도시의 동쪽에 위치한 FC, 피닉스 3는 인간의 오감을 자극한다. 이것은 에브리싱 스토어의 물리적 발현으로 대부분의 아마존 고객들은 상상조차 못할 광경이다. 그곳은 효율성과 선택의 폭이라는 쌍둥이 신을 모시는 1만 7,000여 평 신전의 위엄을 제대로 갖추고 있다. 제품은 가지런히 정돈되어 있지만, 무작위로 선반에 올려져 있는 듯하다. 스타워즈 액션 인형이 침낭 옆에 놓여 있고 과자봉지 옆에는 엑스박스 비디오 게임이 있다. CCTV가 설치된 어느 고가 귀중품 섹션에는 로제타 스톤 스페인어 CD와 아이팟 나노 사이에 임펄스 잭 래빗 섹스 토이 한 점이 끼여 있다. 아마존은 직원들이 잘못된 제품을 고를 가능성을 줄이기 위해 전혀 다른 제품을 나란히 보관한다. 하지만 그런 일이 일어날 것 같지는 않다. 제품, 선반, 지게차, 대차, 직원 배지마다 바코드가 붙어 있어서 눈에 보이지 않는 알고리즘이 직원들에게 가장 효율적인 이동경로를 계산해주기 때문이다.

피닉스 3의 통로마다 여러 가지 활동이 정신없이 이루어지고 있지만 거대한 동굴 같은 이 FC 공간은 고요하게 느껴진다. 지붕에서 윙윙거리는 에어컨 102대와 삑삑거리는 전기 카트의 합창 소리만 그곳을 채운다. 직원 한 명이 음향의 불감대를 뚫고 목소리를 낸다. 시간당 12달러를 받는 인바운드(텔레마케팅의 한 형태로, 고객으로부터 걸려온 전화를 콜센터에서 받아 처리하는 것 – 옮긴이) 지원 담당 테리 존스는 양옆으로 제품이 탑처럼 쌓여 있는 통로 사이로 카트를 밀고 다니면서, 자신이 가까이 있다는 것을 알리기 위해 기분 좋은 목소리로 앞에 있는 모든 사람들에게 소리친다. "카트가 나갑니다. 네, 조심하세요!"

존스는 이렇게 하면 일하는 시간이 재미있고 즐거워지기도 하거니와 회사의 엄격한 안전 수칙도 쉽게 지킬 수 있다고 한다. 2007년 세상의 소매업자들에게도 이렇게 경고의 메시지를 소리쳐주는 사람이 있었으면 얼마나 좋았을까. "아마존이 나갑니다! 조심하세요!"

월스트리트 애널리스트들은 그해 초 아마존의 재무제표상의 숫자에 변화가 생긴 것을 처음 눈치채기 시작했다. 매출이 증가하고 있었고 제3자 판매인의 활동이 늘어난 반면 이베이 같은 경쟁사 플랫폼에서는 그만큼 활동이 줄어들고 있었다. 희한하게도 아마존의 재고 수준 역시 커지고 있었다. 아마존은 마치 고객들의 구매 활동이 늘어날 것을 예상이라도 한 것처럼 피닉스 3 같은 곳에 더 많은 상품을 보관하고 있었다.

투자은행 스티펠 니콜라우스의 애널리스트였던 스콧 데빗은 이러한 변화를 대부분의 사람들보다 더 일찍 감지하고 2007년 1월에 아마존 주식을 보유에서 매수로 상향 조정했다.[1] 그가 등급 조정을 한 바로 그날, 메릴린치의 어드바이저는 아마존의 이윤 폭은 형편없어서 수익을 내지 못할 것이라는 훨씬 더 보수적인 분석을 발표했다. 데빗은 "포트폴리오 매니저들은 다들 저를 비웃었지요. 제가 쓴 투자 분석을 조목조목 다 헐뜯었습니다. 그 당시에 그들은 아마존을 무슨 사기 회사로 여겼던 것 같아요"라고 말했다.

아마존 내부에서는 지난 7년간의 고생이 결실을 맺고 있었다. 이틀 배송 서비스는 회사의 플라이휠을 더 빨리 돌리는 엔진이 되었다. 회사의 당시 재무 상황을 잘 아는 인물의 말에 따르면 프라임에 가입한 아마존 고객은 웹사이트에서 평균 두 배 정도로 돈을 더 많이 썼다고 한다. 프라임 멤버와 코스트코 멤버의 공통점이 있다면 둘 다 맥주 한 팩을 사려고 들렀다가 맥주, DVD 여러 장, 고기 열 근, 평면 TV를 사 들고 나오는 경우가 종종 있다는 것이다.

프라임 멤버들은 다양한 품목에 걸쳐 더 많은 물건을 샀다. 따라서 제3자 판매인들은 아마존에 자신의 재고를 보관하게 하고 주문이 들어오면 FC에서 보내는 것이 더 좋겠다고 느꼈다. 그렇게 할 경우 자신들의 물건도 프라임 이틀 배송 서비스를 받을 수 있기 때문이었다. 아마존은 애널리스트들이 영업 레버리지라고 부르는 것을 잘 이용하고 있었다. 그들은 보유하고 있는 자산으로 더 많은 것을 얻었고 형편없기로 유명하던 마진이 늘어나기 시작했다(하지만 이것은 일시적인 현상이었다. 몇 년 후 베조스가 태블릿과 동영상 스트리밍 같은 새로운 영역에 투자하기 시작하면서 마진은 다시 줄어들기 시작했다).

2007년 4월 24일, 아마존이 그해 1/4분기의 놀라운 결과를 발표했을 때 이 모든 것이 처음 세상에 극적으로 드러났다. 분기 매출이 30억 달러를 최초로 웃돌았다. 이는 1년 만에 32퍼센트 상승한 것으로 예전에 꾸준히 보이던 20퍼센트대의 연성장률이나 그 외 전자상거래 전반의 12퍼센트 연성장률보다 훨씬 높은 수치였다. 이는 아마존이 다른 인터넷 업체들이나 전통적인 체인점들로부터 고객을 빼오고 있다는 의미였다. 2007년을 보내면서 투자가들은 프라임의 건전한 효과를 이해하기 시작했다. 아마존의 주가는 240퍼센트나 뛰었다. 그러나 이어지는 금융 위기와 세계적 불경기로 다시 하락하게 된다.

아마존의 플라이휠에 가속력이 붙던 그 시기에 이베이의 플라이휠은 산산조각이 났다. 온라인 경매에 대한 관심이 시들해지면서 코브라 골프채가 자신이 부른 낮은 호가에 낙찰되었는지 알아보기 위해 7일을 기다리는 것보다 재빨리 물건을 사는 편리함과 확실성을 원하는 사람이 많아졌다.

이베이의 문제는 경매가 시들해진 정도의 수준이 아니었다. 아마존과 이베이는 백팔십도로 다른 길을 걷고 있었다. 아마존은 이베이 스타일의 아마존 마켓플레이스를 활성화시키기 위해 기존 소매사업의 질서를 붕괴시키고 그 고통을 감내하면서까지 제3자 판매인이 단일 통합 제품 페이지에 그들의 제품도 실을 수 있도록 했다. 한편 이베이는 제3자 판매인 경매 플랫폼으로 시작했지만 많은 고객이 아마존처럼 고정 가격이 있는 상품도 원한다는 것을 알았다. 그러나 이베이는 힘들지만 꼭 필요했던 변화를 스스로 만들어내는 데 실패했다. 그들은 2년 동안 이베이 익스프레스라는 고정 가격 소매 페이지를 따로 만들었지만 2006년도에 그것을 선보였을 때 찾아오는 사람이 없어 얼마 지나지 않아 문을 닫아야 했다. 그제야 이베이는 고정가 판매도 웹사이트의 경매와 나란히 올라갈 수 있도록 허용했고 이베이닷컴eBay.com의 검색 결과에도 잡히게 했다.[2]

그러는 동안 아마존은 첨단 기술에 크게 투자하고 킨들 같은 디지털 사업에 중점을 두는 한편 FC의 효율성을 개선하는 데 초점을 맞췄다. 이베이의 중역들은 고성장 사업을 다른 곳에서 찾으면서 2005년에 인터넷 전화 서비스 스카이프를, 그리고 2007년에는 온라인 발권 사이트

스터브허브를 인수했으며 줄 광고 사이트를 몇 군데 샀다. 그러면서 오히려 주된 웹사이트는 시들어가도록 내버려두었다. 고객들은 시간이 지나면서 아마존에서 쇼핑하는 것을 더 좋아하게 되었으며, 이베이에서 물건을 찾기가 쉽지 않고 배송료를 과하게 매기는 판매자들을 대해야 하는 것에 점점 불만을 느끼기 시작했다. 아마존은 혼돈과 싸워서 이겼지만, 이베이는 그에 휩쓸렸다.

2008년 멕 휘트먼은 이베이의 최고경영권을 존 도나호에게 넘겼다. 그는 키가 크고 품위 있는 다트머스 대학 농구 선수 출신이자 베인 앤드 컴퍼니의 컨설턴트로 일한 바 있다. 새로운 직책을 맡은 후 그는 시애틀로 가서 아마존 본사의 베조스를 인사차 방문했다. 두 CEO는 혁신과 인재 채용뿐만 아니라 어떻게 운동을 하고 스트레스를 극복하는지에 대해 이야기를 나누었다. 베조스는 이제 규칙적으로 운동하면서 엄격하게 기름기 없는 단백질을 먹었다.

도나호는 전자상거래의 선구자로서 베조스에게 경의를 표했다. "저는 당신이 정말 멋지다고 생각합니다. 당신이 이룬 일에 대해 대단히 존경합니다." 베조스는 아마존과 이베이가 승자 독식의 싸움을 한다고 보지 않는다는 말을 했다. "우리가 해야 할 일은 전자상거래라는 파이를 함께 키우는 것입니다. 그렇게만 한다면 아마존과 이베이가 열 개 있더라도 모두 사이좋게 공존할 수 있을 겁니다. 저는 여태껏 이베이에 대해 부정적인 말을 한 번도 한 적이 없고 앞으로도 마찬가지일 것입니다. 이것을 제로섬 게임으로 생각하는 사람이 없기를 바랍니다."

그해 이베이의 주식은 시장가의 절반을 잃었고 7월 아마존의 주가는 거의 10년 만에 처음으로 이베이를 따라잡았다. 베조스는 이제 그의 초기 목표 중 많은 것을 이루었다. 아마존은 가장 큰 인터넷 상점이 되었고 어느 때보다도 많은 종류와 수량의 물건을 팔고 있었다. 아마존은

2007년 매출 148억 달러를 기록했는데, 이는 가장 큰 두 경쟁사를 합친 것보다 더 큰 금액이었다. 그해 반스앤드노블은 54억 달러를 벌어들였으며 이베이는 77억 달러의 매출을 기록했다.

물론 베조스에게는 큰 의미가 없었다. 피닉스 3에 물건이 넘쳐나는데도 불구하고 그는 여전히 아마존의 제품 종류에 큰 구멍이 있는 것을 보았다. "매출이 2,000억인 회사가 되기 위해서는 옷과 음식을 팔아야 합니다." 베조스가 당시 직원들에게 자주 했던 말이다. 그 품목들은 무작위로 고른 것이 아니었다. 그것은 2000년대 중반 월마트 매출 규모를 의미한 것이다. 새로운 소비재에 진출하기 위해서 베조스는 닷컴 붐이 일었을 때 온라인 식료품 배달 사업을 시작했다가 망한 웹밴의 경영자 더그 헤링턴을 채용했다. 2년 동안의 준비 작업 후 헤링턴의 부서는 본사가 위치한 시애틀에서 '아마존 프레쉬Amazon Fresh'라는 식료품 배달 서비스를 시험 개시했다.

베조스는 헤링턴을 채용하는 동시에 의류계 베테랑 중역인 스티븐 골드스미스도 영입했다. 또한 아마존이 까다롭고 복잡한 의류업계에 대해 배울 수 있도록 디자이너 브랜드 여성용품을 파는 웹사이트인 숍밥을 사들였다. 골드스미스와 함께 내구재 하드라인을 이끄는 러스 그랜디네티가 새로 의류 부서를 맡게 되었다.

아마존의 소매 부문을 또다시 확장하는 과정에서 베조스는 자신의 경영 스타일을 조정하고 가혹하기로 악명 높던 직원 평가 방식도 자중했다. 그가 리더십 코치를 받는다는 말이 돌았지만, 그 카운슬러가 누구인지는 극비에 부쳐졌다. "그가 누군가로부터 피드백을 받고 있을 뿐만 아니라 그것을 진지하게 받아들이고 있다는 티가 났어요." 그 시절 인프라 자동화 이사였던 다이앤 라이가 말한다. 어느 날 회의 중에 베조스가 라이와 그녀의 부하직원들을 머저리라고 부르며 '자신이 무슨 일을 하고 있는지 1주일 동안 생각해보고 알아내면 다시 찾아오라'며 늘 하던 대로 혹독하게 몰아세웠다. 그러고 나서 몇 걸음을 뗐다가 뭔가 불현듯 생각났는지 갑자기 멈춰 섰다. 그러더니 주위를 둘러보며 이렇게 덧붙였다. "하지만 다들 수고 많았습니다."

S팀은 이제 함께 더욱 매끄럽게 일하고 있었다. 서로에게 익숙해지자 신뢰가 쌓였고 아마존 책임자들 간의 악감정을 누그러뜨렸다. 베조스는 제프 윌크, 제프 블랙번, 디에고 피아센티니, 최고재무책임자 톰 츠쿠택, 최고법률고문 미셸 윌슨과 5년 이상을 일해왔다.

그러나 친애하는 S팀 멤버 한 사람은 더 이상 아마존에서 찾아볼 수 없었다. 2007년 11월 무어 극장에서 열린 전 직원 회의에서 제프 베조스는 오랫동안 자신의 오른팔 역할을 했던 릭 달젤이 은퇴를 한다고 발표했다. 회사의 엔지니어들을 지휘해온 달젤은 벌써 오랫동안 은퇴하기를 희망해왔다.

이제 50세인 그는 살도 쪘고 가족들과 시간을 더 보내고 싶었다. 베조스가 발표를 한 다음 두 사람은 감정에 북받쳐 무대 위에서 얼싸안았다. 달젤의 마지막 근무일에 그의 동료들은 사우스 레이크 유니언의 질리언이라는 바에서 조촐한 송별회를 열어주었다.

넉 달 후, 퇴직 생활을 즐기던 달젤은 오리건에서 대학에 다니고 있는 딸을 보러 가기로 했다. 그의 아내는 남편과 자신과 시부모를 위해 개인용 비행기를 빌렸다. 그런데 이상하게도 운전사가 그들이 늘 가는 비행장으로 가지 않고 킹 카운티 국제공항 근처 사설 이착륙장으로 가는 것이었다. 다소 팔콘이 보관되어 있는, 눈에 익은 격납고 앞에 차가 서자 그제야 달젤은 무언가 이상하다는 것을 느꼈다. 그가 비행기로 올라서니 여러 친구와 동료들이 베조스와 함께 "서프라이즈!" 하고 소리쳤다. 그들은 달젤의 장기근속을 치하하기 위해 성대한 파티를 열고자 하와이에 갈 참이었다. 9년 전 셀 캐펀에게 열어주었던 셀 – 레브레이션처럼. 베조스와 매켄지는 앤디 재시 부부, 옛 동료 브루스 존스, 달젤 가족의 친구들과 군대 동기들을 초대했다.

그들은 코나 해변에 있는 방갈로에서 묵었다. 종업원이 늘 대기 중이었고 오후 4시만 되면 스시 주방장이 나타났으며, 저녁식사 중 건배와 긴 축사가 이어졌다. 그리고 하루는 화산 국립공원으로 비행을 했는데 헬리콥터 대신 제트기를 탔다. "제프는 더 이상 헬리콥터를 타지 않습니다." 브루스 존스가 말한다.

베조스는 부하직원을 혹사시켰으며 기본적인 직원 편의를 거의 제공하지 않았다. 또한 많은 주요 인사를 냉정하게 떠나보냈다. 그러나 동시에 자애심이 깊으며, 예상치 못한 순간에 감사를 표시할 줄 아는 사람이었다. 달젤은 인프라가 엉망이고 구글이 엔지니어의 절반을 빼가던 암울한 시절에 회사를 지켜내는 등 10년간 영웅적인 업적을 이루었다.

다음 몇 년간 달젤은 아마존을 멀리서 지켜보며 베조스가 세계에서 가장 존경받는 기업가로 변모한 것에 놀랐다. 달젤은 다음과 같이 말한다. "제프는 제가 모시던 어떤 상사보다 뛰어난 점이 두어 가지 있습니다. 그것은 진실을 포용할 줄 안다는 것입니다. 많은 사람이 진실에 대해 이야기하지만 의사 결정을 하는 순간 최고의 진실을 크게 고려하지 않는 경우가 많습니다. 두 번째로 그는 관습적인 사고에 얽매이지 않는 사람입니다. 놀라운 것은 그가 물리적 법칙에만 따른다는 것입니다. 그 법칙들이야 그도 바꿀 수 없죠. 하지만 나머지 것들에서는 모든 것이 협상 대상이었습니다."

매출 증가와 품목 확장이 계속 이루어지는 가운데 아마존은 기업 인수를 거의 하지 않았다. 1990년대 후반 아마존이 처음으로 기업을 마구

사들일 때 얻은 교훈들을 아마존은 아직도 잊지 않고 있었다. 아마존은 검증되지 않은 신규 업체를 충동 구매해 수억 달러를 쓰고서는 그것을 소화해내지도 못했고 중역들은 거의 다 떠나버렸다. 그 결과에 따른 반작용으로 기업 인수와 합병 문제에 대해 아마존은 보기 드물 정도로 인색해졌다. 2000년과 2008년 사이에 아마존은 단지 약간의 회사를 사들였을 뿐이다. 거기에는 2004년 7,500만 달러를 주고 산 중국 전자상거래 사이트 조요, 2005년 미공개 금액에 매입한 주문형 출판 서비스 벤처 북서지, 2008년 3억 달러에 인수한 오디오북 회사 오디블 등이 포함되어 있다. 전반적인 기술업계의 기준으로 볼 때 이들 거래는 얼마 안 되는 금액이었다. 예를 들어 비슷한 시기에 구글은 16억 5,000달러에 유튜브를, 31억 달러에 더블클릭을 인수했다.

아마존의 사업개발부장 제프 블랙번은 1990년대의 힘든 경험 덕분에 아마존의 '건설 문화'가 자리 잡혔다고 한다. 웬만한 규모의 기업이라면 누구나 새로운 기능을 지을 것이냐 매입할 것이냐 하는 문제를 마주하게 마련이다. "제프는 거의 언제나 스스로 짓는 쪽을 선호했어요." 블랙번의 설명이다. 베조스는 비즈니스계의 바이블 『좋은 기업을 넘어 위대한 기업으로』의 내용을 흡수했다. 저자 짐 콜린스는 타 기업 인수는 선순환이 완전히 자리 잡은 후에 "플라이휠을 창조하기 위해서가 아니라 가속화하기 위해서" 이루어져야 한다고 말했다.[3]

드디어 플라이휠을 길들였으니 이제는 쇼핑하러 갈 시간이었다. 외유내강형 사업가 닉 스윈먼이 1999년에 설립한 온라인 의류 · 신발 소매업체인 자포스닷컴Zappos.com은 베조스와 아마존에게 무척 매력적으로 다가왔다. 고객들이 한번 신어보지도 않고 인터넷상으로 신발을 사도록 하자는 스윈먼의 승산 없는 아이디어는 닷컴버블이 붕괴했을 때 다른 온라인 회사들의 잔해와 함께 떠내려갔어야 했다. 하지만 열두어 군데의 벤처캐피털 회사로부터 퇴짜를 맞은 후에 스윈먼처럼 투지가 강한 토니 셰이라는 사업가로부터 드디어 투자금을 받았다. 대만 출신 이민자의 아들인 셰이는 노련한 포커 선수이기도 하며 자신의 첫 회사인 링크익스체인지를 주식으로 2억 5,000달러에 마이크로소프트에게 매각했다. 셰이는 하버드 동문이자 링크익스체인지의 최고재무책임자였던 앨프리드 린과 함께 그들의 투자회사인 벤처 프로그를 통해 신규 업체인 자포스에 일단 50만 달러를 걸었고 나중에 CEO로 합류했다. 닷컴 회사들이 줄줄이 무너지는 상황에서도 셰이는 자포스를 포기하지 않았다. 그는 자신의 호주머니에서 150만 달러를 더 투자하고 회사를 유지하기 위해서 개인 자산의 일부를 매각했다. 그는 비용을 줄이고 고객 상담 콜센터 직원을 쉽게 구할 수 있도록 회사를 샌프란시스코에서 라스베이거스로 옮겼다.

2004년 셰이는 링크익스체인지를 후원하던 세쿼이아 캐피털로부터 투자금을 유치했다. 처음에 자포스에 몇 번 퇴짜를 놓았던 세쿼이아는 총 4,800만 달러를 여러 번에 걸쳐 투자했고 파트너인 마이클 모리츠가 이사진으로 합류했다. 라스베이거스에서 회사는 마침내 정상궤도에 올랐고 인터넷 쇼핑을 즐기는 사람들의 머릿속에 자포스의 이름 및 웹사이트는 신발을 온라인으로 산다는 새로운 아이디어와 동의어가 되었다.

여러 면에서 자포스는 '거울 나라' 속 아마존 같았다. 모든 것이 조금씩 닮았지만, 완전히 다른 모습이었다. 셰이는 베조스처럼 독특한 기업 문화를 조성하고 공공연하게 그것에 관해 이야기함으로써 자포스 브랜드를 고객의 마음에 강화시켰다. 그러나 그는 거기서 한 걸음 더 나아갔다. 모든 신입사원은 근무를 시작한 첫 주에 회사를 그만두는 조건으로 1,000달러를 제안받았다. 그 돈을 받고 회사를 그만둘 사람 같으면 애초에 회사에 두고 싶지 않다는 논리에 근거한 테스트였다. 네바다 헨더

슨에 있는 자포스 본사에서는 직원들에게 자신의 사무실 칸막이를 멋지게 꾸미도록 장려했고, 방문객이 사무실을 둘러보러 오면 요란하게 인사를 했다. 셰이는 자포스가 매우 근사한 기업 문화를 제공하는 만큼, 선임 이사를 비롯한 전 직원이 업계 평균 이하의 연봉을 받아야 한다고 믿었다.

베조스처럼 셰이도 고객서비스에 집착했다. 자포스는 모든 주문의 5~7일 내 무료 배송을 제공했고 대부분의 도시에서는 이틀 내로 배송해 고객들을 놀라게 하려는 목표를 잡았다. 또한 웹사이트 사용자들은 물건을 구매한 뒤 1년까지 무료로 제품을 반송할 수 있기 때문에 고객들은 네다섯 켤레를 주문해 신어보고 원하는 신발을 고른 후 나머지는 돌려보낼 수 있었다. 한편 셰이는 콜센터 직원들에게 필요한 만큼 충분히 시간을 투자해 고객들의 문제를 해결해주라고 격려했다. 반면 베조스는 고객들로부터 전화가 온다는 것은 아마존 시스템의 오류로 보고 판매된 제품당 고객 연락 건수를 줄이기 위해 활발한 노력을 기울였다. 사실 아마존에 전화를 한 번 걸려고 하면 보물찾기를 하는 식으로 고객 상담 무료 전화번호를 찾기 위해 웹사이트를 샅샅이 뒤져야 한다.

자포스의 매출은 2001년 860만 달러에서 2003년 7,000만 달러로, 2005년 3억 7,000달러로 치솟았다.[4] 셰이와 그의 팀은 의류 시장의 주요 부분에서 아마존의 허를 찔렀다. 자포스는 고객의 머릿속에 강하고도 유연하게 자리 잡았으며 나이키 같은 유명 브랜드와 좋은 관계를 쌓아갔다. 수년 만에 처음으로 베조스는 전자상거래 신참에 대해 감탄하고 자세히 관찰할 이유가 생겼다. 자포스는 사업 확장을 거듭해 아마존의 사업 일부를 빼앗아갈 잠재력이 있었다.

2005년 8월, 베조스는 셰이에게 이메일을 보내 라스베이거스에 가려한다며 만나고 싶다고 했다. 둘은 자포스 사무실에서 몇 블록 떨어진 더

블트리 호텔 내 회의실에서 만났다. 베조스는 제프 블랙번을 데리고 갔고 셰이는 닉 스윈먼, 마이클 모리츠, 그리고 갓 자포스의 회장 및 최고 실무책임자로 영입된 앨프리드 린을 데리고 나갔다. 아마존의 유명한 피자 두 판 문화에서 착안해 자포스 중역들은 그 지역 식당에서 주문한 페퍼로니 피자와 할라피뇨 피자로 손님을 접대했다. 회의는 어색하고도 짧았다. 자포스 사람들은 업무 제휴의 가능성을 시사했지만 베조스는 회사 전체를 소유했으면 한다고 정중하게 말했다. 셰이는 독립 회사를 키워나갈 작정이라며 딱 잘라 거절했다. 나중에 아마존의 중역들은 5억 달러 정도면 자포스를 살 수 있을 것 같은 인상을 받았지만, 워낙 자린고비인 베조스는 그 금액에 턱없이 못 미치는 액수를 낼 생각을 했던 것이다.

그 당시 베조스의 눈에는 이러한 경쟁적 상황이 젊은 시절 좋아했던 체스판처럼 보였다. 이 게임에서는 말들의 위치가 상대방에게 매우 유리하게 놓여 있었다. 법적으로 제조업체는 소매가격을 정할 수 없지만, 자사의 물건을 취급할 소매업체를 지정할 수 있었고 그들은 신중하게 이 문제를 결정했다. 나이키나 머렐 같은 신발 브랜드는 아마존을 위험한 할인 매장으로 보았다. 그들은 아마존이 새로운 고객을 확보하고 시장점유율을 높이기 위해서 자신들의 계절 신상품을 헐값에 팔아넘기고도 남을 회사라고 생각했다. 그 결과 고급 브랜드는 아마존에 물건 공급하기를 꺼렸고, 따라서 웹사이트의 신발 매장은 텅텅 비었다.

아마존은 신발 사업에 다른 불리한 점도 있었다. 아마존 웹사이트는 여섯 가지 색상, 열여덟 가지 크기, 서너 가지의 폭을 선택할 수 있는 신발처럼 다양한 종류가 있는 제품에는 잘 맞지 않았다. 아마존닷컴에는 같은 신발을 선택 사항에 따라 개별 제품으로 올려져 있어서 고객들은 색상과 사이즈를 한번에 찾아보는 복합적인 검색을 할 수가 없었다.

이 복잡한 매트릭스 사이를 요리조리 헤매던 중 베조스는 예상치 못한 수를 썼다. 그는 신발과 핸드백 품목 전용으로 별도의 웹사이트를 처음부터 다시 만들기로 한 것이다. 베조스는 그 계획을 이사회에 올렸다. 이사진들은 이미 킨들과 AWS에 큰 도박을 걸고 있는데 또다시 비용이 많이 들고 비실용적인 투자를 할 생각에 긴장했다. "여기에 돈을 얼마나 쓸 작정입니까?" 이사회 회의에서 최고재무책임자인 톰 스쿠택이 물었다. "돈이 얼마나 있나요?" 베조스가 되물었다.

아마존은 2006년 내내 새로운 웹사이트를 만드는 데 힘을 기울였다. 그 프로젝트에 참여한 어느 직원의 말에 따르면 AJAX라는 웹 도구 모음을 사용해서 처음부터 다시 디자인하는 데 3,000만 달러가량 들었다고 한다. 그 웹사이트를 자바리닷컴Javari.com이라 부를 뻔했지만, 그 URL의 소유주가 팔기로 약속했던 것을 취소하고 더 많은 돈을 요구하는 바람에 마침내 12월 엔드리스닷컴Endless.com이라는 이름으로 문을 열었다. 엔드리스는 첫날, 익일 무료 배송과 무료 반송을 시행했다. 이 정책 때문에 매출이 일어날 때마다 아마존은 확실히 돈을 잃었다. 그러나 이로 말미암아 라스베이거스의 모 회사도 분명히 압박을 받을 게 분명했다. 자포스의 이사진들은 아마존의 초기 계략을 눈치채고, 이를 악물고 1주일 후 똑같이 익일 무료 배송을 실시했다. 새로 문을 연 엔드리스닷컴은 오가는 고객들이나 매출량이 별로 없었기 때문에 익일 무료 배송으로 큰 손실을 보지는 않았다. 반면 자포스의 이윤 폭은 곤두박질쳤다.

엔드리스는 케네스 콜과 나인 웨스트 같은 브랜드를 끌어들였고, 더 유연한 검색 엔진과 고객이 제품 사진 위로 커서를 대면 사진이 확대되는 기능을 개발했다. 그러나 다음 한 해 동안 독립 소매점으로 크게 성장하지는 못했다. 그러자 아마존은 업계 평균 가격 책정에 대한 유명 브랜드 회사의 공포심을 잠재우는 한편 자포스와 가격 승부를 하는 데 엔드리스를 사용하려는, 균형 잡기가 거의 불가능한 위험한 외줄타기를 하기 시작했다. 2007년 초, 혹시 염가를 붙이지는 않을지 긴장한 의류 브랜드들이 눈을 부릅뜨고 지켜보는 가운데 아마존은 익일 무료 배송에 5달러까지 덤으로 얹어주었다. 무슨 말인가 하면, 고객들이 웹사이트에서 무엇인가를 사기만 하면 5달러를 받을 수 있었던 것이다. 이것은 자포스에 대한 교활하고도 눈에 뻔히 보이는 공격 책략이었다. 엔드리스에서 일하던 직원들은 당연히 제프 베조스의 아이디어였다고 전한다. 하지만 자포스는 계속 성장했다. 그해 베조스는 자포스가 공항 보안 검색대에 있는 플라스틱 휴지통 아랫부분에 광고를 하고 있다는 것을 알게 되었다. "그들이 머리를 굴려 선수를 치고 있어!" 그는 회의에서 신경질을 냈다.

그러나 자포스는 내부적으로 큰 문제가 떠올랐다. 그동안 자포스는 1억 달러 여신 회전 한도 거래로 재고를 들여왔는데 2008년 가을 리먼 브라더스의 파산으로 심화된 경제 위기 탓에 자금 시장이 동결되었다. 소비자 지출이 하락하고, 새로운 대출 한도 때문에 재고 확보에 제약을 받았으며 아마존과의 경쟁이 마진을 갉아먹는 가운데, 예전에는 감탄을 자아내던 연간 성장률이 겨우 10퍼센트에 그쳤다. 그들은 익일 무료 배송을 철회했고 셰이는 어쩔 수 없이 전 직원의 8퍼센트를 감원했다.

셰이는 자신의 베스트셀러 『딜리버링 해피니스』에서 그 기간 동안 아마존은 계속해서 회사를 인수하고 싶다는 제안을 해왔고 자포스의 투자가들은 투자금에 대한 수익을 빨리 올리고 싶은 마음이 앞서 그 제안에 점점 더 관심을 보였다고 했다. 그러나 마이클 모리츠는 약간 달랐다. 그가 자포스에 투자를 했을 때는 '고객을 위해 머리끝부터 발끝까지 모든 의복류와 신발류를 제공하는' 독립 주식회사가 되기를 바랐기 때문

334

이었다. 그는 이미 10년 전에 아마존이 자신이 지분을 가지고 있던 회사들 중 하나인 이토이를 파괴하는 것을 보았다. 그래서 아마존과 경쟁을 하려면 자포스는 엔지니어가 더 많이 필요하고 더 우수한 주문 조달 능력이 필요하다는 것을 알고 있었다. 모리츠는 다음과 같이 말한다. "우리의 대처 능력은 그다지 빠르지 못했어요. 그리고 그것을 해내는 것은 훨씬 더 힘든 일이며 우리는 지금 찾아온 기회를 낭비하고 있다는 것을 느낄 수 있었어요. 인력 채용 속도는 너무 느렸고 공학 부서는 형편없었으며 소프트웨어도 아마존보다 보잘것없었죠. 참 답답한 일이었습니다. 회사의 위치도 라스베이거스인데다 높은 봉급을 줄 생각을 하지 않으니 재능 있는 인력을 스카우트하기가 힘들 수밖에요. 우리는 업계 최고 기업과 겨루기 시작했어요. 그런데 경쟁자의 전통에는 화살이 가득해서 삶이 고단해질 것이 눈에 선했어요. 회사를 팔고 싶지는 않았지만 말입니다. 끔찍했죠."

셰이 역시 끝까지 가보고 싶었지만 아마존은 자포스의 좋은 보금자리가 될 것이라고 인정하게 되었다. 그가 고려한 요인 중 하나는 라스베이거스와 켄터키 물류센터 근처에 사는 자포스 직원들이 부동산 사태로 크게 타격을 입었다는 점이었다. 집값이 곤두박질친 사람이 많았으며 돈이 될 만한 것이라곤 자포스 주식밖에 남지 않았다. 셰이는 기업을 인수해주면 당시 절박한 상황에 놓여 있던 많은 직원들에게 상당한 금액이 돌아가게 될 것이라고 생각했다. 자포스 이사회는 결국 아마존에 회사를 넘기기로 결정했다. 슬프기도 하고 후련하기도 했다. 표결은 만장일치였다.

다음 몇 달 동안 앨프리드 린은 아마존의 기업개발 부사장인 피터 크라비에츠와 계약을 협상했다. 베조스와 크라비에츠는 골프 코스 근처에 지은 부자 동네인 서던 하일랜드에 위치한 셰이의 집에서 계약을 완료했다. 피자 두 판으로 시작한 이 일은 셰이의 집 뒷마당에서 그가 요리한 버거로 막을 내렸다. 몇 주 뒤 베조스는 유럽을 여행하는 동안 자포스 직원들을 위해 8분짜리 동영상을 녹화했다. "경쟁사에 집착하느냐 고객에게 집착하느냐의 선택의 기로에 서면 아마존은 늘 고객에게 집착합니다." 그가 늘 즐겨하는 이야기를 되풀이했다. "우리의 경쟁사들이 하는 일에 관심을 갖기는 하지만 거기에 우리의 에너지를 쏟아붓지는 않습니다." 지난 몇 년 동안 자포스와의 경쟁을 생각하면 크게 신빙성 있게 들리는 소리는 아니었다.

아마존의 일부 중역들은 감탄했다. 베조스는 엔드리스닷컴 같은 프로젝트에 2년 동안 1억 5,000달러로 추정되는 금액을 쓰면서 먹이를 추격하고 생포했다. 그 덕분에 회사는 돈을 절약한 셈이 되었는데 불경기 이후에는 싸움을 하고 인수를 하는 데 훨씬 더 많은 돈이 들었을 것이다. 셰이, 린, 모리츠가 치열하게 반격했지만 아마존과의 싸움은 아무리 잘 봐줘도 비겼다고밖에 볼 수 없다. 9억 달러 정도의 인수 가격은 베조스가 처음에 생각했던 것보다 더 비쌌다. 자포스 이사회는 현금 대신 주식으로 달라고 현명하게 요구했다. 계약이 끝날 무렵인 2009년 11월에는 아마존의 주식이 다시 한 번 하늘로 치솟았기 때문에 주식을 들고 있던 자포스 중역들, 직원들, 투자가들은 후하게 보상받았다. 아마존은 자포스와의 피 튀기는 전투에서 몇 가지 교훈을 얻었고 나중에 신규 전자상거래 업체를 대할 때마다 꾸준히 배운 내용을 써먹었다.

2007년 12월에 시작해 2009년 7월까지 계속된 대공황은 어떻게 보면 아마존에게 선물이었다. 그 위기는 자포스를 아마존의 품에 안겨주었을 뿐만 아니라 세계에서 가장 큰 오프라인 소매 체인점들의 매출에 심각한 악영향을 끼쳤고 회사의 중역들은 재빨리 생존 모드로 들어섰다. 자사의 이윤 폭을 필사적으로 보호하기 위해서 직원들을 해고하고 제품 종류를 줄이며 전체적인 서비스의 질을 낮추었다. 바로 이 순간에도 베조스는 새로운 품목과 더 빠른 유통 시스템에 투자하고 있었다. 경제 위기에 가려서 아마존이 다각화된 사업을 운영하는 위험한 경쟁업체로 진화하는 모습은 제대로 보이지 않았다. 소매업체들은 겁에 질렸지만, 그 당시 망태 할아버지는 세계 경제와 소비자 지출 하락이었지 아마존이 아니었다.

혹독한 불경기로 재무 상태가 빈약하던 국내 소매점들은 도산하고 역사 깊은 브랜드들이 사라졌다. 서킷시티는 한때 미국 전역에서 가장 큰 전자제품 소매업체였다. 버지니아 리치먼드에 본사를 둔 이 가전 체인점은 전성기에 이르러서는 700개 이상의 매장이 영업 중이었고 매출은 120억 달러를 기록했다. 1990년대에는 변화의 물결이 수수료 중심의 매출 모델을 약화시켰다. 베스트바이, 월마트, 코스트코 같은 회사들은 셀프서비스 쇼핑과 초대형 매장의 새 시대로 소비자들을 인도했다. 고객들은 선반에서 TV를 골라잡아 낮은 시급을 받는 직원의 도움을 받아 계산대로 가져간다. 서킷시티는 수수료를 받고 일하는 판매 인력을 너무 오랫동안 썼다. PC는 전자제품 매장으로 고객을 끌어오는 효자 상품이 되었지만, 서킷시티는 이윤 폭이 작은 제품을 이윤이 많이 남는 제품과 섞고 싶지 않았다. 게다가 그 회사의 중역들은 1990년대에 다른 곳에 정신을 팔고 있었다. 소매 체인점 카맥스를 스핀오프시키기도 했고, DIVX라고 부르는 DVD 대여 시스템에 수백만 달러를 쓰기도 했는데 금방 망했다.

그러던 중 아마존은 셀프서비스의 최고 모델을 들고 나타났다. 서킷시티는 또다시 기존 질서를 흔드는 변화에 얼어붙었다. 서킷시티는 2001년부터 2005년까지 아마존이 자사의 웹사이트를 운영하도록 허락했지만 그 뒤로 인터넷에 크게 신경 쓰지 않았다. 그 회사는 고객이 원하는 것이 무엇인지 감각을 잃었고 베조스와는 정반대로 결코 '그 순간 최고의 진실'을 받아들이지 않았다. 서킷시티가 재정 위기 가운데 기업 회생을 위한 자금조달을 할 필요가 있었을 때 자금 시장은 말라버렸다. 그래서 베조스가 좋아하는 책『좋은 기업을 넘어 위대한 기업으로』에서 높이 칭송받은 바 있던 서킷시티는 2009년 사업을 정리하고 3만 4,000명을 정리해고했다.[5]

몇 년 후 서점 체인 보더스도 같은 길을 걸어갔다.

루이스와 톰 보더스 형제는 도서 매출과 재고를 추적하는 시스템을 개발한 뒤 1971년 미시건 앤 아버에 회사를 설립했다. 형제는 1992년 회사가 K마트로 넘어갔을 때 회사를 떠났다. K마트는 보더스를 나중에 분사시켰다. 1990년대 보더스는 미국, 싱가포르, 호주, 영국 등 여러 나라의 쇼핑센터에 거대한 다층 서점을 세웠고 1992년 매출액 2억 2,480만 달러에서 2002년 34억 달러로 성장했다.

그러나 서킷시티처럼 보더스도 제한된 경영 철학을 가지고 있었으며 변화하는 고객들의 취향을 반복적으로 놓쳤다. 그들은 신규 매장을 열고 동일 매장 매출을 증가시키는 데 집착하다시피 초점을 맞추는 반면 모든 영역에서 반스앤노블과 싸우며 성실하게 월스트리트의 분기별 예상을 맞춰나갔다. 인터넷은 이 전통적 함수에 맞지 않았기 때문에 회사의 자금이나 유능한 중역들이 여기에 할당되지 않았다. 서킷시티처럼 보더스는 오프라인 영업에 매진할 수 있도록 아마존이 자사의 온라인 사업을 운영하도록 했다. 이름을 밝히지 않은 한 보더스 중역은 아마존에 대한 초창기 인식이 그저 일종의 랜즈엔드 같은 우편 주문 회사였다고 한다. 이제 이 같은 생각은 말도 안 되는 우스운 소리로 들릴 것이라고 그는 말한다.

파산 전 마지막 10년 동안 보더스는 떠오르는 온라인 도서 판매에 타격을 입었고 그다음은 킨들에 두들겨 맞았으며 마지막으로 경제 위기로 줄어든 소비자 지출에 만신창이가 되었다. 서킷시티와 마찬가지로 보더스는 비용을 빨리 줄이지 못했다. 매장들이 15년 내지는 20년 임대 계약을 맺었기 때문이었다. 파산 신고를 할 당시 점포들 중 절반 정도가 여전히 매우 수익성이 좋았다고 보더스의 CEO는 말한다. 그러나 목이 좋지 않은 곳에 있는 매장의 임대를 조기 종료할 자금을 모으지 못했다.[6] 보더스의 몰락은 불경기 동안 가속화되었고 2011년 1만 700명을 정리해고하면서 파산했다.[7]

미국에서 두 번째로 가장 큰 소매업체 타깃은 다른 체인 소매점처럼 미니애폴리스 본사에서 정리해고를 감행하고 물류센터 한 곳을 폐쇄해 위기를 넘겼다.[8] 타깃은 2001년 온라인 영업을 아마존에 하청을 주었으나 그들의 관계는 완벽과는 거리가 멀었고 공동 프로젝트는 일정에 뒤처지기 일쑤였다. 아마존의 타깃 부문에서 일하던 파이살 마수드는 말한다. "우리는 타깃의 인프라를 지을 자원이 없었습니다. 그래서 언제나 아마존이 먼저요 타깃이 나중이었죠."

그러나 2006년 타깃은 웹사이트를 자체 개발할 능력이 없다는 것을 깨닫고 놀랍게도 아마존과의 계약을 5년 더 연장했다. 새로 계약서에 서명을 한 후 제프 베조스는 미니애폴리스로 되돌아가 타깃의 중역인 로버트 울리히와 제럴드 스토크를 먼저 만났고 타깃 전 직원을 대상으로 설명회를 열었다. 당시 타깃닷컴Target.com을 운영했던 데일 니치키는 강당을 채우기 위해 직원들에게 참석해달라고 개인적으로 애원했다. "이 사람들은 세계적인 경쟁사를 대표합니다. 이들을 잘 지켜봐야 해요." 그는 동료들에게 말했다.

타깃은 경쟁자로부터 위험하게 의존하는 것을 끝내고 스스로 인터넷 사업을 관리해야 한다는 것을 알고 있었다. 2009년 뒤늦게 그들은 아마존을 떠나겠다고 발표했고 그로부터 2년 뒤 계약이 만기되자 마침내 관계를 청산했다. 헤어지기도 쉽지 않았다. IBM과 오라클의 도움을 받아 구축하고 관리하게 된 새 웹사이트는 2011년 크리스마스 시즌에 여섯 번 정도 다운이 되었고 온라인 부서장이 사임했다. 아마존의 등극으로 가장 크게 타격을 입은 것은 아칸소 벤튼빌 사람들이었다. 전자상거래의 영역에서 수년간 졌지만, 월마트는 웹사이트를 하청주고 싶은 유혹을 현명하게 이겨냈다. 그러나 1999년 실리콘 밸리 북쪽 브리스번에 설립한 인터넷 영업부는 아마존의 선두를 따라잡는 데는 전혀 발전이 없었다. 불경기 후에 월마트도 인터넷이 얼마나 중요한지 새삼 깨닫게 되었다.

2009년 9월, 나는 《뉴욕 타임스》에 '아마존은 웹의 월마트가 될 수 있을까?'라는 제목으로 긴 기사를 썼다.[9] 그 헤드라인은 벤튼빌의 신경을 건드린 것 같다. 기사가 나간 지 몇 주 뒤 월마트닷컴의 최고책임자 라울 바스케스는 《월스트리트 저널》에 이렇게 말했다. "웹의 월마트가 존재한다면 그것은 월마트닷컴이 될 것입니다. 가장 크고 방문자 수가 많은 소매 웹사이트가 되는 것이 우리의 목표입니다."[10] 전자상거래에서의 선제공격으로 월마트는 스티븐 킹이나 딘 쿤츠 같은 유명 작가들의 신간 열 권에 대해 가격을 권당 10달러로 내렸다. 그러자 아마존은 몇 시간 내로 같은 책들에 대해 가격을 맞췄다. 다시 월마트닷컴은 그 가격을 9달러로 내렸고 아마존도 거기에 맞춰 가격을 내렸다. 아마존의 중역들은 늘 월마트로부터 받는 이런 종류의 가격 압력에 대해 염려해야 했다. 그러나 이러한 전술로 아마존을 넘어뜨리기에는 10년 정도 늦었다. 이제 아마존은 그 정도의 손실쯤은 거뜬히 넘길 수 있을 만큼 성장했다.

다음 몇 달 동안, 이런 식의 가격 전쟁이 산불처럼 번졌다. 곧 타깃도

싸움에 참여해 세 회사는 DVD, 비디오 게임 콘솔, 휴대전화 등을 놓고 가격을 깎아먹기 시작했다. 심지어는 작은 케이크를 굽는 45년 전통의 하스브로 이지 베이크 오븐 장난감마저 수십억 달러의 기업들 사이의 긴장감을 구워내는 대상이 되었다.[11] 세 경쟁사가 여러 종류의 양장판에 엄청난 할인을 하자 소규모 서점 연합인 미국서점협회는 미국 사법부에 "고래 싸움에 새우 등 터지는 격으로 대규모 기업들의 싸움에 전체 도서 산업이 흔들린다"며 불만서를 접수했다.[12]

제대로 된 싸움은 아직 시작되지도 않았다.

*　　*　　*

2009년 2월 아마존은 뉴욕 모건 도서관&박물관의 지하실 강당에서 킨들 2를 발표할 준비를 하고 있었다. 피오나의 후속작인 킨들 2(이 제품의 코드명 '튜링Turing'은 『다이아몬드 시대』에 나오는 성의 이름을 딴 것이다)는 얇은 옆모습을 자랑하고 있었고, 더 단순하고 더 직관적인 배치를 하여 디자인 측면에서 첫 번째 단말기보다 군더더기가 없었다. 아마존은 고질적인 생산 문제를 고쳤지만, 아직도 제품 출시의 기술을 더 익혀야 했다. 출시일 전야 긴장감이 넘치는 리허설에서 베조스는 연단 뒤에 있는 커다란 스크린이 그의 슬라이드를 가린 것 등 몇몇 가지의 계산 착오로 홍보팀 직원을 잡아먹을 듯이 난리를 쳤다. 그는 한숨을 크게 쉬며 이렇게 말했다. "자네들이 온 힘을 기울일 마음이 없는 것인지, 아니면 단순히 무능력한 것인지 모르겠네."

최초의 킨들이 아마존을 변화시키고 디지털의 미래를 위해 재정비를 했다면 킨들 2는 출판업계에 혁명을 일으키고 세계인들의 책 읽는 모습을 바꾸었다. 브랜드 인지도가 높은데다 손쉽게 구할 수 있게 되어 새로운 킨들은 고객들이 탐내는 대상이 되었고 마침내 베조스의 비전이 현실이 되어 전자책이 주류의 반열에 들었으며 저렴한 가격에 구입 가능하게 되었다. 누크와 아이패드가 아직 출시되기 전, 아마존은 미국 디지털 독서 시장의 90퍼센트를 점유했다.[13]

거대 출판사들은 아마존이 전자책 부문을 독점하고 있다는 사실에 겁이 났다. 지난 10년간 공급업자들은 품목과 관계없이 아마존이 시장지배력을 가볍게 혹은 자애롭게 사용하지 않는다는 것을 배웠다. 아마존은 자사의 이윤 폭을 늘리고 그렇게 절약한 금액을 고객들에게 넘겨주기 위해 모든 수단과 방법을 가리지 않았다. 아마존이 원하는 것을 가지지 못했을 때 그 결과는 무자비했다. 킨들 2가 출시되었을 때 아마존은 프랑스의 초대형 출판사 아셰트 리브르와 계약조건을 놓고 지루하고 힘든 분쟁을 하고 있었고 그 여파로 영국 아마존에서는 아셰트 리브르의 인기 도서 일부를 더 이상 판매하지 못하게 되었다. 고객들은 이 책들을 아마존 웹사이트의 제3자 판매인을 통해서만 살 수 있었다.[14]

특히 아마존의 9.99달러짜리 신간과 베스트셀러에 대해 출판사들은 여전히 고통받고 있었다. 그들은 생산업자들이라면 두려워할 만한 악몽 같은 일을 현실로 겪고 있었다. 바로 이것이 나이키가 엔드리스닷컴에 신발 공급을 거부한 이유였다. 출판사 중역들은 아마존이 자신들의 신상품인 신간도서를 출시와 함께 재고정리통에 넣어버린다고 느꼈다. 디지털 서적은 인쇄비와 유통비가 낮으므로 그것을 반영한 가격이라고 생각할 수도 있다. 그러나 그것은 디지털로 전환하기 위해 출판업자가 당면한 새로운 비용을 무시했고 다른 소매업체들, 특히 독립 서점들에 큰 압박을 가하면서 아마존이 시장지배권을 통합하는 데 일조했다. 출판사들은 엉망진창이 된 상태에서 자신들을 빼낼 방법을 몇 가지 생각해냈다. 2009년 초가을 하퍼콜린스와 아셰트는 일부 전자책에 대해 시간 간격을 두는 실험을 했다. 다시 말하자면, 양장본을 출간한 지 몇 달이 지난 후로 전자책 출간을 늦춘다는 전략이었다. 그러나 소비자들의 반응이 상당히 나빴고 그 책에 관해 형편없는 아마존 평점을 주었다.

그 당시 출판사들의 불안감을 증폭시키는 일이 또 있었다. 그해 아마존은 '킨들 디지털 텍스트 플랫폼KDP'을 소개했다. 자신의 작품을 미국 킨들 매장에 자가출판할 수 있게 되었다. 아마존은 곧 이 프로그램을 해외시장으로도 확장하고 작가들에게 매출의 70퍼센트를 인세로 준다. 이 서비스는 아마존이 출판업에 첫발을 내딛는 시도라고 해석되었다. 그러나 아직은 무명 작가가 대부분이었다.

과거에도 다른 서점들의 유사한 시도로 출판사들이 염려한 적이 있다. 반스앤드노블 역시 자체 출판 프로그램을 시도한 적이 있었다. 그러나 대규모 출판사들을 도서 판매의 과정에서 완전히 소외시킬 수 있는 도구를 가지고 있는 것은 아마존이 유일하다. 아마존은 성공적인 킨들을 통해 전자책 분야에서 지배적인 위치를 차지하고 있을 뿐 아니라 '크리에이트 스페이스Create Space'라는 주문형 출판 기능으로 고객이 그것을 아마존닷컴에서 주문하면 종이책으로 만들어준다. 아마존은 에이전트 및 작가들과의 관계를 가꾸어나갔다. 아마존은 랜덤하우스의 중역이었던 데이비드 내거를 채용해 킨들팀에 합류시켰다. 이 모든 일은 출판산업이라는 체스판의 구석구석을 완전히 장악하려는 제프 베조스의 거대한 야망을 보여주는 듯했다. 더블린에 사는 편집장 오언 퍼셀은 작가들이 자신의 작품을 킨들에 재출판할 수 있는 아마존 앙코르가 소개되고 난 뒤 블로그에 다음과 같이 썼다. "아마존은 어떤 규모의 프로젝트라도 실행해낼 수 있는 멋진 곳이다. 작가와 그들의 에이전트가 얻을 수 있는 것들 외에도 앙코르를 갖춘 아마존은 염가출판 체인 전 과정을 통제할 수 있는 자리에 올라섰다."[15]

출판사들은 자신들의 목을 졸라매는 올가미가 드리워지고 있다고 믿었다. 이것은 그 당시 출판계에 몸담고 있던 이들의 일반적 견해였는데, 이러한 집단적 불안감으로 인해 결국 유럽연합과 미국 사법부에서 아마존이 출판사들과 애플을 상대로 제기한 독점금지소송이 벌어졌다. 그리하여 수천 페이지의 법적 문서와 수주간의 법정 증언을 통해 수년간에 걸친 복잡하고 극적인 난국이 낱낱이 까발려졌다.

2009년 동안 미국의 6대 출판사인 펭귄, 아셰트, 맥밀런, 하퍼콜린스, 랜덤하우스, 사이먼 앤드 슈스터의 수장들은 자신들이 공동으로 직면한 난관을 의논하기 위해 모였다고 한다. 그들은 전화와 이메일을 통해 이야기를 주고받았고 뉴욕 고급 레스토랑의 특별연회실에 모여 이야기를 나누었다. 미국 사법부는 이들이 이러한 논의에 대한 증거를 남기지 않기 위해 특별 조치를 취했다고 주장했는데, 이는 담합으로 간주되었다. 출판사 중역들은 아마존에 관해 이야기할 목적으로 모인 것이 아니라 다른 사업 문제로 만난 것이라고 말했다. 그러나 미국 정부는 그들이 구체적으로 아마존과 유해한 전자책 가격 책정 전략에 관해 혹은 출판사들의 용어로(법정 문서에 나온 대로) '9.99달러 문제'를 논의했다고 믿었다.

사법부의 서류에 따르면 출판사 중역들은 아마존과 힘의 균형을 새로 조정할 수 있는 유일한 방법은 아마존이 파는 책의 60퍼센트를 펴내는 레버리지를 이용해 업계가 함께 행동하는 것밖에 없다고 믿었다고 한다. 법정 자료는 공동 전자책 벤처사업을 시작하는 등 그들이 다양한 방법을 고려했다는 것을 보여준다. 그러던 2009년 가을의 어느 날, 백마 탄 기사가 나타났다. 암에 걸린 애플의 리더 스티브 잡스였다.

잡스는 아마존을 무찔러야 할 나름의 이유가 있었다. 그는 아마존이 전자책 영역의 패권을 장악하고 그다음 다른 종류의 디지털 미디어로 전환하는 데 그것을 사용하리라는 것을 잘 알고 있었다. 잡스 스스로 디지털 음악에서 아이튠스 독점을 이용해 팟캐스트, TV 쇼, 영화로 영역을 넓혀갔기 때문이다. 애플이 출판사들에 구원의 손길을 뻗칠 무렵 잡스는 그의 마지막 역작을 소개할 준비를 하고 있었다. 그것은 바로 아이패드였다. 애플의 소중한 새 발명품을 위해 그는 책을 비롯한 모든 종류의 매체를 준비해놓을 심산이었다.

출판사 중역들은 그해 겨울 아이튠스의 총책임자 에디 큐 및 부책임자 키스 모어러(아이러니하게도 그는 아마존 직원이었다)와 협상을 했다. 그 결과로 출판업자들의 9.99달러 문제를 해결하고, 전통 서점이 받는 압력을 경감시키며, 애플이 베스트셀러와 신간에서 아마존의 낮은 가격과 경쟁하지 않고도 전자도서 업계로 들어갈 수 있을 것이라고 예상했다. 새 전자책 모델에서 출판사 스스로가 공식 소매업체가 되어 주로 13~15달러로 자신이 원하는 가격을 정할 수 있었다. 애플은 브로커 역할을 하면서 30퍼센트의 수수료를 받았다. 이는 아이폰의 모바일 애플리케이션에 사용했던 모델과 동일한 방식이었다. 이러한 방식을 에이전시 모델이라고 부르는데, 이를 통해 애플은 다른 소매업자들이 따라잡지 못할 전자책 가격을 보장받았다. 사법부에 따르면 이는 출판사들이 아마존에 같은 모델을 채택하도록 강요하게 된다는 것을 의미했다. 그는 회사 내부 이메일과 그의 전기 작가 월터 아이작슨과의 대화에서 이것을 '합기도 묘기'라고 자랑스럽게 불렀다.

출판사의 CEO들은 모두 아마존의 시장 지배로 생기는 비용뿐만 아니라 아마존의 무자비한 기업 성격을 고려해서 에이전시 모델로 옮겨가기로 독립적인 결정을 내렸다고 했다. 그것은 쉬운 선택이 아니었다. 소매업자에게 30퍼센트의 수수료를 주게 되면 출판사들은 정가의 절반을 가져가는 전통적 도매 모델을 고수할 때보다 실제적으로 전자책 한 권당 벌어들이는 돈이 더 적었다. "에이전시 모델이 단기적으로 볼 때 비용이 더 많이 들지만 전략적 혜택이 상당히 커서, 우리는 각각 독립적으로 이렇게 하는 것이 더 낫다고 느꼈습니다." 어느 출판사 총책임자가 내게 말했다.

거기에는 이탈자가 하나 있었다. 랜덤하우스 CEO인 마커스 돌은 에이전시 가격 책정은 재정적으로 불리하다는 생각이 들었고, 차라리 현상 유지가 더 낫다고 느꼈다. 6대 출판사 중 랜덤하우스는 홀로 전통적 도매 모델을 당분간 고수하기로 했다. 그래서 애플은 랜덤하우스의 책을 새로 문을 연 아이북스토어에서 팔기를 거부했다.

애플은 2010년 1월 27일 샌프란시스코의 예르바 부에나 예술 센터에서 아이패드를 선보였다. 이것은 제프 베조스가 존경해 마지않은 라이벌이자 이 시대의 아이콘인 사업가 스티브 잡스의 최후 공연으로, 죽어가는 백조의 마지막 노래처럼 아름다웠다. 그 행사가 끝나고 《월스트리트 저널》의 칼럼리스트 월터 모스버그는 잡스에게 아마존이 더 낮은 가격으로 전자책을 파는데 애플에서 살 사람이 있겠냐고 물었다. 부주의하게도 잡스는 담합 금지 단속 감독관들의 눈에 적색 신호가 켜질 대답을 했다. "가격은 예전과 동일할 것입니다. 출판사들은 사실 아마존에 불만이 있어서 책을 공급하지 않고 있거든요."[16] 그는 출판사들이 모두 짜고 행동한다는 사실을 시사한 것이다.

다른 출판사들이 아마존에 자신들의 새로운 결정을 이메일이나 전화로 전달했는 데 반해 맥밀런의 CEO 존 사전트는 시애틀까지 직접 날아가 자신의 회사가 에이전시 가격 책정 모델로 전환한다는 소식을 전했다. 로라 포코, 러스 그랜디네티, 데이비드 내거를 포함한 킨들 중역들과 긴장감이 팽팽하게 감도는 20분간의 회의 중에 사전트는 종이책이

346

출간된 지 몇 달 뒤에 전자책을 내보낸다면 다시 예전의 조건으로 도매 가격 책정 모델을 고수하겠다고 말했다. 회의는 성공적이었던 것 같지 않다. 아마존은 에이전시 전환 통보에 무섭게 반응했다. 그들은 아마존 웹사이트에 있는 맥밀런의 전자책과 종이책의 구매하기 버튼을 다 없앤 것이다. 고객들은 여전히 아마존에서 종이책을 살 수 있기는 했지만 오로지 제3자 판매인을 통해서였다. 킨들판은 아예 완전히 사라져버렸고 1월 한 주말 내내 구매가 불가능했다. 고통스러운 '치타와 가젤' 협상을 비롯해 아마존과 출판사들 사이의 긴장감 넘치는 과거를 모르는 사람들에게는 갑작스러운 적대감의 표출이 충격적이었던 것 같다. 그 당시 인터내셔널 크리에이티브 매니지먼트의 문학부 공동 부장인 슬론 해리스는 다음과 같이 말했다. "우리는 다들 칼부림을 목격하는 줄 알았어요. 완전 핵전쟁이 일어날 분위기였답니다."[17]

며칠 뒤 그들의 싸움 때문에 작가와 소비자들이 희생되고 있다는 비난이 빗발치자 아마존은 누그러들었다. 베조스와 킨들팀은 함께 공고문을 작성해 아마존 온라인 포럼에 내걸었다. "우리는 모든 맥밀런 서적 판매를 잠정적으로 중단함으로써 이러한 결정에 진지하게 반대한다는 것을 표현했습니다. 그러나 우리는 결국 항복을 하고 맥밀런이 내건 조건을 받아들이기로 했다는 것을 알려드립니다. 맥밀런은 그들의 책에 대한 독점 공급자이며, 따라서 그 전자책들이 정당한 이유 없이 지나치게 높은 가격이 책정되었다 하더라도 독자 여러분께 제공하고자 하는 이유에서입니다. (……) 킨들은 아마존의 사업이자 미션입니다. 쉬운 일이 아니지만, 독자 여러분을 위해 계속 노력하겠습니다."

아이러니하게도 에이전시 모델로 전환하자 킨들 사업은 수익성이 더 높아졌다. 왜냐하면 아마존은 전자책에 대해 더 높은 가격을 매길 수밖에 없는 상황이 되었고, 아마존은 전자책 판매를 거의 독점하고 있기 때문이었다. 그 덕분에 킨들 단말기 가격이 서서히 내려가게 되었다. 2년 도 채 안 되어 킨들 가격이 겨우 79달러가 되면서 가장 저렴한 전자책 단말기가 되었다.

그러나 아마존은 가만히 앉아서 다른 사람들이 자사의 상황을 결정하도록 구경만 할 회사가 아니었다. 다음 한 해 동안 아마존은 여러 가지 방법으로 강력하게 대응했다. 의류에서 킨들로 옮겨간 러스 그랜디네티와 랜덤하우스에서 새로이 합류한 데이비드 내거는 휴턴 미플린 같은 중간 크기의 출판사들을 한 바퀴 돌았다. 이들은 그곳 중역들에게 출판 사들이 에이전시 가격 책정 모델로 옮길 레버리지가 없으며 만약 그렇게 했다가는 아마존이 그들의 책을 팔지 않을 것이라고 경고했다고 한다. 아마존은 또한 자사의 직접 출판 사업에 초점을 맞추기 시작했다. 이 일은 앞으로 출판사들에 또다시 고통을 안겨주게 된다.

전자책 시장을 지배하고 있는 아마존을 저지해보려는 시도로 출판사와 애플은 오히려 새로운 문제에 봉착했다. 법정 기록에 따르면 맥밀런과 교착 상태 1일 후, 아마존은 연방통상위원회와 미국 사법부에 백서를 보냈다. 거기에는 출판사들과 애플이 전자 도서 가격을 고정하기 위해 불법적인 담합을 공모했다는 내용와 함께 일련의 사건들이 열거되어 있었다.

많은 출판사 중역들은 그 결과로 일어난 법적 소동을 불러일으키는데 아마존이 큰 역할을 했다고 생각한다. 그러나 담합 금지 규제 담당자들을 부추길 필요가 없었다. 놀랍게도, 스티브 잡스는 2011년 가을에 사망했지만 그가 죽기 전에 했던 발언이 애플과 다섯 출판사를 법적으로 막다른 골목에 몰아넣은 것이다. 스티브 잡스의 전기에서 월터 아이작슨은 잡스의 말을 인용한 부분이 나온다. "아마존이 그것을 망쳐놓았다. (······) 애플이 무대에 등장하기 전부터 몇몇 출판사는 아마존에 책 공급을 중단하기 시작했다. 그래서 우리는 그들에게 말했다. '에이전시 모델로 갑시다. 여러분이 가격을 정하고 우리가 30퍼센트 수수료를 갖겠습니다. 그래요. 고객들은 돈을 조금 더 쓰게 되겠지만 어차피 그것이 여러분들이 원하는 바니까요.'" 잡스의 거들먹거리는 듯한 진술은 유죄를 입증하는 증거가 될 수 있었다. 만약 출판사들이 함께 힘을 합쳐 고객들이 돈을 '조금 더' 쓰게 만들었다면 불법적 담합의 근거가 될 수 있었다. 2012년 4월 11일 사법부는 전자 서적 가격을 올리려는 불법 모의를 했다는 혐의로 출판사 다섯 군데와 애플을 상대로 소송을 제기했다. 모든 출판사는 결국 법적 책임을 인정하지 않고 합의를 했지만, 애플은 혼자 남아 끝까지 버텼다. 애플은 잘못한 것이 전혀 없으며 오로지 디지털 도서를 위한 시장을 넓히려는 의도였다는 것이다.

애플 소송에 관련한 첫 공판이 다음 6월 맨해튼 법정에서 열렸고 17일간 계속되었다. 지방법원 판사 드니스 코트는 애플이 가격 경쟁을 없애고 전자책 가격을 올리기 위해 도서 출판사들과 공모해 셔면 독점금지법 1항을 위반했으므로 법적 책임이 있다고 판결했다. 애플은 판결에 불복해 항소하겠다고 말했다. 이 책이 출판될 무렵인 현재 손해액에 대한 별도의 재판이 2014년에 있을 예정이다.

전자책 싸움은 법정에서뿐만 아니라 시장에서도 공공연하게 진행되었다. 그러나 언론에서 소송에 관해 자주 보도했지만, 그 시절 대공황 중에 주춤했던 아마존의 성장이 다시 활기 있게 치솟고 있는 상황에서 이러한 소송은 사람들의 흥미를 크게 끌지 못했다.

2009년을 시작으로 경제 위기의 안개가 걷히면서 아마존의 분기별 성장률이 불경기 이전 수준으로 돌아왔고 지난 2년에 걸쳐 주가는 236퍼센트 올랐다. 세상은 강력한 유통망과 프라임 서비스의 힘, AWS의 장래성, 아시아와 유럽에서의 지속적인 성장세 등 아마존의 잠재력을 인정하기 시작했다. 전자책의 가격 전쟁은 킨들이 도서 사업계의 큰 몫을 차지할 수 있다는 것을 투자가들이 알게 되는 데 일조했고 아이튠스가 음반 가게에 미친 영향을 킨들이 서점에서 재현해낼 잠재력이 있다는 것을 그들은 이해하게 되었다. 많은 애널리스트는 아마존 주식에 대한 등급을 상향 조정했고 뮤추얼펀드 매니저들은 자신들의 포트폴리오에 아마존을 추가했다. 처음으로 아마존이 구글이나 애플과 동격으로 거론되고 있었다. 발사된 아마존은 이제 높은 궤도로 진입했다.

CHAPTER 10

편리한 신념
Expedient Convictions

대공황이 끝난 뒤 아마존의 가시성과 시장지배력이 놀랍게 증가하면서 아마존은 대중에게 자주 노출되었다. 그러나 그 관심이 언제나 긍정적인 것만은 아니었다. 2010년과 2011년 사이 회사는 주 판매세 부과 기피, 두 건의 기업 인수 전략, 자사의 공급업자와 경쟁하며 출판 사업에 뛰어든 일, 주요 생산자들의 가격 책정 방침에 대한 고의적인 무시 등에 대해 쏟아지는 비판의 목소리와 싸워야 했다. 늘 빌빌거리는 약자처럼 보이던 아마존은 거의 하룻밤 사이 많은 사람들의 눈에 오만하고 잘난 체하는 거대 기업이 되어 자신의 규칙을 강요하는 것처럼 보였다.

베조스는 (그리고 아마존에서 공개적으로 입을 뗼 수 있도록 허락받은 극소수의 제프봇들도 포함해) 비판에 대해 언급할 때면 당황스럽고 어리벙벙하다는 듯한 태도를 멋지게 연출했다. 베조스는 종종 아마존은 '오해받을 각오'가 되어 있다고 말했다. 이는 대단히 근사한 수사적 전술이었다. 이 말에는 아마존을 공격하는 사람들이 자신의 회사를 이해하지 못한다는 의미가 완곡하게 표현되어 있다.[1] 베조스는 아마존은 선교사 같은 회사이지 용병 같은 회사가 아니라고 주장하면서 비난을 일축했다. 이러한 양분법은 이제는 아마존을 떠난 존 도어로부터 나왔다. 그는 이 양분법을 파트너였던 랜디 코미사가 쓴 2001년도 경영 철학서『승려와 수수께끼』를 읽은 후 생각해냈다. 신세계로 나아가는 선교사들은 올바른 목표를 가지고 세상을 더 나은 곳으로 만들기 위해 노력한다. 반면 신세계로 나아가는 용병들은 돈과 권력을 위해 일을 하며 앞을 가로막는 자들을 가차없이 처치한다. 적어도 베조스에게는 아마존이 어디에 속하느냐에 있어서 한 치의 의심도 없었다. "둘 중 하나를 선택하라면 저는 언제나 용병이 아닌 선교사를 선택할 것입니다. 아이러니한 점은 결국에 돈을 더 많이 벌게 되는 쪽은 선교사더군요."[2]

아마존의 대변인들은 이러한 논란을 단도직입적인 말로 몇 번이고 되풀이하는 방법을 썼으며, 회사의 공격적 전술에 대해 자세히 언급하는 일은 거의 없었다. 이러한 논의는 완전히 합리적이면서도 아마존에게 전략적으로 이익이 되었다. 이렇게 편리한 신념 덕분에 아마존은 세간으로부터 감시의 눈초리가 가장 엄중하던 시기를 잘 헤쳐나올 수 있었다.

불경기가 많은 면에서 아마존에 큰 혜택을 안겨주었지만 미국과 유럽 지역 정부의 재정을 악화시켜 판매세 징수와 관련된 싸움이 새롭게 시작되는 계기가 되기도 했다. 법적으로 판매세 징수를 피하는 것은 아마존의 큰 전술적 강점이었다. 이것은 큰 판돈이 걸린 싸움으로, 거기에는 여러 가지 측면이 있었고 완전히 공정하게 겨루는 선수는 하나도 없었다. 아마존 내부에 깊이 뿌리박힌 신념이란 자신들의 장기적 이익을 위한 매우 편리한 신념일 뿐이었다.

2007년 후반부터 뉴욕 주지사 엘리엇 스피처는 수백만 달러를 조달하기 위해 주에서 과세 대상에 대한 정의를 넓히자는 안건을 냈다. 그러자 아마존은 그동안 면제되었던 5~10퍼센트의 판매세를 대부분의 상품 가격에 부과해야 할지도 모를 당황스러운 상황에 처했다. 판매세는 회사 초창기에 본사 및 기타 영업 위치를 정할 때 중요한 결정 요소였다.

처음에는 스피처의 제안이 실패했다. 그는 안건을 낸 다음 날 그것을 철회했다. 그의 지지율이 이미 부진한데다 주민들이 이 제안을 세금 인상으로 보고 반발할 수 있다는 예산 담당관의 말 때문이었다.[3] 그러나 뉴욕 주는 예산에서 43억 달러가 모자랐고 필사적으로 그 구멍을 메워야 했다. 그해 2월 매춘 스캔들로 스피처의 정치적 생명이 다하기 한 달 전, 스피처는 그 안건을 다시 발표했다. 그의 뒤를 이은 데이비드 패터슨은 그 안건을 추진했고 4월 올버니에 있는 주 의회에서 통과되었다.

그 법안은 '그 주에 매장이나 사무실이 실재하는 업체만 판매세를 징수해야 한다'는 1992년 퀼과 노스다코타 주의 사건에 대한 대법원의 판결을 피해 갔다(정확하게 말하면 온라인 구매도 세금을 여전히 내야 하지만 업체가 아니라 고객이 직접 내도록 되어 있다). 또한 뉴욕 법에 따르면 한 제휴 웹사이트가 수수료를 받고 고객을 다른 온라인 소매업체로 보내면 그 웹사이트는 소매업체의 에이전트가 된다. 그래서 그 소매업체가 제휴업체의 주에도 실재한다고 간주한다. 이 규정에 따르면 뉴욕에 있는 양키스의 팬 웹사이트의 방문자가 그 페이지에 있는 링크를 눌러 아마존닷컴에서 조 토레의 기념품을 산다면 시애틀에 본사를 둔 아마존이 뉴욕에 공식 매장을 둔 셈이 되어 그 주에서 파는 모든 물건에 대해 판매세를 내야 한다.

아마존으로서는 웃어넘길 일이 아니었다. 2008년 여름 뉴욕에서 이 법이 발효되었고, 아마존은 또 다른 소매업체인 오버스톡닷컴Overstock.

com과 함께 주 법원에 소송을 제기했다가 패소했다. 아마존은 주에 따라 세금을 징수하는 것은 복잡하고 실용적이지 않다고 공공연하게 불평했다. 아마존의 국제 공공 정책 부사장이자 세금 전쟁을 공식적으로 담당한 폴 마이즈너는 이렇게 말했다. "현재 미국에는 제설 구역과 모기 퇴치 구역 등 7,600개의 다른 사법 자치 구역 세금을 부과하고 있습니다."

아마존은 여러 가지 교묘한 술책을 써서 판매세 징수를 피해왔다. FC나 랩 126 같은 기타 사무실이 있는 주에서는 이러한 시설을 매출이 없는 전액 출자 자회사로 분류해 그 주에 실재한다는 정의를 피해갔다. 예를 들어 네바다 펀리에 있는 FC는 'Amazon.com.nvdc 주식회사'라는 완전히 분리된 독립 사업체로 운영했다. 이러한 약삭빠른 술책은 자세히 수사하면 금방 드러나겠지만 아마존은 시설을 열 때 주에 일거리를 제공하고 경제 활동을 일으키는 대신 간섭을 받지 않겠다고 조심스럽게 주 정부와 협상을 했다. 베조스는 판매세 징수 면제를 전략적으로 큰 이익이라고 여겼으며, 자유주의적 열정을 가지고 자신은 원칙적인 문제를 놓고 싸운다고 믿었다. "우리는 이러한 주에서 제공하는 아무런 혜택도 받지 않고 있습니다. 그러니 우리에게 세금 징수의 부담을 지우는 것은 공정한 일이 아닙니다. 우리는 아무런 혜택을 받지 않으니까요." 2008년 주주 총회에서 그는 이렇게 말했다.

베조스는 판매세를 거두지 않는 것이 고객들에게는 큰 혜택이라고 생각했다. 그래서 판매세를 내게 되었을 때 가격 인상과 비슷한 효과가 일어나게 될 것이라는 생각에 거의 졸도할 지경에 이르렀다. 당시 아마존의 재정 상황을 잘 아는 사람에 따르면 뉴욕에서 인터넷 판매세 법안이 통과되었을 때, 뉴욕 주 내 아마존 매출이 다음 분기 동안 10퍼센트 감소했다고 한다.

뉴욕 법안은 독감처럼 번져나갔다. 뉴욕처럼 현금 부족에 시달리던 일리노이, 노스캐롤라이나, 하와이, 로드아일랜드, 텍사스 같은 주에서도 제휴 웹사이트를 사업장의 연장선상에 있다고 공표하는 동일한 방법을 시도했다. 그에 대한 응답으로 아마존은 오버스톡이 뉴욕에서 사용했던 고집스런 전술을 빌려와 각 주의 제휴 사이트들과 인연을 끊었다. 이러한 사이트는 종종 제휴 수수료를 벌고 싶은 블로거나 다른 사업가들이 운영하는데 그들은 돈에 굶주린 주 정부와 세법의 노골적인 허점에 공격적으로 매달리는 온라인 대기업 사이에 끼여 화가 났다. 판매세 싸움에서의 희생자는 제휴 사이트들만이 아니었다. 아마존 엔지니어 바딤 치핀은 자신의 집 캐나다 퀘벡에서 자주 재택근무를 했다. 그런데 2007년 말 엘리엇 스피처가 세금 법안을 냈고 아마존 변호사들의 불안이 점점 커져가던 그때 치핀의 상사가 회사의 캐나다 제한 정책을 보여주었다. 아마존은 캐나다에서 일하는 직원이 없다고 신고를 해놓았다. 법정 서류에 따르면 치핀의 상사는 그에게 집에서 일한 작업 기록을 처분해야 한다며 다음과 같이 말했다. "아마존에 수백만 달러의 문제가 될 수도 있네. 캐나다에 단 한 명의 직원이 있어도 미국 법과 캐나다 법을 크게 위반하는 것이 되는 걸세."

치핀은 기존의 근무 시간표와 평가서를 고치지 않겠다고 했다. 일단 수사가 진행되면 다 드러날 것이라고 믿었기 때문이다. 그러자 아마존의 중역들은 그가 사직서를 내도록 괴롭히기 시작했고, 이로 인해 그는 건강이 악화되어(끊임없는 편두통으로 고통받고 발작을 일으키는 것처럼 의식을 자주 잃곤 했다) 병가를 냈다. 2010년 그는 아마존을 킹 카운티 고등법원에 부당 해고, 계약 불이행, 정신적 고통, 채용 부주의로 고소했지만 패소했다. 판사는 치핀의 상태가 일과 관련이 있다는 것은 인정했으나 민사 책임을 묻기에는 주장이 충분하게 뒷받침되지 않았다고 판단했기 때문이다.

아마존처럼 큰 회사들은 종종 부당 해고 소송의 표적이 된다. 그러나 바딤 치핀의 경우는 특수한데 그 이유는 아마존의 판매세에 대한 커져 가는 불안감에서 비롯되었고, 또한 소송이 진행되면서 아마존이 세금을 피하기 위해 사용한 광범위한 계략들이 공식 문서에 기록으로 남게 되었기 때문이다. 12페이지의 회사 내부 규정집, 업무 흐름도, 지도 등이 시애틀 시내 3번가 킹 카운티 고등법원에 제출되었다. 이 모든 자료는 빠르게 변하는 세금 환경에 적응하기 위해 필사적으로 스스로를 일그러뜨리는 한 회사의 흥미로운 모습을 보여준다.

회사의 지침은 초현실에 가까웠다. 아마존 직원들은 산업박람회에 참가하기 위해 승인을 받아야 했고 출장 중 아마존 웹사이트의 어떤 제품 판매를 홍보하는 활동을 삼가라는 지시를 받았다. 그들은 허락 없이 블로그를 쓰거나 언론과 이야기해서도 안 되었고 여행이나 출장 중에 어떤 부동산을 임대해서도 안 되었다. 또한 회사의 컴퓨터로 아마존에 주문을 낼 수도 없었다. 웹사이트에서 팔 물건을 제공하는 공급업자 등 다른 회사와 계약서를 쓸 때는 반드시 시애틀에서 서명을 해야 했다.

그러고는 임의적으로 보이는 회사의 기업 구조 분할이 중요해졌다. 아마존의 북미 소매 그룹에서 일하는 직원들은 출장 때 자신들이 아마존닷컴이 아니라 아마존 서비스라고 부르는 회사에서 일한다고 말하고 거기에 맞는 명함도 갖고 다니라는 지시를 받았다. 어느 자료에 따르면 그들은 업계 행사에 참석한 것에 대해 언론사가 질문이라도 하면 이렇게 대답하라는 지시를 받았다. "저는 아마존닷컴의 운영사이자 전자상거래 솔루션과 서비스를 제공하는 아마존 서비스에서 일하고 있습니다. 이곳에는 업계 최근 동향과 개발에 대한 정보를 수집하러 왔습니다."

시애틀 본사의 직원들에게는 다양한 색깔로 구분된 지도가 전달되었다. 미시건처럼 녹색이 칠해진 주로 출장을 가는 것은 상관없지만 캘리포니아처럼 주황색이 칠해진 주로 가려면 직원들이 그 주에서 보낸 누적일수를 법무부가 추적할 수 있도록 특별한 절차가 필요했다. 텍사스, 뉴저지, 매사추세츠 같은 빨간 주로 가려면 직원들은 출장에 관한 열일곱 개 문항으로 구성된 상세한 설문지를 작성해야 했다. 그 문항들은 회사가 판매세 납부를 해야 될 빌미를 줄 수 있는지 알아낼 수 있도록 고안되어 있다(16번 문항 : 출장지에서 경품 추첨 행사를 열 예정입니까?). 그러고 나면 아마존의 변호사들은 출장을 퇴짜놓든가 주로부터 특정한 상황에서 구체적으로 어떻게 처리될 것이라는 내용을 적은 편지를 받아놓았다.

그 당시 고참 직원들의 말에 따르면 이것이 옳은지 그른지, 혹은 직원들의 사기에 어떤 영향을 미칠 것인지 경영진에서는 내부적 토의가 거의 없었다고 한다. 이것은 그저 전략이었으며 상당한 세금 혜택을 보존해 회사가 상대적으로 더 낮은 가격을 제공할 수 있게 하는 방법이었다. "여러 주의 경제적 전망은 암울합니다." 바딤 치핀의 소송에 제출된 자료 중에서 2010년 초 직원들에게 내려진 내부 세금 공문의 내용이다. "그 결과 주 정부는 세금 납부자들을 여느 때보다 더 공격적으로 뒤쫓고 있습니다. 아마존이 최근 뉴욕 주, 텍사스 주와 겪은 경험은 더 커진 위험에 대한 적시적절한 예입니다. 따라서 간접적 업무 관련 분야에서 더욱더 주의를 기울여야 합니다."[4]

같은 해인 2010년 아마존의 위협을 시급히 물리쳐야 한다고 깨달은 월마트, 타깃, 베스트 바이, 홈 디포, 시어즈는 그동안의 악감정을 묻어두고 단결하는 흔치 않은 상황을 연출했다.[5] 그들은 공정지역상권유지연합Alliance for Main Street Fairness이라는 새로운 기구를 공동으로 후원했다. 이 거대 기업들은 대중적인 이름을 쓰면서 아이러니하게도 작은 영세 소매상들을 보호하는 것이 얼마나 중요한지를 떠들고 있었다. 이 기구는 돈 많은 로비스트 한 팀을 고용했고, 세련된 웹사이트를 만들고 전국적으로 신문과 TV 광고를 냈다. 이 대형 소매기업의 CEO들은 이 캠페인을 자세히 지켜보았다. 이 세금과의 싸움에 연루된 두 명의 로비스트에 의하면 월마트의 CEO인 마이크 듀크는 판매세 싸움에 대해 자주 보고받기를 원했다.

아마존은 판매세 확장에 맞서 공격적으로 싸웠고 정치인들이 민감하게 생각할 영역인 일자리 부분에서 당근과 채찍을 사용해가며 정치인들의 협조를 구했다. 2011년 텍사스에서 주에 있는 온라인 소매업체들에게 판매세를 거두도록 하는 법안이 통과되었다. 아마존은 댈러스 외곽에 있는 FC를 닫고, 수백 명의 노동자를 해고하는 한편 텍사스에 다른 시설을 더 지으려던 계획을 백지화하겠다고 협박했다. 텍사스 주지사인 릭 페리는 당장 그 법안에 대해 거부권을 행사했다. 사우스캐롤라이나에서도 아마존은 동일한 협박을 사용해 새 법안에 대해 예외 대우를 얻어냈다. 그리고 아마존은 고객에게 판매세를 직접 내야 한다는 사실을 상기시키는 이메일을 보내기로 동의했다. 테네시 주는 아마존이 그 주에 새로운 FC 세 군데를 짓기로 하자 법안을 늦추기로 약속했다.

이러한 접전 중에 베조스는 판매세 규정을 단순화시켜 전체 전자상거래 산업에 부과하는 연방 법안을 옹호했다(이것의 장점은 실현 가능성이 거의 없다는 데 있다. 당시 워싱턴의 정치적 교착 상태를 생각해보면 말이다). "고객들에게 '우리는 판매세를 거두지 않아도 되고, 헌법에 보면 주 정부가 주 밖에 있는 소매상들에게 판매세를 징수하도록 강제할 수 없으며 주 간 상거래도 방해할 수 없습니다만, 그래도 자발적으로 판매세를 거두겠습니다'라고 말하는 것은 이치에 맞지 않습니다." 베조스는 2011년 나와의 인터뷰에서 말했다. "고객들은 당연히 항의할 겁니다. 그러니 이것이 제대로 실행되려면 헌법을 고치든지 연방법을 통과시켜야 합니다."

2012년은 싸움이 극적인 고비를 맞았다. 아마존은 텍사스, 사우스캐롤라이나, 펜실베이니아, 테네시 등에서 각 주마다 새로운 FC를 세워주는 대신 몇 년 더 세금을 면제받기로 했다. 인구가 가장 많은 캘리포니아에서도 이와 같은 조건으로 세금 징수를 피할 수 있다고 생각하고 아마존은 싸움에 단단히 대비했다. 주 의회가 판매세 법안을 통과시키자 아마존은 찬반투표로 법안을 뒤집기 위해 캠페인을 벌였으며, 서명을 받고 라디오 광고를 하는 데 525만 달러를 썼다. 이를 지켜보는 사람들은 이 싸움에서 끝까지 가기 위해서는 5,000만 달러를 더 써야 할 것이라고 예측했다.[6]

이러한 싸움은 비용이 많이 들고 경쟁이 치열할 뿐만 아니라 격렬한 전투가 될 것이라는 예상이 곧 분명해졌다. 공정지역상권유지연합은 전국의 모든 주에 아마존 반대 광고를 융단 폭격했고 논설위원들이나 블로거들은 대부분 대형 매장 체인점들의 편을 들었다. 웹의 전도사 팀 오라일리는 자신의 블로그에 "판매세를 피하려는 아마존의 시도는 미국 경제계에서 흔히 볼 수 있는 근시안적 사고의 슬픈 예"라고 썼다. 베조스가 자신의 긴 안목을 자랑스럽게 여긴다는 것을 아는 오라일리는 그의 신경을 건드리기 위해 일부러 그렇게 쓴 것이다.[7] 아마존 내부에서는 회사가 점점 악당으로 인식되고 있다는 것이 명확해졌다. 동시에 아마존은 킨들 파이어로 판돈이 좀 더 큰 태블릿 시장에서 애플에 도전장을 내밀 준비를 하고 있었다. 직원들은 베조스에게 이렇게 중요한 시점에 브랜드 이미지를 더럽힐 수 없다고 주장했다.

그래서 그해 가을 아마존은 방향을 전환해 캘리포니아와 합의에 도달했다. 세금 없는 크리스마스 시즌을 한 번 더 보내게 해주는 대가로 찬반투표를 그만둘 것이며 샌프란시스코와 로스앤젤레스 외곽에 새로운 FC를 짓기로 했다.[8] 곧 폴 마이즈너는 미 상원 통상과학교통위원회에서 연방 법안을 지지하는 아마존의 입장을 재표명했다. 의외로 베스트바이, 타깃, 월마트도 아마존의 우방으로 판매세 전투에 새로이 합류했다. 이제 판매세 전투의 또 다른 참전 용사인 이베이만 홀로 서서 수제품 모자이크를 팔아 푼돈을 벌어보려는 전업주부 같은 작은 상인들을 보호하려고 안간힘을 쓰고 있었다. 이베이는 50명 이하의 직원을 두거나 연매출 1,000만 달러가 안 되는 사업장에는 그 법안을 적용해서는 안 된다고 주장했다. 하지만 대부분의 전국 판매세 법안들은 100만 달러 이하의 매출에 면제 조항을 두고 있었다. 지금 이 글을 쓰고 있는 시점에서는 전국 판매세 징수 법안이 아직 의회 상하원에서 통과되지 않은 상태다.

아마존은 선점했던 유리한 위치를 크게 잃고 있었다. 그러나 베조스는 그것을 보상하기 위해 가장 긴 안목으로 새로운 유리한 점을 만들고 있었다. 아마존의 새 FC는 대도시 가까이에 위치했다. 따라서 익일 배송과 당일 배송이 가능해졌고 식료품 사업 아마존 프레쉬를 더 넓은 지역에도 소개할 수 있게 되었다. 아마존은 또 '아마존 사물함Amazon Lockers'의 시범 실행 범위를 넓혔다. 잠글 수 있도록 된 커다란 주황색 사물함을 슈퍼마켓, 약국, 가전제품 체인 매장 등에 설치해놓고 고객이 원하면 아마존 주문을 그곳으로 배달받을 수 있다.

면세 온라인 구매의 시대가 여러 주에서 끝나감에 따라 아마존 세금 전략의 진정한 설계자이자 80명의 직원을 둔 세금 부서장인 로버트 컴포트 변호사가 드디어 모습을 드러냈다. 2000년에 합류한 프린스턴 졸업생인 컴포트는 10년 이상을 책에 나오는 모든 기교를 다 부리고, 스스로 새로운 술책을 만들어내기도 하면서 아마존의 세금 부담을 줄여왔다. 그는 유럽에서 논란이 되는 세금 구조를 만들어서 세율이 낮기로 유명한 룩셈부르크에 사업체를 설립한 뒤 매출을 모두 그곳에 쏟아부었다. 2012년 이 요상한 세금 구조는 거의 붕괴되었다. 해외 세금 부담을 줄이려 애쓰던 아마존과 구글 같은 미국 회사들을 향한 유럽 포퓰리스트들의 분노 때문이었다.

컴포트는 퇴직을 하겠다고 발표하고 세무서가 회사에 들이닥치기 전에 2012년 초 아마존을 떠났다(그 이후로 그는 다른 직업을 구했다. 룩셈부르크 공국을 위한 시애틀의 명예 영사가 그 직함이다).

그리고 역사상 최초로 아마존은 오프라인 라이벌들과 공평한 위치에서 경쟁하게 되었다.

* * *

아마존에는 제임스 본드 영화에서 이름을 따온 듯한 비밀스런 모임이 있었다. 이름하여 '경쟁 지능CI, Competitive Intelligence'. 2007년부터 재정부 중역 팀 스톤과 제이슨 워닉의 지휘 아래 운영되어온 이 그룹은 경쟁사로부터 제품을 다량 구매해 그 회사가 제공하는 서비스의 질과 속도를 분석 측정했다. 라이벌이 아마존보다 더 잘하고 있는지를 조사한 뒤 베조스, 제프 윌크, 디에고 피아센티니로 구성된 위원회에 조사 결과를 올려 회사가 새로운 위협을 직시하고 즉각적으로 대처하게 하는 것이었다.

2000년 후반 CI는 여성 고객들과 강한 유대관계를 쌓고 있는, 발음하기도 힘든 이름의 라이벌을 추적하기 시작했다. 퀴드시(Quidsi: quid si는 라틴어로 '만약 ~하다면'이라는 뜻이다)라는, 다이퍼스닷컴 웹사이트로 유명한 뉴저지의 회사였다. 초등학교 동창인 마크 로어와 비닛 바라라는 2005년 수면 부족에 시달리는 초보 부모들이 반복 구매하게 되는 중요한 물품들에 대한 쇼핑 스케줄을 손쉽게 짜도록 돕는 신규 업체를 설립했다. 2008년경 회사는 사업을 확장해 아기 물티슈, 분유, 옷, 유모차를 비롯한 모든 필수품을 팔았다.

비명을 지르는 아이들을 끌고 다니며 쇼핑하는 것은 부모들의 고역 중 하나다. 그러나 아마존은 다이퍼스닷컴이 생기고 1년이 지날 때까지 기저귀를 팔 생각을 못했다. 월마트닷컴이나 타깃닷컴도 이 품목에 별로 투자하지 않았다. 닷컴 붕괴의 먹구름이 아직도 전자상거래 산업에 드리워져 있는 상태에서 소매업체들은 하기스 특대 포장처럼 부피가 크고 마진이 낮은 제품을 고객의 현관문까지 배송해서 돈을 벌 수 있을 거라는 생각을 못했다.

로어와 바라라는 자신들의 유통센터를 아기용품에 맞춤화해서 성공할 수 있었다. 보잉 영업 책임자였던 스콧 힐튼이 디자인한 퀴드시의 주문 이행 센터는 모든 주문을 가장 작은 포장 상자(크기가 다른 상자가 스물세 종류가 있다)에 맞춰 추가적인 무게를 줄이고 주문당 배송료를 줄였다(상자 크기를 무궁무진한 종류의 상품에 맞춰야 하는 아마존은 다이퍼스닷컴만큼 능숙하게 일을 수행하지 못했다). 퀴드시는 창고 입지를 주요 도시 중심부 외곽에 선정해 값싼 육상 운임을 이용했고 전국 3분의 2정도의 지역에 익일 무료 배송을 약속할 수 있었다. 퀴드시의 설립자들은 아마존을 열심히 연구하고 제프 베조스를 '스승sensei'이라 부르며 우상화했다.[9]

아기 엄마들은 기저귀가 현관문 앞에 마술처럼 나타나는 것에 홀딱 반해 친구들에게 다이퍼스닷컴에 대해 열광적으로 입소문을 냈다. 페이스북에 자금을 댄 액셀 파트너스를 비롯해 몇몇 벤처캐피털 회사는 로어와 바라라가 아마존의 무기고에서 약점을 찾아냈다고 판단해 그들의 가능성에 5,000만 달러를 퍼부었다. 그 당시 제프 베조스와 아마존의 사업개발팀은 물론 아마존의 경쟁자인 월마트 역시 다이퍼스에 주목했다.

아마존, 퀴드시, 월마트의 중역들과 공식 대변인들은 모두 다음에 일어난 난투극에 대해 자세히 이야기해주지 않았다. 아마존의 합병 인수 총책임자 제프 블랙번은 퀴드시는 '사업 모델이 매우 유연한 회사로 고집스럽게 독립적'인 모습이 자포스와 많이 닮아 있다고 말했다. 그는 또한 그 이후에 아마존이 기저귀 시장에서 한 일은 미리 계획했던 일이며 퀴드시와의 경쟁과는 아무런 관련이 없다고 했다.

다음에 이어지는 이야기는 세 회사 직원들의 기억을 짜맞춘 것이다. 이들은 실명을 밝히지 않기를 원했고 엄청난 공포에 떨면서 이야기했다. 아마존과 월마트의 엄격한 기밀유지조약의 힘과 이를 어겼을 경우 발생할 법적 사태를 생각해보면 당연한 반응인 듯했다.

2009년 블랙번은 아마존과 퀴드시, 양쪽을 서로 소개시켜주는 점심식사 자리에서, 전자상거래의 거인인 아마존이 이 품목에 투자할 준비를 하고 있으며 회사를 아마존에 팔 생각을 진지하게 해보라고 퀴드시 설립자들에게 불길하게 말했다. 로어와 바라라는 독립 개인 회사로 남고 싶다고 말했다. 블랙번은 퀴드시의 설립자들에게 혹시 마음이 바뀌면 전화하라고 일렀다.

곧 퀴드시는 아마존이 기저귀와 다른 육아용품 가격을 30퍼센트까지 떨어뜨린 사실을 알게 되었다. 퀴드시는 시험 삼아 자신들의 가격을 조작하고는 혹시 아마존의 웹사이트에 변화가 있는지 지켜보았다. 아마존의 그 유명한 가격봇은 다이퍼스닷컴에 맞춰 즉시 가격을 재조정했다.

퀴드시는 처음에는 아마존의 공격에 잘 버텼다. 아마존의 낮은 가격에 맞추지 않고 강력한 브랜드 인지도를 통해 계속적으로 입소문의 혜택을 보았다. 또한, 고객과의 신뢰 관계를 이용해 가정용품을 판매하는 솝닷컴Soap.com과 화장품 웹사이트인 뷰티바닷컴BeautyBar.com을 새로 오픈해 주문 및 조달 노하우를 사용했다. 그러나 열띤 경쟁은 회사에 영향을 미치기 시작했다. 퀴드시는 겨우 몇 년 만에 연매출 0에서 3억 달러로 성장했지만 아마존이 이 품목에 초점을 맞추자 총매출 성장률이 둔화되기 시작했다. 투자자들은 퀴드시에 추가적인 자금조달을 꺼렸고 회사는 아직 IPO를 할 만큼 성숙하지 않았다. 창업 이래 처음으로 로어와 바라라는 매각을 생각해야 했다.

이즈음 월마트는 아마존에 빼앗긴 입지를 되찾을 몇 가지 방법을 물색 중이었고 온라인 부서를 개편하고 있었다. 월마트 부사장 에두아르도 카스트로 라이트는 월마트닷컴을 넘겨받았다. 그가 제일 먼저 한 일은 다이퍼스의 마크 로어에게 전화를 걸어 인수에 관한 대화를 시작한 것이었다. 로어는 퀴드시도 자포스 같은 금액을 받고 싶다고 말했다. 고과 성적에 따라 몇 년간 분할해나갈 보너스를 포함한 금액인 9억 달러였다. 월마트는 일단 원칙적으로 동의하고 자산 실사를 실시했다. 월마트의 CEO인 마이크 듀크는 뉴저지에 있는 다이퍼스닷텀의 주문 이행 센터를 방문하기도 했다. 그러나 벤튼빌에서 날아온 정식 제안서에는 요구 금액을 훨씬 밑도는 액수가 적혀 있었다.

그래서 로어는 전화기를 집어들고 아마존에 전화를 걸었다. 2006년 9월, 로어와 바라라는 제프 베조스에게 퀴드시 매입을 권유하러 시애틀로 갔다. 그들이 이른 아침에 베조스와 회의를 하고 있는 동안, 아마존은 아마존맘이라는 새로운 서비스를 소개한다는 언론 보도를 내보냈다. 아기를 둔 부모들에게는 1년치의 이틀 내 무료 프라임 배송을 받을 수 있는 근사한 기회였다(보통은 가입비가 79달러다). 그 외에도 기저귀 자동 정기 주문에 가입하면 할인을 해주는 '서브스크라이브 앤 세이브Subscribe and Save'로 이미 할인된 가격에서 30퍼센트 추가 할인을 받을 수 있는 등 다른 혜택도 많았다. 한편 뉴저지에서는 퀴드시 직원들이 아마존맘에 대한 대중의 반응을 의논하기 위해 필사적으로 설립자들과 통화하려

364

고 애썼다. 그들의 설립자들과 연락이 닿지 않은 건 우연이 아니었다. 그들은 아마존의 사무실에서 회의를 하느라 무슨 일이 일어나는지 모르고 있었다.

퀴드시는 자기 목이 조여옴을 느낄 수가 있었다. 그달 다이퍼스닷컴은 팸퍼스 기저귀 한 팩을 45달러에 팔았다. 그런데 아마존은 같은 제품을 39달러에 팔았을 뿐만 아니라 서브스크라이브 앤 세이브를 이용할 경우 한 팩에 30달러 미만을 지불하게 했다.[10] 그래서 퀴드시 중역이 배송료 시세와 프록터 앤드 갬블 도매가를 고려해 계산을 해보았더니 아마존은 다음 석 달 동안 기저귀 품목에서만 1억 달러의 손실을 입게 생겼다는 것을 알아냈다.

아마존 내부에서는 베조스가 이러한 전략을 고객을 기쁘게 하고 소비재 사업을 강화하는 회사의 장기적 이익에 따른 것이라고 합리화했다. 그는 사업개발 부사장 피터 크라비에츠에게 퀴드시를 사는 데 특정 금액 이상을 쓰지 말라고 하면서도 절대로 퀴드시 매수를 월마트에 빼앗기면 안 된다고 당부했다.

퀴드시 설립자들과의 회의 결과, 아마존은 퀴드시에 인수 금액을 제안하기 전 3주간 독점적으로 퀴드시의 재정 상태를 조사할 수 있는 시간을 얻어냈다. 그 기간이 끝나자 크라비에츠는 퀴드시에게 5억 4,000달러를 제안하며 '최대한으로 잘해준 가격'이라고 말했다. 월마트가 옆에서 맴돌고 있다는 것을 아는 그는 퀴드시에 48시간 내로 대답해달라고 말하고 그들이 제안을 받아들이지 않는다면 경쟁은 더 치열해질 것이라고 경고해두었다.

퀴드시의 벤처캐피털 후원사인 액셀의 경영이사 짐 브레이어가 월마트 이사진이었기 때문에 월마트는 그 싸움에서 경쟁우위에 있어야 했다. 그러나 예상과 달리 꼼짝달싹할 수가 없었다. 월마트가 인수 금액을 더 올려 6억 달러를 제안했을 때 퀴드시는 아마존의 조건을 잠정적으로 받아들인 상태였다. 마이크 듀크는 전화를 해서 몇몇 퀴드시의 이사진에게 회사를 아마존에 넘기지 말라고 부탁했다. 퀴드시는 그 내용을 문서로 옮겨 적은 후 시애틀로 보냈다. 아마존은 준비 조건서에 퀴드시가 아마존 이후에 들어오는 제안에 대한 모든 정보를 아마존에 알려야 한다는 조항이 있었기 때문이었다.

아마존 중역들이 월마트의 대항 가격을 알았을 때 그들은 더 심하게 압력을 넣었다. 퀴드시가 월마트로 간다면 무서운 경쟁자인 '스승'은 기저귀를 공짜로 팔아버릴 것이라고 협박했다. 퀴드시 이사진들은 아마존의 제안에 대해 의논하고 3주간의 유효기간을 넘긴 후 월마트와 다시 협상하는 가능성에 대해 토론하기 위해 회의를 소집했다. 그러나 그때는 이미 기저귀 가격 전쟁에서 수소폭탄을 떨어뜨리겠다는, 베조스의 흐루시초프(소련의 제3대 당서기장 - 옮긴이)와도 같은 의지 표명이 퀴드시를 두렵게 했다. 만약 월마트와의 결혼이 제대로 진행되지 않고 무슨 일이라도 일어난다면 회사가 공격에 노출되고 매우 취약해질 것을 우려했다. 그래서 겁이 난 퀴드시 중역들은 아마존에 회사를 매각하기로 했다. 인수 발표는 2010년 11월 8일에 이루어졌다.

아마존이 돈을 잃으면서도 아마존맘 프로그램을 밀어붙였던 것은 다이퍼스닷컴을 막다른 골목으로 몰아 매각을 강요하기 위해서였다. 그 사실을 믿지 못하는 사람이 있었더라도 아마존의 다음 결정을 보면 그 의도를 확실히 알게 되었을 것이다.

퀴드시 매수 발표 한 달 뒤, 아마존맘은 더 이상 신규 가입을 받지 않았다. 그러나 연방통상위원회가 이미 매수 건을 조사하고 있었고 몇 주 뒤 아마존은 아마존맘을 다시 열어야 했다. 그러나 이번에는 할인율이 훨씬 적었다.

연방통상위원회는 넉 달 반 동안 퀴드시 매수를 조사했다. 그동안 일반 조사를 넘어서 재청 단계로 들어섰는데 회사들은 그 거래에 관한 모든 정보를 제출해야 했다. 그 거래에는 빨간불이 곳곳에 켜져 있었다고 그 조사에 대해 아는 연방통상위원회 직원이 전한다. 엄청난 경쟁의 육박전 이후 인수가 곧 이루어지자 그 품목의 주요 경쟁자가 사라진 것이다. 그러나 그 거래는 결국 승인되었다. 그 이유 중 하나는 이것으로 독점이 발생하지는 않았기 때문이다. 코스트코와 타깃처럼 기저귀를 온라인과 오프라인으로 파는 다른 회사들이 넘쳐났다.

베조스는 또다시 이겼다. 경쟁자를 초기에 잡아 그의 에브리싱 스토어 선반을 채웠다. 자포스처럼 퀴드시 역시 아마존 내에서 독립적 운영이 허락되었다. 뉴저지에 사무실을 둔 퀴드시는 곧 애완동물 관련 물품을 판매하는 왜그닷컴Wag.com과 장난감 소매 사이트 요요닷컴Yoyo.com을 열었다. 월마트는 주요 품목에서 아마존과 정면으로 맞섰던 재능 있는 사업팀을 인수할 기회를 놓친 셈이다.

아마존 사람들은 또다시 놀라서 입을 다물 줄 몰랐다. 베조스는 가차 없이 목표물을 벼랑 끝으로 몰고 가 또 하나의 기업 매수에 성공한 것이다. 그 싸움을 가까이 앉아 지켜보던 누군가는 이렇게 말했다. "아마존 사람들은 승자가 되기 위해 전투지를 완전히 불바다로 만들어버릴 의지를 가지고 있었습니다."

*   *   *

아마존에 대한 불안감은 뉴저지나 라스베이거스 등 미국에서만 일어난 것이 아니었다. 독일 뒤셀도르프와 쾰른 사이에 있는 산업도시 졸링겐은 고급 칼 생산지로 유명하다. 그 지역 대장장이들의 명성은 2,000년 전부터 이어져왔으며 오늘날 그 도시는 유럽 칼 산업의 중심지이자 뷔스토프 가문에서 7대째 내려오는 200년 전통의 뷔스토프 같은 유명 칼 브랜드의 본산지다. 1960년대 볼프강 뷔스토프는 회사의 최고급 상품을 북미에 소개했다. 그는 칼이 가득 든 짐가방을 들고 버스를 타고 이 동네에서 저 동네로 다녔다. 그로부터 40년 후 그의 조카손자 하랄트 뷔스토프가 회사를 맡은 뒤 윌리엄스 – 소노마와 메이시스 같은 체인점에 제품을 납품하기 시작했다. 2000년 초부터 뷔스토프는 아마존닷컴에 상품을 공급하게 되었다.

미국에서 50년 동안 뷔스토프는 《소비자 보고서Consumer Reports》 및 《쿡스 일러스트레이티드Cook's Illustrated》 등에서 자주 추천받는 고급 브랜드로 자리를 잡았다. 덕분에 오목하게 칼날을 세운 할로그라운드 고탄소강 주방용 칼 20센티미터짜리를 125달러에 팔 수 있게 되었다. 타깃에 가면 비슷한 크기의 다른 주방용 칼을 20달러만 주면 살 수 있다. 작업장에 수백 명의 기술 장인들을 보유하고 있는 회사로서 높은 가격을 유지하는 것은 매우 중요하다. 그러나 비전문가의 눈으로 보기에는 별로 차이가 없는 수많은 열등한 제품들과 경쟁하기란 쉽지 않다. 따라서 아마존이 뷔스토프와 5년간 함께 일하는 동안 그들의 피 튀기는 관계는 정말 칼부림이 날 것 같은 순간도 많았다(하긴 이 칼 회사가 아니더라도 아마존은 전 세계 여러 브랜드와 제조업체들과도 칼부림이 날 것 같은 순간이 많았다).

제조업체들은 자신들의 제품 소매가격을 강요할 수 없게 되어 있다. 그러나 어떤 소매업체와 거래를 할지 결정할 수 있었고 그 힘을 이용할 수 있는 방법은 'MAPminimum advertised price'라고 부르는 최소 광고가를 제시해 가격의 하한선을 긋는 것이었다. MAP은 월마트 같은 오프라인 소매업체들이 전단지나 신문 광고를 작성할 때 특정 한계치 위로 가격을 책정하도록 했다. 온라인 소매업체들에게 이것은 더 큰 부담이 되었다. 웹사이트에서는 제품 페이지가 광고면으로 여겨지기 때문에 프로모션 가격이 MAP 수준이거나 그 이상이 되어야 했다. 그러지 않으면 제조업체의 진노를 사게 되어 제품 공급이 제한되거나 아예 관계가 끊길 수가 있었다.

처음 몇 년간 뷔스토프 칼을 팔면서 아마존은 그 독일 회사가 원하는 최소 가격을 잘 지켰다. 아마존의 판매량이 늘면서 주문량도 늘어났고 아마존은 계산서도 제때 정산하는 훌륭한 사업 파트너였다. 그래서 아마존은 곧 뷔스토프가 가장 선호하는 온라인 소매업체이자 윌리엄스 - 소노마 다음으로 거래가 가장 많은 미국 업체가 되었다. 그러나 그들의 관계에 갈등이 생겼다. 아마존의 가격봇 소프트웨어가 웹을 뒤지는 기술이 점점 향상되면서 다른 곳에 있는 더 싼 가격을 찾아내어 금액을 자동 조절했다. 그래서 아마존은 125달러짜리 그랑프리 쉐프의 칼을 109달러에 파는 등 뷔스토프의 MAP 요구 사항을 몇 번 위반했다. 뷔스토프는 브랜드 가치를 지키고 영세 소매상들을 보호하기 위해서 MAP가 필요하다고 느꼈다. 회사 매출의 4분의 1을 차지하는 이러한 영세 가게들은 큰 할인가를 맞출 여력이 없었다. "이 가게들이 바로 우리 브랜드 가치를 쌓아올렸습니다. 아마존은 새로운 칼을 팔 수가 없어요. 이 가게들만큼 칼에 대해 설명을 할 수 없거든요." 뷔스토프 - 트라이덴트의 미국 최고재무책임자 르네 아놀드의 말이다.

뷔스토프는 2006년 마침내 아마존 공급을 중지했다. 아놀드는 이렇게 말한다. "참 힘든 결정이었습니다. 최소한 단기적으로는 매출 손실이 컸지요. 하지만 저희 제품과 브랜드가 저희 유통업자의 브랜드보다 더 강하다고 믿습니다." 그 후 3년 동안 뷔스토프는 에브리싱 스토어 선반에서 보이지 않았다. 2009년이 되었을 때 뷔스토프는 마음을 바꾸었고 아마존과의 고통스러운 관계 후속편을 시작하게 되었다.

제조사와 판매사의 전쟁은 수세기에 걸쳐 지속되어왔다. 하지만 매일 최저가를 약속하는 아마존은 직판과 제3자 마켓플레이스를 절묘하게 결합시켜 그 갈등을 한 차원 높였다. 샘 월튼처럼 베조스는 공급망에서 비효율성을 몰아내고 가장 낮은 가격을 고객에게 제공하는 것을 회사의 미션으로 본다. 아마존의 중역들은 MAP 및 그것과 유사한 전략이 구시대적 사업 방식의 마지막 남은 잔재이며 비효율적인 회사가 거품 낀 마진을 보호하기 위해 사용하는 술책이라고 보았다. 아마존은 이를 에둘러 가기 위해 무수한 방법을 연구해냈다. 그중 하나는 가격 은닉이라는 방법이었다. 아마존이 MAP를 지키지 않을 때 가격이 제품 페이지에 나타나지 않는 경우가 있다. 고객은 그 물건을 장바구니에 넣어서야 비로소 낮은 가격을 볼 수 있는 것이다.

이는 어디와 비교해서도 더 낮은 가격을 제공하고자 하는 아마존의 숙원과 주요 경쟁사들이 더 낮은 가격을 매기면 재빨리 거기에 맞출 수 있는 가격 책정 알고리즘이라는 새로운 능력이 결합해 만들어낸 품위 없는 해결책이다. 이에 대해 제프 윌크는 이렇게 말한다. "아마존이 경쟁사의 가격에 맞출 수 있는 비용 구조를 가지고 있고 낮은 가격으로 유명하다는 점이 고객에게 득이 된다는 것을 잘 알고 있습니다. 이것이 바로 아마존의 목표입니다." 윌크는 이 접근법을 모든 사람들이 좋아하지는 않는다는 것을 인정했다. 그러나 아마존은 이 부분에서 일관성 있는 입장을 고수해왔으며, 고객들이 가장 낮은 가격을 쉽게 찾을 수 있도록 하는 것은 아마존뿐만이 아니라 인터넷의 특성이라는 점을 제조사들이 이해해줬으면 좋겠다고 전한다.

"판매자나 브랜드가 아마존을 떠나더라도 결국에는 다시 돌아옵니다." 윌크는 이렇게 예견하며 다음과 같은 이유를 댔다. "고객들은 아마존을 여러 가지 제품에 대한 정보와 소비자 평가를 훌륭하게 제공하는 기업으로 신뢰하고 있습니다. 물건을 사려는 소비자가 있고 그들에게 자신의 제품을 소개할 기회가 있다면 어떤 회사가 그것을 마다하겠습니까?"

영국 진공청소기 제조사인 다이슨은 매우 조심스럽게 아마존을 대하는 회사 중 하나다. 그들은 수년 동안 아마존에서 제품을 판매해왔는데 설립자 제임스 다이슨 경은 아마존 사무실을 직접 찾아가 아마존이 반복해 MAP를 어긴 데 대해 울분을 터뜨렸다. "제임스 경은 자신의 브랜드를 우리에게 맡겼는데 우리가 그 신뢰를 저버렸다고 말했습니다." 그날 제임스 경이 찾아왔을 때 그를 안내한 선임 구매 담당자였던 케리 모리스가 말한다. 다이슨은 2011년 자신의 진공청소기를 아마존에서 철수했다. 그러나 아직도 허가를 받은 몇몇 제3자 판매인이 아마존 마켓플레이스에서 일부 모델을 판매한다. 지난 몇 년 동안 소니와 블랙앤드데커 같은 회사들이 번갈아가면서 다양한 제품을 아마존 웹사이트에서 철수했다. 애플은 특히 아마존을 단단히 감시하면서 한정된 수량의 아이팟만 공급하되 아이패드나 아이폰은 아예 주지 않았다.

아마존의 인기 있는 마켓플레이스는 아마존과 다른 회사 사이의 주요 갈등 요인이다. 2012년 크리스마스 시즌에 아마존에서 판매된 제품의 39퍼센트가 제3자 마켓플레이스에서 거래되었으며 이는 그 이전 해의 36퍼센트보다 오른 수치이다. 전 세계 200만 제3자 판매인들이 아마존 마켓플레이스를 이용하고 있으며 2011년 대비 2012년에는 판매가 40퍼센트 늘었다.[11] 매출이 발생할 때마다 6~15퍼센트의 수수료를 일괄 징수하고 재고나 구매 비용이 들지 않는 마켓플레이스는 회사에게 매우 짭짤한 수입원이었다.

아마존 마켓플레이스를 통해 장사를 하는 몇몇 소매업자는 아마존과 정신분열적인 관계를 가지고 있는 듯하다. 특히 그들에게 어떤 제품의 독점권 같은 독특하고 계속 유지할 수 있는 장점이 없는 경우에는 더욱 심하다. 아마존은 그들의 상품을 유심히 지켜보고 잘 팔리는 물건이 있으면 자신들도 그 물건을 팔기 시작한다. 그러므로 아마존에 수수료뿐만 아니라 핫 아이템에 대한 정보도 주게 되어 아마존 마켓플레이스의 소매상들은 결국 가장 무시무시한 경쟁자를 도와주는 꼴이다.

2003년 당시 런던의 온라인 란제리 수영복 회사인 피그리브스닷컴 Figleaves.com의 CEO는 마이클 로스였다. 피그리브스는 영국 브랜드인 쇼크 어브조버가 만든 인기 있는 스포츠브라를 팔았다. 아마존은 처음부터 피그리브스에 관심이 많았다. 로스는 아마존 마켓플레이스를 통한 미국 진출을 홍보하기 위해 제프 베조스와 쇼크 어브조버의 유명 홍보 대사인 안나 쿠르니코바의 테니스 경기 쇼를 주선했다.

피그리브스는 여러 해 동안 아마존 마켓플레이스에서 물건을 팔아왔지만 2008년 말 그다지 유쾌하지 않은 기분으로 관계를 청산했다. 그때는 이미 아마존닷컴이 여러 종류의 쇼크 어브조버 란제리와 수영복을 갖추고 있었기 때문에 피그리브스는 아마존 웹사이트에서 매출이 부진했다. "소비자의 선택 폭이 좁은 세상에서는 목이 좋은 곳을 놓고 경쟁해야 합니다. 그러나 소비자의 선택 폭이 무한정한 세상에서는 관심을 끌기 위해 경쟁해야 합니다. 그렇게 하려면 단지 다른 이들의 제품을 파는 정도로는 안 됩니다." 로스는 이렇게 말했다. 그는 이후 영국 전자상거래 자문 회사인 이코메라를 설립했다.

아마존의 마켓플레이스에서 사업이 번창하는 판매인들도 방심하지 않고 있었다. 친환경 세제와 애완동물용품 등 환경을 보호하는 제품을 파는 그린커보드는 직원 60명의 회사를 순전히 아마존을 통해 일구어 냈다. 그러나 설립자인 조시 네블렛은 아마존 마켓플레이스가 제살 깎아먹기 식의 경쟁을 부추긴다고 말한다. 그의 회사는 '구매하기' 단추를 장악하기 위해 가장 낮은 가격을 제공함으로써 다른 판매인들 외에도 아마존의 자체 소매부와 끊임없이 경쟁하고 있다. 구매하기 단추란 아마존 웹사이트의 특정 제품에 대해 최저가 판매인이 되는 것이다. 즉 따로 판매인을 선택하지 않고 구매하기를 누르면 최저가 판매인의 제품이 팔리게 된다. 이 혹독한 가격 경쟁은 제품 가격을 떨어뜨리고 이익 폭을 줄인다. 그 결과 그린커보드는 살아남기 위해 점점 더 아마존같이 되어야 했다. 회사의 핫 신상품을 발굴하고 독점권을 따내고 효율적이고 군더더기 없는 조직을 만드는 기술이 향상되었다. "나는 그저 이것을 늘 게임이라고 생각해왔어요. 그리고 우리는 이 게임에서 어떻게 이길 수 있을까 연구하고 있습니다."

그럼에도 불구하고 아마존에서 물건을 팔지 않겠다고 작정하고 나간 회사들이 결국은 돌아온다고 윌크는 말한다. 2억의 활발한 이용자들과 빠르게 일어나는 판매에 이끌려올 수밖에 없다는 것이다. 아마존의 직원들은 제3자 판매는 마치 마약 중독과 비슷하다고 한다. 판매가 급증함에 따라 갑작스런 황홀경에 빠졌다가 서서히 구름에서 내려온다. 그러면서 여기에 점점 중독이 되는데 아마존이 판매자의 마진을 거덜내고 가격을 깎아먹기 시작하면서 자멸의 길을 걷게 된다. 판매인은 '마약을 하면 안 되는 줄 알면서도 끊지 못하는' 상태에 이른다고 전 아마존 구매 담당 케리 모리스는 말한다. "그들은 밀어붙이고, 불평하고, 욕하고, 협박하다가 마침내 스스로 떨어져 나갑니다."

아마존을 겨우 끊었던 독일 칼 제조사 뷔스토프는 아마존이 제조사의 제안 가격을 잘 지키겠다고 약속하며 끈질기게 구애해오자 2009년 다시 아마존으로 돌아갔다. 뷔스토프가 아마존에 제품을 할당하자 예전의 패턴이 다시 반복되었다. 예를 들어 MAP가 199달러인 뷔스토프의 고급 12종 식칼 세트가 아마존에 179달러로 올라왔다. 최고재무책임자인 르네 아놀드에게 가격이 10퍼센트 정도 더 높은 다른 소매 파트너들의 항의 전화가 빗발치게 쏟아졌다. 이 영세업체 소유주들은 아마존에게 매출을 잃었거나 고객들로부터 아마존의 가격에 맞춰달라는 요청에 응할 수밖에 없었다. 화가 난 그들은 아놀드와 전화 통화를 하면서 그렇다면 자신들도 소매가격을 낮추겠다고 협박했다. 그렇게 되면 언젠가는 모든 소매업자들이 뷔스토프에게 도매가를 낮추라고 요구할 날이 올 것이고 회사의 마진을 깎아먹어야 할 것이 뻔하다. 전통적 제조업 영업 방식은 더 이상 경제적으로 불가능하게 된다.

아놀드가 불평을 하자 아마존에서 그를 상대하는 머천다이징 책임자 케빈 베이츠는 아마존은 그저 웹과 제3자 마켓플레이스에서 가장 낮은 가격을 찾아서 맞춘 것뿐이라고 대답했다. 아놀드는 그들 중 상당수는 인가받지 않은 판매자이므로 그들의 가격에 맞추지 말라고 종용했다. 베이츠는 그렇게 할 수는 없다고 말했다. 아마존은 늘 가장 낮은 가격을 맞춰왔다.

아놀드는 속에서 천불이 났다. 그는 아마존의 제3자 마켓플레이스를 모니터링하고 잘 알려지지 않은 염가 소매상 몇 군데를 추적했다. 그중에는 그레이트 딜스 나우 온라인도 있었다. 이 수수께끼 같은 사업체는 늘 뷔스토프 칼을 팔고 있었지만 아놀드는 그들이 누군지 알 수가 없었고 아마존은 그들의 연락처를 주지 않았다. "이 사람은 어쩌다 과잉 공급 제품을 손에 넣었거나 베드, 배스앤드비욘드의 물류센터에서 훔친 장물일지도 모르지요. 보통의 경우라면 고객들은 이런 사람한테 신용카드번호를 절대 주지 않을 겁니다. 하지만 아마존 플랫폼에 있으니까 사람들은 그를 깨끗하다고 생각하고 신용하지요." 아놀드는 MAP를 깎아먹는 아마존 자체 소매사업의 파괴적인 할인 행위에 대한 핑계거리를 마켓플레이스가 만들어준다고 느꼈다.

2011년 뷔스토프는 또다시 아마존과의 관계를 끊기로 결정했다. 르네 아놀드는 그의 상사에게 왜 판매량이 가장 많은 유통 파트너와 관계를 청산하려고 하는지 설명하기 위해 아마존과 회의를 요청하고는 하랄트 뷔스토프를 독일에서 오도록 했다. 40대 중반에 흰 곱슬머리를 하고 푸근한 이웃집 아저씨 같은 미소를 짓는 뷔스토프는 아마 날카로운 칼을 손에 들지 않고 사진을 찍은 적이 없을 것이다.

시애틀의 아마존 사무실에서 열린 회의석상에는 긴장감이 가득했다. 케빈 베이츠 옆에는 부엌과 주방용품 같은 내구재 품목 담당 이사인 그의 상사 댄 조이도 있었다. 베이츠와 조이는 뷔스토프가 떠난다는 말에 정말로 놀란 듯했고 뷔스토프 칼을 회색시장을 통해서라도 구하겠다고 으름장을 놓았다. 또한 아놀드의 말에 따르면 그들은 고객이 아마존에서 뷔스토프 브랜드를 검색할 때마다 같은 졸링겐에 본사를 둔 J. A. 헹켈이나 스위스 군용칼을 만드는 빅토리녹스 같은 경쟁사의 광고를 띄우겠다고 협박했다.

뷔스토프와 아놀드는 아마존의 완강한 입장에 충격을 받았고 관계를 끊겠다는 자신들의 결정을 굳혔다. "반값에는 누구라도 뷔스토프를 더 많이 팔 수 있습니다. 그건 쉬운 일이에요. 그러나 낮은 가격에 팔기 시작하면 몇 년 동안은 반짝 재미를 볼 수 있겠지만 곧 2~3년 후에는 200년 가업을 망치는 꼴이 됩니다. 우리는 브랜드를 지켜야 해요. 그것이 바로 이 결정을 하게 된 중요한 이유입니다. 그래서 우리는 제품을 철수했습니다."

다음 해 봄, 시카고에서 열린 부엌 욕실 산업박람회에서 아놀드는 그들과 공감하는 판매사들로부터 쏟아지는 지지를 받고 놀랐다. 그들 역시 MAP라든지 의문의 제3자 판매인 같은 문제로 아마존과 다투고 있었다. 그러는 한편 아마존은 뷔스토프의 경쟁사 광고를 띄우겠다는 협박을 이행했다. 2012년 중반, 아이디어가 기발한 아마존의 어느 구매 담당자는 독일 뷔스토프 본사의 누군가를 구워삶아서 두바이로 가기로 되어 있던 칼 한 상자를 미국으로 보내도록 했다. 그 물품은 6주 만에 다 팔렸다.

2012년 말이 되자 아마존 머천다이징 직원은 뷔스토프에게 다시 생각을 해달라고 빌면서 또 한 번 구애를 시도했다. 칼 뷔스토프는 거부했다. 그러나 재미있는 점은 고객들은 아마존의 일부 제3자 판매자들뿐만 아니라 아마존으로부터 꽤 다양한 종류의 뷔스토프 칼을 살 수 있었다는 것이다. 2010년 아마존은 '창고 대방출Warehouse Deals'이라는 팀을 열었다. 그 팀은 리퍼 상품이나 중고 제품을 사서 아마존 마켓플레이스나 웨어하우스딜닷컴Warehousedeals.com에서 판매한다. 그 프로젝트에 몸을 담았던 한 중역의 말에 따르면 그 팀의 목표는 세상에서 가장 큰 재고정리팀이 되는 것이다. 겉포장에 구멍이 난 기저귀 팩 등 이 제품들은 종종 '새것처럼 좋은' 제품이라고 광고한다. 이러한 물건에 대해서는 아마존이 MAP를 지키지 않아도 된다.

지금 이 글을 쓰고 있는 순간에도 창고 대방출팀은 60점 이상의 뷔스토프 제품을 엄청난 할인가에 구비하고 있다. 그 외 승인된 뷔스토프 소매상인 제3자 판매자들 역시 자신들의 칼을 아마존에서 팔고 있다. 이 제품들은 아마존에 의해 주문 · 조달되기 때문에 프라임 배송 서비스를 받을 수 있다. 그래서 협력업체가 떠나더라도 아마존이 해놓은 기초작업 덕분에 에브리싱 스토어의 선반이 텅텅 비지는 않는다.

* * *

닷컴버블 붕괴 후 뷔스토프가 아마존닷컴에서 여전히 즐겁게 칼을 팔고 있던 시절, 제프 베조스는 잠재적으로 위협적인 새로운 라이벌을 추격하고 있었다. 바로 넷플릭스였다. 그 당시 아마존은 배송 상자에 전단지를 넣어 보냄으로써 약간의 광고 수익을 추가로 벌고 있었다. 베조스 자신도 그 DVD 대여 회사의 전단지가 들어 있는 상자를 받았다. 그는 회의 때 그 전단지를 들고 들어와서 광고 프로그램을 이끄는 책임자들에 대해 짜증스럽게 비꼬았다. "회사를 말아먹는 것이 그 책임자란 사람들에게 쉬운 일인가요, 아니면 회사를 말아먹기 위한 그런 일도 그들은 열심히 노력해서 해야 합니까?"

베조스는 넷플릭스가 모멘텀을 얻는 것에 대해 걱정했다. 한눈에 알아볼 수 있는 빨간 봉투와 연체료 걱정 없는 DVD 우편 대여 프로그램으로 넷플릭스는 고객과 유대감을 형성하면서 아마존의 주요 멀티미디어 품목인 영화에 있어서 강한 브랜드 이미지를 심고 있었다. 베조스의 사람들은 넷플릭스 초창기 시절 CEO 리드 헤이스팅스와 수차례 만났다. 그러나 그들은 늘 돌아와서 헤이스팅스가 매각에 전혀 관심이 없다고 보고했다고 어느 아마존 사업개발 중역이 전한다. 헤이스팅스는 아마존이 넷플릭스의 인수를 진정으로 심각하게 고려한 적은 없었다고 전한다. 그 이유는 DVD 대여 사업을 하려면 DVD를 발송하고 회수하는 작은 조달 센터가 여러 군데 필요하기 때문에 기본 영업 리듬이 전혀 다른 아마존의 핵심 소매사업과는 맞지 않는다는 것이다. "그들의 강점을 이용하지 못하기 때문에 우리 회사에 공격적인 인수 가격을 부른다는 것은 말이 안 되는 얘기지요."

다른 모든 사람들처럼 아마존 중역들은 물리적인 DVD를 팔고 배송하는 시대는 얼마 남지 않았다는 것을 알고 있었다. 그러나 다음에 무슨 일이 일어나든 준비하고 있다가 포지셔닝을 할 생각이었다. 그래서 아마존은 영국과 독일에 DVD 대여 서비스를 열었다. 넷플릭스가 진입하기 전에 이 시장에서 대여 사업을 배우고 브랜드를 확립시키자는 것이 그 취지였다. 그러나 그 지역에 이미 앞서 나가 있는 회사들이 있었다. 또한 새로운 고객을 확보하는 비용도 아마존이 생각했던 것보다 더 높았다. 2008년 2월, 아마존은 백기를 흔드는 것같이 보였다. 그들은 9,000만 달러치의 주식과 32퍼센트의 소유권을 받고 그 부서를 더 큰 경쟁사인 러브필름에 팔았다. 제프 블랙번에 따르면 아마존은 그 대여 사업 모델에 별로 큰 미래가 보이지 않는다고 판단했다고 한다. 그는 또 다음과 같이 덧붙였다. "그리고 그들이 우리의 DVD 사업을 과대평가하는 것 같아 팔았습니다."

러브필름은 일종의 프랑켄슈타인 같은 기업이라고 할 수 있다. 넷플릭스를 본뜬 수많은 회사들이 모여 하나둘씩 영국과 독일 대여 시장의 대부분을 점유하게 되었다. 그 결과 그 회사는 저명한 몇몇 벤처캐피털 회사를 비롯해 많은 주주가 있었고, 이사회가 엄청나게 컸으며, 전략적 움직임에 대해 상반되는 다양한 내부 의견이 있었다. 그 거래 이후로 아마존은 가장 큰 주주가 되었고 나중에 유럽 벤처캐피털 회사 아츠 얼라이언스가 10퍼센트의 지분을 아마존에 팔자 그 벤처기업을 완전 장악하게 되었다. 아마존의 유럽 영업을 책임지고 있었던 이전 재무책임자 그레그 그릴리는 러브필름의 이사진이 되었다. 아마존은 습성대로 옆에서 보고 배운 뒤 참을성 있게 기회를 기다렸다.

2009년 초 홈비디오 시장의 판도는 우편으로 디스크를 보내는 방식에서 영화를 스트리밍해주는 것으로 확 기울어졌다. 넷플릭스처럼 러브필름 역시 주문형 영화로 바꿔갈 계획을 세웠다. 그들은 워너 브라더스 같은 영화 제작사와 스트리밍 서비스를 준비하고 소니의 플레이스테이션 3 같은 기기에서 영화 목록에 접근할 수 있도록 했다. 그러나 그러한 사업 전환을 실행하기 위해서는 추가 자금이 필요했다. 그래서 그들은 투자은행 제프리스를 고용했고 인수와 투자 제안을 준비하기 시작했다.

실버 레이크 파트너스 같은 프라이빗 에쿼티 회사가 러브필름에 관심을 보였지만 가장 두드러진 입찰자는 구글이었다. 구글의 경영팀은 2009년 여름 러브필름과 넷플릭스를 인수해 핵심 광고 사업과 관련이 없는 중요한 새 사업에 관심을 가질 계획을 세웠다. 구글의 사업개발 중역 니케쉬 아로라와 데이비드 로위는 그해 두 회사의 사람들과 회의를 몇 차례 가진 뒤, 러브필름을 2억 파운드(거의 3억 달러)에 사겠다는 의도를 표명하는 서한을 보냈다고 한다. 그러나 이러한 노력은 결국 수포로 돌아갔다. 구글의 유튜브 부서에서 반대가 있었다. 회사가 동영상 스트리밍 회사 둘 가운데 하나만 사고 다른 하나는 못 살 수도 있다는 우려 때문이었다.

러브필름은 여전히 추가 자금이 필요했다. 그래서 2010년 여름 회사의 중역들은 IPO를 하기로 했다. 그러자 아마존이 갑자기 러브필름을 사기로 결정했고 모든 상황이 바뀌었다.

아마존은 자체 전자제품 매장에서 인터넷으로 연결된 블루레이 플레이어와 비디오 게임 콘솔이 폭발적인 인기를 끄는 것을 보고 어떻게 해서든 그 시장에 뛰어들고 싶었다. 주문형 동영상 서비스인 아마존 비디오 온 디맨드Amazon Video on Demand는 첫 스트리밍 서비스였는데 아마존 언박스Amazon Unbox 서비스를 대체했다. 언박스는 동영상을 내려받는 서비스로, 사용자가 영화를 보려면 PC나 티보 셋톱 박스에 영화 전체를 먼저 내려받아야 하는 등 과정이 너무 복잡했다. 내려받을 필요가 없는 스트리밍 서비스는 초기부터 장래성이 보였으나 온라인 동영상 시장에서 여전히 애플과 훌루에 뒤처지고 있었다. 러브필름을 사면 유럽 상륙 거점으로 삼을 수 있었다. "그들은 처음에는 투자에 대한 재정적 수익을 얻을 목적이었지요. 하지만 그들의 재정적 관심은 전략적 관심으로 바뀌었습니다. 그들은 아예 자산을 소유하고 싶어졌지요." 런던 벤처캐피털 회사인 발더튼 캐피털의 파트너였으며 현재 러브필름 이사회에 있는 다마쉬 미스트리의 말이다.

이제 러브필름 이사진은 자포스과 퀴드시의 설립자들이 겪었던 것과 똑같이 무자비한 전술을 목격하게 된다. 아마존은 러브필름이 콘텐츠를 얻는 데 수억 달러를 투자하고 거대한 케이블 재벌 B스카이나 나중에 유럽 시장으로 들어올지도 모르는 넷플릭스 같은 돈 많은 경쟁자들을 저지하려면 많은 돈이 필요하다는 점을 지적했다. 또 러브필름이 장기적인 안목으로 투자를 해야 하며, 보수적인 유럽 공개 시장은 IPO를 하기도 전에 수익이 나는 것을 보려고 할 테니 괜히 거기에 시간과 돈을 낭비해서는 안 된다고 주장했다. 러브필름으로서 가장 좋은 방법은 곧장 아마존에 파는 것이라고 했다. 베조스답게 편리한 신념이었다. 그의 주장은 완전히 이성적인 것처럼 들리지만 사실은 아마존의 전략적 이익을 추구하는 데 초점을 맞춘 것이었다.

이렇게 논의가 진행되는 가운데 아마존은 러브필름의 IPO를 막을 수 있는 기술적인 방법을 찾아냈다. 회사가 시장에 팔 주식을 마련하려면 회사 정관과 내규를 개정해야 했다. 아마존은 가장 큰 주주로서 이것을 막을 수 있었다. 아마존은 효과적으로 IPO에 거부권을 행사했다. 또한 회사의 측근과 이사진은 IPO를 승인하거나 공개적으로 지지하는 일은 없을 것이라고 밝혔다. 러브필름에게 이것은 큰 문제였다. 회사의 최대 주주가 IPO에 대해 공개적 지지를 표시하지 않으면 투자가들은 선뜻 투자를 하지 않을 것이다.

러브필름 중역들은 이 상황에서 빠져나가기 위해 변호사들을 수차례 만났다. 그들은 또한 다른 인수자들을 끌어와 입찰 경쟁을 붙이려 했지만 성공하지 못했다. 아마존이 자산을 깔고 앉아 있는 것을 모두들 보았기 때문이었다.

러브필름은 확실한 브랜드 이미지와 강한 모멘텀을 갖고 있는 명망 있는 유럽 회사였지만 아마존은 러브필름으로서는 최소 가격인 1억 5,000파운드를 최초 입찰가로 내놓았다. 하지만 다른 대안이 없었던 러브필름은 협상을 시작했다. 오랫동안 계속된 협상에서 아마존은 경영진의 보상금과 조건부 지급금의 날짜 문제 등 언제나처럼 항목마다 조목조목 따졌다. 러브필름의 변호사들은 아마존 협상가들의 완강한 태도에 혀를 내둘렀다. 협상은 7개월 이상 걸렸다. 2011년 1월 드디어 기업 인수 발표가 났다. 아마존은 결국 3억 달러 정도 되는 2억 파운드를 지불했다. 이는 1년 반 전에 구글이 인수를 제안했던 이후로 러브필름의 가입 회원들과 디지털영화 보유량이 훨씬 더 늘어났음에도 불구하고 구글이 제시했던 가격과 똑같은 금액이었다.

아마존은 안방극장을 놓고 벌인 대결에서 승부수를 던지며 이제 유럽 비디오 시장에 튼튼한 발판을 마련했다. 러브필름의 매수를 발표한 지 한 달 만에 아마존은 미국에서 아마존 프라임을 위한 동영상 스트리밍 서비스를 소개했다. 이틀 배송 서비스를 받는 회원들은 여러 종류의 영화와 TV 프로그램을 공짜로 볼 수 있었다. 아마존은 그 후 몇 년간 CBS, NBC 유니버설, 바이어컴, 유료 TV 채널 에픽스 등 여러 콘텐츠 제공사들과 계약을 맺어 회원들이 시청할 수 있는 영화와 TV 프로그램을 꾸준히 늘려갔다.

회사 사람들에게 베조스는 고객이 DVD를 더 적게 사도 79달러 프라임 회비로 충당이 될 뿐만 아니라 프라임 회원들을 더 늘리는 효과를 낸다며 공짜 서비스를 합리화했다. 그러나 프라임 인스턴트 비디오 서비스에는 또 다른 역할이 있었다. 아마존은 이제 넷플릭스의 리드 헤이스팅스와 그의 팀이 매월 5~8달러씩 받으면서 제공하던 서비스를 무료로 제공하고 있었다. 당연히 이 서비스는 주요 경쟁자에게 직접적인 압력을 주었고, 따라서 에브리싱 스토어의 중요한 섹션을 낚아채가지 못하도록 막았다. 아마존은 이제 영화와 TV 프로그램도 고객이 원하는 어떤 방식으로도 제공하게 되었다. 고객은 단지 버튼만 누르면 된다.

제프 베조스에게 있어서 고객에게 무한히 넓은 선택의 폭을 제공하는 것보다 더 중요한 것은 제품과 서비스를 가장 낮은 가격에 제공하는 것이었다. 그러나 2011년 초 까다로운 출판계로 인해 아마존은 최저가를 제공하는 능력을 잃어가는 듯했다. 그해 3월 미국에서 가장 큰 출판사인 랜덤하우스는 다른 대형 출판사의 뒤를 이어 에이전시 가격 책정 모델을 채택했다. 이를 통해 랜덤하우스는 전자책에 대해 자체 가격을 매길 수 있었고 소매업자에게 30퍼센트의 수수료를 주었다. 아마존의 중역은 전통적 도매 모델을 고수해달라고 랜덤하우스에 애원하는 데 시간을 많이 투자했지만 소용이 없었다. 베조스는 이제 일부 인기 도서에 대해서는 고객서비스의 주요 요소를 통제할 수 없게 되었다.

반스앤드노블의 누크, 애플의 아이북스토어, 토론토 신규 벤처 코보와 비교해 가격에서 큰 차이가 없고 경쟁은 더 심해지는 가운데 아마존의 전자책 시장점유율은 2010년도의 90퍼센트에서 2012년도의 60퍼센트로 하락했다. "창업 이래 처음으로 아마존은 정정당당하게 승부를 해야 하는 상황에 놓였습니다." 인그램 콘텐츠 그룹의 최고전략책임자였던 제임스 그레이가 말한다. 그는 아마존의 중역들이 '엄청나게 열받았다'고 한다.

아마존은 주요 도서 출판사들의 등쌀에 새로운 디지털 포맷으로 실험을 하는 데 제약이 많다고 느꼈다. 예를 들어 킨들 2는 로봇 같은 남녀의 목소리로 책을 읽어주는 문자 음성 전환 기능을 소개했다. 작가협회장 로이 블런트 주니어는 그 기능에 대해 항의했으며 《뉴욕 타임스》 사설을 통해 작가들이 오디오 저작권에 대해 돈을 받지 못했다고 주장했다.[12] 아마존은 한발 물러나 출판업자들과 작가들에게 특정 책에 대해 그 기능을 사용할 수 있도록 했다. 하지만 많은 이들이 거부했다.

출판사들은 아마존의 규칙대로 게임하기를 거부했다. 그래서 아마존은 규칙을 다시 쓰기로 결정했다. 200년 전통의 뉴욕 도서 산업의 바탕을 이루는 유명 작가들의 베스트셀러를 출판하겠다는 거대한 야망을 갖고 뉴욕에 본사를 둔 출판 임프린트를 시작했다.

2011년 4월, 랜덤하우스가 에이전시 모델로 옮겨간 지 한 달 뒤, 아마존의 인사부 채용 담당자가 뉴욕 출판사들의 노련한 편집장 몇 명에게 이메일을 보냈다. 그녀는 베스트셀러가 될 만한 상업적인 소설과 논픽션 류의 미발표 원고를 발굴하는 데 초점을 맞춘 임프린트를 개시하고 관리할 사람을 찾는다고 이메일에 썼다. "이 임프린트에는 막대한 예산이 책정될 것이고 그 성공 여부가 아마존의 전체 사업 성공과 직결될 것입니다." 이메일을 받은 대부분의 편집장은 예의바르게 거절했다. 그래서 킨들의 부사장 제프 벨은 후보 물색을 도와주던 인물에게 혹시 그 자리에 관심이 있는지 물어보았다. "음, 저도 그 생각을 해보긴 했지요." 타임워너 도서 부문의 총책임자였다가 지금은 출판 에이전트인 래리 커시바움이 대답했다.

커시바움은 당시 67세로 출판계를 속속들이 꿰고 있었으며 업계에 모르는 사람이 없었고 이때까지만 해도 모두들 그를 좋아했다. 그는 대규모 히트 도서를 찾아내는 잘 훈련된 본능적 능력이 있었고 대기업 내에서 살아남는 방법에 대한 직관적 감각이 있었다. AOL이 타임워너를 2000년에 인수했을 때 그는 워너 도서 직원들에게 "I♥AOL"이라고 찍힌 티셔츠를 입도록 지시했고 모든 이들이 피아노에 둘러서서 〈언포게

터블Unforgettable〉을 부르는 동영상을 제작했다(당시 회사는 나탈리 콜의 자서전을 갓 출간했다). 그는 전자책(과 그로 인해 잃을 돈)을 생각하고 있었다. 그 무렵에는 업계에 몸담고 있는 그 누구도 그런 생각을 못했다.

커시바움이 다시 업계로 돌아왔을 때는 그가 에이전트가 되기 위해 AOL 타임워너를 떠났던 2005년과는 전혀 다른 환경이 기다리고 있었다. 아마존을 향한 적대감은 업계 문화의 일부가 되어 있었다. 그래서 그는 많은 옛 동료들로부터 암흑계로 넘어간 배신자로 낙인 찍혔다. 그들은 커시바움에게 이러한 감정을 숨기지 않았고 가끔씩은 날카로운 말로 그것을 표출했다.

커시바움은 이렇게 말한다. "벽돌 조각이 날아들듯 욕설이 막 날아온 적도 몇 번 있었지요. 하지만 제게는 신념이 있어요. 우리는 모든 사람들을 도울 수 있는 방법을 혁신하려 노력하고 있습니다. 우리는 모든 보트를 들어올리는 파도를 만들기 위해 애쓰고 있습니다." 그는 2003년에 반스앤드노블이 스털링 출판사를 인수했을 때도 업계의 반응은 부정적이었다는 것을 지적한다. 그 당시에도 독자의 관심을 독점하려는 강력한 소매업체에 대한 두려움이 만연했다. "우리는 모두 다음 날 태양이 떠오르지 않을 거라고 호들갑을 떨었지만 그래도 새날은 왔지요." 그는 또 아마존에 대해서는 다음과 같이 말한다. "우리는 다들 1인자가 되고 싶어 합니다. 하지만 수천 개의 출판사가 있고 수백만 권의 책이 있어요. 우리가 시장을 독식한다는 말은 좀 과장인 것 같습니다."

시애틀에 있는 커시바움의 상사 벨 역시 비슷하게 회유적인 발언을 했다. "우리의 모든 출판 사업은 작가와 독자를 새롭고 흥미롭게 연결할 방법을 찾기 위해 실험하는 사내 연구실인 셈입니다." 2012년 초 아마존의 출판 사업에 대한 《비즈니스위크》 표지 기사를 쓰기 위해 내가 제프 벨을 인터뷰했을 때 그는 이렇게 말했다. "우리의 목표는 랜덤하우스나 사이먼앤드슈스터나 하퍼콜린스 같은 대형 출판사가 되는 것이 아닙니다. 그런데 사람들은 이렇게 말해도 잘 믿기지가 않는 모양입니다."[13]

아마존의 중역들은 도서 출판업자들이 사업이 망할 것을 비이성적으로 두려워한다고 비판하고, 문고판이나 대형 도서 할인 매장이 소개되었을 때도 그랬듯이 변화를 거부하는 것은 이 업계의 전형적 특징이라고 꼽았다. 또한 그 주제에 관해 더 자세히 질문을 하자, 아마존의 중역들은 언론이 그 문제를 너무 확대 보도하고 지나친 관심을 보이고 있다고 주장하며 당혹감을 완벽하게 연출했다. 때때로 그들의 설명은 출판사들의 우려를 악화시키고 확고히 하기도 했다. "지난 오랜 세월 동안 매주 마을을 찾아오던 '얼음 장수'는 미국 문화에서 중요한 역할을 차지했지요. 그는 가정의 식품을 상하지 않도록 지켜주었습니다. 하지만 냉장고가 발명되고 난 후에 얼음 장수의 의견을 묻는 사람은 없었고 거기에 대해 글을 쓰느라 시간을 투자한 사람들도 없었지요."

출판업자들은 제프 베조스가 말 하는 것만 봐도 겁이 났다. 그 아마존의 설립자는 아날로그 시대에 사업 모델을 만들어, 하는 역할이라고는 콘텐츠를 검토해 대중이 무엇을 소비할 것인지 주관적으로 결정하는 것일 뿐인 구시대 미디어의 '수문장'에 대해 일말의 존경심도 없다고 거듭 말했다. 지금은 창의력 과잉의 시대이며, 누구나 쉽게 무엇인가를 창조해 관객을 찾고 그에 대해 시장이 적절한 경제적 보상을 하도록 결정하는 새로운 시대이다. "아무리 좋은 의도를 가지고 있는 수문장이라 해도 혁신을 둔화시키는 것은 마찬가지입니다." 베조스는 2011년 주주들에게 보내는 서한에서 말했다. "플랫폼이 셀프서비스화되어 있다면, 안 될 것 같은 아이디어도 자유롭게 실험해볼 수 있습니다. 왜냐하면 '이걸로는 성공할 수 없어!'라고 외칠 준비가 되어 있는 '전문가 수문장'이란 없기 때문입니다. 그런데 여러분 그것을 아십니까? 안 될 것 같은 아이디어들이 성공하는 경우가 많습니다. 그리고 그러한 다양성의 혜택을 입는 것은 바로 이 사회입니다."

서한이 나간 지 몇 주 지나 베조스는 《뉴욕 타임스》의 토머스 프리드먼에게 다음과 같이 말했다. "곳곳에서 수문장이 사라지는 것이 보입니다." 프리드먼은 저작권의 대부분을 받는 작가와 아마존, 그리고 독자들만 존재하는 출판계를 상상할 수 있었다.[14]

"적어도 이제는 모든 것이 다 공개되어 있지요." 당시 잘 알려진 출판 에이전트가 이렇게 말했다.

그러고 나자 전 업계에 걸친 일종의 면역 반응이 시작되었다. 도서업계는 아마존의 새로운 출판 사업을 단체로 거부했다. 반스앤드노블과 대부분의 독립 서점들은 아마존의 책을 들여놓기를 거부했다.

그리고 뉴욕에 본사를 둔 언론사 및 출판사 중역들은 커시바움과 애송이 편집팀의 첫 노력을 비웃었다. 특히 배우이자 감독인 페니 마샬의 비망록을 80만 달러에 인수한 것은 조롱의 대상이 되었으며 나중에 부진한 판매 성적을 냈다.

그러는 동안 아마존은 새로운 전자책 포맷으로 실험을 계속하면서 출판사나 작가의 참을성의 한계도 함께 시험해보고 있었다. 아마존은 짧은 소설 형식의 전자책 포맷인 킨들 싱글을 소개했고, 킨들 독서 단말기를 소유한 프라임 고객이라면 매월 디지털 도서 한 권을 무료로 빌릴 수 있는 '프라임 대출 도서관Prime Lending Library' 서비스를 개시했다. 그러나 아마존은 중간 규모의 출판사에서 나온 책들을 허락도 없이 대출 목록에 포함시켰다. 도매로 이 책들을 샀기 때문에 이 책에 대한 소매가를 아마존이 원하는 대로 붙여도 된다고 생각했고, 그래서 이 경우는 0달러를 매겼다. 곧 분쟁이 일어났고 작가협회는 프라임 대출 도서관을 '경

제적 권력을 무지막지하게 휘두른다'고 비난했으며 아마존은 뒤로 물러났다.[15]

베조스와 그의 동료들은 커시바움의 뉴욕 부서가 직면했던 초기의 어려움을 대수롭지 않게 넘기고 장기적으로 성공을 측정할 것이라고 이야기했다. 그들은 출판 프로젝트를 나중에 대부분의 책이 전자책 형태가 되고 반스앤드노블 같은 체인 서점들이 현재의 형태로는 존재하지 않을 미래를 위해 일단 접어두기로 했다. 그런 세상이 오면 아마존은 홀로 우뚝 설 것이다. 별 볼 일 없는 신인 작가들뿐만 아니라 유명 작가들의 작품도 함께 출판하면서. 그리고 래리 커시바움은 다시 한 번 뉴욕에서 가장 인기 있는 (혹은 유일한) 출판인으로 남을 것이다.

*　　*　　*

판매세, 기업 인수, MAP, 전자책의 경제학 같은 논란으로 가득한 한 해의 대미를 장식하기라도 하려는 듯, 2011년 12월 아마존은 스마트폰의 가격 비교 애플리케이션의 서투른 홍보 캠페인을 열었다. 이 애플리케이션은 오프라인 가게에서 제품의 사진을 찍거나 바코드를 스캔해 아마존의 가격과 비교할 수 있게 해주었다.

12월 10일 아마존은 가게에서 물건을 사는 대신 이 애플리케이션을 이용해 온라인에서 구매를 하는 사람에게는 최고 15달러까지 할인을 해주었다. 책을 비롯한 일부 품목은 제외되었음에도 불구하고 엄청난 비판이 쏟아졌다.

올림피아 스노 상원위원은 이 홍보 캠페인을 '반경쟁적'이라고 부르며 '우리 지역사회에 일자리를 제공하는 사업체를 공격하는 것'이라고 꼬집었다. 오리건 포틀랜드에 있는 파월 서점 직원 한 명이 페이스북에

'아마존을 점령하라Occupy Amazon'라는 페이지를 만들었다. 아마존 대변인은 이 애플리케이션이 주로 거대 소매 체인들의 가격을 비교하기 위한 것이라고 설명했지만 별 효과는 없었다. 비판의 목소리는 높아만 갔다. 사람들은 아마존이 고객을 이용해 경쟁사들의 가격을 정탐하고 있으며 영세 동네 가게의 매출을 빼가고 있다고 힐책했다. "처음에는 저도 아마존 가격 비교 앱을 보고 오만하고 악독하다고 생각했습니다. 그런데 뭔가 묘하게 서툴고 어색한 점이 보이더군요." 소설가 리차드 루소는 그의 통렬한 《뉴욕 타임스》 사설에서 이렇게 말했다.[16]

가격 비교 앱으로 인한 소동은 금방 가라앉았다. 하지만 더 큰 의문이 떠올랐다. 사람들이 아마존을 고객을 기쁘게 하고 고객을 위해 헌신하는 혁신적이고 가치를 창조하는 회사로 계속 볼 것인가, 아니면 다른 회사와 지역사회에서 돈을 빼내서 자신의 금박 입힌 돈궤에 집어넣는 냉혈한으로 볼 것인가?

갈등의 세월 동안 제프 베조스는 바로 이 질문에 대해 깊이 생각해보았다. 아마존이 매출 1,000억 달러를 달성했을 때 사랑받는 기업이 될 것인가, 두려움의 대상이 될 것인가? 그는 자주 하던 대로 그의 생각을 메모로 써서 S팀 수련회 때 최고 중역들에게 나누어주었다. 나는 이름을 밝히기를 꺼리는 아마존의 측근으로부터 메모 한 장을 얻었다. 베조스가 'Amazon.love'라고 제목을 붙인 그 메모는 그의 회사가 어떻게 행동하기를 원하고 세상 사람들의 눈에 어떤 식으로 비치기를 원하는지에 대한 비전이 적혀 있었다. 이것은 베조스의 가치관과 결단력은 물론 그의 맹점까지 반영했던 것 같다.

"어떤 대기업은 열렬한 팬을 만들고, 소비자들로부터 널리 사랑받을 뿐만 아니라 쿨한 이미지로 비쳐지기까지 합니다. 애플, 나이키, 디즈니, 구글, 홀 푸드, 코스트코, UPS 같은 회사들은 이유나 방법이나 정도는 다르지만 고객들로부터 많은 사랑을 받는 대기업의 예로 보입니다."그는 정반대의 유형으로 월마트, 마이크로소프트, 골드만 삭스, 엑슨 모빌 같은 회사들은 사람들이 두려워한다고 덧붙였다.

사실 여부를 떠나 두 번째 그룹에 속한 회사들은 착취자의 이미지로 비쳐진다고 베조스는 생각했다. 그는 마이크로소프트의 거대한 사용자 층이 왜 나서서 비판가들로부터 회사를 옹호하지 않는지 의아했다. 그리고 그는 어쩌면 고객들이 그 제품에 만족하지 않아서 그런 것이 아닌가 하고 추측했다. 그는 UPS의 경우 특별히 새로운 서비스는 아니지만 운 좋게도 비호감 이미지인 우체국을 경쟁자로 두었다. 월마트는 작은 마을 가게처럼 호감 가는 경쟁사가 너무 많아서 탈이었다.

그러나 베조스는 지나치게 단순한 결론에 만족하지 않고 사랑받는 회사와 두려움의 대상이 되는 회사를 연구하는 데 자신의 분석 능력을 적용했다.

무례함 (×)

작은 가게 박살내기 (×)

다른 회사를 바짝 쫓아다니며 조사하기 (×)

젊음 (○)

위험 무릅쓰기 (○)

승리하기 (○)

예의바름 (○)

거대 비호감 회사를 박살내기 (○)

발명하기 (○)

탐험하기 (○)

정복하기 (×)

경쟁사에 집착하기 (×)

다른 이들에게 힘 실어주기 (O)

이익을 혼자 독식하기 (×)

리더십 (×)

신념 (O)

솔직함 (O)

군중에 영합하기 (×)

위선 (×)

진정성 (O)

크게 생각하기 (×)

의외의 것 (O)

선교사 (O)

용병 (×)

첨부된 스프레드시트에 베조스는 예의바름, 위험 감수, 크게 생각하기 등 열일곱 가지의 속성을 나열하고 열두 개의 회사를 각각 특정 속성에서 순위를 매겼다.

그의 방법이 매우 주관적인 점은 그도 인정했다. 그러나 그 목적은 아마존이 사랑받는 회사들 사이에 포함될 가능성을 높이기 위해서라고 Amazon.love 메모의 끝에 결론을 내렸다. 예의바르고 믿음직하며 고객 중심이 되는 것 정도로 충분하지 않았다. 창조적이고, 정복자가 아닌 탐험가로 보이는 것이 매우 중요했다. "저는 사실 사랑받지 못하는 4대 기업이 상당히 창조적이라고 믿습니다. 그러나 사람들은 그들을 발명가나 개척자로 보지 않지요. 단지 발명하는 것에만 그치지 않고 개척 정신을 갖고 있다고 느껴져야 하고, 고객층이 그것을 인식해야 합니다."

"이 연수의 결과로, 생각이 깊은 부사장 한 분이 이 주제에 대해 좀 더 꼼꼼한 분석을 맡아서 해주셨으면 합니다. 그러다 보면 첫 번째 그룹에서의 입지를 공고히 할 만한 실천 방법을 찾을 수 있을지도 모릅니다. 시도해볼 가치가 있다고 느껴지네요!"

CHAPTER 11

물음표의 왕국
The Kingdom of the Question Mark

창립 20주년이 다가오면서 아마존은 옛날 제프 베조스와 데이비드 쇼가 착안하고 베조스와 셸 캐펀이 착수한 에브리싱 스토어 본연의 비전을 드디어 구현하게 되었다. 수백만 종류의 새 제품과 중고 제품을 팔면서 새로운 제품 영역으로 계속 확장해갔다. 산업용품, 고급 의류, 미술품, 와인 등은 2012년과 2013년에 소개한 새 품목의 일부다. 마켓플레이스에는 수천 개의 소매 매장들로 붐볐다. 또한 IT기업, 대학교, 정부 기관 등에 수천 개의 컴퓨터 인프라를 제공하는 등 웹 서비스 사업이 번창했다. 확실히 제프 베조스는 회사의 미션과, 회사가 인터넷에서 팔 수 있는 제품의 종류에는 끝이 없다는 것을 믿었다.

문어발처럼 뻗어가는 이 대기업과 정반대되는 회사를 찾는다면 애리조나 피닉스 북쪽에 위치한 글렌데일의 로드러너 바이크 센터라는 작은 자전거 가게가 좋은 예가 될 것이다. 엄청난 선택의 폭 대신 엄선된 고급 독점 제품을 제공하는 그 가게는, 브랜드에 대한 충성심이 아니라 주인의 푸근한 성격 때문에 손님이 몰린다.

이 거창한 이름의 가게는 핫 컷츠 살롬 앤드 스파 옆에 위치한 평범한 신발 상자 모양의 쇼핑센터 내에 있는데 월마트와 가깝다. 그 가게는 자이언트, 해로, 레드라인 같은 회사에서 생산한 고급 BMX 자전거와 비포장 도로용 오토바이를 구비해놓고 있다. 이러한 브랜드는 소매업자가 직접 정성스레 고른 것으로 인터넷 웹사이트나 할인매장에서는 판매되지 않는다. 이 영업점은 피닉스 근처 지역에서 세 번이나 옮겨 다녔지만 많은 고객이 오랜 기간 동안 이 가게를 이용해왔다.

> 이 가게를 운영하는 나이 든 주인장을 늘 여기서 만날 수 있다. 그를 보고 있으면 자전거 수리와 판매를 얼마나 좋아하는지 확실하게 느낄 수 있다. 이 가게에서 물건을 사고 나서 문제가 생기면 그가 늘 도와준다. 또 이곳만큼 자전거 수리를 싼 가격에 해주는 곳도 없다. 어떤 때는 30달러 특별 할인도 한다! 이것은 말도 안 되는 가격이다.

이 가게에 대한 온라인 평가는 주로 이렇게 긍정적이다.

가게 밖 창문에 기대어놓은 빨간 칠판에는 "크리스마스 예약 할부 개시!"라고 손으로 휘갈겨 써놓았다. 이곳은 지난 30년 동안 주인이 조심스럽게 관리하고 키워온 여느 영세 가게와 다를 바 없다. 예외라면 이 가게의 경우 단지 아마존과 정반대되는 사업 방식 말고 다른 특이한 점이 있다는 것이다. 그 증거는 가게 내부 형광등 불빛 아래 카운터 바로 옆에 있다. 벽에는 오래된 신문에서 오려낸 사진이 액자에 걸려 있는데, 사진 속에는 머리를 짧게 깎은 열여섯 살 소년이 외발자전거 위에서 한 손은 의자를 잡고 다른 한 손은 옆으로 뻗어 용감하게 흔들고 있다.

나는 2012년 말 이 가게 카운터 뒤에서 제프 베조스의 친아버지인 테드 조겐슨을 찾아냈다. 이렇게 불쑥 찾아오는 것에 대해 그가 어떻게 반응할지 여러 가지로 상상해보았다. 그러나 실제로는 내가 전혀 예상치 못한 일이 일어났다. 조겐슨은 제프 베조스가 누구인지도 몰랐고 아마존닷컴이라는 회사에 대해 전혀 아는 바가 없었던 것이다. 그는 내가 들려준 이야기에 완전히 충격을 받았고, 세계적인 갑부 중 한 명인 유명한 CEO의 아버지라고 하자 사람을 잘못 찾아오셨다며 손을 내저었다.

그렇지만 내가 재클린 자이즈와 10대 시절 짧은 결혼생활로 낳은 아들 제프리의 이름을 언급하자 그제야 노인은 인정을 하고 슬픈 듯 얼굴을 붉혔다. "그 아이가 아직도 살아 있나요?" 그는 아직도 완전히 상황 파악을 못한 채 질문했다.

"선생님의 아들은 이 세상에서 가장 성공한 사람 중 한 명입니다." 나는 그렇게 말한 뒤 인터넷에서 따온 베조스의 사진 몇 장을 꺼냈다. 놀랍게도 45년 만에 조겐슨은 친아들을 처음 본 것이다. 믿기 힘들어하는 그의 눈에는 감정이 북받쳤다.

그날 밤 나는 조겐슨과 그의 아내 린다를 동네 고깃집으로 데리고 가서 저녁식사를 함께했다. 그곳에서 그의 이야기가 쏟아져 나왔다. 베조스의 가족이 1968년 앨버커키에서 휴스턴으로 이사했을 때 조겐슨은 재키와 그녀의 아버지에게 더 이상 그들을 찾지 않겠다고 약속했다. 그는 앨버커키에 남아서 그의 유니사이클 랭글러 동료들과 함께 공연하며 허드렛일을 해왔다. 구급차를 몰기도 했고 지역 전기 회사인 웨스턴 일렉트릭에서 설치공으로 일하기도 했다.

20대 시절, 그는 랭글러의 매니저인 로이드 스미스를 도와 새 자전거 가게를 차리기 위해 할리우드로 이사했다. 그런 다음 투손으로 가서 일자리를 찾았다. 1972년 그는 편의점에서 담배를 사서 밖으로 나오다 픽

치기를 당했는데, 범인은 그를 각목으로 내리쳤으며 조겐슨의 턱뼈 열 군데가 부러졌다.

조겐슨은 1974년 피닉스로 이사한 뒤 결혼을 하고 술을 끊었다. 그때는 이미 전처나 아들과 연락이 끊어지고, 그들의 새로운 성도 잊어버린 상태였다. 그는 아들에게 연락을 하거나 그가 어떻게 지내는지 알아볼 방법이 없었다. 그는 그들의 새 삶에 방해되지 않겠다고 약속했기 때문에 할 수 있는 일이 거의 없었다고 한다.

1980년 그는 자신의 전 재산을 털어 장사를 접으려는 자전거 가게 주인으로부터 점포를 인수했다. 그 이후로 줄곧 가게를 운영하면서 장소를 몇 번 옮겨 결국 뉴리버 산맥 근처 피닉스 북쪽 변두리에 있는 현재의 위치로 옮겨오게 되었다. 그는 두 번째 아내와 이혼하고 세 번째 아내를 자전거 가게에서 만났다. 그녀는 첫 번째 데이트에서 그를 바람맞혔지만 그가 다음번에 데이트 신청을 했을 때는 나타났다. 그들은 결혼한 지 25년이 되었다. 린다는 수년간 테드가 그들이 단둘이 있을 때 제프리에 대해서 이야기했고 젊은 시절 저지른 실수에 대해 이야기했다고 한다.

조겐슨에게는 다른 자식이 없다. 린다는 이전 결혼에서 아들 네 명을 두었는데 그들은 계부 조겐슨과 가까운 사이라고 한다. 그러나 의붓자식들에게 그는 자식이 한 명 더 있다는 이야기를 한 적이 없다. 어차피 무의미한 일이라고 생각했기 때문이다. 아들을 결코 다시 만나거나 소식을 들을 수 없다고 확신했으니 말이다.

조겐슨은 이제 69세다. 심장에 문제가 있고 폐기종도 있지만 은퇴는 하고 싶지 않다고 한다. "집구석에 처박혀 TV 앞에서 썩고 싶지는 않습니다." 그의 아내는 그가 푸근하고 정감 있으며 자애로운 사람이라고 말한다(베조스는 그의 어머니를 많이 닮았다. 특히 눈은 어머니를 빼다 박았지만, 코와

귀는 아버지를 닮았다). 조겐슨의 가게는 아마존 FC 네 군데에서 48킬로미터 내에 위치하고 있다. 그러나 제프 베조스를 TV에서 봤다거나 아마존에 관한 기사를 읽었더라도 자신과 연결시켜 생각해본 적은 없었다고 한다. "나는 그 아이가 어디에 있는지 몰랐어요. 좋은 직장을 갖고 있는지 시시한 일을 하는지, 혹은 죽었는지 살았는지도 몰랐죠." 그의 아들은 세 살배기의 모습으로 세월 속에 굳어져 거의 반세기를 흘러왔다.

조겐슨은 늘 아들을 만나고 싶었다고 한다. 그가 무슨 일을 하고 어디에 살든 관계없이. 그러나 그는 자신의 첫 결혼생활이 파경을 맞은 것은 전적으로 자기 책임이라고 자책하고 그 옛날 아들을 찾지 않겠다고 약속한 것을 부끄러워한다. "나는 좋은 아버지도, 좋은 남편도 아니었습니다. 모든 것이 제 잘못입니다. 재키의 탓은 전혀 없어요." 제프 베조스가 그렇게 피하려고 애썼던 강력한 적수인 후회는 그의 친아버지의 삶을 지배하고 있었다.

그날 밤 저녁식사를 끝내고 조겐슨과 그의 아내에게 작별을 고할 무렵, 그들은 아직 충격이 가시지 않은 채 애수에 젖어 이 소식을 린다의 아들들에게는 전하지 않을 것이라고 말했다. 그 이야기가 너무 뜬구름 잡는 것같이 들릴 것이 뻔했기 때문이다.

그러나 몇 달 뒤 2013년 초 막내아들 다린 팔라로부터 전화를 받았다. 피닉스에 사는 그는 허니웰의 선임 프로젝트 매니저였는데 10대 시절 어머니, 조겐슨과 같이 살았다.

팔라는 조겐슨이 지난 토요일 오후 가족회의를 소집했다고 한다("숨겨놓은 자식이 있다는 고백을 하실 것 같아." 팔라의 아내는 정확하게 맞혔다). 조겐슨과 린다는 극적으로 소설 같은 상황을 설명했다.

팔라는 그 모임이 가슴 아픈 눈물바다가 되었다고 말했다. "제 아내는 제가 우는 모습을 본 적이 없기 때문에 저를 보고 감정이 메말랐다고

396

하죠. 새아버지도 마찬가지지요. 하지만 제 평생 새아버지가 그렇게 감정적인 모습을 보이는 건 지난 토요일이 처음이었습니다. 특히 슬픔과 후회는 감당하기 힘들 정도였죠."

조겐슨은 베조스의 가족에게 다시 연락해봐야겠다고 마음먹었다. 팔라는 새아버지가 베조스와 그의 어머니에게 편지 쓰는 것을 도와주었다. 그들은 2013년 2월 그 편지를 일반 우편과 이메일로 보냈다. 그리고 답을 듣기까지 거의 5개월을 기다려야 했다. 베조스가 오래전에 헤어진 친아버지에 대해 함구하는 것은 그다지 놀라운 일은 아니다. 그는 뒤를 돌아보는 것보다 앞을 향해 나아가는 데 훨씬 더 관심 있는 사람이니 말이다.

나와 전화 통화 중에 팔라는 자신이 새롭게 발견한 사실을 털어놓았다. 베조스에 관해 호기심이 생긴 그는 〈존 스튜어트 데일리 쇼The Daily Show with Jon Stewart〉를 비롯해 인터넷에서 아마존 CEO의 인터뷰 동영상을 몇 편 찾아보았다. 그러고는 그 유명한 베조스의 요란한 웃음소리를 듣고 깜짝 놀랐다.

지난 몇 년간 폐기종으로 인해 서서히 그 소리는 사그라들었지만, 그것은 자신이 어린 시절 집에서 듣던 호탕한 웃음소리였다. "저건 새아버지의 웃음소리예요!" 팔라는 못 믿겠다는 듯이 말했다. "거의 판박이예요."

*　　*　　*

베조스는 물론 조겐슨의 이메일을 받아 읽었다. 그는 비서와 함께 그의 잘 알려진 이메일 주소 'jeff@Amazon.com'로 온 모든 이메일을 읽는다고 한다. 사실 아마존 내 악명 높은 에피소드들은 고객들이 베조스에게 보낸 이메일 때문에 생긴 경우가 많다고 한다. 그러면 베조스는 그 이메일의 맨 윗부분에 물음표만 추가한 뒤 해당 중역이나 직원에게 전달했다. 이런 이메일을 받게 되면 시한폭탄을 받은 것과 비슷한 상황이 된다.

아마존에는 내부 긴급상황 강도를 매기는 공식적인 시스템이 있다. '강도 5'는 상대적으로 크게 중요하지 않은 기술적 문제를 나타내는데 근무 시간 중에 엔지니어들이 해결할 수 있다. 그러나 '강도 1'은 아마존이 엔지니어들에게 나눠준 무선호출기 여러 대가 마구 울리는 긴급한 문제다. 이 경우 즉각적 반응이 요구되며 나중에 베조스 경영 자문회인 S팀 멤버가 전체 상황을 검토하게 된다.

그리고 완전히 다른 종류의 긴급상황이 있다. 이것을 일부 직원들은 'Sev – B'라고 비공식적으로 이름 붙였다. 그것은 베조스로부터 직접 날아오는 바로 그 악명 높은 물음표가 들어 있는 이메일이다. 아마존 직원들은 이 메시지를 받으면 하던 일을 즉시 내려놓고 CEO가 강조하는 그 문제에 몸을 던져야 한다. 그들은 보통 몇 시간 내 문제를 해결해야 하며 왜 처음에 그런 일이 일어나게 되었는지 자세히 해명해야 한다. 이 설명은 베조스에게 올라가기 전에 일련의 책임자들이 먼저 검토한다. 흔히 '사건 확대'라고 불리는 이 물음표 이메일은 큰 문제를 미리 예방하고 아마존 내부에서 고객의 목소리가 늘 들리도록 하기 위한 것이다.

아마존에서 가장 기억에 남는 최근 에피소드는 2010년 후반 이 '사건 확대'로 시작되었다. 아마존의 섹스용품 품목에서 윤활제를 들여다만 보고 사지 않은 고객들에게 젤과 관련된 다양한 종류의 섹스기구를 광고하는 맞춤 이메일이 발송되었다는 사실이 베조스의 레이더망에 포착되었다. 베조스가 마케팅 직원들에게 보낸 내용은 단 하나의 물음표 뿐이었지만 그들은 베조스가 크게 화났음을 알아챘다. 베조스는 마케팅 부서의 이메일이 고객들에게 수치감을 주었으며 그런 이메일을 보낸 것은 결정적인 실수라고 믿었다.

베조스는 화가 났을 때 "잠깐 5분만"이라고 말한다. 그렇게 하면 열대지방의 스콜 같은 분노가 금방 지나갈 것이라고 자주 말하곤 한다.[1] 그러나 형편없는 고객서비스에 대해서는 상황이 달랐다. 이메일 마케팅 부서는 이것이 미묘한 문제라는 것을 알았으며 긴장감이 감도는 가운데 해명할 준비를 했다. 아마존의 다이렉트 마케팅 툴은 중앙집중식이 아니었기 때문에, 일반 품목 책임자들도 특정 품목을 구경하고 사지 않은 사람들에게 이메일 광고를 보낼 수 있었다. 이러한 이메일은 살까 말까 고민하는 소비자들을 사는 쪽으로 살짝 밀어보낸다. 아마존의 연간 매출 중 수억 달러가 이러한 방법으로 발생했다. 하지만 이번 섹스 윤활제의 경우는 직급이 낮은 제품 책임자가 분명히 부적절한 선을 넘은 것이었다. 그럼에도 불구하고 마케팅 부서는 여기에 대한 해명을 내보낸 적이 없다. 베조스는 이 문제에 대한 회의를 소집하라고 명령했다.

어느 날 아침 제프 윌크, 덕 헤링턴, 스티브 슈어(국제 마케팅 부사장이자 타임의 전 중역), 그 외 몇몇 직원이 회의실에서 엄숙하게 기다렸다. 베조스는 미끄러지듯 재빨리 들어왔다. 그는 언제나처럼 "안녕하세요, 여러분!"으로 회의를 시작했다. 인사말 다음으로 그의 입에서 나온 말은 다음과 같았다. "듣자 하니 스티브 슈어가 섹스 윤활제 이메일을 내보내고 있다면서요?"

베조스는 자리에 앉지 않았다. 그는 슈어와 눈싸움을 했다. 그는 폭발하기 일보직전이었다. "그 채널을 아예 닫아요. 우리는 빌어먹을 이메일 한 통 보내지 않고도 1억 달러 자산의 회사를 지을 수 있으니까!"

그러고 나서 활발한 토론이 뒤를 이었다. 아마존의 문화는 대립적이기로 악명이 높다. 그것은 베조스부터 시작하는데 그는 여러 가지 시각과 발상이 가끔은 폭력적으로 서로 부딪히면서 진실이 튀어나오게 된다고 믿는다. 윌크와 다른 중역들은 섹스 윤활제는 슈퍼마켓이나 편의점에서도 파는 물건이며 하나도 창피할 것이 없다고 주장했다. 또한 그들은 아마존이 이러한 이메일을 통해 엄청난 매출을 올리고 있다는 사실을 지적했다. 베조스는 상관하지 않았다. 아무리 큰 금액이더라도 소비자의 신뢰를 잃어도 될 만큼 가치 있는 매출액은 없다고 말했다. 진실이 드러나고 재확인되는 순간이었다. 그는 소비자와의 유대를 잃기보다 사업에서 수익을 창출해내는 부분을 잘라내겠다는 것이다. "지금 자리에서 일어나 이메일 채널을 닫을 사람 없소?" 그는 신경질을 냈다.

결국 그들은 절충안을 찾았다. 개인용품 · 건강 · 뷰티처럼 특정 품목은 이메일 마케팅을 아예 접기로 했다. 또 회사 내 집중식 필터링 도구를 만들어 품목 책임자가 더 이상 예민한 제품을 홍보하지 않기로 했다. 그래서 예의의 기준이 개인의 취향에 따라 정해지는 일이 없도록 했다. 이메일 마케팅이 완패한 것은 아니었다.

이 사건은 그동안의 행적과 비교해볼 때 상당히 아이러니했다. 직원들이 웹사이트에 변화를 가져오기 위해서 편집자적인 주관적 판단을 내리던 시대는 오래전에 지났다. 아마존은 어떤 기능을 도입하거나 처리하는 등의 거의 모든 중요한 결정을 내릴 때 알고리즘을 사용한다. 그럼에도 불구하고 차갑고 딱딱한 데이터와 정반대인 경우, 즉 고객에 얽힌 경우에는 큰 무게가 실리며 아마존의 정책을 바꿀 수 있었다. 고객 한 명이 나쁜 경험을 해도 베조스는 종종 그것을 큰 문제로 인식하고 물음표로 회사 내부에서 사건을 확대시켜 그 문제를 해결한다.

많은 아마존 직원들은 이러한 화생방 훈련에 너무 익숙해 있는 한편 그것이 업무에 지장을 준다고 생각한다. "왜 팀 전체가 물음표에 대처하기 위해서 모든 것을 즉시 내던져야 합니까?" 2011년 1만 7,000석이 넘는 대형 농구 경기장인 시애틀의 키아레나에서 열린 아마존 전 직원 회의에서 한 직원이 물었다.

"고객과 관련된 모든 일화가 중요합니다. 우리가 그것을 하나하나 연구하는 이유는 그 이야기들이 우리의 알고리즘과 업무처리 과정에 대해 정보를 주기 때문이지요. 이것을 우리의 고객들이 수행하는 감사 활동이라고 생각하시면 됩니다. 우리는 그것을 소중한 정보의 원천으로 받아들이고 있습니다."

아마존 스타일 자체는 매우 분권화되어 있고 신입사원들도 독립적 결정권이 있다고 내건다. 그러나 베조스는 그것이 한 명의 고객에게라도 문제를 일으키면 어떤 일도 도중에 그대로 중단시킬 수 있다. 윤활제 위기가 일어난 지 12개월 후, 베조스는 이메일 채널을 정리하는 것을 개인적 과제로 삼았다. 그 부서의 직원들은 갑자기 아마존에서 가장 불편한 자리, 즉 설립자의 이글거리는 눈앞에 앉게 된 것이다.

간헐적 트라우마와 정신적 상처에도 불구하고 아마존에서 일했던 사람들 중 그 회사에서 일을 했을 때가 자신의 경력에서 가장 생산적인 때였다고 여기는 이가 많다. 똑똑한 동료들과 도전적인 일을 했고 부서 간 수평적 이동이 잦아서 꾸준히 배움의 기회가 있었기 때문이었다. "다들 아마존에서 일하는 것이 얼마나 힘든지 알면서도 그곳에 있기를 선택합니다. 계속적으로 배울 기회가 있고 혁신의 속도는 스릴이 넘칠 정도입니다. 저는 특허를 냈고 혁신을 이루어냈어요. 무엇을 하든지 경쟁이 치열했지요."

그러나 자신의 경험에 대해 괴로워하는 사람들도 있다. 베조스는 진취적이고 발명하기 좋아하는 사람들이 많이 모이는 회사라고 말하지만 이전 직원들은 아마존이 신생 회사의 인프라와 속도에 대기업의 관료주의가 자리 잡혀 있어서 일을 이중으로 하는 경우가 많고 부서 간 의사

소통이 힘들어 일을 제대로 해낼 수가 없었다고 종종 불평한다. 아마존에서 잘나가는 사람들은 적대적인 환경에서 계속되는 마찰에도 잘 견딜수 있는 사람들이다. 베조스는 의견일치를 보려는 자연스러운 성향을 '사회적 응집력'이라고 부르며 증오했다. 그는 오히려 부하직원들이 논쟁하면서 숫자를 무기로 열정적으로 싸우기를 원했다. 그는 이러한 접근 방식을 바탕으로 아마존의 리더십 원칙 14계명을 제정했다. 이것은 신입사원들에게 가르치고 주입시키는 아마존 최고의 가치다.[2]

> 줏대 가지기 : 반대를 했으면 밀고 나가라.
> 리더들은 동의하지 않는 결정에 대해 예의바르게 반대할 의무가 있다. 아무리 거북하거나 피곤해도 말이다. 리더들은 신념과 끈기가 있다. 그들은 사회적 응집력을 위해 타협하지 않는다. 일단 결정이 내려지면 그들은 전적으로 밀고 나간다.

어떤 직원들은 이렇게 대립적인 문화를 너무나 좋아해 다른 곳에서는 제대로 일을 못하기도 한다. 비즈니스 인맥 쌓기 웹사이트인 링크드인에는 아마존을 떠났다가 다시 돌아온 중역들로 가득하다. 회사에서는 이것을 일컬어 부메랑 현상이라고 부른다.

그러나 어떤 이들은 아마존의 내부 환경을 '글래디에이터 문화'라고 부르면서 한 번 떠난 뒤 다시 돌아갈 꿈도 꾸지 않는 사람들도 있다. 그들 중에는 2년도 채우지 못하고 떠난 사람도 많다. "아마존에는 거대 기업이 되려고 하는 신설 회사의 모습과 신설 회사로 남고 싶은 대기업의 모습이 희한하게 섞여 있습니다." 2011년 5개월 동안 그곳에서 마케팅 책임자로 있었던 제니 디블은 아마존이 소셜미디어 도구를 더 많이 쓰도록 하기 위해 노력했으나 효과를 거두지 못했다. 그녀는 자신의 상사가 그녀의 발상을 특별히 잘 받아들이는 것 같지도 않고 근무 시간이 길어서 가족들을 돌보기에도 좋지 않았다고 말한다. "별로 우호적인 환경은 아니에요." 그녀의 말이다.

아마존을 떠나는 것조차 전투적인 과정이 될 수가 있다. 회사는 떠나는 직원에게 경쟁사에서 비슷한 일을 맡으면 법적 조치를 취할 것이라는 편지를 보내기를 서슴지 않았다. 이는 2010년 아마존에서 이베이로 옮길 때 회사로부터 고소하겠다는 협박(이베이는 이 문제를 놓고 법정 밖에서 합의했다)을 받은 파이살 마서드는 이를 '치열한 경쟁심'의 증거라고 말한다. 하지만 끊임없이 이어지는 직원 대탈출도 아마존의 앞을 가로막지는 못했다. 꾸준히 오르는 주가의 매력 덕택에 아마존은 재능 있는 신참을 뽑는 전문가가 되었다. 2012년 한 해만 해도 정규직과 시간제 직원을 합한 숫자는 8만 8,400명으로 지난해에 비해 57퍼센트 더 늘어났다.

아마존의 연봉 체계는 회사가 부담하는 비용을 최소화하고 회사에 들어와서 힘든 일이 닥치더라도 계속 붙어 있을 가능성을 최대화하도록 디자인되었다. 신입사원들에는 업계 평균 임금을 주고 2년에 걸쳐 계약 보너스를 나누어주거나 4년에 걸친 조건부 주식을 주기도 한다. 그러나 구글이나 마이크로소프트처럼 주식을 똑같이 분배해 나누어주는 다른 기술 회사와 달리 아마존은 4년 기간에서 뒤로 갈수록 주식 수가 더 많아진다. 즉 첫해가 끝날 무렵 직원들은 보통 주식 5퍼센트를 받는다. 두 번째 해에는 15퍼센트를 준 뒤, 마지막 2년 동안은 6개월마다 한 번씩 20퍼센트를 준다. 이렇게 보너스를 2년에 걸쳐 나누어준다든지 주식을 이런 식으로 나누어주는 이유는 직원들이 열심히 일하고 한눈팔지 않게 하려는 조치다.

직원을 50명 이상 거느린 부서 책임자는 부하직원을 평가해서 가장 무능한 사람들을 해고해야 했다. 이러한 평가에 많은 아마존 직원들은 늘 불안에 떨며 산다. 아마존 직원들한테서 공통으로 찾아볼 수 있는 특징은 좋은 근무 평가를 받으면 진정으로 놀란다는 것이다. 윗사람들이 워낙 칭찬에 인색하기 때문에 아랫사람들은 늘 회사에서 해고될 날을 기다리며 산다.

부가 혜택이나 예상치 않았던 실적수당은 거의 없다. 물론 직원들이 버스 시간에 맞춰 귀가를 서두를까 두려워 버스비를 보조하지 않던 1990년대에 비하면 놀라운 발전을 했지만. 직원들은 이제 시애틀 지역 열차들을 이용할 수 있는 ORCA 카드를 공짜로 받는다. 사우스레이크 유니언에 있는 회사 사무실 주차장에 차를 대려면 매달 220달러를 내야 하는데, 아마존이 180달러를 보조해준다. 그러나 회사의 기초가 되는 검소함의 증거는 곳곳에서 보인다. 회의실에서는 여전히 노란색 나무문으로 만든 책상을 나란히 붙여서 테이블로 쓰고 있다. 자판기는 아직도 돈이나 카드를 넣어야 사용 가능하고 회사 구내식당도 유료다. 신입사원은 입사하면 백팩에 전원 어댑터, 랩톱 도킹 스테이션과 신입사원 설명회 자료를 한꺼번에 받았다. 그러나 회사를 그만두게 되면 백팩을 포함한 모든 것을 반납해야 한다. 아마존은 늘 비용을 줄여서 그 절약분의 금액을 최저가라는 형태로 고객들에게 다시 돌려줄 방법을 찾고 있다. 이것 역시 신성불가침의 리더십 원칙 14계명 속에 녹아 있다.

> 검소함
> 고객과 상관없는 데에 돈을 쓰지 않기 위해 노력한다. 검소함은 독창성 및 자급자족 능력을 고양하고 발명을 이끈다. 머릿수가 많거나 예산이 크거나 고정비가 높아서 좋을 것은 하나도 없다.

이 모든 것은 베조스로부터 나왔다. 아마존의 가치는 낮은 이윤 폭과 드센 회의론의 척박한 환경을 헤치고 20년 동안 버텨온 그의 사업 원칙이다. 어떤 면으로는 아마존이라는 회사 전체가 그의 독창성을 가장 멀리까지 퍼뜨릴 수 있도록 그의 머리 둘레에 쳐놓은 발판이라고 할 수 있다. 내가 그 이론에 대한 말을 꺼내자 제프 윌크는 이렇게 말한다. "제프의 생각을 최대한 확대하기 위한 발판이 바로 아마존이지요. 제프는 이곳에서 실전에 부딪히면서 배웠습니다. 그는 전문 지식을 갖고 있는 우리들로부터 배웠고 최고의 조각들을 그의 심성 모델에 접목시켰죠. 우리는 가능한 한 베조스처럼 생각하도록 교육받았습니다."

베조스의 최고 중역들은 언제나 베조스를 모방했다. 2012년 가을, 나는 디에고 피아센티니와 시애틀의 캐피털 힐 지역에 있는 그의 단골 이탈리아 식당 라 스피가에서 저녁을 먹었다. 감사하게도 그는 나에게 저녁을 대접해주었다. 돈을 치르고 나서 그는 과장된 몸짓으로 영수증을 찢으며 말했다. "우리 회사는 이런 경비를 보조해주지 않아요."

아마존의 속도는 베조스의 속도이며 아마존의 영업 방식은 그가 정보를 처리하고 시간을 극대화하는 방법에 맞춰 긴밀하게 조율되어 있다. 그는 반년에 한 번씩 있는 회사 전체 실적 평가 기간을 직접 지휘한다. 첫 번째 실적 평가 OP 1은 여름 동안 진행되고 OP 2는 크리스마스 시즌이 끝나고 열린다. 각 팀은 몇 달 동안 자신들의 실적 평가를 준비하며 다음 해의 계획을 6페이지에 걸쳐 풀어놓는다. 몇 년 전 회사는 평가 기간 동안 많은 주제를 처리해야 하는 베조스와 S팀이 좀 더 쉽게 소화할 수 있도록 과정을 좀 더 개선했다. 이제 모든 서류에는 페이지 꼭대기에 '강령'이라고 불리는 몇 가지 규칙을 열거해놓았다. 각 그룹의 강령은 어려운 결정을 내릴 때 방향을 제시하고 늘 감독할 필요 없이 빨리 움직일 수 있도록 도와준다.

베조스는 수없이 많은 게임에 한꺼번에 참가하고 있는 체스 고수 같다. 그는 각각의 게임을 효과적으로 관리할 수 있도록 체스판을 정리하는 것이다.

이 체스 게임들 중 어떤 것들은 더 관심을 받는다. 베조스는 아마존 웹 서비스, 동영상 스트리밍 서비스, 그리고 특히 킨들과 킨들 파이어 제품 같은 새 사업에 시간을 더 많이 투자한다(오래 일한 중역 중 한 명은 이렇게 농담했다. "킨들 사무실에서는 제프의 허락 없이 방귀도 뀔 수 없어요"). 이 부서에서는 스트레스 수위가 높고 일과 가정의 균형이란 것은 아예 존재하지 않는다.

1주일에 한 번, 보통 화요일에 아마존의 다양한 부서들이 책임자들과 모여 사업에 중요한 데이터가 들어 있는 긴 스프레드시트를 함께 검토한다. 이 자리에서는 고객에 관한 일화가 일체 언급되지 않는다. 어느 부분에 문제가 있고 어느 부분이 잘나가고 있는지, 고객들은 어떻게 행동하는지, 결론적으로 회사의 전체 실적이 어떻게 되는지, 오로지 숫자를 보고 판단할 뿐이다.

회의 분위기는 치열하고 위협적일 때가 많다. "직원들에게 경영팀이 무섭고도 존경스러운 이유가 바로 이것입니다. 그들은 특정한 일이 발생한 이유를 묻고는 일반 직원들에게 숫자로 모든 것을 설명하도록 만듭니다. 아마존은 규모가 크기 때문에 이런 방식을 이용하면 주관적인 토론에 말려들 필요 없이 빨리 결정을 내릴 수 있으니까요. 숫자는 거짓말을 하지 않습니다." 아마존의 여러 부서에서 총책임자로 4년간 일했던 데이브 코터의 말이다.

월크가 수요일마다 진행하는 주간 사업 평가는 아마존에서 가장 중요한 의식이며 측량적 회의의 결정체다. 소매사업의 책임자 60명이 한 방에 모여 자신의 부서를 평가하고, 제품 하자나 재고 회전율 데이터를 공유하며, 앞으로의 전망이나 각자 다른 부서 간 복잡한 상호작용에 대해 토론한다.

베조스는 이러한 회의에 참석하지 않는다. 그러나 그는 회사 내 어디에서라도 그의 존재를 늘 느끼도록 만든다. 예를 들어 윤활제 사건 이후 이메일 마케팅 부서는 완전히 그의 시야 내에 놓이게 되었다. 그는 고객에게 보낼 메시지를 조심스럽게 검열하는 한편 이메일 캠페인의 맹점을 새로운 눈으로 생각해보려고 애썼다. 그리고 2011년 후반 그는 근사한 생각이 떠올랐다.

베조스는《와이어드》창간 편집장인 케빈 켈리가 기술 정보의 개요나 제품평을 싣는 포털 쿨툴즈나 인터넷 문화의 토막 뉴스를 매일 엄선해 싣는 브이에스엘닷컴VSL.com에서 발송하는 이메일 뉴스레터의 팬이다. 간결하게 잘 쓰인 두 뉴스레터는 유용한 정보를 제공한다. 어쩌면 아마존도 알고리즘이 생성한 시시한 광고 문구를 줄줄이 보내는 대신 잘 쓰인 짧은 디지털 잡지 스타일의 이메일을 매주 단 한 번만 보내는 것이 좋겠다고 생각했다. 그는 마케팅 부사장 스티브 슈어에게 이 아이디어를 검토해보라고 이야기했다.

슈어는 팀을 구성한 뒤 두 달에 걸쳐 시험적 아이디어를 만들어냈다. 베조스는 그들에게 거의 아무런 지시를 하지 않았지만 그들에게 주어진 포괄적 임무는 고객을 위해 완전히 새로운 종류의 이메일을 만드는 것이었다. P13N과 아마봇 간 험악한 경쟁 후 편집팀이 거의 사라지다시피 한 지 10여 년 만에 아마존은 인간의 목소리를 다시 시도하게 되었다.

2011년 후반에서 2012년 초까지 슈어의 팀은 베조스에게 다양한 아이디어를 제출했다. 그중에는 유명 연예인의 일문일답이라든지 웹사이트에 있는 제품에 관한 재미있는 역사적 사실을 싣자는 의견도 있었다. 그 프로젝트는 소비자 테스트에서 반응이 시원찮았고, 그래서 더 이상

진되지 못했지만 그 작업에 참여했던 몇몇 직원은 너무나 고통스러웠다고 기억한다. 어떤 회의석상에서 베조스는 아마존에서 늘 사용하는 언론 보도용 기사 스타일의 견본 페이지를 조용히 휙휙 넘기며 훑어보고 있었다. 그동안 모두 안절부절못하며 긴장감 속에 조용히 기다렸다. 그런 다음 그는 서류를 찢었다. "지루해서 벌써 읽기가 싫어졌어요. 이것이 바로 문제입니다." 그는 가이 폭스 가면이라든가 그래미상을 탄 영국 가수 아델의 CD처럼 갑자기 인기를 끄는 아마존 제품을 골라서 싣자는 가장 최근의 아이디어를 좋아하는 것 같았다. "하지만 헤드라인은 이것보다 더 기발해야 되네." 그는 헤드라인 카피라이터를 비롯한 팀원들에게 말했다. "그리고 어떤 부분은 엉망진창이군. 이런 글로 블로거 짓을 한다면 딱 굶어 죽을 거네."

마침내 그는 마케팅 부사장인 슈어에게로 표적을 돌렸다. 그는 그동안 회사의 마케팅 부사장 자리를 거쳐간 많은 이들처럼 종종 공격의 대상이 되었다.

"스티브, 왜 석 달 동안 나는 왜 하나도 보고받은 게 없지?"

"견본을 준비하기 위해 편집자 하나를 찾아야 했습니다."

"일이 너무 느리게 진척되고 있네. 자네, 관심이 있긴 한 건가?"

"그럼요, 제프. 우리 모두 신경을 쓰고 있습니다."

"디자인을 다 지우게. 너무 복잡해. 그리고 더 빨리 움직여야 할 필요가 있네."

'더 빨리'는 2012년과 2013년 상반기를 묘사하기에 적절한 단어다. 그 기간 동안 아마존의 주가는 60퍼센트 상승했다. 회사에서는 총 237건의 언론 보도 기사를 냈는데, 이는 격주 평균 1.6건의 기사를 낸 것과 같았다. 이제 아마존은 여러 주에서 판매세를 내기 시작했기 때문에 제휴 문제에 신경 쓸 필요가 없었고 전 세계적으로 열두 개 이상의 FC와 고객서비스 센터를 열었다. 또한 FC에서 물건을 피킹하는 인력을 언젠가는 대체할 움직이는 로봇을 만드는 보스턴 회사 키바 시스템을 7억 7,500만 달러의 현금을 주고 샀다. 의류 부문에 박차를 가하기 위해 전용 웹사이트인 마이해빗닷컴MyHabit.com을 만드는 한편 산업용 과학 장비를 판매하는 아마존 서플라이Amazon Supply도 새로 열었다.

아마존은 광고인들이 회사의 모든 웹사이트와 기기에서 아마존 고객들에게 닿을 수 있도록 하는 서비스를 확대했다. 사업개발부장 제프 블랙번이 운영하는 광고 사업은 매우 수익성이 좋은 아마존의 부수 사업이다. 아마존은 광고 수익으로 무료 배송과 낮은 가격 정책을 보조하거나 자체 하드웨어를 만드는 회사의 고비용 장기 프로젝트에 자금을 댄다.

점점 커지는 아마존의 디지털 생태계를 애플이나 구글의 라이벌 플랫폼과 차별화하기 위해 아마존은 수백만 달러를 써서 새 영화와 TV 프로그램을 인수하거나 제작한 뒤 무료 프라임 즉석 동영상 목록에 추가했다. 또한 아마존의 출판 부서를 통해 많은 킨들 독점 도서를 출판하는 데 자금을 댔다. 아마존의 주요 경쟁사인 애플과 구글은 빠르게 성장하는 디지털 세계에서 포지셔닝이 더 잘되어 있고 자원도 훨씬 더 많다. 그래서 베조스는 양다리를 걸쳐서 위험을 분산시켰다. 아마존은 라이벌의 기기에 사용할 수 있는 여러 가지 애플리케이션을 출시한 것이다. 소비자는 애플 아이패드나 구글 태블릿을 골라도 여전히 그 애플리케이션을 이용해 아마존에서 쇼핑을 하고 음악을 들으며 킨들 책을 읽을 수 있다.

2012년 가을 수백 명의 기자들은 산타모니카의 비행기 격납고에 나타나 베조스가 새로운 킨들 파이어 태블릿 제품들을 선보이는 것을 구경했다. 그 제품들 중에는 아이패드 크기의 커다란 킨들 파이어도 있었고, 앞쪽에 불이 들어와 밝게 빛나는 119달러짜리 독서 전용 단말기 킨들 페이퍼 화이트도 있었다. 베조스는 행사 후 나와의 인터뷰에서 킨들 페이퍼 화이트를 가리키며 이렇게 말했다. "이로써 우리가 원래 품었던 비전을 이룬 셈입니다. 물론 우리는 앞으로도 계속 진보할 방법을 생각해내겠지만, 이것은 획기적인 전환점이 되는 제품입니다."

같은 주 초에 에이전시 가격 책정에 관한 사법부의 독점 금지 사건에서 연방 판사 한 명이 세 주요 도서 출판사와의 합의금을 승인했다(수사의 목표가 되었던 다른 두 출판사는 그 뒤 몇 개월 내로 합의했다). 아마존은 이제 다시 자유롭게 신간과 베스트셀러 전자책에 할인을 재개할 수 있게 되었다. 나는 베조스에게 그것에 관해 질문을 했지만 그는 으스대지 않았다. "가격을 낮출 수 있게 되어 기쁩니다"라고 말한 것이 전부였다.

12월 아마존은 라스베이거스의 샌즈 엑스포 센터에서 아마존 웹 서비스 고객을 위한 첫 컨퍼런스를 개최했다. 6,000명의 개발자들이 AWS 중역 앤디 재시와 워너 보겔스가 클라우드 컴퓨팅의 미래를 이야기하는 동안 주의 깊게 귀를 기울였다. 열정에 찬 엄청난 수의 군중이 모여 있다는 것은 아마존이 기업 컴퓨팅 분야의 개척자로 떠오르고 있다는 의외의 사실에 대한 확실한 반증이었다. 컨퍼런스 둘째 날, 베조스는 직접 무대로 올라가 보겔스와 자유분방한 대화를 하며 롱 나우 시계처럼 그의 개인적 프로젝트를 들여다볼 수 있는 창문을 잠시 열어주었다. 엔지니어들은 텍사스 외딴 산 속에 있는 그의 사유지에 롱 나우 시계를 지을 준비를 하고 있다. "그 심벌이 중요한 이유가 두어 가지 있습니다. 만약 인간이 장기적으로 생각한다면, 근시안적 사고로는 이루어내지 못할 일들을 이룰 수 있을 것입니다. '시간 지평time horizons'은 중요합니다. 매우 중요합니다. 제가 지적하고 싶은 또 다른 것은 기술적으로 우리 인간은 엄청나게 복잡해지고 있으며 우리 스스로를 위험에 빠뜨릴 가능성이 높다는 점입니다. 저는 인류가 장기적 사고를 시작해야 한다고 생각합니다. 따라서 이것은 그것에 대한 심벌입니다. 그리고 심벌은 매우 강력한 힘을 갖습니다."

무대에서 베조스는 예상대로 장기적 사고라든지 기꺼이 실패하고 오해받을 자세 등에 대한 제프이즘을 천천히 풀어내기 시작했다. 여러 해 전 최초의 소도 창고에서 작업 테이블을 쓰면 일이 쉬워진다는 충격적인 깨달음에 대한 이야기도("귀에 못이 박이도록 들은 그 이야기를 진짜로 또 하려는 건 아니겠지?") 물론 잊지 않았다.

작업 테이블 일화를 너무 오래 써먹기는 했지만, 베조스는 같은 가치를 강화하려고 노력한다. 이제는 고인이 된 스티브 잡스처럼 베조스는 차츰 직원, 투자가, 회의적인 대중을 길들여 그의 사고방식을 공유하도록 만들었다. 그 어떤 과정도 개선될 수 있다. 전문가에게 보이지 않는 오류가 오히려 신참의 눈에는 분명하게 보일 수 있다. 단순한 해결책이 최고의 해결책이다. 그는 이 모든 일화를 별생각 없이 단순하게 반복해서 이야기하는 것이 아니다. 이것은 계산된 전략이다. 베조스의 친구 대니 힐리스는 이렇게 설명한다. "우리는 보통 복잡하고 모순된 목표를 놓고 우왕좌왕하기 때문에 다른 사람들이 우리를 돕는 것이 쉽지 않습니다. 하지만 제프는 명확하고 단순한 목표를 설정합니다. 그리고 그가 그것을 일관성 있고 명료하게 설명하기 때문에 다른 사람들이 이해하기 쉽습니다."

힐리스는 계속해서 말한다. "인터넷에서 일찍 시작한 거의 모든 다른 회사들과 아마존이 그렇게도 다른 이유를 살펴보면 제프는 처음부터 장기적 비전을 가지고 접근했기 때문입니다. 그것은 수십 년을 바라보고 진행하는 프로젝트입니다. 기본적으로 꾸준하게 노력하면 더 오랜 기간 동안 많은 것을 이룰 수 있다는 것이 그의 철학입니다."

＊　　＊　　＊

2012년 아마존은 시애틀 사우스 레이크 유니언 구역의 새 건물로 이사를 마쳤다. 그와 비슷한 시기에 또 다른 변화가 있었는데 처음에는 직원들에게만 보였다. 새로운 사무실 단지 주변 간판이나 이전한 후에 직원들에게 나누어준 컵과 티셔츠 같은 홍보용품에 회사 이름이 'Amazon. com'이 아닌 'Amazon'이라고만 새겨져 있었다. 여러 해 동안 베조스는 고객들의 머릿속에 인터넷 주소를 각인시키기 위한 노력의 일환으로 직원들에게 회사 이름을 제대로 다 쓰라고 늘 강조해왔다. 이제 이 회사는 클라우드 서비스, 전자책 단말기와 태블릿을 포함해 너무나도 많은 제품과 서비스를 제공하고 있기 때문에 시대착오적 원래 이름은 더 이상 적절하지 않았다. 2012년 3월 웹사이트의 이름이 축약되었다. 이것을 눈치챈 사람들은 거의 없었다.

아마존은 변화가 끊이지 않는다. 그렇지만 변하지 않는 것도 있다. 2012년 11월 어느 추운 화요일 아침 9시경 혼다 미니밴이 시애틀 사우스 레이크 유니언 지역의 테리 애비뉴와 리퍼블리컨 가 사이에 있는 데이원 노스 건물 앞에 멈춰 섰다. 조수석에 앉아 있던 제프 베조스는 아내 매켄지에게 몸을 굽혀 키스를 하며 인사하고 차에서 내려 하루를 시작하려고 당당히 건물로 들어섰다.

많은 면에서 베조스의 삶은 2000년 월마트 CEO였던 리 스콧의 삶처럼 복잡해졌다. 그는 당시 스콧을 만나러 월마트를 방문했고 삼엄한 경비에 놀랐다. 베조스는 운전사가 있는 검은 세단을 타고 경호를 받으며 출근하지 않지만, 아마존의 재정 보고서에 따르면 아마존은 베조스와 그의 가족들의 개인적 안전을 위해 연간 160만 달러를 쓴다.

그와 매켄지가 함께 출근하는 길의 가정적인 잔잔한 풍경은 아마존의 거대한 성공에서 오는 상상할 수도 없는 복잡한 삶 가운데서도 그가 지켜온 평범한 일상이다. 베조스의 가족은 운전사를 고용할 수도 있고, 리무진이나 개인용 비행기를 살 수도 있지만 여전히 수수한 혼다를 타고 다닌다. 물론 10년 전의 혼다 어코드보다는 큰 모델이지만 매켄지는 종종 그들의 네 아이를 학교에 데려다주고 남편을 직접 출근시킨다.

물론 그들의 자산은 전혀 수수하지 않다. 베조스의 전 재산은 250억 달러로 추산되고, 그는 미국에서 열두 번째로 부유한 사람이다.[3]

그의 가족들은 사생활 노출을 꺼린다. 그러나 그들의 삶을 대중의 눈에서 완전히 숨길 수는 없다. 빌 게이츠와 그의 아내 멜린다의 집과 멀지 않은, 메디나의 부유한 지역의 호숫가 맨션은 대지가 6,550평으로 2010년에 보수되었다. 두 건물로 이루어져 있는 이 집은 공식 기록에 따르면 건평이 815평이다. 이 수치는 저택 관리인이 사는 집과 보트 창고를 포함하지 않은 것이다. 이 보트 창고에서 베조스는 나중에 아마존 프라임을 짓게 될 팀을 결성했다.[4]

제1저택 이외에도 베조스 가족은 아스펜, 비벌리힐스, 뉴욕에 집을 소유하고 있을 뿐 아니라 앞으로 우주 로켓 발사 장소가 될 곳이자 블루 오리진의 시설이 있는 3억 5,500평의 텍사스 목장도 갖고 있다. 매켄지는 메디나 집 근처 침실 하나짜리 아파트를 빌려 집필 작업을 하는 개인 사무실로 사용한다. 그녀는 소설책 두 권을 낸 작가로 최근작으로는 2012년에 출간한 『덫Traps』이 있다. 그녀는 2012년 《보그》와의 인터뷰에서 남편의 성공에 대해 이렇게 말한다. "저는 일종의 복권당첨자가 분명하지요. 제 삶이 많은 면에서 멋지게 바뀌었어요. 하지만 이런 행운이 저를 규정하는 것은 아닙니다. 저를 규정하는 것은 교육의 힘을 늘 믿고 제가 작가가 될 것이라고 전적으로 믿어준 훌륭한 부모님이 계시다는 것과, 제가 사랑하는 남편이 있다는 사실이지요."⁵

베조스와 매켄지는 다양한 개인적 업무와 여러 가지 프로젝트에 자신들의 시간을 효율적으로 배분하는 기술을 공유하는 것 같다. 베조스에게는 가족과 아마존 이외에도 블루 오리진이 있다. 그는 매주 수요일을 주로 그곳에서 보낸다. 또한 트위터, 택시 서비스 우버, 뉴스 사이트인 비즈니스 인사이더, 로봇 회사 리싱크 로보틱스 등에 지분을 갖고 있는 벤처캐피털 회사 베조스 엑스퍼디션스를 소유하고 있다. 2013년 8월 베조스는 《워싱턴 포스트》를 인수했다. 그는 자신의 발명과 실험에 관한 열정을 이야기가 있는 신문을 되살리는 데 쏟겠다고 말했다. 생산 공정에 저렴한 로봇을 사용할 수 있도록 하는 것이 목표인 리싱크 로보틱스의 뒤에 숨은 두뇌인 MIT 로봇공학 교수 로드니 브룩스는 이렇게 말한다. "베조스는 정보기술이 기존의 모델을 붕괴하는 분야에 투자를 합니다. 그는 이 분야에 실무 경험이 전혀 없지만 여러 가지 문제가 발생하면 의논하기 좋은 상대입니다. 저희는 그의 대답을 들어볼 필요가 있다고 생각되면 그에게 질문을 합니다."

베조스는 롱 나우 시계의 발명가와도 긴밀한 관계를 유지하고 시계 엔지니어들이 틱Ticks이라고 부르는 분기 평가를 감독한다. "그는 디자인과 세부사항을 꼼꼼하게 챙기고 비용에 대해 매우 엄격합니다." 롱 나우 재단의 공동 회장인 스튜어트 브랜드의 말이다.

베조스와 매켄지는 가난한 국가와 재난 지역의 젊은 사람들을 돕기 위해 학생들을 동원하고 교육장학금을 주는 베조스 가족 재단Bezos Family Foundation 사업에 직접 관여한다. 재키와 마이크 베조스가 재단을 운영하고, 동생인 크리스티나 베조스 푸어와 마크 베조스가 이사로 활동하고 있다. 가족들은 자선 활동에 아마존 스타일의 경영 방식을 모방했

414

다. 아마존 본사에서 몇 블록 떨어져 있는 재단 사무실의 주 회의실에는 회의 중이면 빈자리에 인형을 앉혀놓는 경우가 많다. 그 인형은 그들이 돕고자 하는 학생을 상징한다. 예전에 베조스가 고객을 상징하는 빈자리를 회의석상에 마련하던 것과 매우 흡사하다.

베조스 가족은 각별히 가깝고 미래지향적이다. 그러나 가끔씩 과거가 이들을 부를 때도 있다. 2013년 6월 수요일 자정에 가까운 시각, 제프 베조스는 마침내 친아버지 테드 조겐슨이 보낸 메시지에 답장을 썼다. 조겐슨은 인터넷을 사용하지 않기 때문에 그의 의붓아들에게 보낸 짧고도 솔직한 이메일을 통해 베조스는 나이 든 친아버지를 위로하려고 애썼다. 그는 당시 10대였던 부모들이 내려야 했던 매우 어려운 결정에 공감했고, 그렇지만 자신은 행복한 어린 시절을 보냈다고 썼다. 그는 조겐슨에게 조금도 나쁜 감정이 없다고 말하고, 살면서 당시 상황에 대한 후회를 떨쳐버리라고 부탁했다. 그리고 친아버지에게 앞으로 모든 일이 잘되기를 바란다고 마무리했다.

*　　*　　*

제프 베조스의 세계관에 들어가 지난 20년간 아마존의 성공과 실패를 평가해보면 회사의 미래를 쉽게 점칠 수 있다. 거의 모든 질문에 대한 답은 '그렇다'라고 보면 된다.

아마존이 프라임 회원들에게 익일 배송과 당일 배송 서비스를 무료로 제공할까? 그렇다. 모든 도시 외곽마다 FC를 세우는 것이 경제적일 만큼 도시권마다 회원이 많아지면 결국 그렇게 될 것이다. 모든 온라인 쇼핑의 불편한 점을 제거하고 제품과 서비스를 고객에게 가장 효율적인 방법으로 전달하는 것은 언제나 베조스의 목표였으며 현재도 그러하다.

아마존이 언젠가는 자체 운송 트럭들을 소유하게 될까? 그렇다. 소비자에게 상품을 전달하는 유통의 마지막 단계를 잘 통제할 수 있게 되면 아마존의 비전인 고객에게 구체적 배달 시간을 약속하고 그것을 정확히 지키는 능력이 향상된다.

아마존이 식료품 사업인 아마존 프레쉬를 시애틀이나 일부 로스앤젤레스, 그리고 샌프란시스코를 넘어 다른 지역까지 확대할까? 그렇다. 채소와 과일처럼 상하기 쉬운 식료품을 수익성 있게 저장하고 배달하는 기술을 완성하면 서비스를 확대할 것이다. 베조스는 아마존이 식료품과 의류 유통 과학의 대가가 되지 않고 월마트 같은 규모로 자랄 수 없다고 믿는다.

아마존이 휴대전화나 인터넷이 연결된 TV 셋톱박스를 출시할까? 그렇다(어쩌면 이 책이 출간되기 전에 나올지도 모른다). 아마존은 고객이 사용하는 모든 인터넷 접속 기기에서 주 경쟁사의 하드웨어에 의존하지 않고 사용할 수 있도록 서비스를 제공하고자 하기 때문이다.

아마존이 현재 소매 웹사이트를 운영하고 있는 10개국 이외 다른 나라로도 확장할까? 그렇다. 베조스의 장기적 목표는 모든 물건을 모든 곳에 파는 것이다. 예를 들어 러시아가 점점 더 강한 운송 인프라와 좀 더 믿을 수 있는 신용카드 결제 시스템을 개발함에 따라 아마존은 전자상거래 매장과 디지털 서비스를 개시할 것이다. 2012년 브라질과 2013년 인도에서 그랬던 것처럼 지역 회사를 인수하거나 킨들 및 킨들 파이어 제품으로 시장에 씨를 뿌리는 방법을 쓸지도 모른다.

아마존이 늘 제조업체로부터 제품을 구입할까? 아니다. 나중에는 주 FC에서 제품을 프린트하게 될 것이다. 3D 프린팅 기술이 진화함에 따라 디지털 견본을 바탕으로 전자레인지 크기의 기계가 플라스틱 압축 성형으로 물체를 만들어낸다. 이는 기존 질서를 붕괴하는 혁명적인 기술로 베조스를 열광시킨다. 3D 프린팅은 공급망에 드는 비용을 줄일 수 있다. 2013년 아마존은 3D 프린터와 부품 사이트를 열면서 이 신세계에 첫발을 내딛었다.

독점 금지 기관들이 결국 아마존과 시장지배력을 조사하게 될까? 그렇다. 그럴 가능성이 높다고 생각한다. 아마존은 책이나 전자제품 시장을 점점 독식하고 있으며 경쟁사들은 맥을 못 추고 있다. 하지만 우리가 판매세와 전자책 가격 책정 분쟁에서 보았듯이 아마존은 법을 잘 빠져나가면서 '합법적'으로 사업을 하는 방법을 알고 있다. 구글과 마찬가지로 아마존 역시 공격적이고 독점적인 행위가 어떻게 한 회사를 거의 무너뜨리는 지경으로 몰고 갈 수 있는지를 보여주는 강력한 실례인 1990년대의 마이크로소프트 독점 금지 사건을 통해 교훈을 얻었다.

이것은 열병 같은 꿈이 아니다. 이것은 필연이다. 제프 베조스가 늘 하던 식으로 행동하리라는 것은 쉽게 예견할 수 있다. 그는 더 빨리 움직이려 할 것이고, 직원들을 더 혹사시킬 것이며, 더 담대한 도박을 할 것이다. 그리고 아마존을 위해 품은 거대한 비전을 실현하기 위해 크고 작은 창조를 계속 추구할 것이다. 결국 그들은 에브리싱 스토어가 아닌 에브리싱 컴퍼니인 것이다.

아마존은 지금껏 존재한 회사들 중에서 가장 수수께끼 같은 매력이 있는 기업이다. 아마존이 펼칠 진짜 쇼는 이제 겨우 시작했다. 이 기업은 선교사이자 용병이다. 아마존의 지난 사업 이력과 인간관계의 족적을 살펴보면 언제나 선교사와 용병의 강력한 결합이었다. 베조스는 특허를 낸 원클릭 주문법을 반스앤드노블 같은 경쟁사가 사용하지 못하도록 한 일로 팀 오라일리와 싸우면서 옛 숙적인 출판업자에게 이렇게 말한 적이 있다. "우리는 커다란 한 가지 강점이 없습니다. 그래서 여러 가지 작은 강점을 끈으로 묶어놓아야 해요."

아마존은 여전히 그 끈으로 묶는 작업을 하는 중이다. 설립자의 타고난 투지와 그의 비전을 천하에 알리면서 계속 엮이고 커지면서 미래를 만들어간다. 그리고 제프 베조스가 무대에서 퇴장하거나 혹은 그의 앞을 막아서는 이가 더 이상 남아 있지 않을 때까지 계속 팽창해나갈 것이다.

| 감사의 말 |

수년 동안 나는 아마존에 관한 책을 쓰겠다고 이야기해왔다. 나의 멋진 친구, 가족, 동료들이 아니었다면 나는 아직도 이야기만 하고 있었을 것이다.

2년 전 나의 에이전트 필러 퀸이 내게 그만 게으름을 부리고 빨리 책을 쓰라고 부드럽게 권유했다. 그리고 그녀는 이 프로젝트의 최고 지원자가 되었다. 리틀 브라운의 경영 편집장 존 파슬리는 이 책을 근사하게 편집해주었다. 이런 전통적인 출판 방식은 이제 한물갔다고 서적계의 어떤 사람은 말하지만. 추가로 이 책의 탄생 과정을 프로 정신과 열정을 가지고 이끌어준 리틀 브라운 출판사의 레이건 아서, 마이클 피치, 제프 샌들러, 니콜 듀이, 피오나 브라운, 패멀라 마셜, 트레이시 로, 말린 본 율러 호건에게 감사의 뜻을 전한다.

아마존 홍보 담당 부서의 크레이그 버먼과 드루 허드너에게 엄청난 신세를 졌다. 그들은 늘 회사를 강하게 옹호하면서도 아마존의 기막힌 성공 신화에 대해 자세하고 포괄적으로 다룬 책의 필요성과 필연성을 느꼈다. 시간을 내서 나와의 인터뷰에 응해준 제프 윌크, 디에고 피아센티니, 앤디 재시, 루스 그랜디네티, 제프 블랙번, 스티브 케셀에게도 감사드린다. 또한 친구, 가족, 직원들과 수많은 인터뷰를 할 수 있도록 허락해준 제프 베조스에게도 감사의 뜻을 전한다.

2012년과 2013년 사이에 나는 시애틀에서 많은 시간을 보냈는데 그곳에 사는 여러 친구들이 특별히 환대해주었다. 닉 윙필드와 에밀리 윙필드는 그들 집에 있는 포근한 여분의 침실에서 묵게 해주었고 그들의 착한 아이들인 비어트리스, 밀러와 함께 아침을 먹으며 스타워즈 트리비아 게임을 할 기회를 얻었다. 스콧 피니조토와 앨리 프랭크도 여러 차례 나를 따뜻하게 맞아주었다.

실리콘 밸리에서는 질 헤이즐베이커, 셔내즈 데이버, 대니 듀텍, 앤드류 코백스, 크리스티나 리, 티파니 스펜서, 크리스 프라우티, 마깃 벤마허스가 사람들을 소개해줘 큰 도움이 되었다. 도메인툴즈의 수전 프로서는 아마존닷컴의 초창기에 대안으로 등록되었던 이름을 도메인명 기록보관소에서 찾아주었다. 나의 옛 컬럼비아 대학 동창 찰스 아르데이는 그 옛날 D. E. 쇼 시절의 이야기를 풀어나가는 데 도움을 주었다. 아마존이라는 현대 사회의 수수께끼를 풀고 싶은 많은 언론인처럼 나 역시 모건 스탠리의 스콧 데빗, 채널어드바이저의 스콧 윙고, 숍러너의 피오나 디아스의 지혜에 크게 의지했다.

《블룸버그 뉴스위크》는 진정한 경제 언론의 훌륭한 플랫폼을 제공해주었을뿐만 아니라 이 책처럼 야심찬 프로젝트에 도움을 주며 친정 역할을 했다. 조시 타이랜젤, 브래드 위너스, 로메쉬 래트네서, 앨런 폴록, 노먼 펄스타인은 자기 일처럼 지지해주며 이 책을 쓰도록 많은 편의를 봐주었다. 나의 편집장 짐 에일리는 꼼꼼히 초고를 검토해주었고, 다이애나 스르야쿠스마는 촉박한 마감일을 앞두고 사진 정리를 도와주었다. 이야기를 풀어나가는 데 있어서 힘든 일에 부딪혀 의논할 사람이

420

필요할 때 나의 친구이자 동료인 애쉴리 밴스가 늘 소중한 공명판 역할을 해주었다.

동료 언론인 스티븐 레비, 이선 워터스, 애덤 로저스, 조지 앤더스, 댄 맥긴, 닉 빌턴, 클레어 케인 밀러, 데이먼 달린, 존 마코프, 짐 브루너, 앨런 도이치먼, 톰 자일스, 더그 맥밀런, 애덤 사타리아노, 모토코 리치, 피터 버로스에게도 고마움을 전한다. 닉 산체스는 최고 수준의 조사와 보고서로 이 책을 도왔다. 네바다 주립대학 리노의 모건 메이슨은 네바다 펀리 FC에서 아마존 현장 직원들과의 인터뷰를 도왔다.

나의 가족들은 놀라우리만큼 협조적이었고 이 모든 과정을 참을성 있게 지켜봐주었다. 특히 내가 글쓰기 작업을 위해 사라질 때 집 안에서 나의 부족한 자리를 잘 채워주었다. 나의 부모님 로버트 스톤과 캐럴 글릭은 항상 나를 밀어주고 키워주셨다. 조시 크래프친, 미리엄 스톤, 데이브 스톤, 모니카 스톤, 존 스톤, 스티브 스톤은 훌륭한 공명판이 되어주었다. 브라이언 스톤과 에릭 스톤을 비롯해 베카 졸러 스톤, 루앤 스톤, 제니퍼 그래닉에게는 각별한 애정을 전한다.

나의 쌍둥이 딸 칼리스타와 이사벨라는 이 책을 '아빠 책'이라고 부르며 그저 막연하게 이 책에 대해 알고 있을 뿐이지만, 이 아이들이 있었기에 이 책을 완성할 수 있었다. 이 이야기가 의미 있는 역사로 계속 남아 훗날 딸들이 컸을 때 재미있게 읽어주기를 바란다.

그리고 티파니 폭스의 사랑과 지지 없이는 결코 결승선을 넘지 못했을 것이다.

아마존이 설립된 이래 책은 아마존을 성장시키고 아마존의 문화와 전략을 빚어내왔다. 여기, 아마존의 중역과 직원들에게 널리 읽혔던 책 열두 권을 소개한다. 아마존을 이해하는 데 좋은 도구가 될 것이다.

『남아 있는 나날』, 가즈오 이시구로, 민음사
제프 베조스가 가장 좋아하는 소설로, 전쟁 중인 영국의 귀족 집안에 집사로 고용되어 일했던 한 남자가 자신의 직업 등 개인적 선택에 대해 애잔하게 회상하는 이야기다. 베조스는 실화보다 소설에서 교훈을 얻는 경우가 더 많다고 말한 적이 있다.

『샘 월튼 불황없는 소비를 창출하라』, 샘 월튼 · 존 휴이, 21세기북스
월마트 설립자는 자서전에서 할인소매의 원칙에 대해 자세히 설명하고 그의 핵심 가치인 절약 정신과 즉각 실천에 대해 논의한다. 즉각 실천이란 많은 것을 시도하고 많은 실수를 기꺼이 할 자세를 말한다. 베조스는 이 두 가지를 아마존의 기업 가치에 포함시켰다.

『회장님의 메모』, 앨런 C. 그린버그, 이콘

이제는 역사 속으로 사라진 베어 스턴스 투자은행의 회장이 직원들에게 보냈던 메모 모음집이다. 메모 속에서 그린버그는 꾸준히 겸손과 절약 정신 같은 은행의 핵심 가치를 강조한다. 가상의 철학자로부터 나온 지혜를 그린버그가 반복했듯이, 아마존은 1997년 주주에게 보낸 편지를 필두로 매년 그 내용을 재활용하고 있다.

『맨먼스 미신』, 프레더릭 브룩스, 케이앤피 IT

영향력 있는 이 컴퓨터 전문가는 복잡한 소프트웨어 프로젝트를 처리하는 데 있어서 다수의 엔지니어보다 소수가 더 효과적이라는 반反직관적인 주장을 펼친다. 이 책은 아마존의 '피자 두 판'팀의 이론적 근거가 되었다.

『성공하는 기업들의 8가지 습관』, 짐 콜린스 · 제리 포라스, 김영사

왜 특정 회사들은 시간이 흐르면서 점점 성공하는지를 설명하는 유명한 경영 서적이다. 어떤 핵심 이데올로기가 이들 기업을 이끄는데, 중심이 되는 미션을 받아들이는 직원들만 성공적인 회사생활을 하게 되고 그 외의 사람들은 회사로부터 '병균처럼 제거'되었다.

『좋은 기업을 넘어 위대한 기업으로』, 짐 콜린스, 김영사

콜린스는 영향력 있는 이 경영 서적에 대해 아마존 중역들에게 출간 전에 개략적으로 소개한 바 있다. 회사는 자신들의 사업에 관한 냉정한 사실을 직시하고 그들이 누구보다도 잘하는 것을 찾아서, 그들의 플라이휠을 완성해야 한다. 이 플라이휠 내에서 사업의 각 영역이 보강되고 다른 영역을 가속화시킨다.

『창조 : 생명과 그것을 만드는 방법Creation: Life and How to Make It』, 스티브 그랜드, 국내 미출간

비디오게임 디자이너인 저자는 만약 원시적인 빌딩 블록을 고안하면 아래에서부터 위쪽으로 지능형 시스템을 만들 수 있다고 주장한다. 이 책은 아마존 웹 서비스AWS 개발에 큰 영향을 끼쳤다. AWS로 인해 클라우드의 개념이 대중화되었다.

『혁신 기업의 딜레마 : 미래를 준비하는 기업들의 파괴적 혁신 전략』, 클레이튼 M. 크리스텐슨, 세종서적

대단히 영향력 있는 경영 서적으로, 아마존은 여기에 나오는 원칙들을 바탕으로 킨들과 AWS를 개발했다. 일부 회사들은 기존 질서를 붕괴하는 기술을 받아들이기 싫어하는데 고객을 소외시키고 자신들의 핵심 사업 기반을 약화시킬 수도 있기 때문이다. 그러나 저자 크리스텐슨은 붕괴 가능성을 무시하면 결국 더 큰 대가를 치를 수 있다고 주장한다.

『더 골The Goal』, 엘리 골드랫 · 제프 콕스, 동양문고

소설 형식을 빌려 제조업의 과학을 제시하는 이 책은 회사들에게 실무 운영에서 가장 큰 제약이 무엇인지 확인하고 그 제약을 최대한 이용할 수 있도록 조직을 구성하라고 권한다. 이 책은 아마존의 주문 이행 센터망을 고친 팀과 제프 윌크의 바이블이었다.

『린 싱킹 : 낭비 없는 기업을 만드는 최고의 솔루션』, 제임스 워맥 · 대니얼 존스, 바다출판사

도요타가 유행시킨 이 생산 철학은 고객을 위해 가치를 창조하는 활동에 초점을 맞추되 나머지는 다 없애라고 가르친다.

424

『데이터 위주 마케팅 : 마케팅에서의 15가지 정량화 방법Data-Driven Marketing: The 15 Metrics Everyone in Marketing Should Know』, 마크 제프리, 국내 미출간

고객 만족에서 효과적인 마케팅까지 모든 것을 데이터로 측정하는 방법을 설명한 책. 아마존 직원들은 데이터를 사용해 모든 설명과 주장을 뒷받침해야 한다. 또한 그 데이터에 약점이 있다면 스스로 먼저 지적해 내야 하며, 그러지 않으면 다른 동료들이 그것을 지적할 것이다.

『블랙 스완 : 0.1%의 가능성이 모든 것을 바꾼다』, 나심 니콜라스 탈레브, 동녘사이언스

우리는 예기치 못한 사건에 대해 한 치 앞도 예견할 수 없지만, 혼돈 가운데서도 늘 패턴을 찾는 경향이 있다고 학자들은 주장한다. 이것은 크나큰 결과를 초래하게 된다. 실험과 경험이 쉽고 뻔한 서술보다 더 낫다.

특정 기업이 제공하는 상품이나 서비스가 개인적인 추억과 엮이는 경우가 있다. 초등학교 2학년 때 금성 컬러 TV로 본 총천연색 방송이 그랬고, 청소년기의 삼성 무선호출기가 그러했다. 『아마존, 세상의 모든 것을 팝니다』의 번역 의뢰를 받고 감회에 젖었던 이유도 나에게 아마존은 그런 곳 중 하나이기 때문이었다.

21세기 초, 가난한 대학원생이던 나는 돈 몇 푼이라도 아껴보려고 아마존에서 전공 서적 한 권을 구입했는데 그것이 최초의 인터넷 쇼핑 경험이 되었다. 어디에 있는 누군지도 모르는 사람에게 그저 웹사이트에 적힌 약속만 믿고서 신용카드로 결제를 한다는 것이 꺼림칙하긴 했지만 용기를 내어 모험(?)을 감행했다. 며칠 뒤 신기하게도 책이 배달되었고, 그렇게 나는 아마존의 고객이 되었다. 13년이 지난 지금 나는 아직도 아마존닷컴의 회원일 뿐만 아니라 Amazon.co.uk와 Amazon. de에도 계정을 갖고 있다. 며칠 전에도 독일 아마존을 이용해 배송료를 한 푼도 들이지 않고 오스트리아에 사는 조카에게 생일 선물을 보낼 수 있었다. 올해 한국에도 아마존이 생긴다고 하니 소비자의 입장에서 기대가 크다.

426

사실 아마존의 한국 진출은 일반 소비자들이 피부로 체감하는 것보다 훨씬 더 많이 진행된 상태다. 2013년 5월 15일, 10억여 원의 자본금으로 한국 법인을 설립한 아마존은 이미 아마존 웹 서비스aws를 한국 고객들에게 제공하고 있다. 통계청에 따르면 우리나라 전체 산업에서 전자상거래가 차지하는 비중은 28~29퍼센트로 미국의 20퍼센트보다도 높은 수치인 만큼 아마존은 한국 경제에 큰 영향력을 미칠 것으로 예상된다. 최저 가격과 최고 서비스를 지향하는 아마존의 한국 상륙은 소비자들에게 희소식임에 틀림없다. 반면 우리나라 기업들에게는 상당한 도전이 되리라.

아마존은 또한 현재에 만족하지 않고 혁신을 향한 노력을 멈추지 않는다. 지난해 12월 초 미국 CBS 방송국의 시사 프로그램에 출연한 아마존 CEO 제프 베조스는 아마존 프라임 에어를 소개했다. 기존의 택배 회사를 이용하는 대신 무인항공기를 이용해 고객 주문 후 30분 내로 배달을 완료하는 서비스다. 공상과학영화에 나올 법한 이 서비스의 상용화를 위해 현재 미국항공청과 관련 법규 및 안전 수칙을 준비 중이며 빠르면 2015년에 시행할 것이라고 한다(궁금한 분들은 다음의 링크에서 직접 확인할 수 있다. http://youtu.be/98BIu9dpwHU).

『아마존, 세상의 모든 것을 팝니다』는 북미와 유럽 유통업계의 판도를 바꿔놓은 아마존에 대해 좀 더 깊이 알아보고 경쟁에 대비하고자 하는 한국 유통업계에 유용한 정보를 제공할 것이다. 또한 아마존이 현대인의 생활양식을 어떻게 변화시켰으며, 앞으로 어떻게 변화시킬지 궁금한 일반 소비자들에게도 흥미로운 읽을거리가 될 것이라고 확신한다.

런던에서
야나 마키에이라

| 주석 |

· 서문 ·

1 제프 베조스, 2008년 5월 18일, 카네기 멜론 대학 테퍼 경영대학교 졸업식 연설

· Chapter 01 퀀트의 세계 ·

1 제프 베조스, 1998년 2월 26일, 레이크 포레스트 대학 연설

2 마크 레이보비치, 『새로운 제국주의자들The New Imperialists』, 2002년, 84쪽

3 레베카 존슨, 《보그》 2013년 2월 20일 , '매켄지 베조스 : 작가, 네 아이의 엄마, 그리
   고 유명인의 아내MacKenzie: Writer, Mother of Four, and High Profile Wife'

4 희한하게도 1993년 11월 15일에 《인베스트먼트 딜러스 다이제스트》에서 베조스는
   장외 거래 기회에 대해 이렇게 기술했다. "우리는 제품을 차별화시킬 무엇인가를 찾
   고 있습니다. 우리는 원스톱 쇼핑에 대한 요구가 있다고 생각합니다."

5 마이클 펠츠, 《기관투자가》 2009년 3월호, '6의 힘The Power of Six', "데이비드 쇼는
   본질적으로 데스코를 우연히 과학자나 수학자를 많이 고용한 금융회사가 아니라 우
   연히 금융 투자를 하게 된 연구소로 보고 있다."

6 레이보비치, 『새로운 제국주의자들』, 85쪽

7 피터 드종, 《뉴욕 타임스》 일요판 1999년 3월 14일, '위험한 아마존닷컴의 바다 항해

하기Riding the Pefilous Waters of Amazon.com˙

8 존 쿼터먼, 《매트릭스 뉴스》

9 제프 베조스와의 인터뷰, 2001년 5월 4일, 미국공로학회

10 제프 베조스, 1998년 2월 26일, 레이크 포레스트 대학 연설

11 제프 베조스, 1998년 7월 27일, 캘리포니아 커먼웰스 클럽 연설

12 제프 베조스, 1999년 3월 18일, 미국출판연합 연설

· **Chapter 02 베조스 경전** ·

1 로버트 스펙터, 『아마존닷컴 : 빠르게 성장하다Amazon.com: Get Big Fast』, 2000년. 스
    펙터의 책은 아마존의 초창기 시절을 자세히 다룬다.

2 제프 베조스, 1999년 3월 18일, 미국출판연합 강연

3 데이비드 셰프, 《플레이보이》 2000년 2월 1일, '플레이보이 인터뷰 : 제프 베조스 편
    The Playboy Interview: Jeff Bezos˙

4 상동

5 애디 이그네이셔스, 《하버드 비즈니스 리뷰》 2013년 1월 3일, '제프 베조스, 장기적
    으로 아마존을 이끌기에 대해 논하다Jeff Bezos on Leading for the Long-Term at Amazon',
    하버드 비즈니스 리뷰 아이디어 캐스트 블로그(HBR IdeaCast blog), http://blogs.hbr.
    org/ideacast/2013/01/jeff - bezos - on - leading - for - the.html.

6 제프 베조스, 1999년 3월 18일, 미국출판연합 강연

7 제프 베조스, 1998년 2월 26일, 레이크 포레스트 대학 연설

8 상동

9 아마존닷컴 주식회사 S - 1, 1997년 3월 24일자 신고

10 무쿨 판디야 · 로비 셸, 2004년 10월 20일, '지속적 리더십 : 우리 시대에 가장 영
     향력 있는 비즈니스계 인사 25명으로부터 배우는 교훈Lasting Leadership: Lessons from
     the 25 Most Influential Business People of Our Times', Knowledge@Wharton, http://

knowledge.wharton.upenn.edu/article.cfm?articleid=1054.

11 상동

12 제임스 마커스, 『아마조니아』, 2004년

13 제프 베조스, 1998년 7월 27일, 캘리포니아 커먼웰스 클럽 연설

14 신시아 메이어, 《뉴욕 타임스》 1998년 7월 19일, '투자 아마존은 반스앤드노블 곱하기 2인가Investing It: Does Amazon=2 Barnes&Nobles?'

15 제프 베조스, 2010년 7월 28일, 〈찰리 로즈 쇼〉 인터뷰

16 저스틴 히버드, 《인포메이션 위크》 1999년 2월 22일, '월마트 대 아마존 닷컴 : 인사이드 스토리Wal-Mart V. Amazon.com: The Inside Story'

17 제프 베조스와의 인터뷰, 2001년 5월 4일, 미국공로학회

· Chapter 03 열병 같은 꿈 ·

1 위키피디아에 따르면, 맨홀 뚜껑이 둥근 이유는 구멍 속으로 빠지지 않기 때문이다. 네모 뚜껑은 구멍 속으로 비스듬하게 들어가 빠질 수가 있다.

2 론 서스킨드, 《워싱턴 포스트》 1998년 8월 26일, '아마존닷컴, 세상에서 가장 긴 베스트셀러 목록을 선보이다Amazon.com Debuts the Mother of All Bestseller Lists'

3 상동

4 제프 베조스, 1998년 7월 27일, 캘리포니아 커먼웰스 클럽 연설

5 제프 베조스, 1999년 3월 18일, 미국출판연합 연설

6 스티븐 레비, 『인 더 플렉스 : 0과 1로 세상을 바꾸는 구글, 그 모든 이야기In the Plex: How Google Thinks, Works, and Shapes Our Lives』, 2011년, 34쪽

7 재클린 도허티, 《배런》 1999년 5월 31일, '아마존닷쿵'

8 조지 앤더스 · 니힐 디오건 · 조앤 루블린, 《월스트리트 저널》 1999년 6월 25일, '펩시 합류 예정 조 갤리, 아마존으로 방향 전환하다Joseph Galli Will Join Amazon, Reversing Plan to Take Pepsi Job'

430

9 조슈아 쿠퍼 라모, 《타임》 1999년 12월 27일, '제프 베조스 : 인터넷의 왕Jeff Bezos:
King of the Internet'

10 스테파니 올슨, 《CNET》 2000년 7월 26일, '배송 지연으로 FTC가 온라인 소매회사
에 벌금 150만 달러를 매기다FTC Fines E-Tailers $1.5 Million for Shipping Delays'

11 마이클 모, 《포브스》 2011년 7월 27일, '실리콘 밸리의 코치, 빌 캠벨의 기술 벤처 창
업 비밀Tech Startup Secrets of Bill Campbell, Coach of Silicon Valley'

• Chapter 04 밀리라비 •

1 제러미 칸, 《포춘》 2001년 6월 11일, '거대한 킬러The Giant Killer'

2 에벌린 너센바움, 《뉴욕 포스트》 2000년 6월 27일, '애널리스트, 마침내 닷컴 회사에
대한 진실을 말하다Amalyst Finally Tells Truth about Dot_coms'

3 마크 레이보비치, 《워싱턴 포스트》 2000년 9월 3일, '어린 시절 신동, 온라인 선구자
가 되다Child Prodigy, Online Pioneer'

4 상동

5 스티븐 레비, 《와이어드》 2011년 11월 13일, '제프 베조스, 웹의 많은 부분을 장악하
다Jeff Bezos Owns the Web in More Ways Than You Think'

6 《PR 뉴스와이어》 1999년 8월 18일, '아마존 닷컴 경매 사이트, 온라인 판매인의 효
율적 마케팅을 돕다Amazon.com Auctions Helps Online Sellers Become Effective Marketers'

7 스콧 힐리스, 2000년 12월 28일, '아마존의 정책에 작가들 반발, 중고 서적 기능 공
격 받다Authors Protest Amazon's Practices, Used-Book Feature Comes under Fire'

8 제니퍼 워터스, CBS 〈마켓워치MarketWatch〉 2001년 2월 6일, '아마존, 금융 긴축 문
제에 직면하다Amazon Faces Creditor Squeeze'

9 그레첸 모르겐슨, 《뉴욕 타임스》 2001년 3월 9일, '미국 증권거래위원회, 아마존 사
장 조사키로S. E. C. Is Said to Investigate Amazon Chief'

10 시네걸의 발언은 2012년 필자의 시네걸 인터뷰 내용인 '아마존 중역의 회고recollec-

tions of Amazon executives'와 2009년 3월 23일자 《배런》에 실린 앤드류 배리의 '정글의 왕King of the Jungle'에서 가져온 것이다.

11 모니카 소토, 《시애틀 타임스》 2001년 9월 27일, '테러 사건이 아마존과 타깃의 거래에 대한 좋은 소식을 압도하다Terrorist Attacks Overwhelm Amazon's Good News about Deal with Target'

12 솔 한젤, 《뉴욕 타임스》 2003년 2월 10일, '아마존, 싼 가격과 입소문이라는 가장 강력한 광고 사용Amazon Decides to Go for a Powerful Form of Advertising: Lower Prices and Word of Mouth'

· Chapter 05 로켓 소년 ·

1 칩 베이어즈, 《와이어드》 1999년 3월, '내면의 베조스The Inner Bezos'

2 마크 레이보비치, 『새로운 제국주의자들』, 79쪽

3 《앨버커키 트리뷴》 1961년 11월 23일, '외발자전거 폴로 시합에서 우리 지역 팀 우승Local Team Wins Unicycle Polo Match'

4 《앨버커키 트리뷴》 1965년 4월 24일

5 마크 레이보비치, 『새로운 제국주의자들』, 73~74쪽

6 상동, 71쪽

7 상동, 74쪽

8 제프 베조스와의 인터뷰, 2001년 5월 4일, 미국공로학회

9 《포브스》 2001년 7월 9일, '세계의 억만장자들The World's Billionaires'

10 칩 베이어즈, 《와이어드》 1999년 3월, '내면의 베조스'

11 브래드 스톤, 《뉴스위크》 2003년 5월 5일, '베조스, 우주로 가다Bezos in Space'

12 마일린 만가린던, 《월스트리트 저널》 2006년 11월 10일, '베조스와 그의 로켓 발사장으로 텍사스 서부가 들끓다Buzz in West Texas Is about Bezos and His Launch Site'

13 제프 베조스, 〈블루 오리진〉 웹사이트 2011년 9월 2일, '웹사이트 성공적인 단거리

발사, 약간의 차질, 그리고 다음 우주선Successful Short Hop, Setback, and Next Vehicle'

14 애덤 라신스키, 《포춘》 2012년 11월 16일, '아마존의 제프 베조스 : 최고의 인습파괴

　　자Amazon's Jeff Bezos : The Ultimate Disrupter'

· **Chapter 06 혼돈 이론** ·

1 솔 한젤, 《뉴욕 타임스》 2011년 5월 20일, '이제는 수익을 낼 시간Listen Up! It's Time

　　for a Profit; a Front-Row Seat as Amazon Gets Serious'

2 제프 베조스, 1999년 3월 18일, 미국출판연합 연설

3 2012년, 나의 연구 보조원 닉 산체스가 정보공개법에 따라 미국 노동부에 1995년부

　　터 현재까지 아마존에 대한 불만 신고나 규정 위반 접수 사항이 있었는지에 대한 정

　　보 제공을 요청했다. 앨런타운의 《모닝 콜》이 다룬 유명한 폭염 사건과 더불어 미연

　　방 직업안전보건국 지역 사무소에는 수십 건의 직원 불만 신고가 들어와 있었다. 그

　　중에는 워싱턴 콜센터의 화장실 휴식 시간 문제, 뉴햄프셔의 지게차 사건, 펜실베이

　　니아의 부적절한 토네이도 대피소 문제 등을 비롯해 식수대의 석회질 침전, 휴게실

　　의 곰팡이, 부적절한 헬멧, 유해 수준의 소음과 가스 등 작업 환경에 대한 우려들이

　　있었다. 직업안전보건국에서는 이 불평 신고들을 모두 돌려보냈는데, 그 이유는 아

　　마존이 즉시로 규정 준수 증거를 제시하거나 즉각적으로 상황을 개선시켰기 때문이

　　다. 또한 아마존은 직업안전보건국의 사찰이나 소환 없이 대부분의 문제를 해결했

　　다. 워싱턴의 아마존 프레쉬 센터에 암모니아 가스에 대처할 적절한 긴급 대피 계획

　　이 없어서 벌금 3,000달러가 부과된 적이 있었는데, 이것이 우리가 찾아낼 수 있었

　　던 가장 큰 규모의 소환장이었다(물론 여러 관할 지역에 대한 정보 공개 요청은 직업안전보건국

　　연방 사무소에서 관할 주 사무소나 해당 지방 사무소에 연락을 해야 하기 때문에 아마존처럼 전국 곳

　　곳에 발자국을 남기는 대기업에 대한 모든 기록을 추적한다는 것은 1년 일찍 신청한 경우라도 거의 불

　　가능하다). 그러나 대중의 인식에 이런 것들은 다 소용이 없었다. 그 보도는 언론으로

　　퍼져나가 파문을 일으켰으며, 다음 해 부정적 여론에 밀려 아마존은 5,200만 달러를

들여 많은 FC에 에어컨을 설치했다. 2012년 7월, 아마존은 3년 연속 근무 후 학업을 계속하기 위해 학교로 돌아가고자 하는 주문 이행 센터 현장 직원들을 돕기 위해 '커리어 초이스Career Choice' 학비 상환제를 마련했다. 아마존은 직원마다 최고 4년까지 연간 2,000달러의 학비를 지원한다고 전한다.

• Chapter 07 소매업체가 아닌 첨단 기술 회사 •

1 개리 리블린, 《뉴욕 타임스》 2012년 7월 27일, '소매 혁명 10년을 맞다A Retail Revolution Turns Ten'

2 개리 울프, 《와이어드》 2003년 10월 23일, '아마조니아 대도서관The Great Library of Amazonia'

3 상동

4 루크 티머먼, 《엑스코노미》 2010년 9월 29일, '아마존의 최고 기술 전문가 베르너 포겔스, AWS와 소매업 게임을 논하다Amazon's Top Techie, Werner Vogels, on How Web Services Follows the Retail Playbook'

5 쇼바 워리어, 《레디프》 2010년 9월 1일, '가로등 밑에서 공부하던 소년, 미국 회사의 CEO가 되다!From Studying under the Streetlights to CEO of a U.S. Firm!'

6 팀 오라일리, 2002년 7월 18일, '아마존 웹 서비스 애플리케이션 프로그래밍 인터페이스Amazon Web Services API', http://www.oreillynet.com/pub/wlg/1707

7 데미언 케이브, 《살롱》 2002년 2월 15일, '특허전쟁에서 지기Losing the War on Patents'

8 팀 오라일리, 2002년 7월 18일, '아마존 웹 서비스 애플리케이션 프로그래밍 인터페이스'

9 스티브 그랜드, 『창조 : 생명과 그것을 만드는 법Creation: Life and How to Make It』, 2001년, 132쪽

10 2001년 10월 12일, '인간과 기계 하이브리드 컴퓨팅 배합 특허', http://www.google.com/patents/US7197459.

11 《이코노미스트》 2006년 6월 10일, '인공적인, 너무나 인공적인 지능Artificial Artificial Intelligence'

12 캐서린 미에즈코프스키, 《살롱》 2006년 7월 24일, '주급 1.45달러를 받고도 행복한 이유I Make $1.45 a Week and I Love It'

13 제이슨 폰틴, 《뉴욕 타임스》 2007년 3월 25일, '인간의 도움을 받는 인공 지능Artificial Intelligence, with Help from the Humans'

14 제프 베조스, 2009년 2월 26일, PBS〈찰리 로즈 쇼〉인터뷰

• Chapter 08 피오나 •

1 캘빈 리드, 《퍼블리셔스 위클리》 1999년 5월 10일, '작가협회, 전자책 계약에 반대 Authors Guild Shoots Down Rocket eBook Contract'

2 스티브 실버먼, 《와이어드》 1998년 7월, '장서에서Ex Libris'

3 스티브 레비, 《뉴스위크》 1999년 12월 31일, '이제는 마지막 장을 넘길 시간It's Time to Turn the Last Page'

4 제인 스펜서 · 카라 스캐널, 《월스트리트 저널》 2007년 4월 25일, '사기 행각이 드러나자 중역 도주As Fraud Case Unravels, Executive Is at Large'

5 데이비드 포그, 《뉴욕 타임스》 2006년 10월 12일, '책을 퇴물로 만들기 위한 재시도 Trying Again to Make Books Obsolete'

6 제프 베조스, 1998년 2월 26일, 레이크 포레스트 대학 연설

7 월트 모스버그, 《월스트리트 저널》 2008년 6월 9일, '우리가 책을 읽는 법The Way We Read'

8 마크 레이보비치, 《워싱턴 포스트》 2000년 9월 3일, '어린 시절 신동, 온라인 선구자가 되다Child Prodigy, Online Pioneer'

9 클레이튼 M. 크리스텐슨, 『혁신 기업의 딜레마 : 미래를 준비하는 기업들의 파괴적 혁신 전략』 1997년

10 제프 베조스, 2009년 2월 26일, PBS 〈찰리 로즈 쇼〉 인터뷰

11 데이비드 D. 커크패트릭, 《뉴욕 타임스》 2002년 4월 10일, '중고 서적 온라인 판매에
   항의가 빗발치다Online Sales of Used Books Draw Protest'

12 그레임 닐, 《북셀러》, 2007년 4월 27일, '소니와 아마존의 전자책 전쟁'

13 브래드 스톤, 《뉴욕 타임스》 2007년 9월 6일, '전자책의 다음 장을 꿈꾸다Envisioning
   the Next Chapter for Electronic Books'

14 제프 베조스, 2008년 10월 24일, ABC 〈오프라 윈프리 쇼〉

• Chapter 09 발사! •

1 벤 차니, 《마켓워치》 2007년 1월 22일, '아마존, 업그레이드로 주가 상승Amazon Up-
   grade Leads Internet Stocks Higher'

2 빅토리아 배렛, 《포브스》 2008년 10월 9일, '똑똑해서 보게 되는 손해Too Smart for Its
   Own Good'

3 짐 콜린스, 『좋은 기업을 넘어 위대한 기업으로』, 2001년, 180쪽

4 '자포스 이정표 : 타임라인Zappos Milestone: Timeline' appos.com, http://about.zappos.
   com/presscenter/media - coverage/zappos - milestone - timeline.

5 파리저 카빌란즈, 〈CNN 머니〉 2009년 1월 16일, '서킷시티 문닫다Circuit City to Shut
   Down'

6 벤 오스틴, 《블룸버그 비즈니스위크》 2011년 11월 10일, '보더스의 끝, 책의 미래The
   End of Borders and the Future of Books'

7 애니 로리, 《슬레이트》 2011년 7월 20일, '보더스를 잃은 독자들Readers Without Bor-
   ders'

8 스콧 마이예로비츠 · 앨리스 곰스틴, 〈ABC 뉴스〉 2009년 1월 27일, '최근 음울한
   정리해고를 겪고 있는 타깃Target Among the Latest Chain of Grim Layoffs'

9 브래드 스톤, 《뉴욕 타임스》 2009년 9월 19일, '아마존은 웹의 월마트가 될 수 있을

436

까?Can Amazon Be the Wal-Mart of the Web?'

10 미겔 버스티요 · 제프리 A. 트라첸버그, 《월스트리트 저널》 2009년 10월 16일, '월마트 도서 전쟁에서 아마존을 선제공격하다Wal-Mart Strafes Amazon in Book War'

11 브래드 스톤 · 스테파니 로젠블룸, 《뉴욕타임스》 2009년 11월 23일, '아마존과 월마트의 가격 전쟁Price War Brews Between Amazon and Wal-Mart'

12 미국서점협회, 2009년 10월 22일, '사법부에 보내는 편지'

13 스펜서 왕, 2010년 2월 16일, 크레딧 스위스 퍼스트 보스턴 분석 보고서

14 믹 루니, 《인디펜던트 퍼블리싱 매거진》 2008년 6월 6일, '아마존과 아셰트 리브르 분쟁Amazon/Hachette Livre Dispute'

15 오언 퍼셀, 〈오인 퍼셀〉 블로그 2009년 5월 14일, '당신의 모든 사업 기반은 아마존의 것All Your Base Are Belong to Amazon', http://eoinpurcellsblog.com/2009/05/14/all - your - base - are - belong - to - amazon/

16 2010년 1월 29일 법정 진술에 따르면 사이먼 앤드 슈스터의 총고문은 CEO인 캐롤라인 크롤 리디에게 '잡스가 그런 말을 했다는 게 믿어지지 않는다'며 '너무나도 바보 같은 짓'이라고 생각한다는 글을 보냈다. http://www.nysd.uscourts.gov/cases/show.php?db=special&id=306, 86쪽

17 모토코 리치 · 브래드 스톤, 《뉴욕 타임스》 2010년 1월 31일, '아마존과의 전자책 싸움에서 출판사가 이기다Publisher Wins Fight with Amazon Over E-Books'

· Chapter 10 편리한 신념 ·

1 제프 베조스, 2010년 7월 28일, PBS 〈찰리 로즈 쇼〉 인터뷰

2 파이어사이드 챗 : 제프 베조스와 베르너 포겔스 편Fireside Chat with Jeff Bezos and Werner Vogels, 2012년 11월 29일, 라스베이거스, 아마존 웹 서비스 리인벤트 컨퍼런스 Amazon Web Services re: Invent Conference

3 《뉴욕 선》 2007년 11월 15일, '사설 : 스피처의 최근 실패Editorial: Spitzer's Latest Flop'

4 '바딤 치핀과 다이애나 치핀 대 아마존닷컴 외Vadim Tsypin and Diana Tsypin v. Amazon. com et al', 사건 번호 10 – 2 – 12192 – 7 SEA, 킹 카운티 고등법원

5 미겔 버스티요 · 스투 우, 《월스트리트 저널》 2011년 3월 17일, '세금 문제로 소매업자들 아마존 압박Retailers Push Amazon on Taxes'

6 애런 글랜츠, 《베이 시티즌》 2011년 8월 27일, '아마존, 인터넷 판매세와의 전쟁에 크게 투자하다Amazon Spends Big to Fight Internet Sales Tax'

7 팀 오라일리, 블로그 기사, 구글플러스, 2011년 9월 5일, https://plus.google.com/+TimOReilly/posts/QypNDmvJJq7.

8 조 코넬리, 《베이 시티즌》 2011년 9월 9일, '입법부, 아마존 거래 승인Legislature Approves Amazon Deal'

9 브라이언트 어스타트, 《블룸버그 비즈니스위크》 2010년 10월 7일, '아마존이 가장 두려워하는 것 : 기저귀What Amazon Fears Most: Diapers'

10 닉 세인트, 《비즈니스 인사이더》 2010년 11월 5일, '아마존, 가격 전쟁 중에 다이퍼스닷컴에 폭격 – 다이퍼스 중역들 매각 위기Amazon Nukes Diapers.com in Price War-May Force Diapers' Founders to Sell Out'

11 아마존 언론 보도, 2013년 1월 2일, '아마존 마켓플레이스 상인, 연말 성시에 즐거운 비명Amazon Marketplace Sellers Enjoy High-Growth Holiday Season'

12 로이 블런트 주니어, 《뉴욕 타임스》 2009년 2월 24일, '킨들 사기?The Kindle Swindle?'

13 브래드 스톤, 《블룸버그 비즈니스위크》 2012년 1월 25일, '아마존의 살인청부업자Amazon's Hit Man'

14 토머스 L. 프리드먼, 《뉴욕 타임스》 2012년 5월 19일, '좋은 소식을 먼저 들으시겠습니까?Do You Want the Good News First?'

15 AuthorsGuild.org, 2011년 11월 14일, '계약 참변 : 아마존의 대출 도서관 문제Contracts on Fire: Amazon's Lending Library Mess'

16 리차드 루소, 《뉴욕 타임스》 2011년 12월 12일, '아마존의 정글 논리Amazon's Jungle Logic'

1 조지 앤더스, 《포브스》 2012년 4월 4일, '아마존의 아이디어 기계 : 베조스는 어떻게 고객을 분석하나Inside Amazon's Idea Machine: How Bezos Decodes the Customer'

2 '아마존의 리더십 원칙Amazon's Leadership Principles', http://www.amazon.com/Val-ues - Careers - Homepage/b?ie=UTF8&node=239365011.

3 루이자 크롤 · 케리 돌런, 《포브스》 2013년 3월 4일, '세계의 억만장자들The World's Billionaires'

4 데이비드 다익스트라, Seattle - Mansions. Blogspot.com, 2010년 10월 1일, '베조스, 2,800만 달러 들여 집 개조Bezos Completes $28 Million Home Improvement', http://seattle - mansions.blogspot.com/2010/10/bezos - completes - 28 - mil-lion - home.html.

5 레베카 존슨, 《보그》 2013년 2월 20일, '매켄지 베조스 : 작가, 네 아이의 엄마, 그리고 유명인의 아내'

KI신서 5353

아마존, 세상의 모든 것을 팝니다

1판 1쇄 발행 2014년 3월 24일
1판 14쇄 발행 2023년 2월 17일

지은이 브래드 스톤 **옮긴이** 야나 마키에이라
펴낸이 김영곤 **펴낸곳** (주)북이십일 21세기북스
출판마케팅영업본부 본부장 민안기
출판영업팀 최명열 김다운
제작팀 이영민 권경민

출판등록 2000년 5월 6일 제406-2003-061호
주소 (우 10881) 경기도 파주시 회동길 201(문발동)
대표전화 031-955-2100 **팩스** 031-955-2151 **이메일** book21@book21.co.kr

(주)북이십일 경계를 허무는 콘텐츠 리더

21세기북스 채널에서 도서 정보와 다양한 영상자료, 이벤트를 만나세요!
페이스북 facebook.com/jiinpill21   **포스트** post.naver.com/21c_editors
인스타그램 instagram.com/jiinpill21   **홈페이지** www.book21.com
유튜브 www.youtube.com/book21pub
서울대 가지 않아도 들을 수 있는 **명강**의! 〈서가명강〉
유튜브, 네이버, 팟캐스트에서 '서가명강'을 검색해보세요!

ISBN 978-89-509-5295-2 03320

책값은 뒤표지에 있습니다.
이 책 내용의 일부 또는 전부를 재사용하려면 반드시 (주)북이십일의 동의를 얻어야 합니다.
잘못 만들어진 책은 구입하신 서점에서 교환해 드립니다.